Microsoft Excel Pivot-Tabellen – Das Praxisbuch

Helmut Schuster

ist Diplom-Betriebswirt und seit mehr als 30 Jahren als Trainer und Berater im Bereich betriebswirtschaftliche Anwendungen mit Office tätig. Er ist Spezialist für Planung, Budgetierung, Prognosen und Analysen mit Microsoft Excel und Power BI. Darüber hinaus hat er als Co-Autor zahlreiche IT-Fachbücher, u.a. »Excel 2016 – Das Handbuch«, veröffentlicht. Außerdem ist er ausgebildeter psychologischer Coach und lässt dieses Know-how in die Trainings- und Projektprozesse nutzbringend einfließen.

Zu diesem Buch – sowie zu vielen weiteren O'Reilly-Büchern – können Sie auch das entsprechende E-Book im PDF-Format herunterladen. Werden Sie dazu einfach Mitglied bei oreilly.plus⁺:

www.oreilly.plus

Helmut Schuster

Microsoft Excel Pivot-Tabellen – Das Praxisbuch

Ideen und Lösungen für die Datenanalyse
mit PivotTables und PivotCharts sowie intensivem Einstieg
in Power Pivot für Version 2013, 2016, 2019 & 365

2., aktualisierte Auflage

Helmut Schuster

Lektorat: Sandra Bollenbacher
Korrektorat: Annette Schwarz, Ditzingen
Satz: Gerhard Alfes, mediaService, Siegen, *www.mediaservice.tv*
Herstellung: Stefanie Weidner
Umschlaggestaltung: Michael Oreal, *www.oreal.de*
Coverbild: Stock-Fotografie-ID:648179250, Bildnachweis: wacomka
Druck und Bindung: mediaprint solutions GmbH, 33100 Paderborn

Bibliografische Information der Deutschen Nationalbibliothek
Die Deutsche Nationalbibliothek verzeichnet diese Publikation in der deutschen Nationalbibliografie; detaillierte bibliografische Daten sind im Internet über *http://dnb.d-nb.de* abrufbar.

ISBN:
Print 978-3-96009-152-3
PDF 978-3-96010-402-5
ePub 978-3-96010-403-2
mobi 978-3-96010-404-9

2., aktualisierte Auflage 2021
Copyright © 2021 dpunkt.verlag GmbH
Wieblinger Weg 17
69123 Heidelberg

Dieses Buch erscheint in Kooperation mit O'Reilly Media, Inc. unter dem Imprint »O'REILLY«. O'REILLY ist ein Markenzeichen und eine eingetragene Marke von O'Reilly Media, Inc. Und wird mit Einwilligung des Eigentümers verwendet.

Hinweis:
Dieses Buch wurde auf PEFC-zertifiziertem Papier aus nachhaltiger Waldwirtschaft gedruckt. Der Umwelt zuliebe verzichten wir zusätzlich auf die Einschweißfolie.

Schreiben Sie uns:
Falls Sie Anregungen, Wünsche und Kommentare haben, lassen Sie es uns wissen: kommentar@oreilly.de.

Die vorliegende Publikation ist urheberrechtlich geschützt. Alle Rechte vorbehalten. Die Verwendung der Texte und Abbildungen, auch auszugsweise, ist ohne die schriftliche Zustimmung des Verlags urheberrechtswidrig und daher strafbar. Dies gilt insbesondere für die Vervielfältigung, Übersetzung oder die Verwendung in elektronischen Systemen. Es wird darauf hingewiesen, dass die im Buch verwendeten Soft- und Hardware-Bezeichnungen sowie Markennamen und Produktbezeichnungen der jeweiligen Firmen im Allgemeinen warenzeichen-, marken- oder patentrechtlichem Schutz unterliegen. Alle Angaben und Programme in diesem Buch wurden mit größter Sorgfalt kontrolliert. Weder Autor noch Verlag können jedoch für Schäden haftbar gemacht werden, die in Zusammenhang mit der Verwendung dieses Buches stehen.

Inhalt

Vorwort	xi
Der Aufbau dieses Buches	xi
Rechts- oder Linkshänder?	xii
Übungsdateien und Hilfe	xiii

1 Von der Idee zum Bericht ... 1
Entwurf von Modellen und deren Dokumentation ... 2
Planungsmethode und Lösungsentwicklung ... 2
    Praxisbeispiel ... 3
    Aufbereiten der Daten und Aufbau der Lösung ... 4
    Verwaltung der Daten ... 5

2 Entdecken Sie die Möglichkeiten von PivotTables und PivotCharts ... 7
Lassen sich alle Daten mit PivotTables auswerten? ... 8
Die verschiedenen Wege zu einer PivotTable ... 9
Diese Prozessschritte führen Sie zu einem Pivot-Bericht ... 10
Jetzt erstellen Sie eine PivotTable ... 11
So verschieben Sie im Layoutbereich die Felder blitzschnell ... 14
Darstellung der PivotTable ändern ... 15
Gruppierung von Elementen in einer PivotTable ... 18
Wie Datentypen die Gruppierung beeinflussen ... 19
Eine Gruppierung aufheben ... 19
Feldbeschriftungen in PivotTables und PivotCharts ... 20
So erweitern Sie die PivotTable und verändern die Feldanordnung ... 21
Mehrere Felder im Wertebereich ... 21
Mit dem Berichtsfilter Daten selektiv anzeigen ... 23
Alle Daten wieder anzeigen ... 25
Die Wirkung der Layoutaktualisierung ... 25
Felder verschieben, hinzufügen oder entfernen ... 26
    Feld aus dem Layoutabschnitt entfernen ... 27
    Feldbezeichnungen ändern ... 27
Nutzen der PivotTable-Felderansicht ... 28
Was beim Verschieben von Feldern in den vier Berichtsbereichen passiert ... 29
Arbeitserleichterung durch eine geeignete Datensortierung ... 29
Berechnungstypen in PivotTables ... 31
Schnellformatierung von PivotTables ... 32
PivotCharts: sich schon vorher ein Bild machen ... 32
Aus einer PivotTable ein PivotChart erstellen ... 34
Diagramm beschriften ... 37
Das Layout für Berichte gestalten ... 38
Berichtslayout in den PivotTable-Optionen anpassen ... 41
Tabellenoptionen erleichtern die Arbeit mit PivotTables ... 42
Anzeigen von Teilergebnissen und Gesamtergebnissen ... 45
Sortieren in PivotTables ... 47

Inhaltsverzeichnis

Elemente mit der Maus verschieben	47
Benutzerdefinierte Sortierreihenfolge erstellen und anwenden	49
So sortieren Sie eine PivotTable nach Teilergebnissen	50
Suchen und Filtern in den PivotTables	53
Datenreduzierung auf oberster Ebene	53
Komplexe Filter über das Eingabefeld »Suchen« steuern	56
Die aktuelle Markierung als weitere Filtermöglichkeit verwenden	57
Felder vor dem Hinzufügen filtern	58
In einem Feld mehrere Filter aktivieren	61
Neue Elemente automatisch anzeigen	61
Vergleichsfilter im Umgang mit Datumswerten	62
Filter löschen und alle Daten wieder anzeigen	64
Genial: einfaches Filtern mit Datenschnitt und Zeitachse	66
Einen Datenschnitt an Ihre Bedingungen anpassen	70
Datenschnitte anzeigen oder ausblenden	71
Größe und Eigenschaften von Datenschnitten	72
Datenschnitt mit mehreren PivotTables verbinden	73
Aktives Filtern mit der Zeitachse	74

3 Vertiefter Umgang mit PivotTable — 77

Gruppierung des Datums ändern	80
Die Ansicht expandieren	81
Eine Pivot-Tabelle kopieren	82
Benutzerdefinierte Berechnungen für PivotTable-Wertefelder einsetzen	83
Löschen eines PivotTable-Berichts oder PivotChart-Berichts	87
Berechnungstypen im praktischen Einsatz	88
% des Gesamtergebnisses berechnen	88
% des Spaltenergebnisses	89
% des Zeilenergebnisses	89
% von	90
% des übergeordneten Zeilenergebnisses	91
% des übergeordneten Spaltenergebnisses	92
% des übergeordneten Ergebnisses	93
Differenz von	94
% Differenz von	95
Praxisbeispiel: Differenz zu einem vorherigen Basiselement in einem abweichenden Geschäftsjahr	95
Laufende Summe von	98
Rangfolge nach Größe (aufsteigend/absteigend)	99
Index	100
Praxisbeispiel: % Differenz und Fehlerbehandlung	102
In PivotTable Fehlerdarstellungen bearbeiten	104
Weitere Berechnungsmöglichkeiten in PivotTables	105
So erstellen Sie ein berechnetes Feld in einer PivotTable	105
So erstellen Sie ein berechnetes Element in einer PivotTable	109
Lösungsreihenfolge für berechnete Elemente ändern	110
Eine Liste der verwendeten Formeln erstellen	111
So verwenden Sie die Funktion PIVOTDATENZUORDNEN()	111
Zugriff auf Pivot-Daten	111
Fehlermeldung der Funktion	113

Inhaltsverzeichnis

4 In der Praxis: Logistikdienste mit PivotTables organisieren ... 115
Überlegte Vorbereitung erleichtert das Arbeiten: als Datenbasis eine strukturierte Tabelle verwenden ... 116
Die PivotTable erstellen ... 117
Die PivotTable informativer machen ... 118
Daten als Information flexibel anzeigen ... 120
Die Anordnung macht's: die Felder im informativsten Layoutbereich anzeigen ... 120
Die Anzahl bestimmt die benötigte Kapazität ... 121
In welches Hotel geht der Transfer des Teilnehmers? ... 121
Den Check-in im Hotel planen ... 122
Elegante Dynamik: mit Datenschnitten die Informationen komfortabel filtern ... 124
Datenschnitte zum Filtern einbauen ... 125
Die Steuerzentrale ... 127

5 Stundenabweichungsanalyse mit PivotTable ... 129
Die Projektstruktur aufbauen ... 130
Daten in PivotTable-Berichten auswerten ... 131
Daten aus einem Vorsystem und der Planung übernehmen ... 131
Daten aufbereiten, vervollständigen und pivotisieren ... 132
Das Tabellenblatt WBS-Planung pivotisieren ... 132
Importierte Daten pivotisieren und formatieren ... 134
Dezimale Stundenangaben in Uhrzeitformat umwandeln ... 135
Die Daten der Planung mit den Istdaten vergleichen und bewerten ... 137
Zwei PivotTable-Berichte konsolidieren ... 139
Zeitdifferenz berechnen ... 142
Abweichungen hervorheben: weitere Formatierungen vornehmen ... 144
Ein Projekt nach erweiterten Gesichtspunkten auswerten ... 145

6 Mit PivotTable einen Kostenträger überwachen und auswerten ... 147
Ein Projekt nach erweiterten Gesichtspunkten auswerten ... 147
Kostenstellenanalyse der Kostenträger 100112 und 1414 ... 148
Nur die betroffenen Kostenträger anzeigen ... 150
Kompaktansicht im Kostenträger: Details im Work Package ausblenden ... 152
Mitarbeiter, die die angezeigte Leistung erbracht haben ... 152
Die Gesamtkosten für den Kostenträger 100112 mit PivotTables berechnen ... 153
Mehr Aussagekraft durch Neuanordnung der Wertefelder ... 155
Die Stundenverteilung differenzieren – monatsweise anzeigen ... 156
Ermitteln Sie die zeitlichen Arbeitsleistungen der Mitarbeiter in einem Projekt ... 157
Die betroffenen Kostenstellen auswerten ... 159

7 Personal- und Personalstrukturanalyse mit PivotTable-Berichten ... 161
Prozess der Analyse ... 162
Welche Felder in der Basistabelle verändert oder berechnet werden ... 162
Eine »intelligente« Tabelle ... 163
Strukturen im Stellenplan und in den Tätigkeitsfeldern entdecken ... 164
Zeigen Sie, wie viele Tätigkeitsfelder es im Unternehmen gibt ... 165
Zeigen Sie die fünf Tätigkeitsfelder mit den meisten Mitarbeitern ... 168
    Neue Reihenfolge festlegen ... 169
    Prozentuale Darstellung wählen ... 170
Prozentwerte und absolute Werte gleichzeitig darstellen ... 170

Inhaltsverzeichnis

Datenschnitte: mehr als nur einfache Filter	171
Den Datenschnitt für die Vorselektion aufbauen	174
Die Datenschnitte perfekt auf die Arbeitsumgebung einstellen	174
Einstellungen für den Datenschnitt vornehmen	174
Strukturanalyse zur Altersverteilung und Betriebszugehörigkeit	176
Gruppen für Zeiträume bilden	176
Aufbau des PivotTable-Berichts Betriebszugehörigkeit	177
Betriebszugehörigkeit gruppieren	178
Den Namen einer Feldschaltfläche anpassen	179
Gruppen für Altersklassen bilden	180
Die Anzahl der Mitarbeiter je Altersgruppe in den Tätigkeitsfeldern ermitteln	182
Zeigen Sie in einer Grafik die Mitarbeiterverteilung in den Altersgruppen	183
Das Layout des Diagramms verändern	185
Zeigen Sie die grafische Verteilung der Betriebszugehörigkeit	186
Die Betriebszugehörigkeit als Grafik	188
Besondere Strukturen mit der PivotTable aufzeigen	189
Zeigen Sie die Struktur der Betriebszugehörigkeit für das Tätigkeitsfeld Produktberater/-in an	190
PivotTable-Bericht mit Minimum, Maximum und Durchschnittseinkommen je Altersgruppe	191
Die Anzahl der Mitarbeiter einfügen, die die Berechnungsgrundlage bildet	193
Mitarbeiter, die mehr als 120 Stunden monatlich tätig sind	194
Auswertung auf ausgewählte Tätigkeitsfelder begrenzen	195

8 Wie Sie mit PivotTables Umsätze und Kosten berechnen und analysieren   197

Aktion und Analyse	197
Aufbau der PivotTable zur Kostenanalyse	198
PivotTable in die Tabellenansicht und in ein neues Pivot-Format überführen	199
Basisjahr 2019: Differenz der Kosten berechnen	199
Basiswert des Jahres 2019 in die Ansicht des Berichts integrieren	201
Die PivotTable informativer machen	202
Prozentanteil des Deckungsbeitrages ermitteln	203
Prozentanteil der Kosten am Umsatz	205

9 Mit PivotTable aggregieren: mit PIVOTDATENZUORDNEN() Daten extrahieren   207

Die Arbeitsweise der Funktion	208
Syntax der Funktion	208
Vorbereitung der Arbeitsumgebung	209
Aufbau des Dashboards	211
Die Auswahllisten erstellen	211
Einrichten der Datenüberprüfung zur Auswahl der Steuergrößen	212
Überprüfung der Auswahl und Folgeeinträge in den Steuertabellen	213
Die Argumente der Funktion PIVOTDATENZUORDNEN()	213
Die Funktion PIVOTDATENZUORDNEN() entwickeln und dynamisieren	214
Fehlerbehandlung	215

10 Innovative Analyse und Berichte mit Gruppierungen   217

Gruppierungen – die besondere Form der Datenbearbeitung	217
Die praktischen Schritte zum neuen Pivot-Bericht	220
Die Segmente in Regionen umarbeiten	220

Die Regionen in Cluster zusammenführen und gruppieren ... 222
Produkte in Klassen und Geschäftsbereichen zusammenfassen und gruppieren ... 223
Die Klassen zu Geschäftsbereichen (GB) zusammenfassen ... 224
Die Crux mit dem Cache ... 225
Wie entsteht und wirkt der Pivot-Cache? ... 226
Wie können Sie das umgehen? ... 227
Einen separaten Cache für eine PivotTable erstellen ... 228
Eine neue PivotTable mit einem bestimmten Cache verbinden ... 229

11 Analysieren und Visualisieren mit PivotTables – Beispiel ABC-Analyse ... 231
ABC-Analyse mit PivotTable-Berichten erstellen ... 231
Vorbereiten der Basisdaten ... 232
Eine »intelligente Tabelle« anlegen ... 232
Aufbau der PivotTable ... 232
Formatierungen und Wertfeldberechnungen ... 234
Den Prozentanteil am Gesamtumsatz errechnen ... 234
Den Mittelwert berechnen ... 235
Den kumulierten Umsatz berechnen ... 235
Den kumulierten Umsatz in Prozent berechnen ... 236
ABC-Kategorien: die Einordnung der Umsätze berechnen ... 236
Bedingte Formatierung: die Zuordnung der Kunden in die Kategorie ... 237
Die Kategorien in geschlossener Formation anzeigen ... 240
Datenschnitt und Zeitachse: in den Kategorien nur ausgewählte Daten berechnen ... 241
Zeitachse einfügen ... 242

12 Datenmodell und Beziehungen ... 245
Strukturierte Tabellen definieren und Beziehungen zwischen den Tabellen erstellen ... 246
Vorbereiten der Arbeitstabellen ... 246
Tabellen benennen ... 247
Beziehungen zwischen den Tabellen erstellen ... 248
Eine dritte Tabelle in die Informationsgewinnung einbeziehen ... 250
Bestehende Beziehungen bearbeiten ... 252
Der neue Weg – Berechnungen im Datenmodell ... 252

13 Besondere PivotTable-Berichte ... 257
Daten-Set – die kreative Berichtsgestaltung ... 257
Daten verknüpfen und PivotTable erstellen ... 258
Datengruppe für den Bericht erstellen ... 260

14 Power Pivot für Excel ... 263
Schneller denn je – Entscheidungen treffen ... 264
Power Pivot aktivieren ... 264
Unterschiede zwischen einer Tabelle in Power Pivot und einer Tabelle in einer Excel-Mappe ... 265
Power Pivot in Excel: leistungsstarke Datenmodellierung ... 266
Das Power-Pivot-Fenster: Ihre Arbeitsumgebung ... 266
Power Pivot: Excel-Tabellen auswerten ... 267
Beispiel: Datenzusammenführung in Power Pivot ... 269
Die Tabellen für die Verknüpfung vorbereiten ... 269
So verknüpfen Sie Tabellen in Power Pivot ... 270

Inhaltsverzeichnis

Power Pivot: Beziehung zwischen den Tabellen herstellen	271
Power Pivot: Rechnen mit verknüpften Tabellen	275
Tabellen in Power Pivot um berechnete Spalten erweitern	276
Den Umsatzwert je Position berechnen	276
Formeleingabe in Power Pivot	277
Multidimensionale Berechnung – Rechnen über Beziehungen	278
Power Pivot: berechnete Felder	280
Ein berechnetes Feld (Measure) erstellen	281
Die Arbeitsweise der Funktion SUM() und der Funktion SUMX()	282
Power Pivot: Kontext	283
Zeilenkontext und erweiterter Kontext	283
Den Kontext des Benutzers überschreiben	286
Formeln: Dimension des Kontexts	287
Der Kontext am Beispiel von Formeln	287
Den Wert der Vergütung berechnen	288
PivotTable-Bericht. Die berechneten Rabattwerte anzeigen	289
Den PivotTable-Bericht formatieren	290
Zeitbezug in Power Pivot: die Datumstabelle	291
Datumstabelle: Struktur und Aufbau	292
Eine Datumstabelle zum Datenmodell hinzufügen	292
Kalendertabelle definieren	292
Eine Hierarchie erstellen	293
Im Kontext: Related() und Relatedtable()	294
Power Pivot: Berechnungen auf der Basis von Filtern	298
Summenbildung ohne Bedingungen und mit Bedingungen	298
Verhalten der Formeln bei Verwendung von Benutzerkontext	300
Prozentanteile am GesamtErgebnis berechnen	302
Power Pivot: Periodenvergleich	303
Den Umsatz berechnen	304
Den Umsatz des Vorjahres berechnen	304
Den PivotTable-Bericht erstellen	305
Kalendermonate in der korrekten Reihenfolge anzeigen	307
Power Pivot: Arbeiten mit Zeitintelligenz	308
Summenbildung über unterschiedliche Zeiträume	308
Laufende Summe YTD des Vorjahres	310
Umsatzvergleich zum gleichen Zeitraum des Vorjahres	312
Segmentanalyse anhand der Produktpreise	314
Die Auswahlsteuerung über einen Datenschnitt vornehmen	317
KPI-Analyse mit Power Pivot	318
Daten vorbereiten	319
Berechnete Felder und KPI erstellen	320
Den KPI (Key Performance Indicator) erstellen	320
PivotTable-Bericht erstellen	321
Datenschnitte steuern die Anzeige der PivotTable	322
Umsatzanalyse mit dynamischen Umsatzkategorien	324

Index 327

Vorwort

PivotTables, PivotCharts und insbesondere Power Pivot bedeuten selbst für erfahrene Excel-Anwender eine gewisse Herausforderung. Nicht selten lösen PivotTables bei Anwendern erst einmal eine gewisse Ratlosigkeit aus. Wenn Sie aber die Logik dieses Tools verstanden haben und damit umgehen können, werden Sie es mit Freude nutzen und hervorragend damit arbeiten.

Dieses Buch gibt Ihnen einen praxisorientierten Einblick in die vielfältigen Anwendungsmöglichkeiten von PivotTables und PivotCharts und macht Sie mit den Grundlagen und interessanten Berechnungsschritten von Power Pivot vertraut.

Die Herausforderung

Daten sind in der Unternehmensführung unentbehrlich und Grundlage für Entscheidungen, die nicht nur fundiert, sondern auch zeitnah getroffen werden sollen. Eine nahezu unüberschaubare Menge an Daten, die in unterschiedlichen Systemen erfasst wird, soll von Ihnen verarbeitet, aufbereitet, interpretiert, gedruckt und beispielsweise der Geschäftsführung zur Entscheidungsfindung präsentiert werden.

Das Szenario

Im Arbeitsalltag sieht das dann oft so aus: Sie holen Daten in eine Excel-Mappe, strukturieren sie, fassen sie mit Formeln und Filtern zusammen und stellen sie in einem Diagramm dar. Dann bekommen Sie neue Daten, ein Änderungswunsch hier, eine zusätzliche Berechnung dort – das Risiko, Fehler »einzubauen«, steigt enorm und alle Zeitpläne sind Makulatur.

Die Lösung …

… sind sichere Datenquellen, immer aktuelle und konsistente Daten in informativer Darstellung, perfekt aufbereitet und jederzeit leicht wandelbar.

Dazu finden Sie in diesem Buch eine Vielzahl von Ideen und praxiserprobten Lösungen. Die Beispiele sind auf das Wesentliche reduziert und können Schritt für Schritt nachvollzogen werden. Nutzen Sie die zahlreichen Tipps und Kniffe, um Ihre Datenflut zu kanalisieren und zu analysieren, und erstellen Sie informative und gut verständliche Auswertungen.

Der Aufbau dieses Buches

Das Buch beginnt mit den Überlegungen zum Aufbau eines Lösungsmodells und zeigt dann an Beispielen, wie Sie Berichtsstrukturen gestalten können. In den ersten Kapiteln lernen Sie die Funktionen und Formelbeispiele kennen und erhalten Hintergrundwissen zum Aufbau und der Anwendung von PivotTable-Berichten. In den folgenden Kapiteln finden Sie umfangreiche, aber dennoch kompakte Praxisbeispiele, die auch als Inspirationsquelle für eigene Aufgabenstellungen dienen können. Zum Abschluss des Buches lernen Sie an einem leicht verständlichen Beispiel Power Pivot kennen – ein Tool, das eine neue Dimension der Datenanalyse eröffnet.

Am Anfang steht die Datenvorbereitung, also die konzeptionelle Vorarbeit, die notwendig ist, um zu guten Ergebnissen zu kommen. Nachfolgend stelle ich dann einige Funktionen vor, die Sie beim Aufbau von Lösungen unterstützen oder mit denen Sie kleine Aufgaben schnell und effizient lösen können. Außerdem können sie die Grundlage für Zwischen-

Vorwort

schritte sein, auf deren Basis die nachfolgenden Schritte und Auswertung erst mühelos möglich werden.

Anhand von Praxisbeispielen zeige ich Ihnen, wie Sie Inhalte für die Weiterverarbeitung am besten aufbereiten, wie PivotTables oder PivotCharts aufgebaut werden können und für welche Aufgabenstellungen sie geeignet sind.

Die folgenden Hinweiskästen werden Ihnen beim Durcharbeiten des Buches immer wieder begegnen:

Achtung Damit wird auf Gegebenheiten hingewiesen, die besonders beachtenswert sind.

Hinweis Hier werden weitere Informationen zum behandelten Thema erwähnt, beispielsweise eine besondere Optionseinstellung für die gezeigte Darstellung.

Tipp Mit diesem Hinweis wird beispielsweise auf eine alternative Lösung oder eine Besonderheit hingewiesen.

Wichtig Diese Kennzeichnung macht Sie auf Punkte aufmerksam, die Sie unbedingt wissen und beachten sollten.

Übungsdateien Hier wird erklärt, wo Sie die passenden Übungsdateien finden.

Rechts- oder Linkshänder?

Wenn Sie aufgefordert werden, die linke Maustaste zu drücken, dann ist darunter die Maustaste zu verstehen, die Sie mit der primären Funktion belegt haben. Wenn Sie als Linkshänder die beiden Maustasten in ihrer Primärfunktion vertauscht haben, dann ist diese Einstellung nicht konform mit der rechten Maustaste, wie dies für einen Rechtshänder zu verstehen ist.

Für einen Rechtshänder bedeutet die Anweisung »Klicken Sie mit der linken Maustaste«, dass er die linke Maustaste mit dem Zeigefinger seiner rechten Hand drückt. Ein Linkshänder, der die Maustasten vertauscht hat, muss bei dieser Anweisung jedoch die rechte Maustaste mit dem Zeigefinger seiner linken Hand drücken.

Sie können die Belegung der Maustasten in der Systemsteuerung von Windows überprüfen bzw. anpassen.

Übungsdateien und Hilfe

Die Übungs- und Lösungsdateien finden Sie im Download-Bereich zu diesem Buch auf **www.oreilly.de/pivot2019**.

Fragen und Feedback können Sie gerne an **kommentar@oreilly.de** schicken.

Kapitel 1
Von der Idee zum Bericht

In diesem Kapitel lernen Sie, ...

- wozu Lösungsmodelle sinnvoll sind,
- wie Sie ein solches gestalten,
- warum Dokumentationen notwendig und hilfreich sind und
- wie Sie praktisch vorgehen, um eine Lösung zu implementieren.

Excel, das Lieblingsprogramm der Office-Anwender, ist einem permanenten Entwicklungs- und Veränderungsprozess unterworfen. Wie nun schon der Philosoph Heraklit vor über 2.500 Jahren wusste: Nichts ist so beständig wie der Wandel!

Der stetige Wandel und die immer wiederkehrenden Neuerungen erfordern kontinuierliche Anpassungen. Sowohl die Umwelt als auch die Datenlandschaft und die Anforderungen an das Reporting sind diesen Änderungsprozessen unterworfen. Bei geänderten Rahmenbedingungen müssen die dazu erstellten Modelle ebenfalls überarbeitet und angepasst werden. Darin jedoch liegt momentan die Crux: die Forderung nach Flexibilität auf der einen Seite, nach Stabilität und Schnelligkeit bei der Analyse auf der anderen.

Dennoch und auch deshalb ist es immer wieder verlockend und begeisternd, Excel aufzurufen und sofort Daten in einer Arbeitsmappe zu erfassen oder zu bearbeiten. Bei kleinen und einfachen Aufgabenstellungen ist dies ein häufig praktizierter, möglicher Lösungsweg. Wollen Sie aber mit umfangreichen Daten, verschiedenen Datenquellen und im Ergebnis mit zahlreichen Datenausgaben und Berichtsblättern arbeiten, ist es keineswegs ratsam, »mal einfach so« loszulegen. Hier bedarf es einiger Überlegungen, um ein übersichtliches, nachvollziehbares und vom Management akzeptiertes Arbeitsergebnis zu erzielen.

Entwurf von Modellen und deren Dokumentation

Microsoft Excel ist der Rechenkünstler und weit mehr als eine reine Tabellenkalkulationssoftware: Mithilfe zahlreicher Funktionen und Formeln, interessanter Techniken und aussagestarker Diagramme bereiten Sie die Daten auf. Je nach Aufgabenstellung müssen Daten aus anderen, oft verschiedenen Systemen integriert, Tabellen verknüpft, Daten verdichtet und aufbereitet werden. Planen Sie gerade zu Beginn der Aufgabenstellung genügend Zeit ein, um sich umfassende und detaillierte Gedanken über den Lösungsansatz und den erforderlichen Lösungsweg in Excel zu machen. Dies macht sich im Laufe der voranschreitenden Arbeit sehr schnell bezahlt. Ein überlegter und strukturierter Aufbau erleichtert jedes weitere Arbeiten sowie auch spätere Erweiterungen an und mit dem Excel-Modell.

Meine Empfehlung:

- Investieren Sie Zeit in die Planung und Vorbereitung des (Lösungs-)Modells.
- Überlegen Sie, welche Aufgaben und Anforderungen das Modell erfüllen soll und welche Struktur und Funktionalität Sie dazu benötigen.
- Nicht zuletzt: Dokumentieren Sie das Modell, damit sowohl Sie selbst als auch Mitarbeiter und Kollegen den Aufbau und die Ziele verstehen und den Lösungsweg nachvollziehen können.

Planungsmethode und Lösungsentwicklung

Microsoft Excel stellt keinerlei Anforderungen an ein bestimmtes Vorgehen zum Erreichen der Lösung. Sie als Anwender entscheiden, meist nach Ausbildungsstand und Erfahrung, welchen Lösungsweg Sie einschlagen.

Die Entscheidung liegt ausschließlich bei Ihnen, ob Sie beispielsweise

- mit Formeln oder Tabellenfunktionen arbeiten,
- Datenbankfunktionen einsetzen oder unmittelbar zu einer Programmierlösung schreiten,
- eine Lösung mit zahlreichen Tabellen in einer Mappe oder in verteilten Mappen anstreben,
- Daten in Tabellenform mithilfe von Funktionen oder mit Assistenten und Datenbankfunktionen bearbeiten oder auch
- PivotTables und PivotCharts verwenden oder
- eine Lösung unter Einsatz von PivotTables in Verbindung mit Power Query und Power Pivot erarbeiten.

Nur wer das Endergebnis genau vor Augen hat, kann alle Schritte von der Datenerhebung bis zur Lösung vorausdenken. Mit einer derartigen soliden Planungsgrundlage können Sie sämtliche Module und Komponenten gezielt und im Kontext des Gesamtmodells gestalten und entwickeln.

Der Lösungsweg beginnt mit den Wünschen und Ideen, wie das Endergebnis in Form eines Berichts aussehen soll (Abbildung 1.1, Schritt [1] und [2]). In Schritt [3] finden zunächst Überlegungen zu den Anforderungen statt. Schritt [4] befasst sich mit der Entscheidung, welche Anforderungen davon konkret umgesetzt werden sollen, sowie mit Gedanken zum Design. Im nächsten Schritt [5] wird die Quelle bzw. die Herkunft der

Planungsmethode und Lösungsentwicklung

Daten unter die Lupe genommen. Im Anschluss daran läuft die Entwicklung und Lösungsumsetzung von Schritt [6] bis [7] – hier erstellen Sie anhand aller bekannten Anforderungen und Datenkonstellationen den Aufbau des realen Modells bis hin zum Druck des endgültigen Berichts.

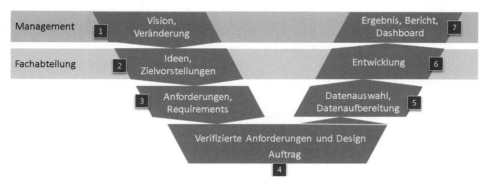

Abbildung 1.1: Planung und Entwicklung eines Vorgehensmodells zum Aufbau eines Excel-Reports am Beispiel des V-Modells

Bevor Sie tatsächlich innerhalb der Mappe die Tabellenblätter aufbauen, ist es notwendig, sich die technischen und organisatorischen Komponenten für die Excel-Mappen und Tabellenblätter zu überlegen und festzuschreiben.

Praxisbeispiel

Angenommen, Sie erstellen einen monatlichen Bericht. Die Daten, die zu diesem Bericht führen, erhalten Sie aus einem Vorsystem in einem flachen (*.txt*, *.csv*) oder auch einem anderen Format. Diese Daten können Sie mit Power Query aufbereiten, in Ihr Lösungsmodell dynamisch und wiederholbar einlesen und verarbeiten. Der fertige Bericht wird als eigene Datei im Dateisystem abgelegt.

Dies wiederholt sich regelmäßig. Sie erhalten jeweils einen für sich abgeschlossenen Datenbestand, der umgesetzt und mit dem dazugehörigen Ergebnis gespeichert wird.

Eine andere Verarbeitungsvariante liest die Daten anstatt in eine Excel-Mappe in eine Datenbank ein und sammelt alle angefallenen Daten über einen größeren Zeitraum. Ihr (Berichts-)Modell greift auf die gesamte Datenbank zu und selektiert beispielsweise anhand eingegebener Zeitparameter lediglich den darzustellenden Zeitraum. Der Bericht wird erstellt, aber nicht gespeichert, weil er jederzeit aus dem Datenbestand in gleicher Weise oder aber auch über einen beliebigen anderen Zeitraum rekonstruiert werden kann. Abbildung 1.2 stellt einen beispielhaften schematischen Ablauf grafisch dar.

Kapitel 1: Von der Idee zum Bericht

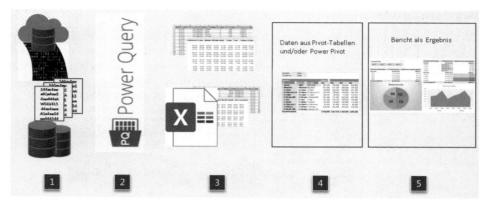

Abbildung 1.2: Schematischer Aufbau des Lösungswegs

Die Schritte im Einzelnen (Abbildung 1.2):

1. Im ersten Schritt werden die Daten in flacher Form als sequenzielle Textdatei aus einem Vorsystem in Microsoft Excel importiert oder, wenn es sich um sehr große Datenmengen handelt, in einer Datenbank zwischengespeichert.
2. Im zweiten Schritt werden die Daten aus unterschiedlichen Quellen mit Power Query aufbereitet und direkt aus der beispielsweise flachen Datei durch Power Query aufbereitet in Microsoft Excel eingelesen.
3. Oder sie werden in Microsoft Excel erfasst und dort für die weitere Bearbeitung aufbereitet.
4. Im dritten Arbeitsschritt werden die Daten in dem Lösungsmodell, beispielsweise Pivot-Tables, verarbeitet.
5. Ausgabe des zusammengestellten Berichts, interaktiv oder statisch.

Aufbereiten der Daten und Aufbau der Lösung

Je nach Komplexität der Anforderung vollzieht sich der Weg zur Lösung genau wie der Aufbau der Daten innerhalb einer Mappe in folgenden Schritten:

- Alle notwendigen Daten werden entweder komplett oder ggf. gefiltert aus der Datenbank in eine Excel-Tabelle übernommen.
- Aus diesem importierten Datenmaterial werden beispielsweise mehrere Pivot-Tabellen oder formel- und funktionsbasierte Modelle aufgebaut.
- Aus den Pivot-Tabellen werden die für die Grafik bzw. für die Darstellung erforderlichen Daten extrahiert,
- in weiteren Modellen zusammengeführt und
- mit dem Diagramm-Assistenten in eine Geschäftsgrafik umgesetzt oder unmittelbar in Tabellenform in den Bericht übernommen.

Verwaltung der Daten

Bei einem umfangreichen Modell ist auch zu überlegen, wo Hilfsdaten, beispielsweise umfangreiche Kriterienbereiche für Datenbankabfragen, aufgebaut werden, wo im Hinblick auf Power Pivot eine Kalendertabelle und welche Dimensionstabellen neben den Bewegungsdaten benötigt werden. In einem dynamischen Modell können die anzuzeigenden Daten des Berichts mit umfangreichen Datenschnitten gefiltert werden (Abbildung 1.3).

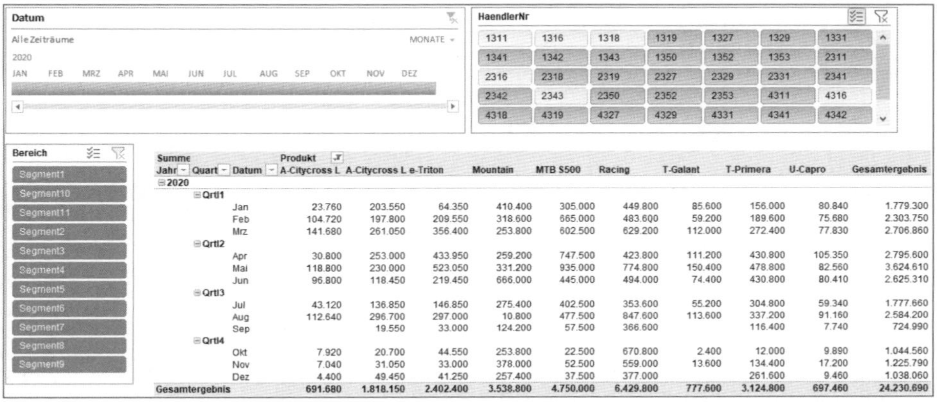

Summe			Produkt									
Jahr	Quart	Datum	A-Citycross L	A-Citycross L	e-Triton	Mountain	MTB S500	Racing	T-Galant	T-Primera	U-Capro	Gesamtergebnis
2020												
	Qrtl1											
		Jan	23.760	203.550	64.350	410.400	305.000	449.800	85.600	156.000	80.840	1.779.300
		Feb	104.720	197.800	209.550	318.600	665.000	483.600	59.200	189.600	75.680	2.303.750
		Mrz	141.680	261.050	356.400	253.800	602.500	629.200	112.000	272.400	77.830	2.706.860
	Qrtl2											
		Apr	30.800	253.000	433.950	259.200	747.500	423.800	111.200	430.800	105.350	2.795.600
		Mai	118.800	230.000	523.050	331.200	935.000	774.800	150.400	478.800	82.560	3.624.610
		Jun	96.800	118.450	219.450	666.000	445.000	494.000	74.400	430.800	80.410	2.625.310
	Qrtl3											
		Jul	43.120	136.850	146.850	275.400	402.500	353.600	55.200	304.800	59.340	1.777.660
		Aug	112.640	296.700	297.000	10.800	477.500	847.600	113.600	337.200	91.160	2.584.200
		Sep		19.550	33.000	124.200	57.500	366.600		116.400	7.740	724.990
	Qrtl4											
		Okt	7.920	20.700	44.550	253.800	22.500	670.800	2.400	12.000	9.890	1.044.560
		Nov	7.040	31.050	33.000	378.000	52.500	559.000	13.600	134.400	17.200	1.225.790
		Dez	4.400	49.450	41.250	257.400	37.500	377.000		261.600	9.460	1.038.060
Gesamtergebnis			691.680	1.818.150	2.402.400	3.538.800	4.750.000	6.429.800	777.600	3.124.800	697.460	24.230.690

Abbildung 1.3: Steuerung der PivotTable-Anzeige über die Datenschnitte, Jahre, den Bereich und die Händler-Nummer

Mit einer durchdachten Abfrage bzw. Auswahlsteuerung automatisieren Sie als Anwender die erforderlichen Arbeitsprozesse und erhöhen vor allem die Qualität und Effizienz Ihrer Arbeit.

Kapitel 2
Entdecken Sie die Möglichkeiten von PivotTables und PivotCharts

In diesem Kapitel lernen Sie …

- etwas über die Anwendungsmöglichkeiten von PivotTables und PivotCharts,
- wie Sie PivotTables aufbauen und gestalten,
- das Layout von PivotTables,
- die Gruppierung und deren Möglichkeiten,
- Datenschnitte aufzubauen und PivotTables zu steuern,
- Sortieren und Filtern in PivotTables sowie
- das Arbeiten mit dem Element Zeit.

Sie haben bisher Ihre Daten mit Formeln und Funktionen ausgewertet. Sind Sie dabei mit viel Mühe, aufwendigen Modellen und Methoden zu Ihren Ergebnissen gekommen, so bieten Ihnen PivotTables jetzt völlig neue Möglichkeiten: Sie können große Datenmengen schnell filtern, selektieren, umgestalten, berechnen, auswerten, neu anordnen oder in unterschiedlichsten Formen zusammenfassen und aggregieren. Nicht zuletzt lässt sich mit wenigen Handgriffen auch noch ein ansprechendes PivotChart erstellen.

Die PivotTable ist eine interaktive Tabelle, in der sich Daten in einer oder mehreren Gruppen zusammenfassen lassen. Jede Spalte in den Basisdaten wird mit ihrer Bezeichnung in der ersten, obersten Zelle in der PivotTable zu einem Feld. Gruppen entstehen unter Verwendung mathematischer Funktionen wie beispielsweise Summe oder Anzahl.

Sie erstellen eine PivotTable mithilfe des PivotTable-Assistenten. Anschließend können Sie die Felder beliebig in den jeweiligen Bereichen anordnen sowie jederzeit verschieben. Daten lassen sich unter wechselnden Gesichtspunkten verändern und auch neu bewerten. Innerhalb einer PivotTable sind die Daten nicht veränderbar – aber die Anordnung der Felder und die damit verbundene Sicht auf die Daten können angepasst bzw. verändert werden. Durch diesen Mechanismus ist eine versehentliche Veränderung der Daten beim Pivotisieren ausgeschlossen. Gewünschte bzw. erforderliche Änderungen führen Sie immer in den Basisdaten aus.

Kapitel 2: Entdecken Sie die Möglichkeiten von PivotTables und PivotCharts

Die PivotTable bietet eine interaktive Möglichkeit für verschiedene Anwendungen:

- Sie ermöglicht eine schnelle Analyse und übersichtliche Aufbereitung Ihrer umfangreichen numerischen Daten.
- Mit wenigen Handgriffen und von Assistenten unterstützt erreichen Sie schnell eine anschauliche Darstellung Ihrer Daten.
- Änderungen, Ergänzungen und das Hinzufügen neuer Elemente lassen sich in überschaubaren Schritten schnell erledigen.
- Um bestimmte Ereignisse hervorzuheben, können Sie die Datenebenen sowohl erweitern als auch reduzieren. Ferner lässt sich ein »Drilldown« der zusammengefassten Daten ausführen, um damit die Datensätze aufzulisten, die hinter einem Ergebnis liegen.
- Außerdem können Sie die PivotTable auch als Zwischeninstrument für die Zusammenführung unterschiedlicher Daten einsetzen.
- Die PivotTable eignet sich auch als Instrument, um Daten in eine andere Form, eine sequenzielle Liste, zu konvertieren.
- Um sich auf interessante und nützliche Teilmengen konzentrieren zu können, gibt es die Möglichkeit der Gruppierung, Filterung und bedingten Formatierung.
- Umfassende Formatierungsmöglichkeiten und vorgefertigte Formatvorlagen unterstützen Sie bei ansprechenden Darstellungen am Bildschirm und ebenso bei Berichten, die gedruckt werden sollen.

Hinweis   Die PivotTables und PivotCharts, die Sie in den folgenden Kapiteln sehen, wurden mit Microsoft Excel 2019 und Excel Microsoft 365 erstellt.

Lassen sich alle Daten mit PivotTables auswerten?

Um mit PivotTables sinnvoll und zielgerichtet arbeiten zu können, spielt die Qualität der Basisdaten eine große Rolle. Deshalb sollten Sie für die Arbeit mit PivotTables – für Berechnungen bzw. Auswertungen – einige Dinge beachten. Die grundsätzliche Organisation der Daten richtet sich nach den Anforderungen, die auch bei Datenbanken zu erfüllen sind. Beachten Sie demnach folgende neun Anforderungen:

- Jede Spalte benötigt eine Überschrift als Feldnamen (Feldbezeichner), der möglichst kurz gehalten werden sollte.
- Der Datenbereich muss mindestens aus zwei Zeilen bestehen.
- Die Anzahl der Spalten ist nur durch die Größe des Tabellenblattes begrenzt und innerhalb der PivotTable durch den zur Verfügung stehenden Speicherplatz.
- Der Quellbereich darf keine leeren Spalten oder Zeilen enthalten.
- Eine Spalte mit Datum sollte immer in jeder Zelle einen gültigen Datumseintrag aufweisen (ein fehlendes oder fehlerhaftes Datum führt zu einem falschen Ergebnis).

- Innerhalb der Zeilen oder Spalten dürfen keine Berechnungen mit Zwischensummen bzw. Teilergebnisse enthalten sein.
- keine Gliederung in einem Tabellenblatt mit Daten für die PivotTable-Auswertung
- Vermeiden Sie Gesamtsummen am Ende des Quelldatenbereichs. Sind dennoch welche vorhanden, dürfen sie auf keinen Fall in den Datenbereich der PivotTable eingeschlossen werden. Durch Einschluss solcher Zeilen entstehen falsche Ergebnisse.
- Die Anreicherung von Daten durch zusätzliche berechnete Spalten (Felder) ist erlaubt, in einigen Fällen sinnvoll, in manchen Fällen sogar erforderlich.
- Stellen Sie dynamische Quellbereiche der PivotTable durch Bereichsnamen ebenfalls dynamisch zur Verfügung (beispielsweise durch die Verwendung von »intelligenten Tabellen«) – so umgehen Sie wiederkehrende manuelle Datenbereichsanpassungen). Intelligente Tabellen sind immer notwendig, wenn Sie mit dem Datenmodell arbeiten.
- Ausgeblendete Zeilen oder Spalten in den Quelldaten werden in den PivotTables in die Berechnung mit einbezogen und angezeigt.

Die verschiedenen Wege zu einer PivotTable

Wollen Sie eine PivotTable erstellen, stehen Ihnen drei unterschiedliche Wege zur Verfügung, nämlich über:

1. empfohlene PivotTables
2. den PivotTable-Assistenten
3. den Befehl **Einfügen/PivotTables**

Der Weg über die empfohlenen PivotTables [1] ist für die Anwender interessant, die wenig bis keine Erfahrung mit PivotTables haben oder keine Vorstellung davon, wie sie eine PivotTable aufbauen und Daten auswerten können. Hier bietet Excel Unterstützung und zeigt eine Auswahl von vordefinierten Varianten an. Anhand dieser Beispiele kann sich der Anwender ein Bild vom Ergebnis seiner Auswertabsicht machen.

Der Weg über den PivotTable-Assistenten [2] steht nicht ohne Vorbereitung oder das Kennen des ShortCuts zur Verfügung [Alt]+[N]+[P]. Er bietet jedoch neben dem reinen Aufbau einer PivotTable noch einige zusätzliche Möglichkeiten, Daten auszuwerten oder Arbeitsschritte im Hintergrund einer PivotTable zu erledigen. Auf diese Möglichkeiten gehe ich in den praktischen Beispielen detailliert ein.

Der von Ihnen gezielt gesteuerte und kontrollierte Weg zu einer PivotTable führt über den Befehl **Einfügen/PivotTable** zum Dialog **PivotTable erstellen**, in dem Sie die für Ihre Zwecke entsprechenden Auswahlmöglichkeiten bearbeiten (Abbildung 2.1).

Kapitel 2: Entdecken Sie die Möglichkeiten von PivotTables und PivotCharts

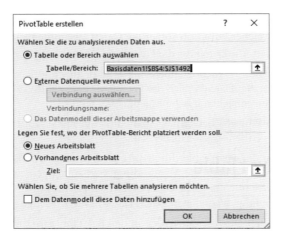

Abbildung 2.1:   In diesem Dialogfeld bearbeiten Sie die Einstellungen und Optionen für die PivotTable.

Diese Prozessschritte führen Sie zu einem Pivot-Bericht

Eine PivotTable erstellen Sie immer in einem obligatorischen Prozessablauf. Es ist jedoch möglich, dass Sie für das Ergebnis Ihres Berichts einige Schritte nicht benötigen.

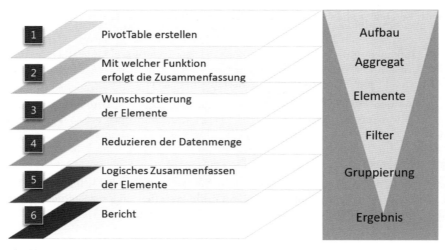

Abbildung 2.2:   Erstellen einer PivotTable und zusätzliche Möglichkeiten zur Bearbeitung und Gestaltung einer PivotTable

Mit folgenden Schritten erstellen Sie Ihre PivotTable:
1. Eine intelligente Tabelle erzeugen oder den Quellbereich selektieren
2. Den Befehl PivotTable aufrufen und den Ausgabebereich der PivotTable bestimmen (Abbildung 2.2)
3. Das Layout der PivotTable finden: Welche Felder müssen an welche Position?

4. Das Ergebnis des PivotTable-Berichts
5. Aggregatfunktionen auswählen: Mit welcher Funktion sollen die Daten zusammengefasst werden?
6. Elemente nach Wunsch sortieren
7. Datenmenge durch Filter reduzieren
8. Elemente gruppieren
9. PivotTable-Bericht formatieren und präsentieren

Jetzt erstellen Sie eine PivotTable

Übungsdateien   Die Übungsdaten zu diesem und den folgenden Beispielen finden Sie in der Excel-Datei **Kap_02_UEB.xlsx**. Die Pivot-Arbeitsschritte in diesem Kapitel wurden mit Microsoft Excel 365 durchgeführt.

Öffnen Sie diese Datei und wechseln Sie auf die Registerkarte **Basisdaten**. Dort finden Sie Daten, die zur Erstellung einer PivotTable geeignet sind. Zuerst positionieren Sie die Einfügemarke innerhalb des Datenbereichs und führen folgende Schritte aus:

1. Klicken Sie im Menüband auf der Registerkarte **Einfügen** in der Befehlsgruppe **Tabellen** auf den Befehl **PivotTable**.
2. In dem Dialogfeld, das sich nun öffnet, bestimmen Sie, welche Daten ausgewählt werden sollen und an welcher Position der PivotTable-Bericht erstellt werden soll. Im Textfeld **Tabelle/Bereich** wird dabei automatisch der Bezug auf die aktive Tabelle vorgegeben.

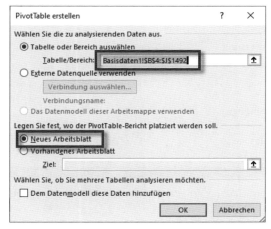

Abbildung 2.3:   In diesem Dialogfeld selektieren Sie den Datenbereich in den Basisdaten und bestimmen den Ausgabeort der PivotTable.

Kapitel 2: Entdecken Sie die Möglichkeiten von PivotTables und PivotCharts

Hinweis Ist der ausgewählte Datenbereich nicht korrekt, wählen Sie im Dialogfeld **PivotTable erstellen** im Textfeld **Tabelle/Bereich** die Schaltfläche **Erweitern**. Danach können Sie den Datenbereich neu auswählen oder auch die Zelladresse direkt in das Textfeld eintragen. Mit einem Klick auf die Schaltfläche **Reduzieren** kehren Sie wieder zurück in die vollständige Ansicht des Dialogfeldes.

3. Wenn der Datenbereich korrekt ist, bestätigen Sie mit **OK**.

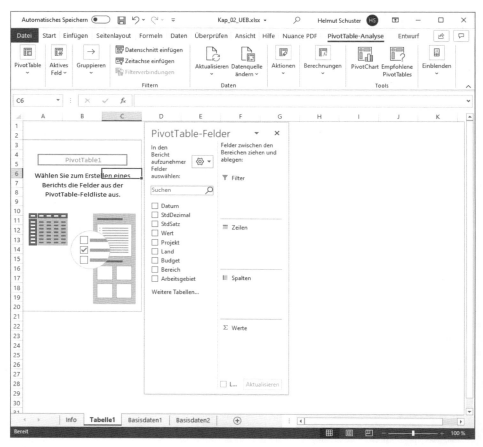

Abbildung 2.4: Das Tabellenblatt mit der PivotTable, in der jetzt die Felder zur Auswertung angeordnet werden

4. Sie befinden sich jetzt unmittelbar im Tabellenblatt, im Aufbaudialog der PivotTable (Abbildung 2.4).

Jetzt erstellen Sie eine PivotTable

Hinweis Eine zentrale Rolle für das Hinzufügen von Feldern in der PivotTable übernimmt die **PivotTable-Feldliste**. In diesem Aufgabenbereich werden die Felder hinzugefügt, neu angeordnet oder auch entfernt.

Um ein Feld innerhalb der PivotTable neu anzuordnen, benötigen Sie folglich die PivotTable-Feldliste. Die Feldliste wird immer eingeblendet, sobald Sie eine PivotTable erstellt haben – wenn Sie also die Auswahl der Quelldaten sowie den Ausgabebereich für die PivotTable festgelegt und das Dialogfeld per **OK** verlassen haben.

Der Aufgabenbereich **PivotTable-Feldliste** ist die zentrale Steuerstelle zum Aufbau einer PivotTable bzw. zum Verändern bestehender PivotTables.

In diesem Entwicklungsstadium zeigt die PivotTable noch keine Daten an. Im oberen Teil der PivotTable-Feldliste sehen Sie die Feldnamen, wie sie in den Basisdaten als Feldbezeichner eingetragen sind. Durch Anklicken des jeweiligen Kontrollkästchens und das Anordnen des Feldes im Layoutbereich wird die zugehörige Spalte mit ihren Daten im PivotTable-Bericht angezeigt.

Wählen Sie die Felder aus, die für den Aufbau Ihrer Pivot-Auswertung relevant sind. Dazu aktivieren Sie in der PivotTable-Feldliste die entsprechenden Kontrollkästchen vor den Feldnamen, woraufhin die Felder automatisch in einer beliebigen Rubrik des Layoutbereichs angeordnet werden. Danach verschieben Sie die betroffenen Felder in die Rubrik, die die beste Aussagequalität aufweist.

Für die erste Auswertung benötigen Sie folgende Feldanordnung im Layoutbereich (Abbildung 2.5):

- das Feld **Wert** im **Wertebereich**
- das Feld **Land** im **Spaltenbereich**
- das Feld **Datum** im **Zeilenbereich**

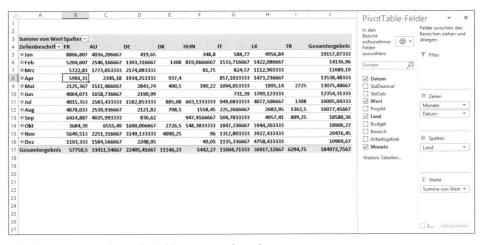

Abbildung 2.5:   Anordnung der Felder im Layoutbereich

Hinweis	Sollte die PivotTable ein Feld im Layoutbereich als Datum identifizieren, wird dieses Feld automatisch in Jahr und Monat gruppiert. In den meisten Fällen wird die Monatsdarstellung in die PivotTable übernommen.

Hinweis	Bei der Aktivierung eines Feldnamens in der PivotTable-Feldliste wird dieses Feld automatisch einem Layoutbereich zugeordnet. Entscheidend für die Zuordnung ist der Datentyp des Feldes:
	Enthält eine Spalte nur Zahlen, wird das Feld dem Bereich **Werte** zugeordnet und die Aggregatfunktion **Summe** angewendet.
	Enthält die Spalte nur Text oder unterschiedliche Datentypen, wird das Feld dem Bereich **Zeilen** hinzugefügt.
	Sie können jederzeit und beliebig oft sowohl die Zuordnung der Felder im Layoutbereich als auch den Berechnungstyp (Aggregatfunktion) ändern. Ein Feld kann allerdings in den Bereichen **Filter**, **Spalten** und **Zeilen** jeweils nur einmal zugeordnet werden. Hingegen lässt sich jedes Feld dem Bereich **Werte** mehrfach zuordnen. Zur Unterscheidung und vor allem, um Eindeutigkeit zu erhalten, bekommt das Feld dann zum Namen eine laufende Nummer, beispielsweise **Land, Land2, Land3**).

So verschieben Sie im Layoutbereich die Felder blitzschnell

Im täglichen Arbeitseinsatz ist es oft vorteilhafter, das jeweilige Feld mit der Maus direkt in den Layoutbereich zu ziehen. Ziehen Sie das gewünschte Feld bei gedrückt gehaltener Maustaste in den Zielbereich und lösen Sie dort die Maustaste. In der Standardeinstellung von Microsoft Excel können Sie die Felder in ihrer Position bzw. Anordnung nur in der PivotTable-Feldliste verändern.

Neben dem direkten Ziehen von Feldern in einen anderen Layoutbereich gibt es auch die Möglichkeit, einen Wechsel über ein Kontextmenü vorzunehmen, das hier entweder mit der rechten Maustaste geöffnet wird oder mit einem Klick auf den Pfeil rechts im Namensfeld (Abbildung 2.6).

Abbildung 2.6: Hinzufügen oder Wechseln eines Feldes über das Kontextmenü

Darstellung der PivotTable ändern

Die Darstellung der PivotTable genügt bei der ersten Anordnung oftmals nicht den Ansprüchen. Das Feld **Wert** wird bei der ersten Belegung häufig mit der Aggregatfunktion **Anzahl** zusammengefasst, und zwar dann, wenn sich neben Werten auch Text in der Spalte befindet. Bei dem Feld **Datum** kann es sein, dass die PivotTable zuerst die einzelnen Tagesdaten zeigt.

In einem solchen Fall sollten Sie das Feld im Wertebereich auf die benötigte Aggregatfunktion umstellen, in unserem Beispiel auf **Summe**. Dazu sind folgende Arbeitsschritte notwendig:

Kapitel 2: Entdecken Sie die Möglichkeiten von PivotTables und PivotCharts

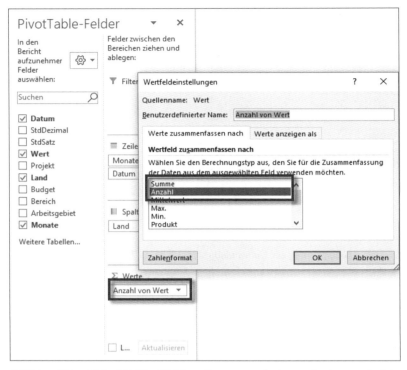

*Abbildung 2.7:   Dialogfeld **Wertfeldeinstellungen** zur Änderung der Aggregatfunktion **Anzahl** in **Summe***

Um das Zahlenformat auf zwei Nachkommastellen und 1000er-Trennzeichen zu stellen, gehen Sie folgendermaßen vor:

1. Positionieren Sie die Einfügemarke auf einem Wert in der PivotTable. Danach öffnen Sie mit der **rechten** Maustaste das Kontextmenü und wählen den Befehl **Wertfeldeinstellungen**.
2. Klicken Sie auf die Schaltfläche **Zahlenformat** und aktivieren Sie in dem folgenden Dialogfeld die Kategorie **Zahl**. Im rechten Abschnitt des Dialogfeldes stellen Sie das Zahlenformat auf zwei Nachkommastellen ein und aktivieren das Kontrollkästchen **1000er-Trennzeichen verwenden**.

    Alternativ können Sie im Kontextmenü direkt den Befehl **Zahlenformat** anklicken.
3. Mit einem Klick auf **OK** in diesem Dialogfeld und einem weiteren Klick auf **OK** im Dialogfeld **Wertfeldeinstellungen** übernehmen Sie die Formatierung in die PivotTable.

Sollte in der PivotTable das Tagesdatum gezeigt werden, gehen Sie folgendermaßen vor, um eine monatliche Darstellung zu erreichen:

1. Positionieren Sie den Cursor auf einem Datum, öffnen Sie mit der rechten Maustaste das Kontextmenü und wählen Sie dort den Befehl **Gruppieren**.
2. Im folgenden Dialogfeld übernehmen Sie die Voreinstellungen (Abbildung 2.8) mit einem Klick auf **OK**.

Darstellung der PivotTable ändern

*Abbildung 2.8: Dialogfeld **Gruppierung** zur Umwandlung des Datums in Tagesdatum und Monatsdarstellung*

3. Als Ergebnis erhalten Sie die in Abbildung 2.9 dargestellte PivotTable.

	A	B	C	D	E	F	G	H	I	J
3	Summe von Wert	Spalten								
4	Zeilenbeschriftungen	FR	AU	DE	DK	HUN	IT	LX	TR	Gesamtergebnis
5	⊞ Jan	8.806,81	4.036,21	419,65		348,80		588,77	4.956,84	19.157,07
6	⊞ Feb	5.204,61	2.546,17	1.303,32	1.308,00	819,07	1.533,72	1.422,09		14.136,96
7	⊞ Mrz	5.722,83	1.773,05	2.174,08		81,75	824,57	1.112,90		11.689,19
8	⊞ Apr	5.991,31	2.345,18	1.934,25	937,40		857,10	1.473,24		13.538,48
9	⊞ Mai	2.125,37	1.511,47	2.843,74	490,50	390,22	1.094,05	1.895,14	2.725,00	13.075,49
10	⊞ Jun	4.064,07	1.658,74	2.190,99			731,39	3.709,12		12.354,31
11	⊞ Jul	4.015,35	2.583,43	1.582,85	885,08	603,13	949,68	4.077,51	1.308,00	16.005,04
12	⊞ Aug	4.878,03	2.539,94	2.121,82	708,50	1.558,45	225,27	2.682,95	1.362,50	16.077,46
13	⊞ Sep	6.414,89	4.025,99	836,62		947,42	504,78	4.957,41	899,25	18.586,36
14	⊞ Okt	3.684,39	6.555,49	1.600,01	2.726,50	548,38	1.847,24	1.944,26		18.906,27
15	⊞ Nov	5.649,51	2.251,32	3.149,13	4.090,25	96,00	1.312,80	3.927,43		20.476,45
16	⊞ Dez	1.193,33	1.584,57	2.248,95		49,05	1.135,34	4.758,43		10.969,67
17	Gesamtergebnis	57.750,50	33.411,55	22.405,42	11.146,23	5.442,27	11.604,71	36.917,33	6.294,75	184.972,76

Abbildung 2.9: Ergebnis des ersten, noch unformatierten PivotTable-Berichts (Ausschnitt)

Hinweis Die PivotTable-Feldliste wird nur angezeigt, wenn der Cursor in einer PivotTable positioniert ist.

Wird bei einer aktivierten PivotTable die PivotTable-Feldliste nicht eingeblendet, so wurde sie gezielt ausgeblendet. Sie kann jederzeit über die Registerkarte **PivotTable-Analyse** in der Befehlsgruppe **Einblenden** mit einem Klick auf den Befehl **Feldliste** wieder angezeigt werden. Ebenfalls finden Sie den gleichen Befehl im Kontextmenü, das mit der rechten Maustaste aufgerufen wird.

Kapitel 2: Entdecken Sie die Möglichkeiten von PivotTables und PivotCharts

Gruppierung von Elementen in einer PivotTable

Mitunter erschweren umfangreiche oder zu detaillierte Daten die Übersicht. In diesem Fall kann es sinnvoll sein, Daten zu Gruppen zusammenzufassen. Im vorausgehenden Beispiel haben Sie Tagesdaten zu Monaten und ggf. Jahren gruppiert. Gleiches lässt sich mit numerischen oder Textdaten vornehmen. Sie können beispielsweise die Länder in zwei Gruppen von A–F und G–Z zusammenfassen.

Falls das Feld **Land** noch nicht im Zeilenbereich angeordnet ist, verschieben Sie es vom Layoutbereich **Spalten** in den Bereich **Zeilen** und entfernen das Feld **Datum** und **Monat** aus der PivotTable.

Die Gruppierung erreichen Sie in vier Schritten:

1. Markieren Sie in der PivotTable die Ländernamen, deren Anfangsbuchstabe im Bereich A–F liegt.
2. Öffnen Sie mit der rechten Maustaste das Kontextmenü und wählen Sie dort den Befehl **Gruppieren**. Daraufhin wird die erste Gruppierung mit der Bezeichnung Gruppe1 eingefügt.

   Sie können eine Gruppierung auch über die Registerkarte PivotTable-Analyse erstellen: Hierzu markieren Sie ebenso die gewünschten Ländernamen in der PivotTable, öffnen im Register **PivotTable-Analyse** den Befehl **Gruppieren** und wählen dann den Eintrag **Auswahl gruppieren**.
3. Markieren Sie die restlichen Zeilen von G–Z und wählen Sie im Kontextmenü erneut den Befehl **Gruppieren**. Daraufhin wird die zweite Gruppierung mit der Bezeichnung **Gruppe2** eingefügt.
4. Als Ergebnis erhalten Sie eine in zwei Gruppen aufgeteilte PivotTable (Abbildung 2.10).

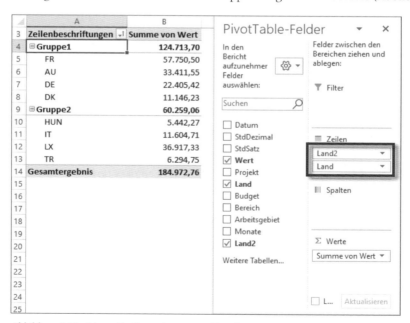

Abbildung 2.10: Manuelle Gruppierung von Textelementen

Tipp	Durch die Gruppierung entsteht ein neues Feld **Land2**. In der PivotTable werden die markierten Zeilen in **Gruppe1** und **Gruppe2** zusammengefasst. Sie haben jederzeit die Möglichkeit, die Bezeichnung für die Gruppe nach Ihren Wünschen anzupassen. Wenn Sie die Zelle mit der Gruppenbeschriftung markieren, können Sie in der Bearbeitungszeile einen beliebigen Text als Bezeichnung eintragen.

Wie Datentypen die Gruppierung beeinflussen

Für die unterschiedlichen Gruppierungsmöglichkeiten sind drei Datentypen maßgeblich:

- **Textdaten** lassen sich in einem neuen Feld gruppieren, indem aus mehreren Elementen eine neue Gruppe gebildet wird. Microsoft Excel erstellt automatisch das gruppierte Feld, in das nur die innerhalb der Gruppe definierten (markierten) Elemente aufgenommen werden.
- **Numerische Daten** können in Bereichen mit bestimmten Elementen gruppiert werden. Microsoft Excel erkennt automatisch numerische Elemente (Daten) und zeigt, wenn Sie den Befehl **Gruppieren** aufrufen, ein Dialogfeld mit möglichen numerischen Gruppierungsoptionen an.
- **Datumsangaben** lassen sich nach bestimmten Zeiträumen zusammenfassen. Hier erkennt Microsoft Excel ebenfalls gültige Datums- und Zeitformate und bietet im Dialogfeld entsprechende Auswahlmöglichkeiten für die Darstellung an (Abbildung 2.8).

Eine Gruppierung aufheben

Auf dem gleichen Weg, wie Sie die manuellen Gruppen erstellt haben, lösen Sie diese auch wieder auf: Nach dem Markieren der Gruppenbezeichnung wählen Sie im Kontextmenü anstelle des Befehls **Gruppieren** den Befehl **Gruppierung aufheben**.

Alternativ können Sie auf der kontextsensitiven Registerkarte **PivotTable-Analyse** in der Befehlsgruppe **Gruppieren** den Befehl **Gruppierung aufheben** auswählen. Alternativ gibt es die Tastenkombination ⇧+Alt+← (Abbildung 2.11).

Wichtig	Einem gruppierten Feld können Sie keine berechneten Elemente hinzufügen. Lösen Sie in diesem Fall die zuvor hergestellte Gruppierung wieder auf. Nach dem Einfügen des berechneten Elements können Sie die Elemente des Feldes erneut gruppieren.
	(Anmerkung: Ein »berechnetes Element« wird für eine differenzierte Berechnung innerhalb einer PivotTable verwendet. Grundlage sind Dimensionselemente wie beispielsweise **Ist-Betrag** und **Plan-Betrag**. Aus diesen beiden (Dimensions-)Elementen wird dann durch Subtraktion beispielsweise ein berechnetes Element »**Abweichung**« ermittelt).

Kapitel 2: Entdecken Sie die Möglichkeiten von PivotTables und PivotCharts

*Abbildung 2.11: Befehle rund um die Gruppierung im Menüband, Registerkarte **PivotTable-Analyse***

Feldbeschriftungen in PivotTables und PivotCharts

Beim Aufbau einer PivotTable werden automatisch Überschriften eingetragen (siehe Abbildung 2.10, Zelle A3, **Zeilenbeschriftungen**). Sie können diese Überschrift ändern, indem Sie die Zelle A3 aktivieren und in der Bearbeitungszeile eine neue Überschrift eintragen.

Beim Ändern von Überschriften sollten Sie darauf achten, keinen vorhandenen Feldnamen zu benutzen. Für den Fall, dass der gewünschte neue Feldname bereits in Gebrauch ist, erhalten Sie folgende Fehlermeldung: »Der PivotTable-Feldname ist bereits vorhanden.«

| **Tipp** | Allein das Anfügen eines Leerzeichens an den ursprünglichen Feldnamen wird als neue Überschrift in der PivotTable akzeptiert. Sie sollten jedoch im Umgang mit Leerzeichen an dieser Stelle vorsichtig sein, weil diese dann häufig dafür verantwortlich sind, dass in folgenden Arbeitsschritten die Daten nicht richtig bearbeitet werden, beispielsweise bei einer Gruppierung. Bei Beschriftungen von Zeilen und Spalten unterscheidet Microsoft Excel sehr wohl zwischen einem Eintrag mit bzw. ohne Leerzeichen am Ende, was zur Anzeige zusätzlicher Zeilenfelder führen kann. Es ist in diesem Zusammenhang sinnvoll, sich eigene Namenskonventionen zu überlegen: Es ist beispielsweise denkbar, die Feldnamen der Basisdaten in Standardschreibweise zu verwenden und für Überschriften einen Unterstrich oder Punkt voranzustellen. |

So erweitern Sie die PivotTable und verändern die Feldanordnung

Der erste Entwurf einer Pivot-Tabelle kann jederzeit entsprechend den Anforderungen und Auswertekriterien verändert bzw. angepasst werden. Bei unseren Beispieldaten und der zuvor erzeugten PivotTable könnte eine sinnvolle Anordnung aus dem Tausch der Spaltenbeschriftung mit der Zeilenbeschriftung [1] und dem Hinzufügen des Feldes **Arbeitsgebiet** [2] ergeben (Abbildung 2.12).

In welchem Arbeitsgebiet wurde in den ersten vier Monaten des Jahres in Deutschland (DE) der größte Umsatz erzielt? Um diese Frage zu beantworten, ziehen Sie das Feld **Arbeitsgebiet** in den Layoutabschnitt **Zeilen** und können dann das Ergebnis unmittelbar ablesen (Abbildung 2.12, [2]).

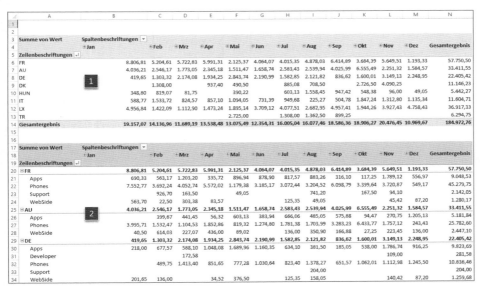

*Abbildung 2.12: Positionstausch der Zeilen- mit der Spaltenbeschriftung [1] und Hinzufügen des Feldes **Arbeitsgebiet** [2]*

Mit dieser neuen Anordnung werden die Umsätze der Länder in weitere Details aufgegliedert. Sie können jetzt die Felder beliebig neu anordnen und auf diese Weise neue Aussagen treffen.

Mehrere Felder im Wertebereich

Wie bereits erwähnt, ist es in einer PivotTable erlaubt, ein und dasselbe Feld mehrmals im Wertebereich anzuordnen. Der Sinn liegt darin, ein solches Feld mit verschiedenen Aggregatfunktionen wie **Anzahl** und **Summe** zu kombinieren, um somit gleichzeitig unterschiedliche Auswertungen vorzunehmen.

Kapitel 2: Entdecken Sie die Möglichkeiten von PivotTables und PivotCharts

Im Beispiel wird gezeigt, wie im Layoutbereich **Werte** neben den Umsatzdaten (**Summe von Wert**) auch gleichzeitig die Anzahl der Stunden (**Summe von StdDezimal**) angezeigt werden.

Ziehen Sie dazu das Feld **StdDezimal** in den Wertebereich. Sie erhalten eine neue Darstellung der PivotTable (Abbildung 2.13).

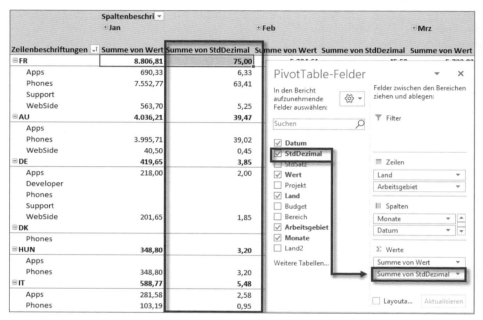

Abbildung 2.13: Erweiterung der PivotTable um die Arbeitsstunden und gemeinsame Darstellung im Wertebereich

---

Hinweis Ziehen Sie mehr als ein Feld in den Layoutbereich **Werte**, erscheint ein neues Feld Σ **Werte** in der Feldliste. Dieses Feld entsteht automatisch, und Sie erhalten die Möglichkeit, die Darstellung der Werte zu verschieben – beispielsweise von der Spaltendarstellung in die Zeilendarstellung. Damit erreichen Sie eine völlig andere Sicht auf die Daten und erhöhen ggf. die Analysekraft Ihrer PivotTable.

Mit dem Berichtsfilter Daten selektiv anzeigen

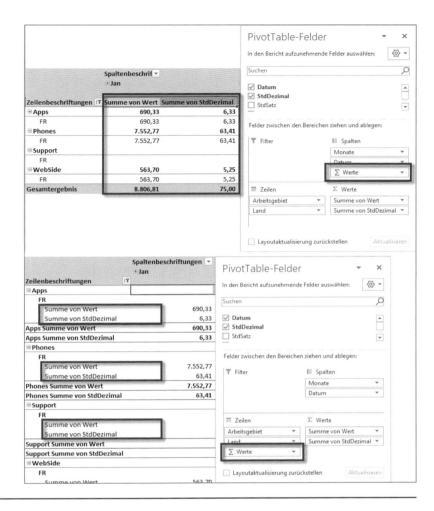

Mit dem Berichtsfilter Daten selektiv anzeigen

Sie haben in dem vorangegangenen Arbeitsschritt (Abbildung 2.13) eine umfassende Pivot-Table aufgebaut. Es kann jetzt interessant sein, jeweils nur ein bestimmtes Land zu betrachten. Diese Darstellung erreichen Sie durch das Verschieben des Feldes **Land** in den Layoutbereich **Filter**.

Nachdem Sie das Feld **Land** dem Layoutbereich **Filter** hinzugefügt haben, ergibt sich die Darstellung aus Abbildung 2.14.

Kapitel 2: Entdecken Sie die Möglichkeiten von PivotTables und PivotCharts

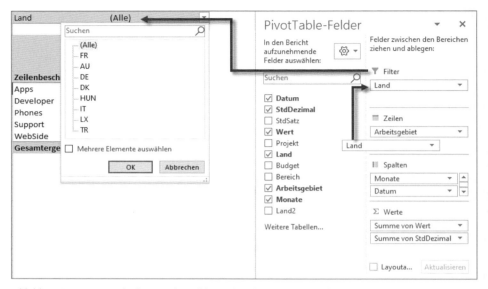

*Abbildung 2.14: So verschieben Sie das Feld **Land** in den Layoutbereich **Filter**. Die Auswirkungen in der PivotTable werden unmittelbar angezeigt.*

Wenn Sie ein Land auswählen, beispielsweise **FR**, und Sie Ihre Auswahl per **OK** bestätigen, so wird der ausgewählte Listeneintrag in der Zelle im Filter angezeigt und die PivotTable neu berechnet. Jetzt werden nur diejenigen Werte der Datenquelle angezeigt, die im Feld **Land** den gewählten Eintrag **FR** enthalten. Es erfolgt eine Filterung des Wertefeldes (Abbildung 2.15).

Land	FR	
	Spaltenbeschriftun ▼	
	⊞ Jan	
Zeilenbeschriftungen ▼	Summe von Wert	Summe von StdDezimal
Apps	690,33	6,33
Phones	7.552,77	63,41
Support		
WebSide	563,70	5,25
Gesamtergebnis	**8.806,81**	**75,00**

*Abbildung 2.15: Ergebnis des Berichtsfilter-Eintrags **FR** (Ausschnitt **Monat Januar** aus der PivotTable)*

*Abbildung 2.16: Mehrfachauswahl im Berichtsfilter (Layoutbereich **Filter**)*

Alle Daten wieder anzeigen

Um wieder alle Daten anzuzeigen, wählen Sie im Berichtsfilter den Eintrag (**Alle**) oder entfernen das Feld **Land** aus dem Layoutbereich **Filter**.

Möchten Sie mehrere Einträge im Layoutbereich **Filter** gleichzeitig selektieren, aktivieren Sie das Kontrollkästchen **Mehrere Elemente auswählen**. Danach können Sie jedes Element über ein Kontrollkästchen zum Filter hinzufügen (Abbildung 2.16).

Ist der Filter aktiv, erkennen Sie dies am geänderten Aussehen der Schaltfläche des Auswahlfeldes. Zusätzlich zum Pfeil der Schaltfläche wird ein Filtersymbol angezeigt. Dieses Filtersymbol erscheint auch neben dem Feld in der PivotTable-Feldliste.

Achtung   Beachten Sie bitte: Wenn Sie ein Feld mit einem aktiven Berichtsfilter in einen anderen Layoutabschnitt verschieben, beispielsweise von **Filter** in **Zeilenbereich**, bleibt die Datenfilterung auch im neuen Layoutabschnitt (**Zeilen**) erhalten und wirksam.

Abbildung 2.17: Verschieben Sie ein gefiltertes Feld aus dem Berichtsfilter in einen anderen Layoutbereich, bleibt der Filter erhalten.

In der PivotTable werden durch den Berichtsfilter die Daten im Zeilen- bzw. Spaltenbereich nicht ausgeblendet – vergleichbar mit der Anwendung des **AutoFilters**. Die Daten werden innerhalb der PivotTable gefiltert, und nur die tatsächlichen Ergebnisse werden im Tabellenblatt angezeigt.

Die Wirkung der Layoutaktualisierung

Wenn Sie im Layoutbereich der PivotTable arbeiten, Felder verschieben, entfernen oder neue Felder hinzufügen, führt jede Änderung, die Sie dort vornehmen, zu einer Aktualisierung der PivotTable. Bei geringen Datenmengen führt dies zu keinen Verzögerungen. Arbeiten Sie jedoch mit umfangreichen Datenmengen oder greifen Sie auf externe Datenquellen zu, kann dies zu erheblichen Wartezeiten bei der Aktualisierung führen. Um die Wartezeiten zu minimieren, ist es sinnvoll, die automatische Layoutaktualisierung zu deaktivieren. Hierzu aktivieren Sie das Kontrollkästchen **Layoutaktualisierung zurückstellen** ganz unten in der Feldliste (siehe Abbildung 2.17). Jetzt können Sie beliebig die Felder verschieben oder neu anordnen, ohne permanent auf die Aktualisierung zu warten.

Beachten Sie jedoch, dass in diesem Modus zahlreiche Befehle auf der kontextbezogenen Registerkarte **PivotTable-Analyse** ebenfalls deaktiviert sind.

Wollen Sie während der Arbeit – sozusagen zwischendurch – Ergebnisse betrachten, klicken Sie auf die Schaltfläche **Aktualisieren**, die sich ebenfalls ganz unten in der Feldliste befindet. Damit bringen Sie Ihre PivotTable auf den neuesten Stand.

Soll die Aktualisierung der PivotTable wieder bei jeder Änderung im Layoutbereich aktiviert werden, schalten Sie lediglich das Kontrollkästchen **Layoutaktualisierung zurückstellen** wieder aus (indem Sie das Häkchen entfernen).

Abbildung 2.18: Unterbinden Sie mit diesem Kontrollkästchen die permanente Aktualisierung der PivotTable bei jeder Veränderung im Layoutbereich.

Hinweis	Ist **Layoutaktualisierung zurückstellen** aktiviert, werden Änderungen, die Sie in den Basisdaten vornehmen, mit dem Befehl **Aktualisieren** nicht in die PivotTable übernommen. Darüber hinaus gehen die Änderungen verloren, wenn Sie die Mappe schließen, obwohl Sie die Datei vorher gespeichert haben. Wichtig ist es, zuerst **Layoutaktualisierung zurückstellen** aufzuheben, danach die PivotTable zu aktualisieren und die PivotTable-Feldliste zu schließen. Erst im letzten Schritt speichern Sie die Datei, damit Ihre Daten erhalten bleiben.
	Bei aktivem Kontrollkästchen **Layoutaktualisierung zurückstellen** können Sie das Dialogfeld **Wertfeldeinstellungen** für die Felder im Wertebereich nicht aufrufen.

Felder verschieben, hinzufügen oder entfernen

In diesem Berichtsbeispiel sehen Sie eine länderorientierte Auswertung der Arbeitsgebiete mit Umsatzwerten und Stunden (Abbildung 2.19, [1]). Mit einer veränderten Anordnung der vorhandenen Felder kann der Schwerpunkt der Betrachtung auf einfache Weise variiert werden.

Felder verschieben, hinzufügen oder entfernen

Wenn Sie die Betrachtung nicht mit Schwerpunkt auf den Ländern vornehmen möchten, sondern wenn es wichtiger ist, die Arbeitsgebiete in ihren Summen zu sehen und an zweiter Stelle die Länderumsätze, so reicht es aus, die beiden Felder **Land** und **Arbeitsgebiet** im Zeilenbereich zu vertauschen (Abbildung 2.19, [2]). Die PivotTable wird neu angeordnet und gibt den Bericht im Tabellenblatt aus.

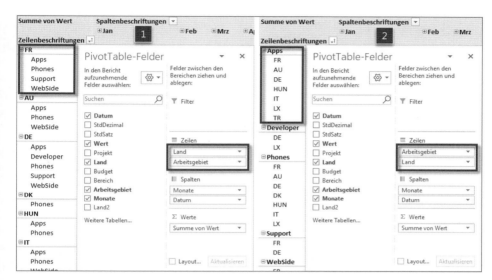

*Abbildung 2.19: Der Tausch der beiden Felder **Land** und **Arbeitsgebiet** im Layoutbereich **Zeilen** ergibt einen neuen Auswerteschwerpunkt.*

Feld aus dem Layoutabschnitt entfernen

Im Layoutabschnitt können Sie Felder nicht nur hinzufügen und verschieben, sondern auch entfernen. Ziehen Sie das Feld, das Sie entfernen möchten, mit gedrückt gehaltener Maustaste aus dem Layoutabschnitt heraus. Sobald der Feldname mit einem Kreuz am Mauszeiger angezeigt wird, lassen Sie die Maustaste los, woraufhin das Feld aus dem Bereich entfernt wird.

Feldbezeichnungen ändern

Feldbezeichnungen, die bei der Erstellung einer PivotTable entstehen, sind häufig sehr lang und vergrößern die Breite der Spalten erheblich. So lautet die Überschrift beispielsweise **Summe von Wert** oder in der Zelle nebenan **Summe von StdDezimal**. Kürzer wäre sicherlich besser und übersichtlicher. Mit folgenden Schritten passen Sie die Beschriftung an:

1. Markieren Sie die Zeile mit dem Inhalt **Summe von Wert**. Mit dieser Markierung erscheint der Ausdruck in der Bearbeitungszeile.
2. Markieren Sie in der Bearbeitungszeile die Worte **Summe von** (einschließlich des Leerzeichens am Ende) und ersetzen Sie die Markierung durch einen Punkt (siehe Abbildung 2.20).
3. Die neue Überschrift lautet **.Wert** und unterscheidet sich somit von dem Feldbezeichner **Wert**.

Kapitel 2: Entdecken Sie die Möglichkeiten von PivotTables und PivotCharts

*Abbildung 2.20: Umbenennen der Überschrift **Summe von Wert** in der PivotTable*

Nutzen der PivotTable-Felderansicht

Die PivotTable-Feldliste können Sie in fünf Varianten nutzen. Sie sind für die verschiedenen Aufgaben beim Einsatz einer PivotTable konzipiert und optimiert (siehe Abbildung 2.21). Mit einem Klick auf die Schaltfläche **Extras** öffnet sich das Auswahlfenster, und Sie können die für Ihre Arbeit günstigste Ansicht auswählen.

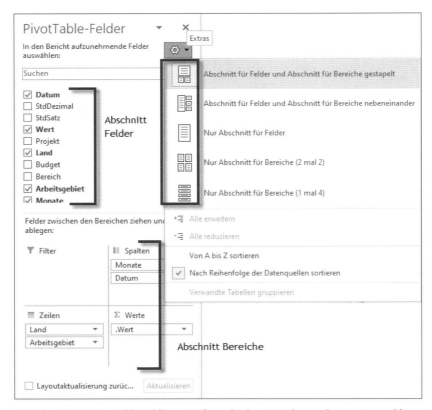

Abbildung 2.21: PivotTable-Feldliste: Fünf verschiedene Ansichten stehen zur Auswahl.

Was beim Verschieben von Feldern in den vier Berichtsbereichen passiert

Beim Verschieben von Feldern in den vier Berichtsbereichen geht Excel nach folgenden Regeln vor:

- **Werte:** Wird das erste numerische Feld aktiviert, wird es standardmäßig in den Bereich **Werte** verschoben. Folgt ein weiteres numerisches Feld, wird es ebenfalls im Wertebereich angeordnet und erscheint gleichzeitig als Σ **Werte** im Bereich **Spalten**.

    Im Bereich **Werte** kann jedes Feld, egal ob numerisch oder Text, mehrfach angeordnet werden.

- **Zeilen- und Spaltenbeschriftungen:** Wird nur das Kontrollkästchen für ein Textfeld aktiviert, wird das Feld automatisch in den Bereich **Zeilen** verschoben. Ein zweites Mal kann dasselbe Feld nicht in den gleichen Bereich von Zeilen oder Spalten angeordnet werden.

- **Filter:** Auch im Bereich **Filter** kann ein Feld nur einmal abgelegt werden.

- Weitere Besonderheiten beim Anordnen von Feldern sind im Zusammenhang mit **OLAP-Datenquellen** zu beachten. In OLAP-Datenquellen sind sehr häufig zahlreiche Felder (Measures) enthalten, die in verschiedenen Dimensionen, Hierarchien und Ebenen organisiert werden. Sie können Hierarchien, Attribute und benannte Mengen nur in die Bereiche **Zeilen**, **Spalten** oder **Filter** verschieben. Measures und berechnete Felder (Measures) können Sie nur in den **Wertebereich** verschieben.

Arbeitserleichterung durch eine geeignete Datensortierung

Wenn Sie Daten alphabetisch, numerisch oder chronologisch in eine andere Reihenfolge bringen wollen, verwenden Sie üblicherweise die Sortierfunktion. PivotTables bieten zusätzlich die Möglichkeit, die Daten manuell in eine beliebige Reihenfolge zu bringen oder auf eine benutzerdefinierte Liste zuzugreifen und nach deren Ordnung zu sortieren.

Sortieren innerhalb des Wertebereichs, beispielsweise wenn Sie die Umsatzwerte nach Größe anzeigen möchten, lässt sich leicht mit einem Sortiervorgang erledigen.

Klicken Sie mit der rechten Maustaste in der PivotTable auf einen Wert im Bereich **Summe von Wert** bzw. **.Wert** und wählen Sie im Kontextmenü die Befehlsfolge **Sortieren/Nach Größe sortieren (aufsteigend)** (Abbildung 2.22).

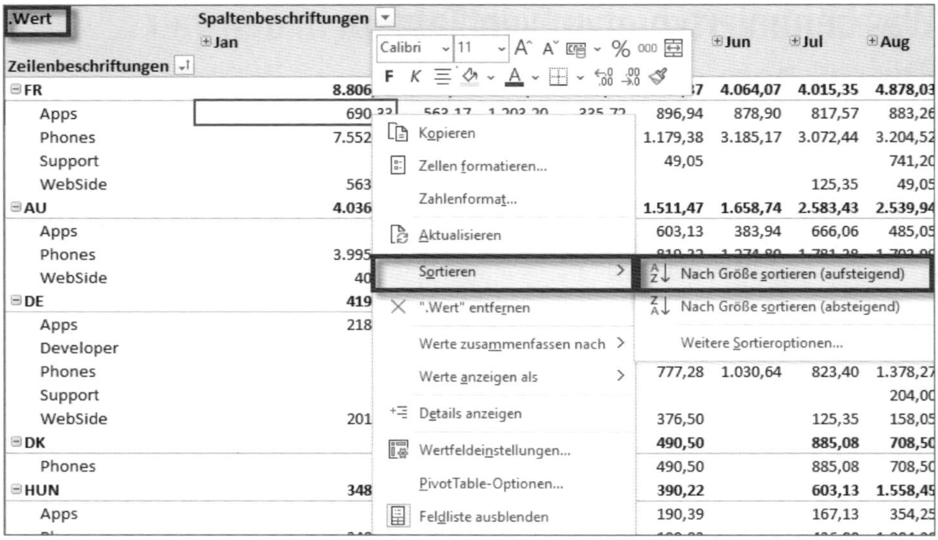

Kapitel 2: Entdecken Sie die Möglichkeiten von PivotTables und PivotCharts

Abbildung 2.22: Schneller Zugriff auf die Sortiermöglichkeiten über das Kontextmenü

Die im Dialogfeld sichtbare Option **Weitere Sortieroptionen** bietet die Möglichkeit, die Sortieroptionen noch um die Sortierrichtung (von oben nach unten oder von links nach rechts zu verfeinern (Abbildung 2.23).

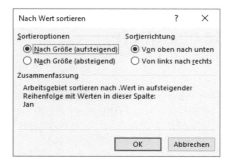

*Abbildung 2.23: Verfeinerung der Sortiermöglichkeiten im Bereich **Werte***

Hinweis   Anstatt auf der Basis des Feldes **Wert** zu sortieren, können Sie auch Zeilen- oder Spaltenfelder als Sortiergrundlage wählen. Beim Sortieren auf der Basis der Zeilen- oder Spaltenfelder erhalten Sie noch weitere Sortieroptionen, u. a. auch die benutzerdefinierte Sortierreihenfolge (siehe auch den Abschnitt »Sortieren in PivotTables« auf Seite 47).

Übungsdateien   Ein Lösungsbeispiel finden Sie in der Excel-Datei **Kap_02_LOE.xlsx** im Tabellenblatt **Bsp**.

Berechnungstypen in PivotTables

Beim Erstellen der ersten PivotTable ziehen Sie ein Feld in den Wertebereich, und automatisch wird eine Berechnung ausgeführt. In den meisten Fällen wird der Berechnungstyp **Anzahl** oder **Summe** angewendet. Mit wenigen Mausklicks können Sie in einer PivotTable auch andere mathematische Operationen auf die Daten durchführen:

1. Klicken Sie auf das gewünschte Feld im Layoutbereich **Werte** und wählen Sie dort den Befehl Wertfeldeinstellungen (Abbildung 2.24).
2. Im Dialogfeld **Wertfeldeinstellungen** wählen Sie auf der Registerkarte **Werte zusammenfassen** noch den Berechnungstyp aus, mit dem Sie die Daten zusammenfassen möchten (siehe ebenfalls Abbildung 2.24).

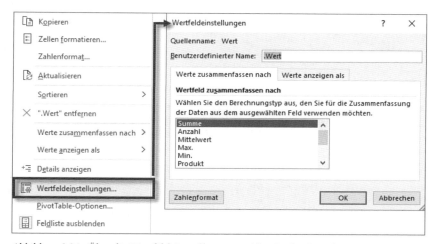

*Abbildung 2.24: Über die **Wertfeldeinstellungen** wählen Sie den Berechnungstyp aus.*

Für jedes Feld im Bereich **Werte** kann ein eigener Berechnungstyp eingestellt werden. Folgende Funktionen können Sie für die Zusammenfassung eines Wertefeldes verwenden:

- Summe
- Anzahl
- Mittelwert
- Max(imum)
- Min(imum)
- Produkt
- Anzahl Zahlen
- Standardabweichung (Stichprobe)
- Standardabweichung (Grundgesamtheit)
- Var(ianz) (Stichprobe)
- Varianz (Grundgesamtheit)

Schnellformatierung von PivotTables

Häufig müssen PivotTable-Berichte optisch aufbereitet und auf Papier gedruckt werden. Dies erreichen Sie ganz fix, wenn Sie die Schnellformatierung verwenden:
1. Positionieren Sie den Mauszeiger innerhalb der PivotTable.
2. Klicken Sie Register **Entwurf**. In der Befehlsgruppe **PivotTable-Formate** wählen Sie das geeignete Design bzw. die geeignete Formatvorlage aus (siehe Abbildung 2.25).

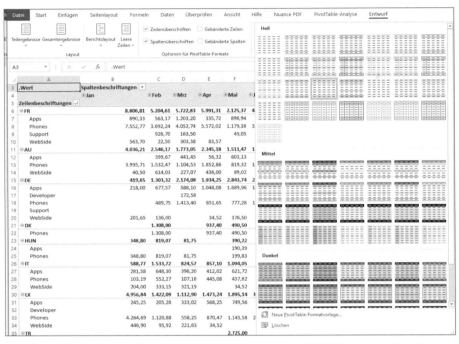

Abbildung 2.25: Hier finden Sie umfangreiche Formatvorlagen, die Sie leicht und schnell auf Ihre PivotTable anwenden können

---

Tipp Wenn Sie den Mauszeiger auf ein Tabellenformat bewegen, werden die Auswirkungen der Formatierung sofort im PivotTable-Bericht umgesetzt und angezeigt.

PivotCharts: sich schon vorher ein Bild machen

Mit dieser Vorschau-Technik von Excel machen Sie Informationen und Darstellungsvarianten sichtbar, die sich hinter bzw. in Ihren Daten verbergen. Mit dem Befehl **Empfohlene PivotTables** zeigt Excel Ihnen eine Vorschau verschiedener PivotTables. Per Klick wählen Sie die Option, die Ihre Ergebnisse am überzeugendsten präsentiert.

Wenn Sie in Ihre Basisdaten schauen und noch keine Vorstellung vom Ergebnis bzw. von dem Aufbau eines PivotCharts haben, bietet Ihnen dieser Befehl einen möglichen Weg, um eine PivotTable aufzubauen. Der Befehl zeigt Ihnen in einer Vorschauliste Varianten von

PivotTables, die aufgrund der vorhandenen Basisdaten möglich sind. Den Befehl finden Sie auf der Registerkarte **Einfügen** in der Befehlsgruppe **Tabellen**.

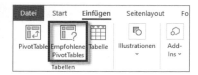

Abbildung 2.26: Der Befehl, der Ihnen ein Dialogfeld mit zahlreichen PivotTable-Varianten zur Auswahl anbietet

Nach einem Klick auf den Befehl erscheint das Dialogfeld aus Abbildung 2.26.

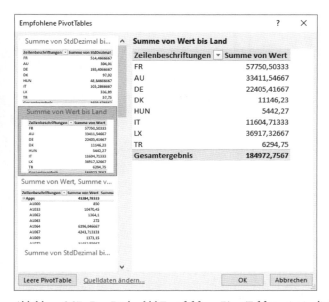

*Abbildung 2.27: Das Dialogfeld **Empfohlene PivotTables** zeigt im linken Teil zahlreiche Tabellenvarianten an. Nach einem Klick auf eine Variante erscheint unmittelbar eine Vorschau, aus der das spätere Aussehen Ihrer PivotTable hervorgeht.*

Das Dialogfeld bietet neben der Auswahl einer PivotTable-Variante auch die Möglichkeit, eine leere PivotTable zu erstellen oder an dieser Stelle die Datenquelle zu ändern.

Analog zu dem Befehl **Empfohlene PivotTables** stellt Excel auch den Befehl **Empfohlene Diagramme** zur Verfügung. Dieser Befehl zeigt Ihnen in einer Vorschauliste Varianten von PivotCharts, die aufgrund der vorhandenen Basisdaten möglich sind. Den Befehl finden Sie auf der Registerkarte **Einfügen** in der Befehlsgruppe **Diagramme**.

Abbildung 2.28: Der Befehl, der Ihnen ein Dialogfeld mit zahlreichen PivotChart-Varianten zur Auswahl anbietet

Kapitel 2: Entdecken Sie die Möglichkeiten von PivotTables und PivotCharts

Nach einem Klick auf den Befehl erscheint das Dialogfeld aus Abbildung 2.29.

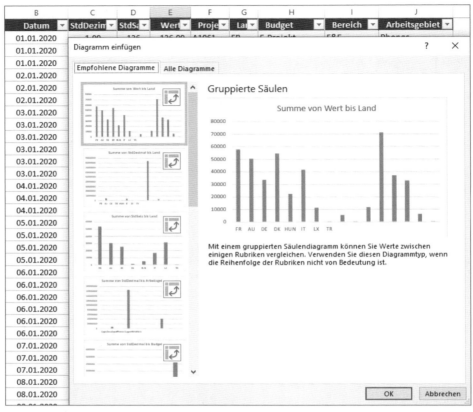

*Abbildung 2.29: Das Dialogfeld **Diagramm einfügen** zeigt im linken Teil zahlreiche Diagrammvarianten an. Nach einem Klick auf eine Variante erscheint unmittelbar eine Vorschau, aus der das spätere Aussehen Ihres PivotCharts hervorgeht.*

Aus einer PivotTable ein PivotChart erstellen

Angenommen, Sie möchten ein PivotChart erstellen, in dem Sie die Umsätze der einzelnen Arbeitsgebiete aufzeigen. Als Datengrundlage verwenden Sie die Daten aus dem Tabellenblatt **Basisdaten1**. Gehen Sie hierfür folgendermaßen vor:

1. Wechseln Sie in das Tabellenblatt **Basisdaten1** und positionieren Sie die Einfügemarke in einer Zelle im Datenbereich.
2. Klicken Sie auf der Registerkarte **Einfügen** in der Befehlsgruppe **Diagramme** auf die Schaltfläche **PivotChart**.
3. Es erscheint das Dialogfeld **PivotChart erstellen**. Es enthält die Zelladressen für den Bereich, den Sie auswerten lassen wollen.

Aus einer PivotTable ein PivotChart erstellen

4. Erstellen Sie den PivotChart-Bericht in einem neuen Arbeitsblatt. Aktivieren Sie dazu im Dialogfeld die entsprechende Option und klicken Sie danach auf **OK**.
5. Im neuen Arbeitsblatt wird ein leerer PivotTable- und Chart-Bericht eingefügt (Abbildung 2.30).

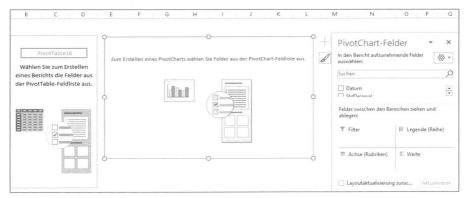

Abbildung 2.30: Das zu erstellende PivotChart mit einer PivotTable und der PivotChart-Feldliste

6. Ziehen Sie das Feld **Wert** in den Layoutbereich **Werte** und das Feld **Land** in den Layoutbereich **Achse** (Rubriken).
7. Auf der kontextbezogenen Registerkarte **PivotChart-Tools** klicken Sie auf die Unterregisterkarte **Entwurf** und wählen in der Gruppe **Typ** den Befehl **Diagrammtyp ändern** (Abbildung 2.31).

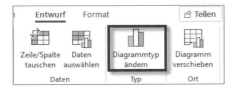

Abbildung 2.31: Befehlsschritte zum PivotChart

8. Im folgenden Dialogfeld **Diagrammtyp ändern** wählen Sie unter **Vorlagen** den Befehl **Kreis** und in der Auswahlliste den Eintrag **3D-Kreis** (Abbildung 2.32). Bestätigen Sie Ihre Auswahl mit einem Klick auf **OK**.

Kapitel 2: Entdecken Sie die Möglichkeiten von PivotTables und PivotCharts

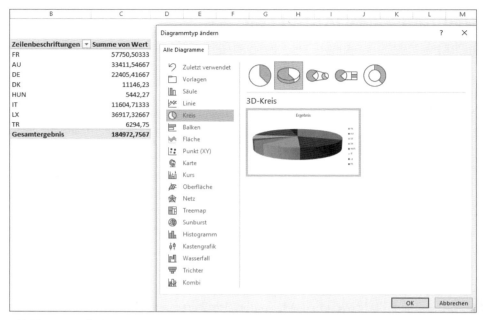

Abbildung 2.32: Ändern Sie den Diagrammtyp, sodass aus dem Balkendiagramm ein Kreisdiagramm wird.

Im Anschluss daran erscheint das geänderte PivotChart im Tabellenblatt (Abbildung 2.33).

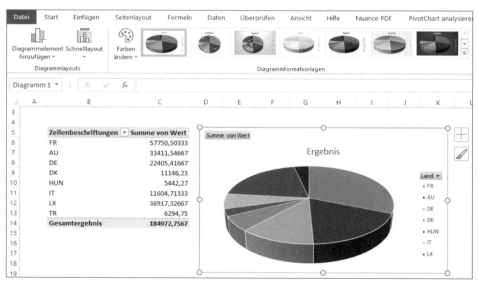

Abbildung 2.33: Die PivotTable und das PivotChart nach der Änderung des Diagrammtyps

Diagramm beschriften

Im nächsten Arbeitsschritt geben Sie dem Diagramm eine neue Überschrift und lassen die Umsatzwerte im Diagramm direkt anzeigen. Dazu gehen Sie folgendermaßen vor:

1. Markieren Sie im Diagramm den Text **Ergebnis** und ersetzen Sie ihn durch **Umsatz der Länder**.
2. Aktivieren Sie anschließend mit einem Klick ein Diagrammelement und öffnen Sie mit der rechten Maustaste das Kontextmenü: Wählen Sie dort den Befehl **Datenbeschriftungen hinzufügen**. Die Datenbeschriftungen werden an das jeweilige Element gesetzt.

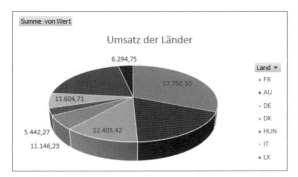

Abbildung 2.34: PivotChart mit der eingefügten Beschriftung, die noch formatiert werden muss

3. Markieren Sie jetzt die Werte in der PivotTable, öffnen Sie mit der rechten Maustaste das Kontextmenü, wählen Sie dort den Befehl **Wertfeldeinstellungen** und klicken dann auf die Schaltfläche **Zahlenformat**.
4. Wählen Sie dort in der Kategorie den Listeneintrag **Zahl**. Fügen Sie dann **2 Dezimalstellen** ein und aktivieren Sie das Kontrollkästchen für **1000er-Trennzeichen verwenden (.)**.

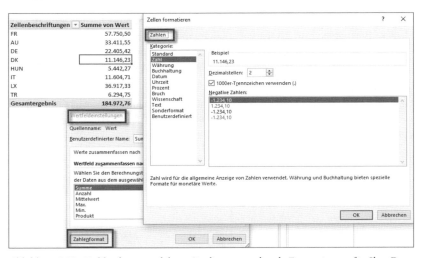

Abbildung 2.35: Zahlenformat – führen Sie die entsprechende Formatierung für Ihre Daten aus

5. Schließen Sie den Dialog mit einem Klick auf **OK**.

Kapitel 2: Entdecken Sie die Möglichkeiten von PivotTables und PivotCharts

Hinweis	Die Formatierung der Werte kann ebenso über die Markierung der Werte im Diagramm erfolgen. Markieren Sie dort einen Wert, öffnen Sie mit der rechten Maustaste das Kontextmenü und wählen Sie dort den Befehl **Diagrammbeschriftungen formatieren.** Im Dialog **Datenbeschriftungen** im Bereich **Zahl** füllen Sie die entsprechenden Formateinträge aus.

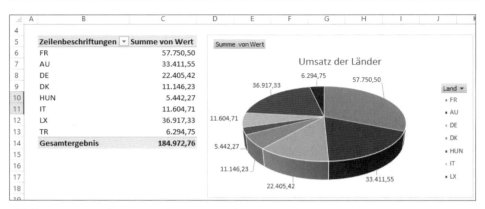

Abbildung 2.36: Das fertige PivotChart mit veränderter Beschriftung und Formatierung

Wie Sie in diesem Kapitel sehen können, lässt sich eine PivotTable mit dazugehörigem PivotChart in nur wenigen Schritten zügig erstellen. Das Ergebnis kann dann bereits zur Auswertung und Präsentation eingesetzt werden. Es kann jedoch genauso als Part eines Dashboards Verwendung finden.

Das Layout für Berichte gestalten

Eine große Bedeutung bei der Beurteilung von Daten in PivotTables kommt dem Erscheinungsbild, dem Berichtslayout, zu. Dabei spielen vor allem die Beschriftungen eine wichtige Rolle. Um das Berichtslayout zu beeinflussen, stehen Ihnen zwei Wege zur Verfügung:

- der Befehl Berichtslayout (siehe Abbildung 2.37) auf der Menüband-Registerkarte **Entwurf**, Gruppe **Layout**
- die Feldeinstellungen der PivotTable (siehe ebenfalls Abbildung 2.37), die über das Kontextmenü oder über die Menüband-Registerkarte **PivotTable-Analyse**, Gruppe **Aktives Feld**, erreichbar sind

Das Layout für Berichte gestalten

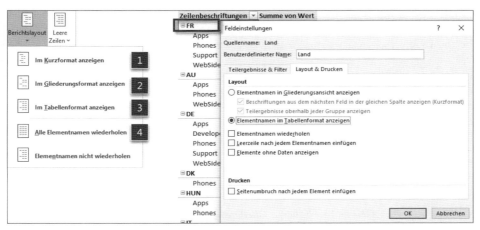

*Abbildung 2.37: Verschiedene Auswahlmöglichkeiten des Berichtslayouts im Menüband und in den Feldeinstellungen auf der Registerkarte **Layout & Drucken***

Hinweis   Der Befehl **Feldeinstellungen** wird im Kontextmenü nur angezeigt, wenn Sie die Einfügemarke in den Zeilenbeschriftungen oder Spaltenbeschriftungen positionieren.

Zur Gestaltung der PivotTables stehen Ihnen im Wesentlichen drei Berichtslayouts zur Verfügung:

1. im Kurzformat anzeigen (Abbildung 2.38, [1])
2. im Gliederungsformat anzeigen (Abbildung 2.39, [2])
3. im Tabellenformat anzeigen (Abbildung 2.40, [3])

Zusätzlich können Sie alle Elementnamen in jeder Zelle wiederholen (Zeilenbeschriftungen) [4] bzw. diese Anzeige wieder ausschalten (siehe Abbildung 2.41).

*Abbildung 2.38: Die PivotTable (Ausschnitt) im Berichtslayout **Kurzformat***

Die Ansicht verändert sich etwas, wenn Sie die PivotTable vom **Kurzformat** auf das **Gliederungsformat** umstellen (siehe Abbildung 2.39). Die Anzeige der Elemente der nächsten Ebene beginnt im Gliederungsformat eine Spalte weiter rechts. Beschriftungen werden angezeigt, jede in einer eigenen Spalte. Teilergebnisse können sowohl oberhalb als auch unterhalb der Gruppen angezeigt werden. Ebenso können die Teilergebnisse ausgeblendet werden (Befehl **Teilergebnisse** auf der gleichen Menüband-Registerkarte; mehr dazu lesen Sie im Abschnitt »Anzeigen von Teilergebnissen und Gesamtergebnissen« auf Seite 45).

Land	Arbeitsgebiet	Summe von Wert
⊟ FR		57.750,50
	Apps	9.048,53
	Phones	45.279,75
	Support	2.142,05
	WebSide	1.280,17
⊟ AU		33.411,55
	Apps	5.181,84
	Phones	25.782,60
	WebSide	2.447,10
⊟ DE		22.405,42

*Abbildung 2.39: PivotTable im Berichtslayout **Gliederungsformat** (Ausschnitt)*

Die Abbildung 2.40 zeigt einen Ausschnitt der PivotTable im **Tabellenformat**. Im Unterschied zum Gliederungsformat beginnt das erste Element der folgenden unteren Ebene beim Tabellenformat in der gleichen Zeile.

Land	Arbeitsgebiet	Summe von Wert
⊟ FR	Apps	9.048,53
	Phones	45.279,75
	Support	2.142,05
	WebSide	1.280,17
FR Ergebnis		57.750,50
⊟ AU	Apps	5.181,84
	Phones	25.782,60
	WebSide	2.447,10
AU Ergebnis		33.411,55
⊟ DE	Apps	9.823,69

*Abbildung 2.40: PivotTable im Berichtslayout **Tabellenformat** (Ausschnitt)*

Abbildung 2.41 zeigt eine PivotTable mit aufgeführten Elementnamen (verwenden Sie dazu den Befehl **Berichtslayout/Alle Elementnamen**). Im Unterschied zu Abbildung 2.39 wird beispielsweise das Länderkürzel in jeder Zeile wiederholt. Dies hat Vorteile bei externen Zugriffen auf die Inhalte der PivotTable, insbesondere bei Verwendung der Funktion **PIVOTDATENZUORDNEN()**.

Land	Arbeitsgebiet	Summe von Wert
⊟ FR	Apps	9.048,53
FR	Phones	45.279,75
FR	Support	2.142,05
FR	WebSide	1.280,17
FR Ergebnis		57.750,50
⊟ AU	Apps	5.181,84
AU	Phones	25.782,60
AU	WebSide	2.447,10
AU Ergebnis		33.411,55
⊟ DE	Apps	9.823,69

Abbildung 2.41: PivotTable im Tabellenformat mit aufgefüllten Elementnamen (Ausschnitt)

Mit dem Befehl **Berichtslayout/Elementnamen nicht wiederholen** wird die PivotTable in das ursprüngliche Format zurückgesetzt.

Berichtslayout in den PivotTable-Optionen anpassen

Hinweis Bisher haben wir in allen Berichtsbildern die Teilergebnisse oberhalb der Daten (Gruppe) gebildet. Diese Einstellung kann mit dem Befehl **Teilergebnisse/Alle Teilergebnisse oberhalb/unterhalb in der Gruppe anzeigen** verändert werden. Haben Sie **Alle Elementnamen wiederholen** aktiviert und stellen Sie dann auf die Ansicht **Tabellenformat** um, wird automatisch das Teilergebnis unterhalb der Gruppe angezeigt.

Berichtslayout in den PivotTable-Optionen anpassen

Wenn Sie äußere Zeilen und äußere Spalten verbinden, können Sie damit die Elemente horizontal und vertikal zentrieren. Sie haben auf diesem Weg die Möglichkeit, den Einzug von Einträgen zu steuern (Abbildung 2.42). Die Einstellung dazu nehmen Sie im Dialogfeld **PivotTable-Optionen** vor.

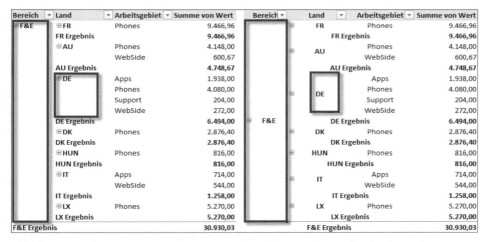

*Abbildung 2.42: Die Verbindung und Zentrierung der Felder **Bereich**, **Land** und **Arbeitsgebiet***

Um das Dialogfeld **PivotTable-Optionen** zu öffnen, klicken Sie mit der rechten Maustaste in die PivotTable und wählen im Kontextmenü den Befehl **PivotTable-Optionen**.

Auf der Registerkarte **Layout & Format** finden Sie das Kontrollkästchen **Zellen mit Beschriftungen zusammenführen und zentrieren**. Über das Drehfeld **Für Kurzformat Einzug der Zeilenbeschriftungen** legen Sie den Einzugswert zwischen 0 und 127 fest (Abbildung 2.43).

Kapitel 2: Entdecken Sie die Möglichkeiten von PivotTables und PivotCharts

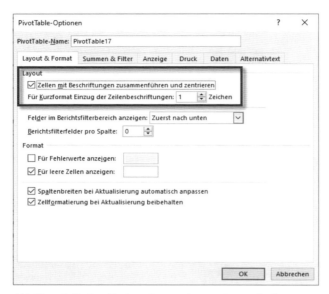

*Abbildung 2.43: Im Abschnitt **Layout** können Sie Beschriftungen zusammenführen, zentrieren und die Einzüge bestimmen.*

Tabellenoptionen erleichtern die Arbeit mit PivotTables

Im Dialogfeld PivotTable-Optionen (Abbildung 2.43) können Sie auf sechs Registerkarten die unterschiedlichsten Einstellungen für einen PivotTable-Bericht vornehmen. Tabelle 2.1 listet für jede Registerkarte alle Einstellungsmöglichkeiten übersichtlich auf.

	Optionen	Beschreibung
Registerkarte Layout & Format	Zellen mit Beschriftungen zusammenführen und zentrieren	Diese Option verbindet Zellen für Elemente in äußeren Zeilen und Spalten, um dann die Elemente horizontal oder vertikal zentrieren zu können (Layout: Tabellenformat).
	Felder im Berichtsfilterbereich anzeigen	Eintrag zuerst nach unten: Felder, die im Berichtsfilter hinzugefügt werden, werden untereinander angezeigt. Eintrag rechts, dann nach unten: Felder werden nebeneinander angeordnet, und zwar maximal so viele, wie pro Zeile angegeben sind.
	Für Fehlerwerte anzeigen	Ermöglicht Ihnen, anstelle von Fehlerwerten, zum Beispiel **#BEZUG!** oder **#DIV/0!**, ein selbst bestimmtes Zeichen auszugeben.
	Für leere Zellen anzeigen	Ermöglicht Ihnen, anstelle einer leeren Zelle ein selbst bestimmtes Zeichen, beispielsweise eine 0, einzugeben.
	Spaltenbreiten bei Aktualisierung automatisch anpassen	Passt bei jeder Aktualisierung die Spaltenbreite automatisch an die Größe des breitesten Textes an. Die Option ist zu deaktivieren, um die aktuelle Breite der Pivot-Tabellenspalten beizubehalten.
	Zellformatierung bei Aktualisierung beibehalten	Erspart Ihnen das wiederholte Formatieren Ihrer PivotTable nach Änderungen oder Aktualisierungen.

Tabelle 2.1: Optionen der PivotTable

Tabellenoptionen erleichtern die Arbeit mit PivotTables

	Optionen	Beschreibung
Registerkarte Summen & Filter	Gesamtsummen für Spalten anzeigen	Fasst mit der gleichen Funktion, beispielsweise Summe, die im Datenbereich verwendet wird, die Werte für alle Zellen in einer Spalte aus der PivotTable zusammen.
	Gesamtsummen für Zeilen anzeigen	Fasst ebenfalls mit der gleichen Funktion, die im Datenbereich verwendet wird, die Werte aller Zellen in derselben Zeile der PivotTable zusammen.
	Nach Teilergebnissen gefilterte Seitenelemente	Ermöglicht es Ihnen, gefilterte Elemente in Teilergebnisse ein- oder auszuschließen.
	Mehrere Filter pro Feld zulassen	Ermöglicht es Ihnen, in die Berechnung von Teilergebnissen und Gesamtsummen alle Werte einzubeziehen, einschließlich der durch Filter ausgeblendeten Werte.
	Beim Sortieren benutzerdefinierte Listen verwenden	Diese Option aktivieren Sie, um zum Sortieren eigene Sortierfolgen (benutzerdefinierte Listen) zu verwenden. Wenn Sie große Datenmengen aufsteigend oder absteigend sortieren, verbessert die Deaktivierung dieser Option eventuell die Leistung des Systems.
Registerkarte Anzeige	Schaltflächen zum Erweitern/Reduzieren anzeigen	Aktivieren Sie diese Option, um die Plus- oder Minuszeichen zum Erweitern bzw. Reduzieren von Zeilen- oder Spaltenbeschriftungen anzuzeigen.
	Kontextbezogene QuickInfos anzeigen	Zeigt Ihnen bei aktivierter Option in der QuickInfo den Wert, das Zeilenfeld und dessen Inhalt sowie das Spaltenfeld und dessen Inhalt an.
	Eigenschaften in QuickInfo anzeigen	Hier lassen sich Eigenschaftsinformationen von Elementen in der QuickInfo anzeigen – gilt nur für OLAP-Datenquellen.
	Feldbeschriftungen und Filter-Dropdowns anzeigen	Bei aktivierter Option werden Feldbeschriftungen für Zeilen und Spalten einschließlich Dropdown-Pfeilen angezeigt.
	Klassisches PivotTable-Layout (ermöglicht das Ziehen von Feldern im Raster)	Zeigt die Pivot-Erstellungsansicht der Excel-Vorversionen (2003 und früher) und erlaubt Ihnen das Ziehen bzw. Verschieben von Feldern in PivotTable-Berichten (und nicht nur im Aufgabenbereich **PivotTable-Feldliste**).
	Die Wertezeile anzeigen	OLAP-Datenbearbeitung
	Elemente ohne Daten in den Zeilen anzeigen oder Elemente ohne Daten in den Spalten anzeigen	Zeigt Zeilen-/Spaltenelemente an, die keine Werte besitzen. Die Optionen sind nur für OLAP-Datenquellen verfügbar.
	Elementnamen anzeigen, wenn im Wertbereich keine Felder vorhanden sind	Sie können mit dieser Option Elementbeschriftungen ein- bzw. ausblenden, wenn im Wertbereich keine Felder vorhanden sind. Gilt nur für PivotTable-Berichte, die mit Excel 2007/2010 erstellt wurden.
	Von A bis Z sortieren oder	Erste Wahlmöglichkeit: Sortiert die Inhalte der Feldliste aufsteigend alphabetisch.
	Nach der Reihenfolge der Datenquellen sortieren	Zweite Wahlmöglichkeit: Übernimmt die Sortierung der externen Datenquelle – gilt nicht für OLAP-Datenquellen.

Tabelle 2.1: Optionen der PivotTable (Forts.)

Kapitel 2: Entdecken Sie die Möglichkeiten von PivotTables und PivotCharts

	Optionen	Beschreibung
Registerkarte Druck	Schaltflächen zum Erweitern/Reduzieren in einer PivotTable anzeigen	Aktivieren oder deaktivieren Sie diese Option, um die Schaltflächen zum Erweitern/Reduzieren beim Drucken eines PivotTable-Berichts auszugeben bzw. nicht auszugeben.
	Zeilenbeschriftungen für jede gedruckte Seite wiederholen	Wiederholt die aktuellen Elementbeschriftungen der Zeilenbeschriftungen auf allen Seiten eines gedruckten PivotTable-Berichts, wenn die Option aktiv ist.
	Drucktitel festlegen	Bei aktivierter Option werden alle Feldkopfzeilen der Zeilen und Spalten und der Spaltenelementbeschriftungen auf allen gedruckten Seiten eines PivotTable-Berichts wiederholt. Um die Beschriftungen tatsächlich drucken zu können, müssen Sie unter den folgenden Optionen noch Werte eingeben:
		Öffnen Sie auf der **Registerkarte SEITENLAYOUT** in der Gruppe **Seite einrichten** über den Befehl **Drucktitel** das Dialogfeld **Seite einrichten**. Auf der Registerkarte Blatt im Abschnitt **Drucktitel** geben Sie in den Feldern **Wiederholungszeilen oben** bzw. **Wiederholungsspalten links** die entsprechenden Werte an.
Registerkarte Daten	Quelldaten mit Datei speichern	Ermöglicht es Ihnen, Daten aus externen Datenquellen in der Arbeitsmappe zu speichern – gilt nicht für OLAP-Datenquellen.
	Details anzeigen aktivieren	Bei aktiver Option lassen Sie einen Drilldown zu Detaildaten aus der Datenquelle zu und zeigen die Daten in einem neuen Arbeitsblatt an – gilt nicht für OLAP-Datenquellen.
	Aktualisieren beim Öffnen der Datei	Beim Öffnen der Datei wird bei aktiver Option die Excel-Mappe aktualisiert – gilt nicht für OLAP-Datenquellen.
	Elemente beibehalten, die aus der Datenquelle gelöscht wurden: Anzahl der pro Feld beizubehaltenden Elemente	Gibt die Anzahl der Elemente pro Feld an, die mit der Arbeitsmappe zwischengespeichert werden sollen. **Automatisch**: die Standardanzahl der eindeutigen Elemente für die einzelnen Felder **Keine**: keine eindeutigen Elemente für die einzelnen Felder **Maximum**: die maximale Anzahl eindeutiger Elemente für die einzelnen Felder
	Was-wäre-wenn-Analyse	**Zellbearbeitung im Wertebereich** aktivieren
Registerkarte Alternativtext	**Titel** und **Beschreibung**	Sie können alternativen Text für Formen, Bilder, Diagramme, Tabellen, SmartArt-Grafiken oder andere Objekte in Office-Dokumenten erstellen. Alternativer Text ermöglicht es Benutzern mit einer Bildschirmsprachausgabe, den Inhalt von Bildern zu verstehen. Wenn ein Dokument per Bildschirmsprachausgabe gelesen oder in einem Dateiformat wie DAISY (Digital Accessible Information System) gespeichert wird, wird in den meisten Browsern alternativer Text angezeigt, wenn der Benutzer den Mauszeiger über ein Bild bewegt.

Tabelle 2.1: Optionen der PivotTable (Forts.)

Anzeigen von Teilergebnissen und Gesamtergebnissen

Sie können in einer PivotTable die Teilergebnisse von Elementen und die Gesamtergebnisse in Zeilen oder Spalten anzeigen oder ausblenden. Darüber hinaus können Sie für Teilergebnisse bestimmen, ob diese oben in der Gruppe, unten in der Gruppe oder nicht angezeigt werden (Abbildung 2.44). Die entsprechenden Befehle finden Sie auf der kontextsensitiven Registerkarte **PivotTable-Tools**, Unterregisterkarte **Entwurf**, in der Befehlsgruppe **Layout**.

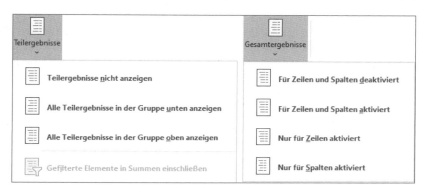

*Abbildung 2.44: Möglichkeiten der Befehle **Teilergebnisse** und **Gesamtergebnisse***

In einer PivotTable lassen sich Gesamtergebnisse auch nur für Zeilen oder nur für Spalten aktivieren bzw. deaktivieren (Abbildung 2.45).

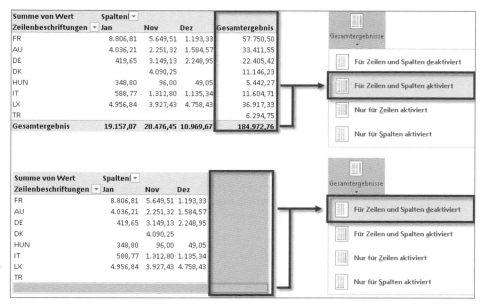

Abbildung 2.45: Beispielfall mit aktiviertem und deaktiviertem Gesamtergebnis für Zeilen und Spalten

Kapitel 2: Entdecken Sie die Möglichkeiten von PivotTables und PivotCharts

Hinweis Gesamtergebnisse für Zeilen werden nur angezeigt, wenn Sie mehr als ein Feld im Wertebereich angeordnet haben.

Bei Teilergebnissen erfolgt die Darstellung vom äußeren Element zum inneren Element. Das bedeutet: Sobald ein zweites Feld eingefügt wird, wird das erste Feld gruppiert und es werden Teilergebnisse angezeigt. Ist nur ein Element in der Zeile angeordnet, werden bei Ersterstellung einer PivotTable keine Teilergebnisse angezeigt. Wird ein weiteres Feld im Zeilenbereich hinzugefügt, findet die Anzeige eines Teilergebnisses nur für das äußere Feld statt (siehe Abbildung 2.46). Die Anzeige des Teilergebnisses setzt sich mit jedem weiteren Feld im Zeilenbereich fort. Über die Feldeinstellungen kann das individuelle Anzeigen bzw. Ausblenden von Teilergebnissen eines Feldes manuell gesteuert werden. Mit dem Befehl **Teilergebnisse** können Sie alle Teilergebnisse ein- bzw. ausblenden und die Anordnung oberhalb oder unterhalb der Daten steuern.

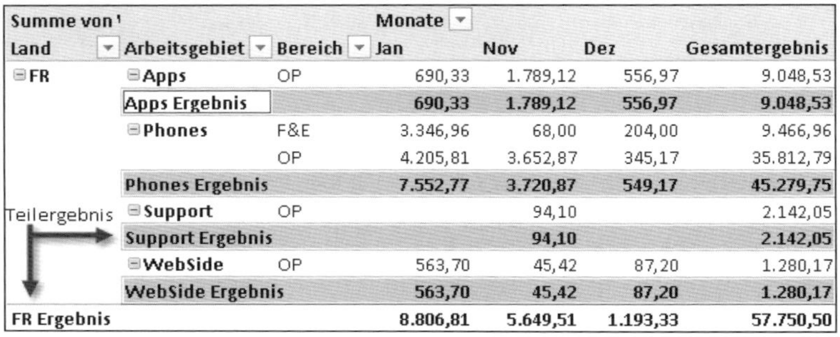

*Abbildung 2.46: PivotTable mit automatischen Teilergebnissen für die Zeilenfelder **Land** und **Arbeitsgebiet***

Teilergebnisse lassen sich auch für mehrere Zusammenfassungsfunktionen anzeigen. Abbildung 2.47 zeigt die Summen und die Anzahl als Teilergebnis. Diese Anzeige beruht auf den Daten im Feld **Werte** des Layoutbereichs.

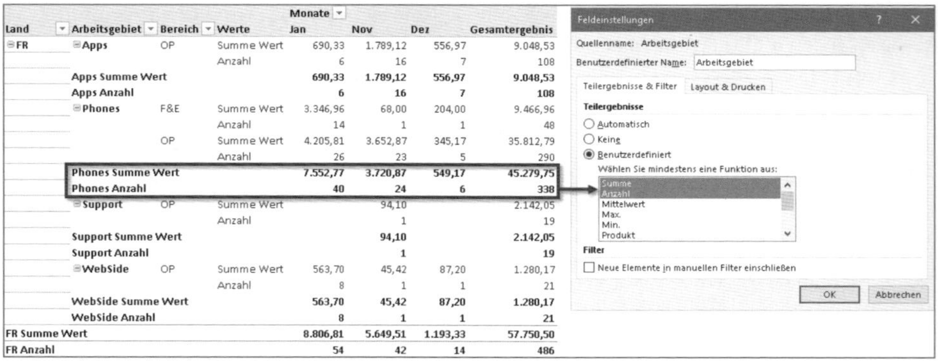

*Abbildung 2.47: Anzeige mehrerer Teilergebnisse für ein Feld mittels der benutzerdefinierten Funktion in dem Dialogfeld **Feldeinstellungen***

Sortieren in PivotTables

Mit einer PivotTable können Sie sehr große Datenmengen bearbeiten. Wichtig ist jedoch der Blick auf die relevanten Daten. Dabei helfen Ihnen Funktionen wie **Sortieren**, **Filtern** und **interaktives Filtern mit Datenschnitten**.

Wie in üblichen Tabellen können Sie auch in PivotTables sortieren. Die Befehle dazu finden Sie sowohl auf der Registerkarte **Daten** in der Gruppe **Sortieren und Filtern** und der Registerkarte **Start** in der Gruppe **Bearbeiten** als auch im Kontextmenü oder über die Filterschaltflächen eines PivotTable-Feldes.

Sie können zwischen folgenden Sortiermöglichkeiten wählen:

- manuell erstellte Sortierfolge
- automatische Sortierfolge, aufsteigend oder absteigend
- Sortierfolge unter Verwendung einer benutzerdefinierten Liste

Tipp Alle Sortierungen können Sie für Spalten- bzw. Zeilenbeschriftungen und für jedes Feld des Wertebereichs anwenden. Die Sortierung bleibt auch erhalten, wenn Sie die PivotTable aktualisieren, ein sortiertes Feld in einen anderen Layoutbereich der PivotTable verschieben oder ein Feld in den Berichtsfilter verschieben.

Elemente mit der Maus verschieben

Eine der einfachsten Möglichkeiten, die Reihenfolge der Elemente zu verändern, besteht darin, ein Element anzuklicken und an eine neue Position zu ziehen.

Um beispielsweise ein Element innerhalb der Zeilenbeschriftung zu verschieben, führen Sie die folgenden Schritte aus (Abbildung 2.48):

1. Aktivieren Sie die Zelle, die an eine andere Position verschoben werden soll, und bewegen Sie den Mauszeiger auf den Rand der Zelle [1].
2. Ändert sich der Mauszeiger in einen Vierfachpfeil, ziehen Sie die Zelle bei gedrückt gehaltener Maustaste an die neue Position, [1] und [2].
3. Dort lösen Sie die Maustaste, woraufhin das Element an der neuen Position eingefügt wird, [3].

Abbildung 2.48: Ein Element mit der Maus an eine neue Position verschieben

Kapitel 2: Entdecken Sie die Möglichkeiten von PivotTables und PivotCharts

Achtung   Das einfache Verschieben von Elementen mit der Maus funktioniert nur, wenn die Sortieroptionen für das manuelle Sortieren aktiviert sind (siehe Abbildung 2.49). Das manuelle Sortieren ist bei PivotTables die Standardeinstellung.

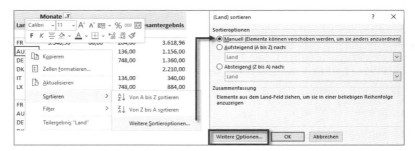

Abbildung 2.49: Darstellung der verschiedenen Sortieroptionen

Wenn Sie eine Sortierung aufsteigend oder absteigend benötigen, lässt sich dies gezielt im Dialogfeld **(…) sortieren** auswählen (Abbildung 2.49).

Zusätzlich können Sie im Dialogfeld **(…) sortieren** die Schaltfläche **Weitere Optionen** aktivieren und in dem folgenden Dialogfeld weitere Einstellungen vornehmen, wie beispielsweise die **Benutzerdefinierte Sortierreihenfolge** auswählen (Abbildung 2.50).

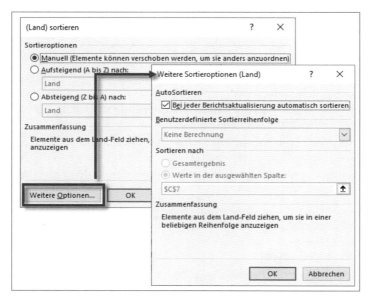

*Abbildung 2.50: Zusätzlich können Sie mit **Weitere Optionen** in ein ergänzendes Dialogfeld wechseln und dort spezielle Einstellungen vornehmen.*

Benutzerdefinierte Sortierreihenfolge erstellen und anwenden

Benutzerdefinierte Sortierreihenfolgen erlauben es Ihnen, beliebige Reihenfolgen von Daten selbst zu bestimmen. Diese individuelle Reihenfolge von Daten basiert auf einer Liste, die Sie zunächst erstellen müssen. Eine benutzerdefinierte Liste lässt sich einfach und schnell erstellen oder kann aus einer bestehenden Tabelle übernommen werden:

Bevor Sie eine benutzerdefinierte Sortierfolge anwenden können, müssen Sie eine entsprechende Liste erstellen. Dies ist recht einfach:

1. Geben Sie in einem Tabellenblatt die Daten in der gewünschten Reihenfolge ein.
2. Markieren Sie den Zellbereich, nach dem die Sortierung erfolgen soll.
3. Klicken Sie in der Registerkarte **Datei** auf **Optionen** und öffnen Sie danach in den **Excel-Optionen** die Kategorie **Erweitert**. Im dortigen Abschnitt **Allgemein** klicken Sie die Schaltfläche **Benutzerdefinierte Listen bearbeiten** an.
4. Im geöffneten Dialogfeld **Benutzerdefinierte Listen** prüfen Sie die Zelladresse für den Import. Um den Import zu starten, klicken Sie auf die Schaltfläche **Importieren** und anschließend zweimal auf **OK** (siehe Abbildung 2.51).

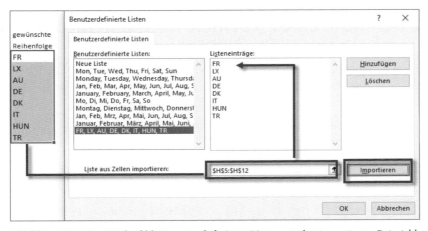

*Abbildung 2.51: Das Dialogfeld **Benutzerdefinierte Listen** mit den importierten Beispieldaten*

Im nächsten Arbeitsschritt verwenden Sie die zuvor erstellte benutzerdefinierte Liste, um die Sortierung in der dort festgelegten Reihenfolge vorzunehmen.

1. Erstellen Sie eine PivotTable wie in Abbildung 2.52 (oder bearbeiten Sie die Datei aus den vorangegangenen Beispielen).
2. Klicken Sie in der PivotTable auf den Dropdown-Pfeil am Feld **Land**.
3. Im folgenden Kontextmenü klicken Sie auf den Befehl **Weitere Sortieroptionen**. Jetzt öffnet sich das Dialogfeld **(...) sortieren**. Dort klicken Sie auf die Schaltfläche **Weitere Optionen** (siehe Abbildung 2.52).
4. Im folgenden Dialogfeld deaktivieren Sie in der Gruppe **AutoSortieren** das Kontrollkästchen **Bei jeder Berichtsaktualisierung automatisch sortieren**.
5. Daraufhin wird die **Benutzerdefinierte Sortierreihenfol**ge aktiv. In dem Auswahlfeld wählen Sie Ihre zuvor definierte Sortierliste und bestätigen zweimal mit **OK**.

6. Zurück in der PivotTable wählen Sie beispielsweise im Kontextmenü des Feldes **Land** (Abbildung 2.49) den Befehl **Von A bis Z sortieren**. Daraufhin wird die PivotTable in die individuelle Reihenfolge umsortiert.

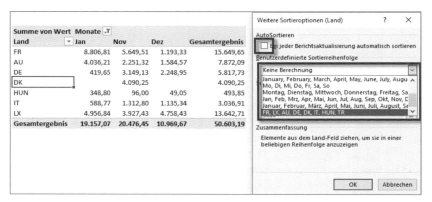

Abbildung 2.52:   Einfache PivotTable mit Ausgangssortierung für eine benutzerdefinierte Sortierreihenfolge und dem Dialogfeld für die manuelle Sortierreihenfolge (**Weitere Sortieroptionen**)

So sortieren Sie eine PivotTable nach Teilergebnissen

Eine spezielle Herausforderung stellt es dar, wenn Sie im Wertebereich nach Teilergebnissen sortieren wollen. Um dies zu erreichen, gehen Sie folgendermaßen vor:

1. Erstellen Sie eine PivotTable nach dem Vorbild in Abbildung 2.53 oder greifen Sie auf die Tabelle **BSP3** in der Mappe **Kap_02_LOE.xlsx** zurück.

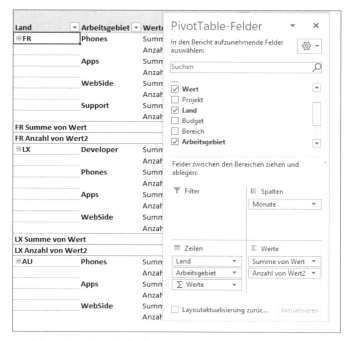

Abbildung 2.53:   PivotTable als Grundlage für die Sortierung von Teilergebnissen

So sortieren Sie eine PivotTable nach Teilergebnissen

2. Achten Sie darauf, dass die Teilergebnisse für das Feld, nach dem Sie sortieren wollen, auch angezeigt werden.
3. Aktivieren Sie eine Zelle n den Zeilenbeschriftungen (in diesem Beispiel **Arbeitsgebiet**) und wählen Sie im Kontextmenü die Befehlsfolge **Erweitern/Reduzieren/Gesamtes Feld reduzieren** (Abbildung 2.54).

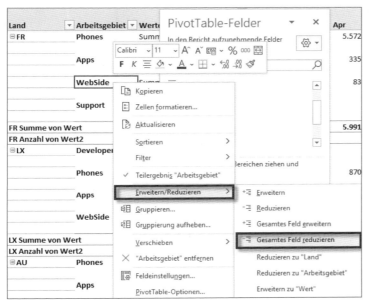

Abbildung 2.54: Der Befehl zum Reduzieren auf die Teilergebnisse

4. Aktivieren Sie eine Zelle im Wertebereich.
5. Wählen Sie im Kontextmenü den Befehl **Sortieren/Nach Größe sortieren (absteigend)** (siehe Abbildung 2.55).

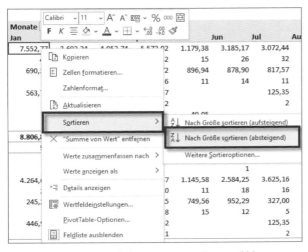

Abbildung 2.55: Der Befehl zum Sortieren des Wertfeldes

Kapitel 2: Entdecken Sie die Möglichkeiten von PivotTables und PivotCharts

Das Ergebnis zeigt, dass die zunächst unsortierten Teilergebnisse [1] aus dem Feld **Arbeitsgebiet** jetzt absteigend sortiert sind [2] (Abbildung 2.56), während die Daten der darunterliegenden Ebene nicht sortiert sind (Abbildung 2.56).

Land	Arbeitsg	Budge	Werte	Jan	Nov	Dez	Gesamtergebnis	
⊟FR	⊞Apps		Summe Wert	690,33	1.789,12	556,97	3.036,42	nicht sortiert
			Anzahl von Wert	6	16	7	29	
	⊞Phones		Summe Wert	7.552,77	3.720,87	549,17	11.822,81	
			Anzahl von Wert	40	24	6	70	
	⊞Support		Summe Wert		94,10		94,10	
			Anzahl von Wert		1		1	
	⊞WebSide		Summe Wert	563,70	45,42	87,20	696,32	

Land	Arbeitsg	Budge	Werte	Jan	Nov	Dez	Gesamtergebnis	
⊟FR	⊞Phones		Summe Wert	7.552,77	3.720,87	549,17	11.822,81	sortiert
			Anzahl von Wert	40	24	6	70	
	⊞Apps		Summe Wert	690,33	1.789,12	556,97	3.036,42	
			Anzahl von Wert	6	16	7	29	
	⊞WebSide		Summe Wert	563,70	45,42	87,20	696,32	
			Anzahl von Wert	8	1	1	10	
	⊞Support		Summe Wert		94,10		94,10	
			Anzahl von Wert		1		1	
FR Summe Wert				8.806,81	5.649,51	1.193,33	15.649,65	

*Abbildung 2.56: Die Darstellung der unsortierten Ebene **Arbeitsgebiet Wert** im Vergleich zur sortierten Ebene **Arbeitsgebiet Wert***

Erweitern Sie die Spalte Arbeitsgebiete, sodass die Inhalte der Spalte **Budget** sichtbar werden. Hier erkennen Sie die Sortierung – genauer gesagt, stellen Sie fest, dass in dieser Spalte nicht sortiert wurde (siehe Abbildung 2.57).

Land	Arbeitsg	Budge	Werte	Jan	Nov	Dez	Gesamtergebnis	
⊟FR	⊞Phones		Summe Wert	7.552,77	3.720,87	549,17	11.822,81	sortiert
			Anzahl von Wert	40	24	6	70	
	⊞Apps		Summe Wert	690,33	1.789,12	556,97	3.036,42	
			Anzahl von Wert	6	16	7	29	
	⊞WebSide		Summe Wert	563,70	45,42	87,20	696,32	
			Anzahl von Wert	8	1	1	10	
	⊞Support		Summe Wert		94,10		94,10	
			Anzahl von Wert		1		1	
FR Summe Wert				8.806,81	5.649,51	1.193,33	15.649,65	

Land	Arbeitsg	Budge	Werte	Jan	Nov	Dez	Gesamtergebnis	
⊟FR	⊟Phones	Consult	Summe Wert		109,00	261,60	370,60	unsortiert
			Anzahl von Wert		1	4	5	
		E-Projekt	Summe Wert	6.803,77	3.544,37	287,57	10.635,71	
			Anzahl von Wert	38	22	2	62	
		WebReq	Summe Wert	749,00	67,50		816,50	
			Anzahl von Wert	2	1		3	
	Phones Summe Wert			7.552,77	3.720,87	549,17	11.822,81	
	Phones Anzahl von Wert			40	24	6	70	
	⊞Apps		Summe Wert	690,33	1.789,12	556,97	3.036,42	
			Anzahl von Wert	6	16	7	29	
	⊞WebSide		Summe Wert	563,70	45,42	87,20	696,32	
			Anzahl von Wert	8	1	1	10	
	⊞Support		Summe Wert		94,10		94,10	
			Anzahl von Wert		1		1	

*Abbildung 2.57: Die Darstellung der sortierten Ebene **Arbeitsgebiet** im Vergleich zur unsortierten Ebene **Budget***

Übungsdateien	Die Lösung für das Sortieren von Teilergebnissen finden Sie auf dem Tabellenblatt **BSP4** in der Mappe **Kap02_LOE.xlsx**.

Suchen und Filtern in den PivotTables

Allzu umfangreiche Datenmengen erschweren oft den Blick auf die relevanten Inhalte. Hier bietet die Möglichkeit, die Tabellenfelder zu filtern, eine wertvolle Hilfe, den Blick auf die wesentlichen Inhalte zu konzentrieren.

Die in einer PivotTable eingestellten Filter werden bei jeder Aktualisierung automatisch angewendet; zudem sind die Filter immer additiv. Das bedeutet, dass jeder weitere Filter auf den aktuellen Filter aufsetzt und die Untermenge der Daten weiter reduziert.

Sie können im Pivot-Umfeld bis zu drei Filter gleichzeitig erstellen:

- manuelle Filter
- Beschriftungs- und Datumsfilter
- Wertfilter

Die gleichzeitige Anwendung verschiedener Filter wird über das Optionsfeld **Mehrere Filter pro Feld zulassen** gesteuert. Diese Einstellung finden Sie über das Kontextmenü mit der rechten Maustaste, auf der Registerkarte **Summen & Filter** im Dialogfeld der **PivotTable-Optionen**.

Mit einem Beschriftungsfilter können Sie bequem eine Teilmenge von Daten in einem PivotTable- oder PivotChart-Bericht anzeigen. Mit einem Beschriftungsfilter im Zeilenfeldbereich können Sie die Anzeige von großen Datenmengen besser überblicken und einen Teil der Daten in einem Bericht in den Vordergrund stellen, wenn Sie beispielsweise nur Namen anzeigen wollen, die mit **A** beginnen. Es besteht aber auch die Möglichkeit, eine Buchstabenkombination wie **al** zu definieren, die dann unabhängig davon greift, an welcher Stelle im Wort sich diese Kombination befindet.

Datenreduzierung auf oberster Ebene

Die folgenden Arbeitsschritte basieren auf der Feldauswahl und Anordnung der PivotTable aus Abbildung 2.58.

Übungsdateien	Die Übungsdaten zu diesem und den folgenden Beispielen finden Sie in der Excel-Datei **Kap_02_UEB.xlsx**. Die PivotTable aus Abbildung 2.58 finden Sie in der Datei **Kap_02_LOE.xlsx** im Tabellenblatt **Bsp5**.

Ist die PivotTable erstellt, positionieren Sie die Einfügemarke innerhalb der PivotTable und wählen auf der Registerkarte **Entwurf**, in der Gruppe **Layout**, den Befehl **Berichtslayout** und im Befehlsmenü als Darstellungsoption **In Tabellenformat anzeigen**.

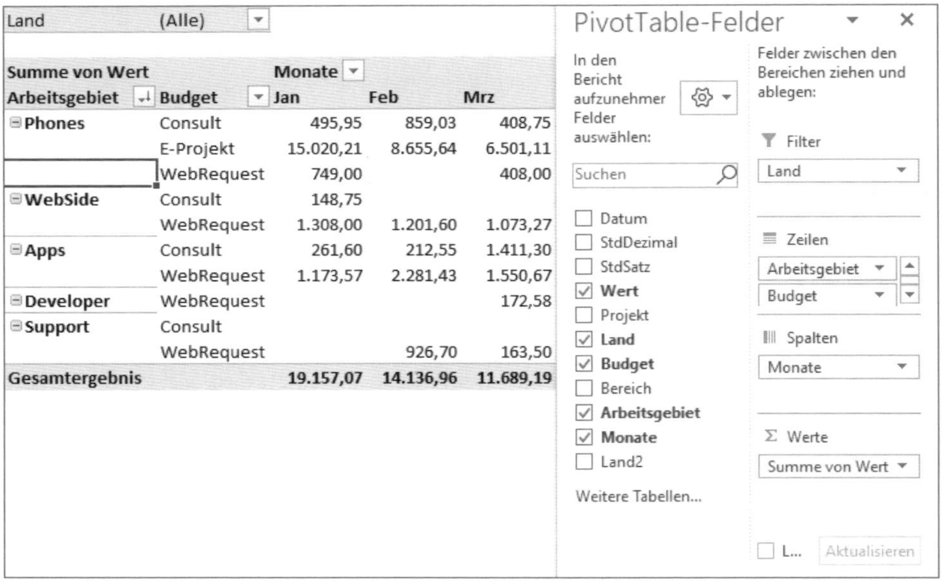

Kapitel 2: Entdecken Sie die Möglichkeiten von PivotTables und PivotCharts

Abbildung 2.58: Anordnung der Felder in der PivotTable-Feldliste für die folgende Aufgabe (Ausschnitt)

Mit der Anordnung des Feldes **Land** im Berichtsfilter erhalten Sie die Möglichkeit, gezielt in der PivotTable nur das selektierte Land mit seinen zugehörigen Daten anzuzeigen. Im Berichtsfilter haben Sie ebenfalls die Möglichkeit, nicht nur ein Land, sondern mehrere Elemente auszuwählen. Diese Auswahl bestimmt dann die Anzeige in der PivotTable.

Hinweis Weiter ins Detail reichende Möglichkeiten bekommen Sie, wenn Sie Filter auf der Zeilen- bzw. Spaltenbeschriftung setzen.

Blicken Sie jetzt auf Ihre PivotTable, so sehen Sie neben dem Feld **Arbeitsgebiet der Zeilenbeschriftungen** einen Dropdown-Pfeil. Klicken Sie auf diesen Pfeil, öffnen sich – je nach Datengrundlage – umfangreiche Sortier- und Filtermöglichkeiten:

- Auswahl über das Kontrollkästchen
- Anwenden von Beschriftungsfiltern
- Anwenden von Wertefiltern
- Texteingabe über das Eingabefeld **Suchen**

Um einen Beschriftungsfilter anzuwenden, gehen Sie folgendermaßen vor:

1. Klicken Sie auf den Dropdown-Pfeil an der Zeilenbeschriftung **Arbeitsgebiet**.
2. Aktivieren Sie den Befehl **Beschriftungsfilter** und anschließend den Listeneintrag **Enthält** (Abbildung 2.59).
3. In dem Dialogfeld **Beschriftungsfilter (Arbeitsgebiet)** tragen Sie in das Eingabefeld die Zeichenfolge **pp** ein (siehe Abbildung 2.60).

Datenreduzierung auf oberster Ebene

Abbildung 2.59: Excel bietet abhängig vom Ausgangsfeld umfangreiche Möglichkeiten, um Daten in der PivotTable zu filtern oder zu sortieren.

4. Auf diese Weise haben Sie eine PivotTable erzeugt, die nur jene Arbeitsgebiete anzeigt, die in ihrer Beschreibung die Buchstabenkombination **pp** enthalten.

*Abbildung 2.60: Gefilterte PivotTable (Ausschnitt) und der zugehörige Beschriftungsfilter mit dem Ergebnis **Support** und **Apps***

Komplexe Filter über das Eingabefeld »Suchen« steuern

Eine interessante und sehr mächtige Möglichkeit bietet das Textfeld **Suchen**: Sie können es nicht nur als eigenständige Suchfunktion verwenden, sondern es auch zusätzlich mit einem bestehenden Beschriftungsfilter kombinieren.

Nehmen wir an, Sie möchten diejenigen Arbeitsgebiete anzeigen, die die Buchstabenkombination pp enthalten oder aber mit dem Buchstaben **W** beginnen.

Diese Aufgabe lösen Sie über das Suchfeld und die Kombination der Filter. Dazu gehen Sie folgendermaßen vor (siehe Abbildung 2.61, [1], [2] und [3]):

1. Öffnen Sie mit einem Klick auf den Dropdown-Pfeil am Feld **Arbeitsgebiet** das Kontextmenü und geben Sie in das Suchfeld die beiden Buchstaben **pp** ein [1]. Beenden Sie die Eingabe mit einem Klick auf **OK**.
2. Klicken Sie erneut auf den Dropdown-Pfeil am Feld **Arbeitsgebiet**. Geben Sie in das Textfeld **Suchen** die Zeichenfolge w* ein [2] und aktivieren Sie das Kontrollkästchen **Dem Filter die aktuelle Auswahl hinzufügen** [3] (Abbildung 2.61).

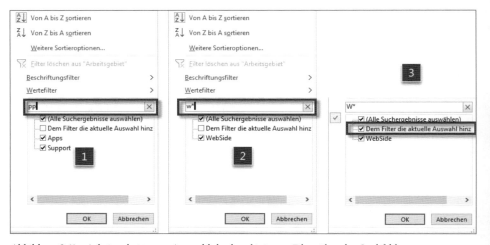

Abbildung 2.61: Arbeitsschritte zur Auswahl der kombinierten Filter über das Suchfeld

3. Mit einem Klick auf **OK** wenden Sie den Filter an.
4. Das Ergebnis ist die gefilterte PivotTable (Abbildung 2.62).

Land	(Alle)					
Summe von Wert		**Monate**				
Arbeitsgebiet	**Budget**	**Jan**	**Feb**	**Mrz**	**Apr**	**Mai**
⊟ **Apps**	Consult	261,60	212,55	1.411,30	1.023,87	4.598,10
	WebRequest	1.173,57	2.281,43	1.550,67	1.396,52	2.878,59
⊟ **Support**	Consult					
	WebRequest		926,70	163,50		49,05
⊟ **WebSide**	Consult	148,75			152,60	69,03
	WebRequest	1.308,00	1.201,60	1.073,27	436,00	431,00
Gesamtergebnis		2.891,92	4.622,29	4.198,75	3.008,99	8.025,77

Abbildung 2.62: Arbeitsschritte zur Auswahl der kombinierten Filter über das Suchfeld

Die aktuelle Markierung als weitere Filtermöglichkeit verwenden

Tipp	Ist ein Filter aktiv, wird auf der Dropdown-Schaltfläche ein Filtersymbol angezeigt.
	Das gleiche Symbol mit einem Pfeil nach oben bzw. einem Pfeil nach unten bedeutet, dass die zugehörigen Daten (auch) aufsteigend oder absteigend sortiert wurden.

Die aktuelle Markierung als weitere Filtermöglichkeit verwenden

Abhängig vom Feldtyp Ihrer Markierung lassen sich sehr differenzierte Filter anwenden. In wenigen Schritten können Sie beispielsweise bei dem vorausgegangenen Beispiel (Abbildung 2.62) im Feld **Budget** die beiden Einträge **Consult** und **E-Projekt** als Selektionsgrundlage verwenden und die PivotTable neu anzeigen. In Abbildung 2.63 sehen Sie, wie das geht:

1. Markieren Sie in der PivotTable die beiden Einträge **Consult** und **E-Projekt** [1].

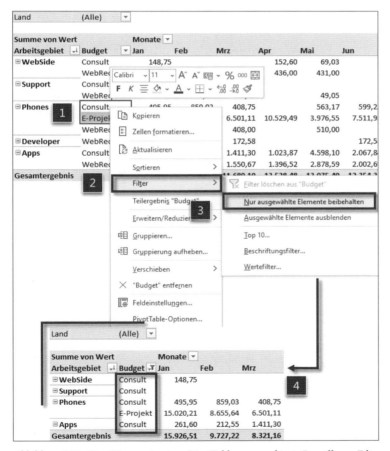

Abbildung 2.63: Der Weg, um in einer PivotTable nur markierte Begriffe zur Filterung zuzulassen

Kapitel 2: Entdecken Sie die Möglichkeiten von PivotTables und PivotCharts

2. Öffnen Sie mit der rechten Maustaste das Kontextmenü und wählen Sie den Befehl **Filter** [2].
3. Im folgenden Untermenü wählen Sie den Befehl **Nur ausgewählte Elemente beibehalten** [3].
4. Mit Abschluss dieses Befehls erhalten Sie eine PivotTable, die nur Felder mit den genannten Begriffen anzeigt [4].

Felder vor dem Hinzufügen filtern

Bisher haben Sie die Filterung nachträglich in der PivotTable vorgenommen. Es gibt jedoch auch die Möglichkeit, Felder schon beim Hinzufügen in der **PivotTable-Feldliste** mit einem Filter zu versehen. Für diese Übung verwenden Sie die Daten im Tabellenblatt **Basisdaten2**. Um Filter bereits im Aufgabenbereich **PivotTable-Felder** (PivotTable-Feldliste) zu aktivieren, gehen Sie folgendermaßen vor:

1. Erstellen Sie eine neue PivotTable. Klicken Sie hierfür auf der Registerkarte **Einfügen** in der Befehlsgruppe **Tabellen** auf den Befehl **PivotTable**.
2. Fügen Sie die PivotTable in einem neuen Arbeitsblatt ein.
3. Ziehen Sie das Feld **Datum** in den Layoutbereich **Zeilen** und lösen die Gruppierung auf Datum auf.
4. Selektieren Sie die PivotTable.
5. Sobald im Arbeitsblatt die PivotTable-Feldliste eingeblendet ist, markieren Sie den Feldnamen **Datum** und klicken auf den kleinen schwarzen Pfeil am Feldnamen (siehe Abbildung 2.64).

Abbildung 2.64: Mit dem Dropdown-Pfeil öffnen Sie das Kontextmenü für die Filtereinstellungen.

6. Es öffnet sich ein Kontextmenü mit Filterbefehlen. Wählen Sie dort den Datumsfilter (Abbildung 2.65).

Felder vor dem Hinzufügen filtern

7. Im folgenden Kontextmenü bekommen Sie eine umfangreiche Auswahl an datumsorientierten Filtermöglichkeiten angezeigt (Abbildung 2.65). Wählen Sie hier den Befehl **Nächsten Monat**.

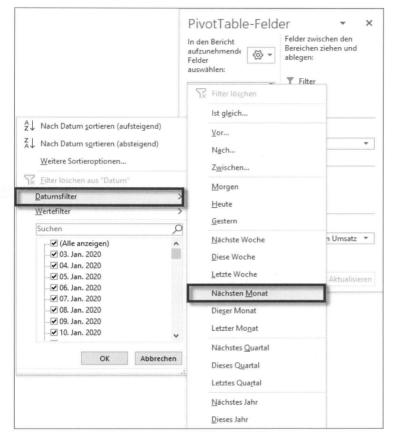

*Abbildung 2.65: Die umfangreichen Auswahlmöglichkeiten im Filtermenü **Datumsfilter** (Ausschnitt)*

Nachdem Sie im letzten Kontextmenü Ihre Auswahl **Nächsten Monat** getroffen haben, beginnen Sie damit, die Felder aus der Feldliste in den Layoutbereich zu ziehen. In dem Moment, in dem ein Feld im Layoutbereich angeordnet wird, wird der zuvor aktivierte Filter wirksam. Das Ergebnis dieses Filtervorgangs sehen Sie in Abbildung 2.66.

Kapitel 2: Entdecken Sie die Möglichkeiten von PivotTables und PivotCharts

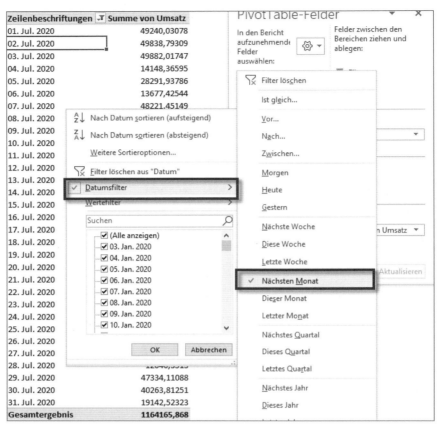

*Abbildung 2.66: Die PivotTable wurde mit dem Datumsfilter **Nächster Monat** gefiltert, das Datum wird in Einzeltagen des Monats angezeigt. Es kann auch gruppiert werden.*

Wichtig	Filter sind in der PivotTable immer additiv. Jeder weitere Filter, den Sie einfügen, schränkt die angezeigte Datenmenge weiter ein. Teilergebnisse und Gesamtergebnisse verwenden die eingestellten Filterergebnisse für Ihre Berechnungen. Das Auflösen von Filtern ist nicht vergleichbar mit einer Aktualisierung der PivotTable; es werden lediglich die ausgeblendeten Daten wieder angezeigt.

Mit einer reduzierten Datenmenge zu arbeiten hat den Vorteil, dass insgesamt eine schnellere Bearbeitung zu erwarten ist. Dies wirkt sich insbesondere bei sehr großen Datenmengen positiv auf die Verarbeitungsgeschwindigkeit aus.

Tipp	In einer PivotTable ist keine Filterung nach Farbe, Schriftfarbe oder Symbolsatz möglich. Dafür können Sie aber eine bedingte Formatierung auf eine PivotTable nach Zellen oder nach Schnittmengen anwenden.

In einem Feld mehrere Filter aktivieren

Üblicherweise wird ein bestehender Filter durch einen neuen Filter ersetzt. Wenn Sie jedoch unterschiedliche Filter auf das gleiche Feld anwenden wollen, müssen Sie in den Optionen der PivotTable eine entsprechende Einstellung vornehmen. Gehen Sie dazu folgendermaßen vor:

1. Markieren Sie beispielsweise ein Zeilenfeld in der PivotTable.
2. Öffnen Sie mit der rechten Maustaste das Kontextmenü und wählen Sie den Befehl **PivotTable-Optionen**.
3. Im gleichnamigen Dialogfeld aktivieren Sie die Registerkarte **Summen & Filter**.
4. Aktivieren Sie auf dieser Registerkarte das Kontrollkästchen **Mehrere Filter pro Feld zulassen**.

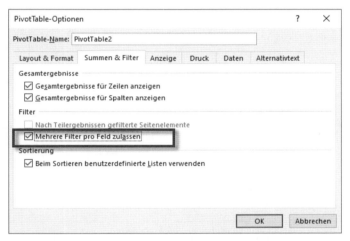

*Abbildung 2.67: Auswahl der Option **Mehrere Filter pro Feld zulassen***

Tipp Im Berichtslayout, im Gliederungsformat und im Tabellenformat wird für jedes Feld und für jede Zeile eine Schaltfläche angezeigt. Im Kurzformat hingegen sehen Sie nur eine einzige Filterschaltfläche.

Neue Elemente automatisch anzeigen

Bei den üblichen Filtermethoden **AutoFilter** und **Spezialfilter** in Tabellen ist beim Hinzukommen eines neuen Elements ein erneuter Aufruf des Filterbefehls notwendig, um das Element aufzunehmen. Innerhalb einer PivotTable haben Sie jedoch die Möglichkeit, in den Feldeinstellungen eine Option zu aktivieren, die automatisch jedes neue Element in die PivotTable aufnimmt. Sie aktivieren diese Option folgendermaßen:

1. Klicken Sie in der PivotTable beispielsweise auf ein Zeilenfeld, öffnen Sie mit der rechten Maustaste das Kontextmenü und wählen Sie dort den Befehl **Feldeinstellungen**.

2. In dem Dialogfeld, das sich nun öffnet, aktivieren Sie das Kontrollkästchen **Neue Elemente in manuellen Filter einschließen** (siehe Abbildung 2.68). Diese Einstellung ist standardmäßig deaktiviert.

Nach einer Aktivierung werden neue Elemente für dieses Feld automatisch angezeigt. Das neue Element wird bei einem aktiven Filter am Ende der Filterliste eingefügt.

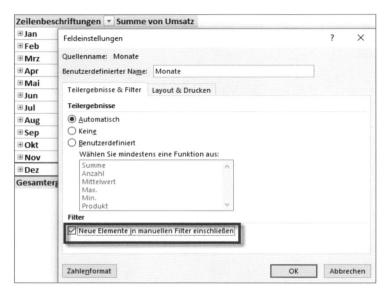

*Abbildung 2.68: Im Dialogfeld **Feldeinstellungen** aktivieren Sie das Kontrollkästchen **Neue Elemente in manuellen Filter einschließen**.*

Tipp Diese Einstellung ist sehr nützlich, da sie sicherstellt, dass neue Daten nicht durch einen früher gesetzten Filter in der Betrachtung unberücksichtigt bleiben.

Vergleichsfilter im Umgang mit Datumswerten

Wenden Sie auf ein Datumsfeld einen Filter an, so ändert sich die Beschriftung im Kontextmenü in Datumsfilter. Im Umgang mit dem Datum wird beim Aufruf eines Filters eine ganze Reihe von vordefinierten Vergleichsmöglichkeiten zur Auswahl angeboten. Dabei gibt es Filter, die direkt per Klick – also ohne weitere Eingabe – ausgeführt werden. Diese sogenannten dynamischen Filter berechnen den Vergleichswert auf Basis des aktuellen Datums, beispielsweise **Morgen, Nächste Woche, Letzter Monat** usw. (Abbildung 2.68) (Kontextmenü mit einem Klick auf den Dropdown-Pfeil am Feld **Monate** aufrufen).

Darüber hinaus gibt es Filter, die weitere Einstellungen im Dialogfeld **Datumsfilter** ermöglichen. Sie erkennen diese Filter an den Auslassungspunkten (**…**) am Ende eines Befehls (siehe Abbildung 2.69).

Vergleichsfilter im Umgang mit Datumswerten

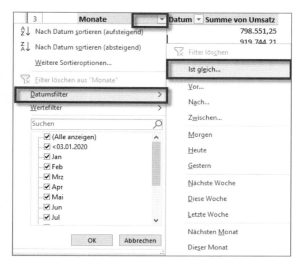

Abbildung 2.69: Weitere Auswahlmöglichkeiten in einem zusätzlichen Dialogfeld. Diese finden sich bei Befehlen, deren Namen mit Auslassungspunkten enden.

Im Dialogfeld **Datumsfilter (Datum)** tragen Sie das Datum für den Vergleich ein. Im linken Auswahlfeld ersetzen Sie die Filterung **entspricht** durch **ist nach oder gleich** (Abbildung 2.70).

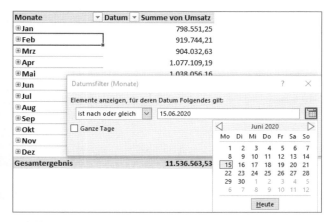

Abbildung 2.70: Auswahl des Filters im Dialogfeld. Die Auswahl ist auch über ein Kalendersteuerelement möglich.

Monate	Datum	Summe von Umsatz
⊞ Jun		476.791,20
⊞ Jul		1.164.165,87
⊞ Aug		1.029.756,90
⊞ Sep		1.134.713,80
⊞ Okt		909.203,08
⊞ Nov		932.422,04
⊞ Dez		640.563,28
Gesamtergebnis		6.287.616,17

*Abbildung 2.71: Das Ergebnis des Filters (**Vergleichsfilter**). Es werden alle Werte ab dem 15.06.2020 summiert und in monatlicher Darstellung angezeigt.*

Kapitel 2: Entdecken Sie die Möglichkeiten von PivotTables und PivotCharts

Benötigen Sie die Sicht auf die einzelnen Buchungstage, dann ziehen Sie das Feld **Datum** in den Spaltenbereich und entfernen ggf. das Feld **Monate**. Sie erhalten dann eine detaillierte Sicht auf die Datensätze.

Sollen Feldüberschriften und Filter-Dropdown-Listen angezeigt oder ausgeblendet werden, klicken Sie unter **PivotTable-Analyse** in der Befehlsgruppe **Anzeigen** auf die Befehle **Schaltflächen +/-** und **Feldkopfzeilen** und aktivieren oder deaktivieren Sie damit die Anzeige in der PivotTable (Abbildung 2.72).

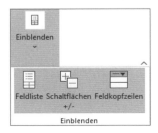

Abbildung 2.72: Einblenden/Ausblenden von Schaltflächen, Feldkopfzeilen und Feldliste

Filter löschen und alle Daten wieder anzeigen

Haben Sie die Filteraufgaben abgeschlossen, so löschen Sie alle Filtereinstellungen. Sie löschen einen Filter, indem Sie in der aktivierten PivotTable im Kontextmenü den Befehl **Filter/Filter löschen** auswählen (Abbildung 2.73).

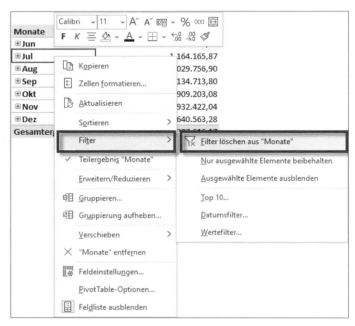

Abbildung 2.73: Löschen des Filters aus dem Feld **Monate**

Filter löschen und alle Daten wieder anzeigen

Hinweis   Anstatt den Datumsfilter über das Kontextmenü zu löschen, können Sie den Filter auch in der **PivotTable-Feldliste** im Feld **Datum** löschen.

Einzelne Filter löschen Sie, indem Sie mit einem Klick auf den Dropdown-Pfeil am Feld **Monate** das Kontextmenü öffnen und das Element (**Alle anzeigen**) auswählen. In der Liste, die dann angezeigt wird, können Sie die Filter deaktivieren, die Sie nicht benötigen, bzw. diejenigen aktivieren, die Sie anzeigen wollen (Abbildung 2.74).

Abbildung 2.74: Einzelne Filterelemente wieder anzeigen bzw. Filter löschen

Um zahlreiche Filter in einer PivotTable in einem Schritt zu löschen, wählen Sie auf der Registerkarte **PivotTable-Analyse** in der Befehlsgruppe **Aktionen** den Befehl **Löschen** und dort den Eintrag **Filter löschen** (siehe Abbildung 2.75).

Abbildung 2.75: Befehl zum Löschen aller Filter in einer PivotTable

Achtung   Der Befehl **Alle löschen** (siehe Abbildung 2.75 und Abbildung 2.76) entfernt zahlreiche Elemente aus der PivotTable.

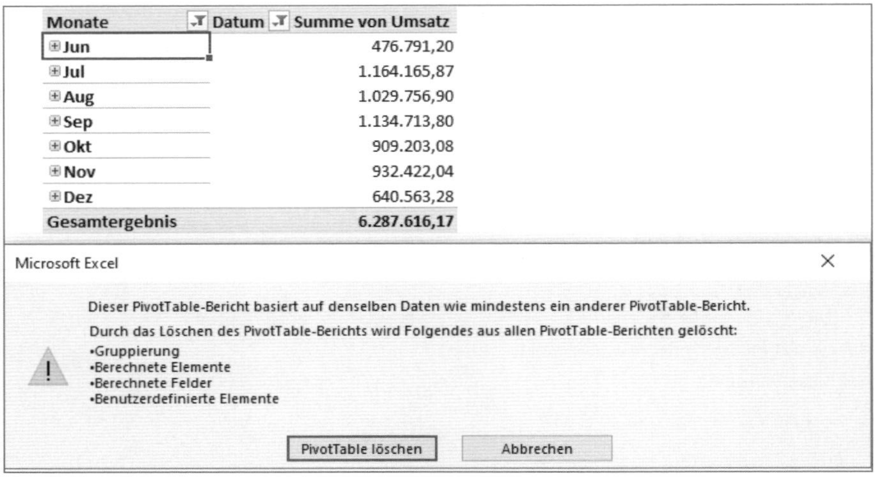

Kapitel 2: Entdecken Sie die Möglichkeiten von PivotTables und PivotCharts

Monate	Datum	Summe von Umsatz
⊞ Jun		476.791,20
⊞ Jul		1.164.165,87
⊞ Aug		1.029.756,90
⊞ Sep		1.134.713,80
⊞ Okt		909.203,08
⊞ Nov		932.422,04
⊞ Dez		640.563,28
Gesamtergebnis		**6.287.616,17**

Microsoft Excel ×

Dieser PivotTable-Bericht basiert auf denselben Daten wie mindestens ein anderer PivotTable-Bericht.
Durch das Löschen des PivotTable-Berichts wird Folgendes aus allen PivotTable-Berichten gelöscht:
- Gruppierung
- Berechnete Elemente
- Berechnete Felder
- Benutzerdefinierte Elemente

[PivotTable löschen] [Abbrechen]

*Abbildung 2.76: Elemente, die mit dem Befehl **Alle löschen** aus der PivotTable entfernt werden*

Genial: einfaches Filtern mit Datenschnitt und Zeitachse

Mit einem Datenschnitt ermöglicht es Ihnen Excel ab Version 2010 auf geniale Art und Weise, Daten in PivotTables dynamisch zu filtern und zu segmentieren. Das bedeutet, Sie können mit wenigen Mausklicks in übersichtlichen Filtermenüs gerade benötigte Datensichten aktivieren.

Zusätzlich zum schnellen Filtern zeigen die Schaltflächen im Datenschnitt auch den aktuellen Filterstatus, der es Ihnen mühelos ermöglicht, genau zu beurteilen, welche Filter im PivotTable-Bericht aktiviert sind.

Sehr ähnlich wie bei einem Datenschnitt, den Sie zum Filtern von Daten erstellen, können Sie eine PivotTable-Zeitachse erstellen, um Filter auf Datumseinheiten anzuwenden.

Erstellen Sie aus den **Basisdaten2** eine PivotTable, wobei Sie dazu folgendermaßen vorgehen:

1. Positionieren Sie die Einfügemarke in der Tabelle **Basisdaten2** und klicken Sie im Menüband auf der Registerkarte **Einfügen** in der Befehlsgruppe **Tabellen** auf den Befehl **PivotTable**.
2. Im folgenden Dialogfeld **PivotTable erstellen** (siehe Abbildung 2.76) übernehmen Sie den vorbelegten Bereich im Textfeld **Tabelle/Bereich**.
3. Die Ausgabe der PivotTable erfolgt in einem neuen Arbeitsblatt; die Option ist vorbelegt. Bestätigen Sie mit **OK**.
4. Ziehen Sie das Feld **Datum** in den Layoutbereich **Zeilen**, das Feld **Region** in den Layoutbereich **Spalten** und **Umsatz** in den Layoutbereich **Werte**. Formatieren Sie die Werte mit 1000er-Trennzeichen und zwei Nachkommastellen.

Genial: einfaches Filtern mit Datenschnitt und Zeitachse

Abbildung 2.77: PivotTable einfügen

5. Sie erhalten dann eine PivotTable wie in Abbildung 2.78.

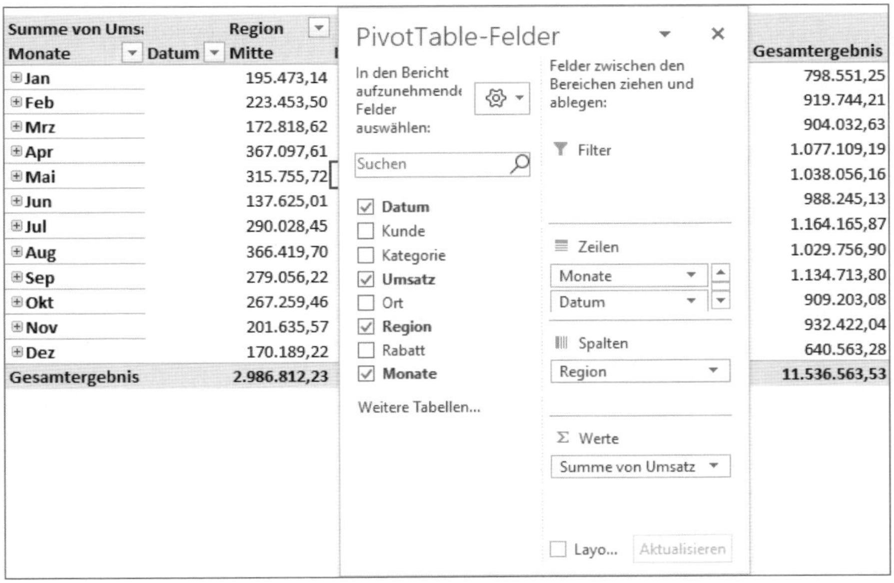

*Abbildung 2.78: Die PivotTable im ersten Entwurf mit den Feldern **Monate**, **Datum**, **Umsatz** und **Region***

Fügen Sie mindestens neun Leerzeilen oberhalb der PivotTable ein, um Platz für die Anordnung der Datenschnitte zu schaffen. Sie erreichen dies, indem Sie die entsprechende Anzahl von Zeilen mit einem Klick auf den Zeilenkopf markieren und danach die Tasten [Strg]+[+] drücken.

Fügen Sie anschließend in obige PivotTable die ersten Datenschnitte ein:

1. Klicken Sie auf der Registerkarte **PivotTable-Analyse** in der Befehlsgruppe **Filtern** auf den Befehl **Datenschnitt einfügen**.

2. Im Dialogfeld **Datenschnitt auswählen** aktivieren Sie die Kontrollkästchen der Felder, die Sie für die Filterung benötigen. Wählen Sie für das Beispiel die Felder wie in Abbildung 2.79 aus.

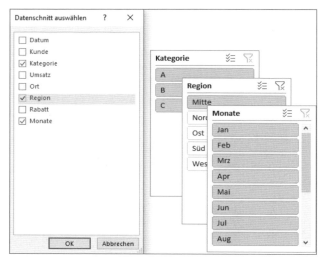

*Abbildung 2.79: Dialogfeld **Datenschnitt auswählen** zur Auswahl der Felder – mit eingeblendeten Datenschnitten*

3. Übernehmen Sie Ihre Auswahl mit **OK**. Die Datenschnitte werden im Tabellenblatt angeordnet (Abbildung 2.79).
4. Zur komfortablen Arbeit positionieren Sie die Datenschnitte oberhalb der PivotTable (Abbildung 2.80).

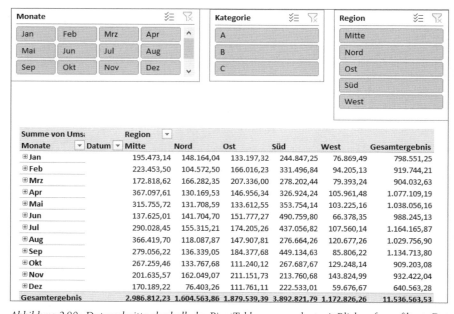

Abbildung 2.80: Datenschnitte oberhalb der PivotTable – angeordnet mit Blick auf ungefilterte Daten

Genial: einfaches Filtern mit Datenschnitt und Zeitachse

5. Zur Stabilisierung gruppieren Sie die Datenschnitte, indem Sie alle markieren und in **Datenschnitt/Anordnen** den Befehl **Gruppieren** anklicken.

Tipp Sie können eine Gruppierung von Datenschnitten auflösen, indem Sie die Gruppe markieren, mit der rechten Maustaste das Kontextmenü öffnen und dort den Befehl **Gruppierung aufheben** anklicken. Im Menüband finden Sie den Befehl nur dann, wenn Sie neben der Markierung der Gruppe zusätzlich noch einen Datenschnitt selektieren. Dann wählen Sie im Register **Datenschnitt** in der Registerkarte **Datenschnitt/Anordnen** den Befehl **Gruppieren aufheben** (Abbildung 2.81).

Abbildung 2.81: Auswahl des Befehls, um Datenschnitte zu gruppieren bzw. die Gruppe wieder aufzuheben

Hinweis Weist ein Datenschnitt mehr Einträge auf, als im Fenster Platz haben, wird automatisch eine Bildlaufleiste eingeblendet.

Die PivotTable zeigt alle Regionen und Monate eines Jahres mit den jeweiligen Werten an. Das Feld **Kategorie** ist nicht in der PivotTable enthalten, trotzdem kann hierfür ein Datenschnitt angezeigt und verwendet werden.

Über die Datenschnitte können Sie jetzt komfortabel filtern. Sie sehen jederzeit, welche Felder Sie selektiert haben und wie sich die gegenseitige Beeinflussung auswirkt.

Um lediglich die Werte für die Monate Januar, Mai und September in der **Region Ost** anzuzeigen, gehen Sie folgendermaßen vor:

1. Selektieren Sie im Datenschnitt **Monate** mit gedrückter [Strg]-Taste die Feldnamen **Jan, Mai** und **Sep**.
2. Selektieren Sie im Datenschnitt **Region** den Feldnamen **Ost**.

Die PivotTable wie in Abbildung 2.82 wird eingeblendet.

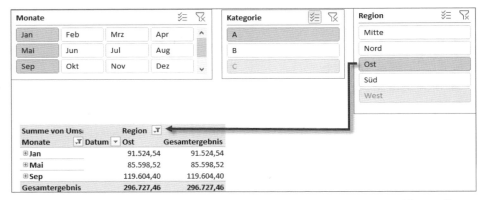

*Abbildung 2.82: Aktive (**Datum, Region**) und inaktive (**Kategorie**) Datenschnittauswahl mit gefilterter PivotTable*

Ihre PivotTable ist jetzt auf die **Region Ost** und die Monate **Jan**, **Mai** und **Sep** reduziert. Die gezeigten Daten stammen aus den Kategorien **A** und **B** (Abbildung 2.82). Die farblich hervorgehobenen Felder sind im Filter aktiv.

Aktive Filter löschen Sie durch einen Klick auf das Filtersymbol oben rechts im Datenschnittfenster.

Um Felder zu selektieren, die in einem Datenschnittfenster nicht unmittelbar aneinander liegen, gibt es in der Titelzeile des Datenschnittfensters ein Symbol zum Ein- bzw. Ausschalten des Selektionsmodus. Je nach Auswahlart zeigt es sich in unterschiedlicher Darstellung.

- Oberes Symbol: Standard; die Mehrfachauswahl ist nicht eingeschaltet.
- Unteres Symbol: Die Mehrfachauswahl ist eingeschaltet. Ein erneuter Klick auf dieses Symbol schaltet die Mehrfachauswahl wieder aus.

Tipp Sie können mehrere, nicht beieinander liegende Felder auch selektiert auswählen, indem Sie die `Strg`-Taste gedrückt halten und die erforderlichen Felder nacheinander anklicken.

Hinweis Auch der inaktive Datenschnitt **Kategorie**, bei dem nichts ausgewählt wurde, gibt Informationen zum Inhalt der PivotTable zurück. Die ausgegraute Schaltfläche **C** bedeutet, dass sich in der gezeigten PivotTable keine Daten von **C-Kunden** befinden.

Einen Datenschnitt an Ihre Bedingungen anpassen

Sobald Sie einen Datenschnitt aktivieren, können Sie umfangreiche Bearbeitungsmöglichkeiten auswählen. Sie finden Möglichkeiten, um den Datenschnitt zu formatieren, neu anzuordnen, in der Größe anzupassen und andere Einstellungen vorzunehmen. Grundsätzliche Einstellungen werden in der Gruppe **Datenschnitt**, im Dialogfeld **Datenschnitteinstellungen** vorgenommen. Um einen Datenschnitt zu bearbeiten, gehen Sie wie folgt vor:

Datenschnitte anzeigen oder ausblenden

1. Klicken Sie in der Befehlsgruppe **Datenschnitt** auf die Schaltfläche **Datenschnitteinstellungen**.
2. Nun öffnet sich das Dialogfeld **Datenschnitteinstellungen** (Abbildung 2.83). Hier finden Sie den Namen, mit dem Sie den Datenschnitt in Formeln ansprechen können. Darunter wird die Beschriftung angegeben, die Sie als Überschrift anzeigen und ändern können. Ferner finden Sie Optionen, mit denen sich sowohl die Elementreihenfolge bestimmen als auch die Anzeige der Daten beeinflussen lassen.

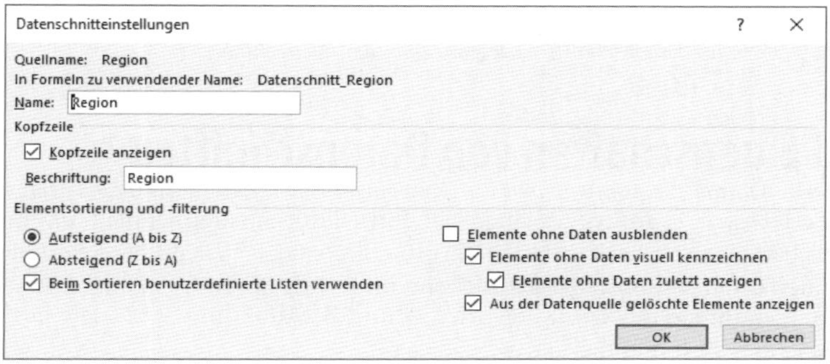

Abbildung 2.83: Grundsätzliche Einstellungen von Datenschnitten

In diesem Dialogfeld können Sie die Anzeige der Kopfzeile ein-/ausblenden und den Anzeigenamen beliebig ändern. Zusätzlich bestimmen Sie die Reihenfolge der Feldanzeige sowie das Verhalten bei Elementen ohne Daten.

Datenschnitte anzeigen oder ausblenden

Jeden Datenschnitt können Sie an einer beliebigen Stelle im Tabellenblatt positionieren und mit den **Datenschnitt-Formatvorlagen** vielfältig formatieren. Öffnen Sie auf die Registerkarte **Datenschnitt**, Gruppe **Anordnen**, mit dem Befehl **Auswahlbereich** den Aufgabenbereich **Auswahl von Datenschnitten** (siehe Abbildung 2.84). Dieser bietet die Möglichkeit, Datenschnitte aus- und wieder einzublenden.

Abbildung 2.84: Über diesen Aufgabenbereich, der bei seinem Aufruf am rechten Bildschirmrand verankert wird, können alle Objekte aus- und eingeblendet werden.

Auf diese Weise steuern Sie die anwenderspezifische Anordnung und Sichtbarkeit von Datenschnitten. Mit einem Klick auf das Auge-Symbol (ganz rechts im Auswahlbereich) wird der Datenschnitt im Tabellenblatt ausgeblendet (Abbildung 2.85). Anstelle des Auge-Symbols erscheint ein Symbol mit einer waagrechten Linie, das ebenfalls angeklickt werden kann und den Datenschnitt im Tabellenblatt wieder sichtbar macht.

Kapitel 2: Entdecken Sie die Möglichkeiten von PivotTables und PivotCharts

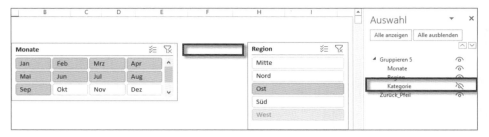

*Abbildung 2.85: Ausblenden des Datenschnitts **Kategorie** über den Auswahlbereich*

Größe und Eigenschaften von Datenschnitten

Der Datenschnitt ermöglicht es Ihnen, umfangreiche Einstellungen vorzunehmen, um ihn in Ihre Tabellenlandschaft einzupassen. Sie finden die Einstellmöglichkeiten auf der Registerkarte **Datenschnitt**, in den Befehlsgruppen **Schaltflächen** und **Größe** (siehe Abbildung 2.86).

Abbildung 2.86: In diesem Aufgabenbereich finden Sie umfangreiche Einstellungen für den selektierten Datenschnitt.

Mit einem Klick auf das Symbol ⌐ in der Befehlsgruppe **Größe** öffnen Sie den umfangreichen Aufgabenbereich **Datenschnitt formatieren** (siehe Abbildung 2.86).

Im Abschnitt **Größe** des Aufgabenbereichs **Datenschnitt formatieren** beeinflussen Sie die Skalierbarkeit sowie die Ausdehnung in Höhe und Breite mit genauen Werten in Zentimetern.

Im Abschnitt **Eigenschaften** bestimmen Sie Details bezüglich Position und Abhängigkeit von Zellpositionen, das Druckverhalten und ob das Objekt gesperrt werden soll.

Wollen Sie die Größenveränderung oder Neupositionierung des Datenschnitts im Tabellenblatt unterbinden, so aktivieren Sie das Kontrollkästchen **Größenanpassung und Verschieben deaktivieren** im Abschnitt **Position und Layout**.

Ob Sie die Felder für die Auswahl der Filter einspaltig oder mehrspaltig darstellen (das ist in Abbildung 2.85 beim Datenschnitt für Monate zu sehen), steuern Sie in der Befehlsgruppe **Schaltflächen**. Dort stehen außerdem zur Feinsteuerung der Schaltflächengröße die Drehfelder **Höhe** und **Breite** zur Verfügung.

Das Menüband zeigt bei der Selektion einer Gruppe zahlreiche Befehle zu deren Formatierung.

Hinweis Die Bezeichnung des Gruppenelements im Auswahlfeld **Gruppieren** können Sie umbenennen. Doppelklicken Sie auf die Bezeichnung; der Editordialog öffnet sich. Geben Sie die neue Bezeichnung ein.

Wenn Sie auf das Auge-Symbol der Gruppe klicken, werden alle Datenschnitte der Gruppe (bzw. wird die Gruppe) ausgeblendet.

Datenschnitt mit mehreren PivotTables verbinden

Ein Datenschnitt ist nicht ausschließlich an die PivotTable gebunden, für die er erstellt wurde. Über den Befehl **Datenschnitt/Gruppe Datenschnitt/Berichtsverbindungen** können Sie auswählen, für welche PivotTables mit der gleichen Datenquelle die Auswahl im Datenschnitt gleichzeitig wirksam werden soll. Sie öffnen den Auswahldialog bei selektiertem Datenschnitt, indem Sie auf der Registerkarte **Datenschnitt** in der **Befehlsgruppe Datenschnitt** auf den Befehl **Berichtsverbindungen** klicken (Abbildung 2.87).

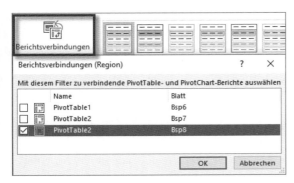

Abbildung 2.87: Auswahl der PivotTables, auf die der Datenschnitt wirksam angewendet werden kann

Aktives Filtern mit der Zeitachse

Statt verschiedene Filter auszuprobieren, um Datumswerte anzuzeigen, können Sie als Alternative eine **PivotTable-Zeitachse** verwenden. Die Zeitachse ist ein Feld, das Sie einer PivotTable hinzufügen und mit dem Sie nach Zeiten filtern sowie in den jeweils gewünschten Zeitraum hineinzoomen können.

Um in Verbindung mit den Daten des vorherigen Datenschnittbeispiels eine Zeitachse zu erstellen, gehen Sie folgendermaßen vor:

1. Erstellen Sie eine PivotTable wie in Tabelle **Bsp8** in der Mappe **Kap_02_LOE.xlsx**.
2. Aktivieren Sie die erstellte PivotTable.
3. Klicken Sie auf der Registerkarte **PivotTable-Analyse** in der Befehlsgruppe **Filtern** auf den Befehl **Zeitachse einfügen**.
4. Im Tabellenblatt wird das Dialogfeld **Zeitachse einfügen** zur Auswahl des Datums angezeigt. Aktivieren Sie das entsprechende Kontrollkästchen und klicken Sie dann auf **OK**.
5. Die Zeitachse wird eingefügt (Abbildung 2.88).

Abbildung 2.88: Die eingefügte Zeitachse

Die Zeitachse kann nach den gleichen Kriterien wie ein Datenschnitt formatiert werden.

Wenn Sie eine Zeitachse angeordnet haben, können Sie in einer von vier Zeitebenen (**JAHRE**, **QUARTALE**, **MONATE**, **TAGE**) nach einem Zeitraum filtern (Abbildung 2.89).

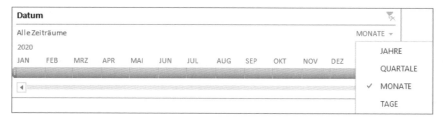

Abbildung 2.89: Über die Zeitachse können Sie die Daten dynamisch filtern – derzeit sind keine Filter aktiv.

Die Monate (oder anderen Einteilungen), die in der PivotTable angezeigt werden sollen, selektieren Sie, indem Sie diese auf dem Zeitstrahl auswählen. Sie erhalten dann ein Ergebnis wie beispielsweise in Abbildung 2.90.

Aktives Filtern mit der Zeitachse

Datum						
Jan - Apr 2020						MONATE
2020						
JAN FEB MRZ APR MAI JUN JUL AUG SEP OKT NOV DEZ						

Summe von Umsa	Region				
Monate	Datum	Mitte	Nord	Ost	Süd	West	Gesamtergebnis
⊞ Jan		195.473,14	148.164,04	133.197,32	244.847,25	76.869,49	798.551,25
⊞ Feb		223.453,50	104.572,50	166.016,23	331.496,84	94.205,13	919.744,21
⊞ Mrz		172.818,62	166.282,35	207.336,00	278.202,44	79.393,24	904.032,63
⊞ Apr		367.097,61	130.169,53	146.956,34	326.924,24	105.961,48	1.077.109,19
Gesamtergebnis		958.842,87	549.188,42	653.505,88	1.181.470,77	356.429,34	3.699.437,28

*Abbildung 2.90: Der PivotTable-Bericht mit den selektierten Monaten **Jan** bis **Apr** und der reduzierten PivotTable*

Ziehen Sie die Bildlaufleiste der Zeitachse auf den Zeitraum, den Sie analysieren möchten. Wählen Sie zudem die Monate, die angezeigt werden sollen (siehe ebenfalls Abbildung 2.90).

Nach erfolgreicher Selektion der Zeitachse erfolgt die Formatierung der Zeitachse in dem Register **Zeitachse** und dem Aufgabenbereich **Zeitachse formatieren** (Abbildung 2.91).

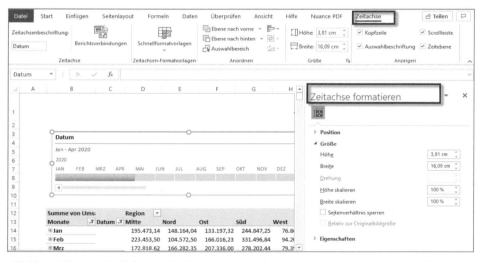

*Abbildung 2.91: Die Möglichkeiten der Formatierung in dem Register **Zeitachse** und dem Aufgabenbereich **Zeitachse formatieren***

Wenn Sie die Zeitachse mit einem Datenschnitt kombinieren möchten, um dasselbe Datumsfeld zu filtern, dann ist es notwendig, die Option **Mehrere Filter pro Feld zulassen** zu aktivieren. Um zu der Option zu gelangen, aktivieren Sie die PivotTable, öffnen mit einem rechten Mausklick das Kontextmenü und wählen dort den Befehl **PivotTable-Optionen**. Im Dialogfeld **PivotTable-Optionen** selektieren Sie die Registerkarte **Summen & Filter**. Dort finden Sie die genannte Option.

Wenn Sie eine Zeitachsenauswahl löschen möchten, klicken Sie auf die Schaltfläche **Filter löschen**.

Kapitel 3
Vertiefter Umgang mit PivotTable

In diesem Kapitel lernen Sie etwas über ...

- besondere Gruppierungen,
- benutzerdefinierte Berechnungen in Wertefeldern,
- alle Berechnungstypen im beispielhaften Einsatz,
- die Bedeutung und den Einsatzzweck der Funktion **Pivotdatenzuordnen()**,
- wie man PivotTables löscht oder verschiebt,
- was berechnete Elemente und berechnete Felder sind,
- wann der Einsatz von berechneten Feldern und Elementen möglich oder sinnvoll ist,
- wie man mit Fehlermeldungen umgeht und wie Ihnen Fehlermeldungen auch behilflich sein können.

Wie Sie in den vorangegangenen Kapiteln gesehen haben, lassen sich PivotTables recht zügig anfertigen. Auch das Pivotisieren, Hinzufügen oder Entfernen von Feldern ist kein großes Problem. Im nächsten Beispiel betrachten Sie eine Umsatzliste, die Sie in eine aussagekräftige PivotTable umsetzen. Das Ziel dieser Übung ist es, problemlos und schnellstmöglich eine PivotTable mit

- den Gesamtwerten über die verschiedenen Monate bzw. Jahre,
- den Werten unterteilt nach A-, B- und C-KategorienKunde sowie
- einer regionalen Verteilung

zu erstellen, um später alles auf einen Blick mühelos vergleichen zu können. Aus dieser Datenquelle erstellen Sie Schritt für Schritt einen PivotTable-Bericht.

Übungsdateien	Die Übungsdaten zu diesem und den folgenden Beispielen finden Sie in der Datei **Kap03_UEB.xlsx** in den Download-Dateien zu diesem Buch. Diese Beispiele wurden mit Excel 365 erstellt.

Kapitel 3: Vertiefter Umgang mit PivotTable

Die Arbeitsmappe **Kap03_UEB.xlsx** enthält Daten im Tabellenblatt **Basisdaten** mit u. a. Umsatz, Abrechnungstag, Name der Firma, Ort, Region, Kunden- und Regionsklassifizierungen und Rabattsatz.

Um eine erste Pivot-Umsatztabelle zu erstellen, gehen Sie folgendermaßen vor:

1. Öffnen Sie die Datei **Kap03_UEB.xlsx** und positionieren Sie den Cursor in einer beliebigen Zelle innerhalb der Daten im Tabellenblatt **Basisdaten**.
2. Klicken Sie innerhalb der Menüband-Registerkarte **Einfügen**, Befehlsgruppe **Tabellen**, auf den Befehl **PivotTable**.
3. Daraufhin erscheint das Dialogfeld **PivotTable erstellen**. Der Quellbereich wird dabei automatisch erkannt. Übernehmen Sie die Angaben im Textfeld **Tabelle/Bereich** unverändert (Abbildung 3.1).

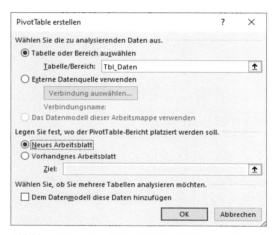

*Abbildung 3.1:   Das Dialogfeld **PivotTable erstellen**, das per Klick auf den Befehl **PivotTable** aufgerufen wird*

4. Übernehmen Sie die Option **Neues Arbeitsblatt** und erstellen Sie den Pivot-Bericht mit einem Klick auf **OK**.

Hinweis   Der ausgewählte Datenbereich beruht auf einer »intelligenten« Tabelle. Wie Sie eine derartige Tabelle erstellen, wird in Kapitel 6 näher erläutert.

---

5. Im neuen Arbeitsblatt wird ein leerer PivotTable-Bericht eingefügt. Am rechten Fensterrand sehen Sie den Aufgabenbereich **PivotTable-Felder**, sodass Sie jetzt die relevanten Felder in der jeweiligen Rubrik des Layoutbereichs anordnen können.
6. Erstellen Sie eine PivotTable mit der Feldanordnung, die Sie in Abbildung 3.2 sehen.

Vertiefter Umgang mit PivotTable

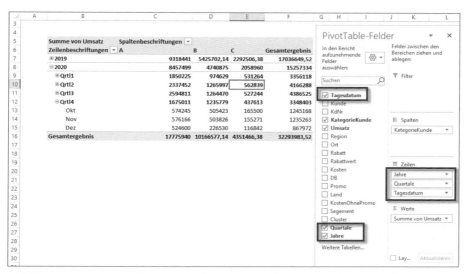

Abbildung 3.2: Die PivotTable, automatisch gruppiert nach Jahr, Quartal, Monat und ohne Formatierung der Daten im Wertebereich (Ausschnitt)

Hinweis Wenn Sie mit Excel 2016 und höher arbeiten und das Feld **Tagesdatum** vom Typ **Datum** im Bereich Zeilen anordnen, wird automatisch eine Gruppierung in Jahr, Quartal und Monat vorgenommen. Es entstehen im Bereich **Zeilen** neben dem eingefügten Feld **Tagesdatum** zwei neue Felder (**Jahre** und **Quartale**, siehe Abbildung 3.2).

Tipp Immer wenn Sie den Mauszeiger innerhalb einer PivotTable positionieren und mit der rechten Maustaste das Kontextmenü öffnen, können Sie mit dem dort vorhandenen Befehl **Feldliste anzeigen** oder **Feldliste ausblenden** die PivotTable-Feldliste sichtbar bzw. unsichtbar machen. Mit der eingeblendeten Feldliste lassen sich jederzeit neue Felder in die PivotTable aufnehmen oder bestehende Felder aus ihr entfernen.

Gruppierung des Datums ändern

Anders als in Excel 2013 können Sie ab Version Excel 2016 die erzeugte Gruppierung des Tagesdatums jederzeit verändern. Klicken Sie dazu auf ein Datumsfeld und öffnen Sie mit der rechten Maustaste das Kontextmenü und klicken Sie dort auf den Befehl **Gruppierung**. Das Dialogfeld wird geöffnet und zeigt die Voreinstellungen für **Starten** und **Beenden** sowie die Gruppierung nach dem Kriterium **Jahre, Quartale** und **Monate** (Abbildung 3.3).

Abbildung 3.3: Das Dialogfeld zum Gruppieren der Einzeldaten von Tagen zu Monaten, Quartalen und Jahren

Schließen Sie das Dialogfeld mit einem Klick auf **OK**.

Um zu einer besseren Beurteilung zu gelangen, sind noch zwei Dinge zu erledigen: Zuerst sollte die Anordnung der Felder verändert werden. Danach bietet es sich an, die Formatierung zu ergänzen, um eine bessere Lesbarkeit zu erreichen:

1. Klicken Sie das Feld **Jahre** in der PivotTable-Feldliste an und ziehen Sie es bei gedrückt gehaltener Maustaste in den Layoutbereich **Filter**.
2. Filtern Sie die PivotTable, indem Sie auf den Dropdown-Pfeil der Filterschaltfläche **Jahre** klicken, das betreffende Jahr markieren und Ihre Auswahl mit einem Klick auf **OK** bestätigen (siehe Abbildung 3.4).

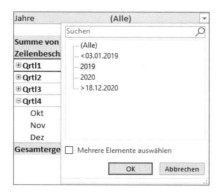

*Abbildung 3.4: Dialogfeld zur Auswahl des anzuzeigenden Zeitraums. Wählen Sie hier **2019**.*

Sie erhalten eine Darstellung, die die monatlichen Umsätze für 2019 in die drei Kategorien **A, B** und **C** aufgegliedert anzeigt (siehe Abbildung 3.4).

Die Ansicht expandieren

Die automatische Gliederung fügt eine auf die beiden Jahre reduzierte PivotTable in das Tabellenblatt ein. Wenn Sie die verdeckten Quartale und Monate sehen wollen, gehen Sie über das Kontextmenü und den Befehl **Erweitern/Reduzieren**. Expandieren Sie die Pivot-Table, damit alle Monate angezeigt werden.

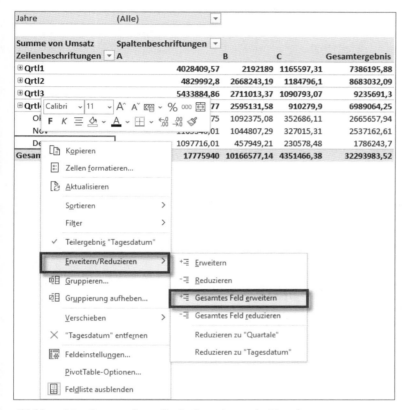

Abbildung 3.5: So expandieren Sie die Gruppierung des Tagesdatums.

Entfernen Sie das Feld **Quartal** aus dem Bereich **Zeilen**.

Die PivotTable gewinnt an Aussagekraft, wenn die Werte mit zwei Nachkommastellen und 1000er-Trennzeichen angezeigt werden. Um die Daten zu formatieren, gehen Sie dazu folgendermaßen vor:

1. Positionieren Sie den Cursor in der PivotTable, öffnen Sie mit der rechten Maustaste das Kontextmenü und wählen Sie den Befehl **Wertfeldeinstellungen**.
2. Daraufhin öffnet sich das gleichnamige Dialogfeld. Klicken Sie auf die Schaltfläche **Zahlenformat** und formatieren Sie im Folgedialogfeld **Zellen formatieren** die Werte mit zwei Nachkommastellen und 1000er-Trennzeichen (siehe Abbildung 3.6). Wählen Sie hierfür aus der Liste unter **Kategorie** den Eintrag **Zahl** und im Drehfeld **Dezimalstellen** den Wert **2**. Zusätzlich aktivieren Sie das Kontrollkästchen **1000er-Trennzeichen verwenden (.)**.

Kapitel 3: Vertiefter Umgang mit PivotTable

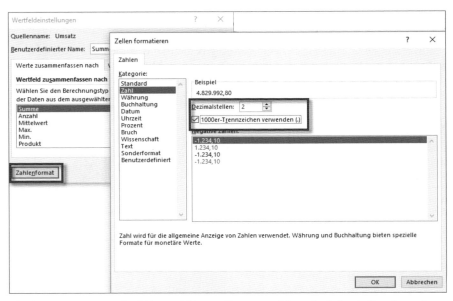

*Abbildung 3.6: Das Dialogfeld **Wertfeldeinstellungen** und der Folgedialog **Zellen formatieren***

3. Schließen Sie die Dialogfelder jeweils durch **OK**.

Ihre PivotTable enthält jetzt die neuen Formatmerkmale.

Eine Pivot-Tabelle kopieren

Erstellen Sie eine neue PivotTable mit folgender Darstellung und Feldanordnung:

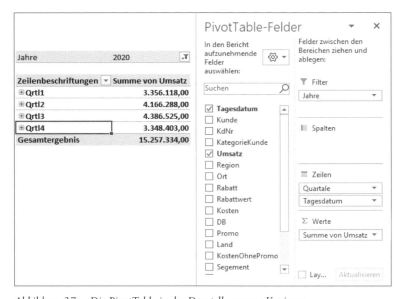

Abbildung 3.7: Die PivotTable in der Darstellung zum Kopieren

Sie können diese PivotTable ohne großen Aufwand über die Zwischenablage an jeden beliebigen Ort in der Mappe kopieren.

Jahre	2020
Zeilenbeschriftungen	**Summe von Umsatz**
Qrtl1	**3.356.118,00**
Qrtl2	**4.166.288,00**
Qrtl3	**4.386.525,00**
Qrtl4	**3.348.403,00**
Gesamtergebnis	**15.257.334,00**

Jahre	2020
Zeilenbes	Summe von Umsatz
Qrtl1	3.356.118,00
Qrtl2	4.166.288,00
Qrtl3	4.386.525,00
Qrtl4	3.348.403,00
Gesamtergel	15.257.334,00

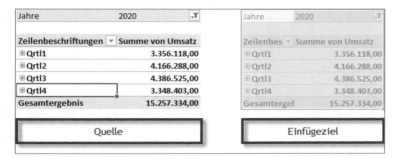

Abbildung 3.8: Die vorbereitete PivotTable mit dem gedachten Einfügeort

1. Aktivieren Sie ggf. (falls es nicht schon aktiv ist) das Tabellenblatt mit der PivotTable, die Sie kopieren wollen.
2. Markieren Sie die komplette PivotTable.
3. Drücken Sie Strg+C. Die Pivot-Tabelle befindet sich jetzt in der Zwischenablage.
4. Aktivieren Sie die Zielzelle (linke obere Ecke der PivotTable) und drücken Sie dann Strg+V. Daraufhin wird die komplette PivotTable aus der Zwischenablage an der markierten Position im Tabellenblatt eingefügt (Abbildung 3.9).

B	C	D	E	F
Jahre	2020		Jahre	2020
Zeilenbeschriftungen	**Summe von Umsatz**		**Zeilenbeschriftungen**	**Summe von Umsatz**
Qrtl1	**3.356.118,00**		**Qrtl1**	**3.356.118,00**
Qrtl2	**4.166.288,00**		**Qrtl2**	**4.166.288,00**
Qrtl3	**4.386.525,00**		**Qrtl3**	**4.386.525,00**
Qrtl4	**3.348.403,00**		**Qrtl4**	**3.348.403,00**
Gesamtergebnis	**15.257.334,00**		**Gesamtergebnis**	**15.257.334,00**

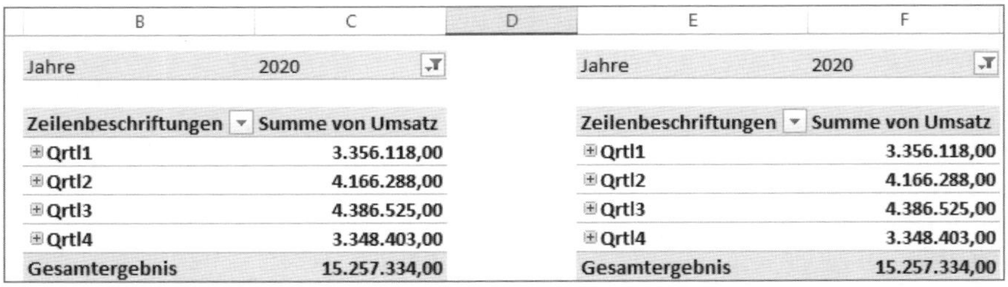

Abbildung 3.9: Im rechten Teil der Abbildung befindet sich die aus der Zwischenablage eingefügte PivotTable.

Benutzerdefinierte Berechnungen für PivotTable-Wertefelder einsetzen

Erweitern Sie die beiden PivotTables. Fügen Sie zwischen den beiden PivotTables mehrere Spalten ein, damit Sie über ausreichend Platz zwischen beiden Tabellen verfügen, um das Feld **KategorieKunde** im Bereich **Spalten** anzuordnen.

Sie erhalten dann die Darstellung aus Abbildung 3.10.

Kapitel 3: Vertiefter Umgang mit PivotTable

Abbildung 3.10: Die neuen Inhalte und die Anordnung der Felder in der PivotTable

In dem Dialogfeld **Wertfeldeinstellungen** haben Sie die Auswahl zwischen verschiedenen Berechnungsmöglichkeiten, die Sie im Wertebereich der PivotTable anwenden können.

Öffnen Sie das Dialogfeld, indem Sie den Cursor in der PivotTable positionieren, mit der rechten Maustaste das Kontextmenü aufrufen und dort den Befehl **Wertfeldeinstellungen** wählen.

Sie finden im Dialogfeld Wertfeldeinstellungen die Registerkarte **Werte zusammenfassen nach** und **Werte anzeigen als** (Abbildung 3.11).

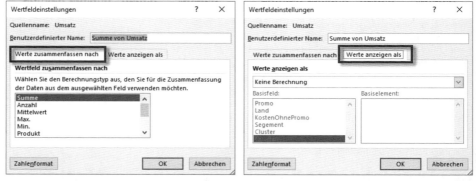

*Abbildung 3.11: Das Dialogfeld **Wertfeldeinstellungen** mit den beiden aktiven Registerkarten und den Berechnungsmöglichkeiten*

Benutzerdefinierte Berechnungen für PivotTable-Wertefelder einsetzen

Werte zusammenfassen nach
Summe
Anzahl
Mittelwert
Min.
Max.
Produkt
Anzahl Zahlen
Standardabweichung (Grundgesamtheit)
STABW
Var
Varianz (Grundgesamtheit)

*Tabelle 3.1: Die Berechnungsmöglichkeiten auf der Registerkarte **Werte zusammenfassen nach***

Werte anzeigen als
Keine Berechnung
% des Gesamtergebnisses
% des Spaltengesamtergebnisses
% des Zeilengesamtergebnisses
% von
% des übergeordneten Zeilenergebnisses
% des übergeordneten Spaltenergebnisses
% des übergeordneten Ergebnisses
Differenz von
% Differenz von
Laufende Summe in (Version 2013 Ergebnis in)
% laufende Summe in (Version 2013 % Ergebnis in)
Rangfolge nach Größe (aufsteigend)
Rangfolge nach Größe (absteigend)
Index

*Tabelle 3.2: Die Berechnungsmöglichkeiten auf der Registerkarte **Werte anzeigen als***

Nutzen Sie diese Möglichkeit in der kopierten PivotTable (siehe Abbildung 3.9), um die Umsatzwerte jedes Monats in Relation (in Prozentwerten) zum Gesamtergebnis darzustellen. Dazu gehen Sie folgendermaßen vor:

1. Wählen Sie eine PivotTable und aktivieren Sie eine Zelle im Wertebereich. Öffnen Sie mit der rechten Maustaste das Kontextmenü und wählen Sie in der Liste den Befehl **Werte anzeigen als**.
2. In der Auswahlliste **Werte anzeigen als** entscheiden Sie sich für den Eintrag **% des Gesamtergebnisses** (siehe Abbildung 3.12).

Kapitel 3: Vertiefter Umgang mit PivotTable

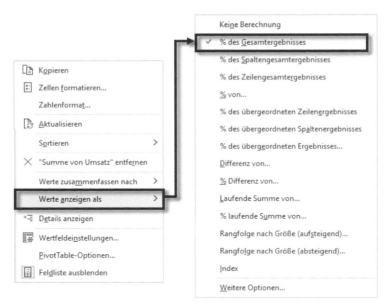

*Abbildung 3.12: Das Kontextmenü Wertfeldeinstellungen mit der Auswahl **Werte anzeigen als** und dem aktiven Eintrag **% des Gesamtergebnisses***

3. Schließen Sie das Dialogfeld mit einem Klick auf **OK**.

Ihre PivotTable zeigt das Ergebnis in Prozentwerten an (Abbildung 3.13).

Jahre	2020					Jahre	2020			
Summe von	**Spaltenbes.**					**Summe von Umsatz**	**Spalte**			
Zeilenbes.	**A**	**B**	**C**	**Gesamtergebnis**		**Zeilenbeschriftungen**	**A**	**B**	**C**	**Gesamtergebnis**
⊟ Qrtl1	1.850.225,00	974.629,00	531.264,00	3.356.118,00		⊟ Qrtl1	12,13%	6,39%	3,48%	22,00%
Jan	534.470,00	319.240,00	188.421,00	1.042.131,00		Jan	3,50%	2,09%	1,23%	6,83%
Feb	628.807,00	353.784,00	158.171,00	1.140.762,00		Feb	4,12%	2,32%	1,04%	7,48%
Mrz	686.948,00	301.605,00	184.672,00	1.173.225,00		Mrz	4,50%	1,98%	1,21%	7,69%
⊟ Qrtl2	2.337.452,00	1.265.997,00	562.839,00	4.166.288,00		⊟ Qrtl2	15,32%	8,30%	3,69%	27,31%
Apr	771.830,00	496.370,00	154.192,00	1.422.392,00		Apr	5,06%	3,25%	1,01%	9,32%
Mai	726.195,00	444.856,00	214.839,00	1.385.890,00		Mai	4,76%	2,92%	1,41%	9,08%
Jun	839.427,00	324.771,00	193.808,00	1.358.006,00		Jun	5,50%	2,13%	1,27%	8,90%
⊟ Qrtl3	2.594.811,00	1.264.470,00	527.244,00	4.386.525,00		⊟ Qrtl3	17,01%	8,29%	3,46%	28,75%
Jul	929.176,00	403.129,00	171.481,00	1.503.786,00		Jul	6,09%	2,64%	1,12%	9,86%
Aug	777.677,00	440.806,00	173.877,00	1.392.360,00		Aug	5,10%	2,89%	1,14%	9,13%
Sep	887.958,00	420.535,00	181.886,00	1.490.379,00		Sep	5,82%	2,76%	1,19%	9,77%
⊟ Qrtl4	1.675.011,00	1.235.779,00	437.613,00	3.348.403,00		⊟ Qrtl4	10,98%	8,10%	2,87%	21,95%
Okt	574.245,00	505.423,00	165.500,00	1.245.168,00		Okt	3,76%	3,31%	1,08%	8,16%
Nov	576.166,00	503.826,00	155.271,00	1.235.263,00		Nov	3,78%	3,30%	1,02%	8,10%
Dez	524.600,00	226.530,00	116.842,00	867.972,00		Dez	3,44%	1,48%	0,77%	5,69%
Gesamtergebnis	8.457.499,00	4.740.875,00	2.058.960,00	15.257.334,00		Gesamtergebnis	55,43%	31,07%	13,49%	100,00%

Abbildung 3.13: Die Gegenüberstellung der beiden PivotTables in absoluten Werten und Prozentwerten

Löschen eines PivotTable-Berichts oder PivotChart-Berichts

Sie möchten einen PivotTable-Bericht löschen? Führen Sie einfach die folgenden drei Schritte aus:

1. Aktivieren Sie eine PivotTable, indem Sie den Cursor im Bericht positionieren (beispielsweise in der rechten PivotTable in Abbildung 3.13).
2. Klicken Sie innerhalb der Menüband-Registerkarte **PivotTable-Analyse**, Befehlsgruppe **Aktionen**, auf den Befehl **Auswählen** und anschließend auf den Eintrag **Gesamte PivotTable**.
3. Wenn die PivotTable markiert ist, drücken Sie [Entf]. Die PivotTable wird vollständig gelöscht.

Achtung Eine Alternative zum Löschen findet sich innerhalb der Menüband-Registerkarte **PivotTable-Analyse**, Befehlsgruppe **Aktionen**. Dort verzweigt der Befehl **Löschen** in zwei Unterbefehle: **Alle löschen** und **Filter löschen**. Wenn Sie sich hier für den Befehl **Alle Löschen** entscheiden, erhalten Sie das Dialogfeld aus Abbildung 3.14.

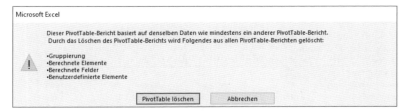

Abbildung 3.14: Mit diesem Befehl löschen Sie zwar die kopierte PivotTable, zusätzlich wird aber auch die Ausgangs-PivotTable verändert.

Klicken Sie auf die Schaltfläche **PivotTable löschen**, dann wird die kopierte PivotTable gelöscht und in der Ausgangs-PivotTable werden alle Formate und Gruppierungen entfernt, so wie es die Information im Dialogfeld aussagt.

Wenn Sie erreichen wollen, dass lediglich die markierte PivotTable gelöscht wird und die zugrunde liegenden PivotTables unverändert bleiben, sollten Sie die PivotTable bzw. das PivotChart wie vorhin beschrieben mit [Entf] löschen.

Kapitel 3: Vertiefter Umgang mit PivotTable

Berechnungstypen im praktischen Einsatz

Berechnungstypen sind vordefinierte Berechnungen, die im Dialogfeld **Wertfeldeinstellungen** zu finden sind. Sie bieten zahlreiche Möglichkeiten für die Darstellung von Werten innerhalb einer PivotTable (**Werte anzeigen als**; siehe Abbildung 3.2).

Übungsdateien Für diesen Abschnitt verwenden Sie die Datei **Kap_03_BRT.xlsx**. Diese Datei enthält die Basisdaten und die Anwendungsbeispiele für die Berechnungstypen.

Arbeiten Sie mit der Lösungsdatei oder erstellen Sie eine eigene Mappe mit dem Material aus der Lösungsdatei.

% des Gesamtergebnisses berechnen

Erstellen Sie aus den Daten im Tabellenblatt **Basisdaten** eine PivotTable. Jeder Wert der PivotTable wird durch das Gesamtergebnis dividiert.

Abbildung 3.15: % des Gesamtergebnisses

Summe von Wert	Bereich					
Branche	AB/AN B	AB/AN C	AB/AN A	AB/AN D	AB/AN F	Gesamtergebnis
Dienstleistung	511	535	138	126	354	1664
Geschenke/Blumen	801	666	195	546	393	2601
Lebensmittel	242	865	792	432	204	2535
Mode/Accessoires	200	368	362	744	698	2372
Restaurant/Bars	847	368	550	593	296	2654
Gesamtergebnis	2601	2802	2037	2441	1945	11826

Summe von Wert	Bereich					
Branche	AB/AN B	AB/AN C	AB/AN A	AB/AN D	AB/AN F	Gesamtergebnis
Dienstleistung	4,32%	4,52%	1,17%	1,07%	2,99%	14,07%
Geschenke/Blumen	6,77%	5,63%	1,65%	4,62%	3,32%	21,99%
Lebensmittel	2,05%	7,31%	6,70%	3,65%	1,73%	21,44%
Mode/Accessoires	1,69%	3,11%	3,06%	6,29%	5,90%	20,06%
Restaurant/Bars	7,16%	3,11%	4,65%	5,01%	2,50%	22,44%
Gesamtergebnis	21,99%	23,69%	17,22%	20,64%	16,45%	100,00%

Abbildung 3.16: Auswertung der Daten mit PivotTable unter Anwendung der Formel aus Abbildung 3.15

Die Arbeitsschritte, um die Darstellung zu erreichen:
1. Erstellen Sie eine PivotTable mit den Daten im Tabellenblatt **Basisdaten** mit folgendem Aufbau:
   - **Branche** im Layoutbereich **Zeilenbereich**
   - **Bereich** im Layoutbereich **Spalten**
   - **Wert** im Layoutbereich **Werte**

   Den Aufbau sehen Sie in Abbildung 3.16.

Berechnungstypen im praktischen Einsatz

2. Aktivieren Sie die PivotTable, öffnen Sie mit der rechten Maustaste das Kontextmenü und wählen Sie den Befehl **Werte anzeigen als**.
3. Im Dropdown-Listenfeld wählen Sie den Listeneintrag **% des Gesamtergebnisses**.
4. In Abbildung 3.16 sehen Sie die Ausgangs-PivotTable und im unteren Teil das Ergebnis dieser Berechnung.

Die folgenden Beispiele basieren auf den gleichen Ausgangsdaten.

% des Spaltenergebnisses

Jeder Wert der PivotTable wird durch das Spaltenergebnis dividiert.

Abbildung 3.17: % des Spaltenergebnisses

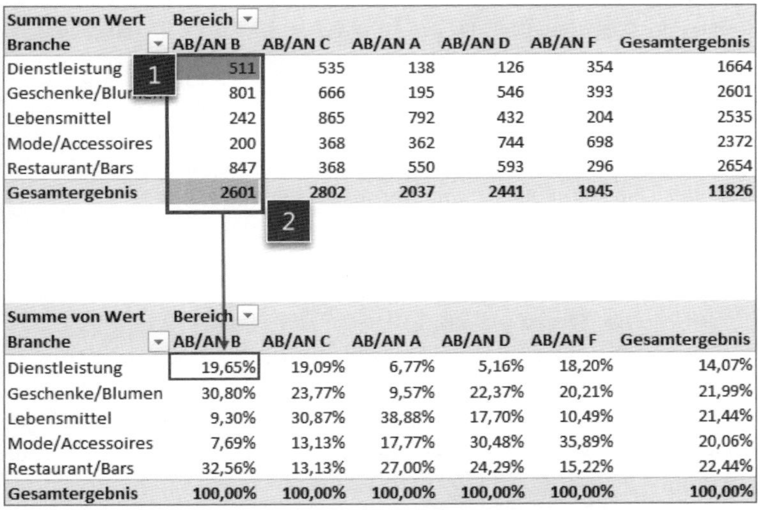

Summe von Wert	Bereich					
Branche	AB/AN B	AB/AN C	AB/AN A	AB/AN D	AB/AN F	Gesamtergebnis
Dienstleistung	511	535	138	126	354	1664
Geschenke/Blumen	801	666	195	546	393	2601
Lebensmittel	242	865	792	432	204	2535
Mode/Accessoires	200	368	362	744	698	2372
Restaurant/Bars	847	368	550	593	296	2654
Gesamtergebnis	2601	2802	2037	2441	1945	11826

Summe von Wert	Bereich					
Branche	AB/AN B	AB/AN C	AB/AN A	AB/AN D	AB/AN F	Gesamtergebnis
Dienstleistung	19,65%	19,09%	6,77%	5,16%	18,20%	14,07%
Geschenke/Blumen	30,80%	23,77%	9,57%	22,37%	20,21%	21,99%
Lebensmittel	9,30%	30,87%	38,88%	17,70%	10,49%	21,44%
Mode/Accessoires	7,69%	13,13%	17,77%	30,48%	35,89%	20,06%
Restaurant/Bars	32,56%	13,13%	27,00%	24,29%	15,22%	22,44%
Gesamtergebnis	100,00%	100,00%	100,00%	100,00%	100,00%	100,00%

Abbildung 3.18: Auswertung der Daten mit PivotTable unter Anwendung der Formel aus Abbildung 3.17

% des Zeilenergebnisses

Jeder Wert der PivotTable wird durch das Zeilenergebnis dividiert.

Abbildung 3.19: % des Zeilenergebnisses

Kapitel 3: Vertiefter Umgang mit PivotTable

Summe von Wert	Bereich					
Branche	AB/AN B	AB/AN C	AB/AN A	AB/AN D	AB/AN F	Gesamtergebnis
Dienstleistung	511	535	138	126	354	1664
Geschenke/Blumen	801	666	195	546	393	2601
Lebensmittel	242	865	792	432	204	2535
Mode/Accessoires	200	368	362	744	698	2372
Restaurant/Bars	847	368	550	593	296	2654
Gesamtergebnis	2601	2802	2037	2441	1945	11826

Summe von Wert	Bereich					
Branche	AB/AN B	AB/AN C	AB/AN A	AB/AN D	AB/AN F	Gesamtergebnis
Dienstleistung	30,71%	32,15%	8,29%	7,57%	21,27%	100,00%
Geschenke/Blumen	30,80%	25,61%	7,50%	20,99%	15,11%	100,00%
Lebensmittel	9,55%	34,12%	31,24%	17,04%	8,05%	100,00%
Mode/Accessoires	8,43%	15,51%	15,26%	31,37%	29,43%	100,00%
Restaurant/Bars	31,91%	13,87%	20,72%	22,34%	11,15%	100,00%
Gesamtergebnis	21,99%	23,69%	17,22%	20,64%	16,45%	100,00%

Abbildung 3.20: Auswertung der Daten mit PivotTable unter Anwendung der Formel aus Abbildung 3.19

% von

Jeder Wert im Verhältnis zu einem anderen Wert aus der gleichen Zeile oder der gleichen Spalte. Bei Berechnung in der Spalte kann das Gesamtergebnis der Zeile entfallen, bei der Berechnung innerhalb der Zeile kann das Gesamtergebnis in der Spalte entfallen.

$$\frac{Einzelsumme}{Referenzsumme\ aus\ gleicher\ Zeile\ oder\ Spalte}$$

Abbildung 3.21: % von Zeile/Spalte

Summe von Wert	Bereich					
Branche	AB/AN B	AB/AN C	AB/AN A	AB/AN D	AB/AN F	Gesamtergebnis
Dienstleistung	511	535	138	126	354	1664
Geschenke/Blumen	801	666	195	546	393	2601
Lebensmittel	242	865	792	432	204	2535
Mode/Accessoires	200	368	362	744	698	2372
Restaurant/Bars	847	368	550	593	296	2654
Gesamtergebnis	2601	2802	2037	2441	1945	11826

Summe von Wert	Bereich					
Branche	AB/AN B	AB/AN C	AB/AN A	AB/AN D	AB/AN F	
Dienstleistung	100,00%	100,00%	100,00%			
Geschenke/Blumen	156,75%	124,49%	141,30%			
Lebensmittel	47,36%	161,68%	573,91%			
Mode/Accessoires	39,14%	68,79%	262,32%			
Restaurant/Bars	165,75%	68,79%	398,55%			
Gesamtergebnis						

Summe von Wert	Bereich					
Branche	AB/AN B	AB/AN C	AB/AN A	AB/AN D	AB/AN F	Gesamtergebnis
Dienstleistung	144,35%	151,13%	38,98%	35,59%	100,00%	
Geschenke/Blumen	203,82%	169,47%	49,62%	138,93%	100,00%	
Lebensmittel	118,63%	424,02%	388,24%	211,76%	100,00%	
Mode/Accessoires	28,65%	52,72%	51,86%	106,59%	100,00%	
Restaurant/Bars	286,15%	124,32%	185,81%	200,34%	100,00%	
Gesamtergebnis	133,73%	144,06%	104,73%	125,50%	100,00%	

Abbildung 3.22: Auswertung der Daten mit PivotTable unter Anwendung der Formel aus Abbildung 3.21

Berechnungstypen im praktischen Einsatz

% des übergeordneten Zeilenergebnisses

Berechnung des anteiligen Wertes an seiner übergeordneten Gliederungsebene (Teilergebnis). Die Gliederungsstufe ist dabei 100 %.

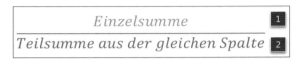

Abbildung 3.23: % des übergeordneten Zeilenergebnisses

Summe von Wert		Bereich					
Spediteur	Branche	AB/AN B	AB/AN C	AB/AN A	AB/AN D	AB/AN F	Gesamtergebnis
DHL	Geschenke/Blumen		666	195			861
	Lebensmittel	242			432		674
	Mode/Accessoires		368	362	744	698	2172
	Restaurant/Bars		368		593		961
DHL Ergebnis		242	1402	557	1769	698	4668
UPS	Dienstleistung	511	535	138	126	354	1664
	Geschenke/Blumen	801			546	393	1740
	Lebensmittel		865	792		204	1861
	Mode/Accessoires	200					200
	Restaurant/Bars	847		550		296	1693
UPS Ergebnis		2359	1400	1480	672	1247	7158
Gesamtergebnis		2601	2802	2037	2441	1945	11826

Summe von Wert		Bereich					
Spediteur	Branche	AB/AN B	AB/AN C	AB/AN A	AB/AN D	AB/AN F	Gesamtergebnis
DHL	Geschenke/Blumen	0,00%	47,50%	35,01%	0,00%	0,00%	18,44%
	Lebensmittel	100,00%	0,00%	0,00%	24,42%	0,00%	14,44%
	Mode/Accessoires	0,00%	26,25%	64,99%	42,06%	100,00%	46,53%
	Restaurant/Bars	0,00%	26,25%	0,00%	33,52%	0,00%	20,59%
DHL Ergebnis		9,30%	50,04%	27,34%	72,47%	35,89%	39,47%
UPS	Dienstleistung	21,66%	38,21%	9,32%	18,75%	28,39%	23,25%
	Geschenke/Blumen	33,96%	0,00%	0,00%	81,25%	31,52%	24,31%
	Lebensmittel	0,00%	61,79%	53,51%	0,00%	16,36%	26,00%
	Mode/Accessoires	8,48%	0,00%	0,00%	0,00%	0,00%	2,79%
	Restaurant/Bars	35,91%	0,00%	37,16%	0,00%	23,74%	23,65%
UPS Ergebnis		90,70%	49,96%	72,66%	27,53%	64,11%	60,53%
Gesamtergebnis		100,00%	100,00%	100,00%	100,00%	100,00%	100,00%

Abbildung 3.24: Auswertung der Daten mit PivotTable unter Anwendung der Formel aus Abbildung 3.23

Kapitel 3: Vertiefter Umgang mit PivotTable

% des übergeordneten Spaltenergebnisses

Berechnung des anteiligen Wertes an seiner übergeordneten Gliederungsebene (Teilergebnis). Die Gliederungsstufe ist dabei 100 %.

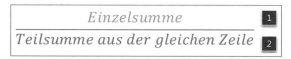

Abbildung 3.25: % des übergeordneten Spaltenergebnisses

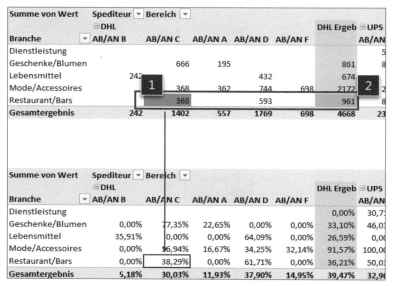

Abbildung 3.26: Auswertung der Daten mit PivotTable (Ausschnitt) unter Anwendung der Formel aus Abbildung 3.25

% des übergeordneten Ergebnisses

Berechnung des anteiligen Wertes an einer wählbaren Gliederungsebene. Die gewählte Gliederungsstufe ist dabei 100 %. Verändern Sie die PivotTable und fügen noch Felder hinzu. Positionieren Sie im Zeilenbereich die Felder **Spediteur** und **Ebene** oberhalb des Feldes **Branche**. Als Basisfeld für diese Berechnung verwenden Sie das Feld **Spediteur**.

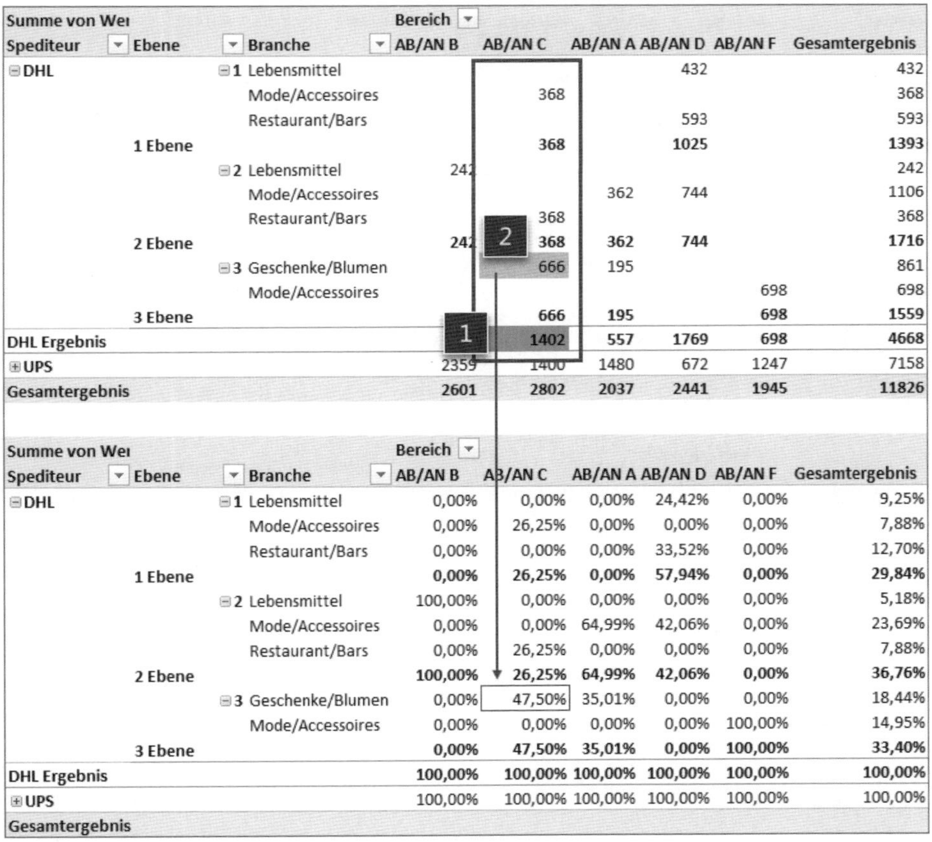

Abbildung 3.27: % des übergeordneten Ergebnisses

Abbildung 3.28: Auswertung der Daten mit PivotTable (Ausschnitt) unter Anwendung der Formel aus Abbildung 3.27

Kapitel 3: Vertiefter Umgang mit PivotTable

Differenz von

Berechnung der absoluten Differenz gegenüber einem Referenzwert. Verändern Sie Ihre PivotTable, indem Sie die Felder **Spediteur** und **Branche** im Layoutbereich **Zeilen** und das Feld **Wert** im Layoutbereich **Werte** anordnen. In dieser PivotTable nehmen Sie als Basisfeld das Feld **Branche** und als Basiselement nehmen Sie das Element **Geschenke/Blumen**.

Abbildung 3.29: Differenz von

Spediteur	Branche	Summe von Wert
⊟ DHL	Geschenke/Blumen	861
	Lebensmittel	674
	Mode/Accessoires	2172
	Restaurant/Bars	961
DHL Ergebnis		**4668**
⊟ UPS	Dienstleistung	1664
	Geschenke/Blumen	1740
	Lebensmittel	1861
	Mode/Accessoires	200
	Restaurant/Bars	1693
UPS Ergebnis		**7158**
Gesamtergebnis		**11826**

Spediteur	Branche	Summe von Wert
⊟ DHL	Geschenke/Blumen	
	Lebensmittel	-187
	Mode/Accessoires	1311
	Restaurant/Bars	100
DHL Ergebnis		
⊟ UPS	Dienstleistung	-76
	Geschenke/Blumen	
	Lebensmittel	121
	Mode/Accessoires	-1540
	Restaurant/Bars	-47
UPS Ergebnis		
Gesamtergebnis		

Abbildung 3.30: Auswertung der Daten mit PivotTable (Ausschnitt) unter Anwendung der Formel aus Abbildung 3.29

Berechnungstypen im praktischen Einsatz

% Differenz von

Berechnung der relativen Differenz gegenüber einem Referenzwert. Es ist auch möglich, auf vorherige oder nachfolgende Werte zu verweisen.

Verwenden Sie die zuvor benutzte PivotTable oder verändern Sie eine Ihrer PivotTables, indem Sie die Felder **Spediteur** und **Branche** im Layoutbereich **Zeilen** und das Feld **Wert** im Layoutbereich **Werte** anordnen. In dieser PivotTable nehmen Sie als Basisfeld das Feld **Branche** und als Basiselement nehmen Sie das Element **Geschenke/Blumen**.

$$\frac{\text{Einzelwert} - \text{Referenzwert}}{\text{Referenzwert}}$$

Abbildung 3.31: Formel % Differenz von

Spediteur	Branche	Summe von Wert
⊟ DHL	Geschenke/Blumen	861
	Lebensmittel	674
	Mode/Accessoires	2172
	Restaurant/Bars	961
DHL Ergebnis		**4668**
⊟ UPS	Dienstleistung	1664
	Geschenke/Blumen	1740
	Lebensmittel	1861
	Mode/Accessoires	200
	Restaurant/Bars	1693
UPS Ergebnis		**7158**
Gesamtergebnis		**11826**

Spediteur	Branche	Summe von Wert
⊟ DHL	Geschenke/Blumen	
	Lebensmittel	-21,72%
	Mode/Accessoires	152,26%
	Restaurant/Bars	11,61%
DHL Ergebnis		
⊟ UPS	Dienstleistung	-4,37%
	Geschenke/Blumen	
	Lebensmittel	6,95%
	Mode/Accessoires	-88,51%
	Restaurant/Bars	-2,70%
UPS Ergebnis		
Gesamtergebnis		

Abbildung 3.32: Auswertung der Daten mit PivotTable (Ausschnitt) unter Anwendung der Formel aus Abbildung 3.31

Praxisbeispiel: Differenz zu einem vorherigen Basiselement in einem abweichenden Geschäftsjahr

Diese Variante, Daten zu vergleichen, bietet sich besonders bei Zeitreihenvergleichen an. Beispielsweise möchten Sie die Differenz der Umsätze des aktuellen Jahres mit den Umsätzen des vorherigen Jahres vergleichen beziehungsweise die Differenz der monatlichen Umsätze berechnen.

Für dieses Beispiel verwenden Sie neues Datenmaterial, das sich für dieses Beispiel direkt im Tabellenblatt **DifferenzDatum** befindet. Ebenfalls finden Sie in dem gleichen Tabellenblatt die zugehörige Lösung in einer PivotTable. Die Datenquelle ist als »intelligente Tabelle« formatiert und hat den Tabellennamen fSales.

Berechnen Sie in einer neuen PivotTable die monatliche Umsatzdifferenz in den Regionen. Verwenden Sie als Basisfeld das **Tagesdatum** und als Basiselement **(Vorheriger)**.

Gehen Sie folgendermaßen vor:

1. Positionieren Sie den Cursor in der Datenquelle **(fSales)** und erstellen Sie eine PivotTable in einem neuen Arbeitsblatt.
2. Feldanordnung:
   - Feld **Jahre** und **Tagesdatum** im Layoutbereich **Zeilen**
   - Feld **Regionen** im Layoutbereich **Zeilen**
   - Feld **Umsatz** im Layoutbereich **Werte**
3. Aktivieren Sie die neue PivotTable mit dem Cursor im Wertebereich und öffnen Sie mit der rechten Maustaste das Kontextmenü.
4. Im Kontextmenü wählen Sie den Befehl **Werte anzeigen als** und im Listenbereich den Listeneintrag **Differenz von**.
5. Im folgenden Dialogfeld wählen Sie als Basisfeld **Tagesdatum** und als Basiselement **(Vorheriger)**.
6. Bestätigen Sie mit einem Klick auf **OK**.

Das Ergebnis der Pivot-Auswertung:

Summe v Jahre	Tagesdatum	Region Mitte	Nord	Ost	Süd	West	Gesamtergebnis
2018							
	Jan						
	Feb	16.960	-134.891	39.239	84.446	13.986	19.739
	Mrz	-88.084	95.381	63.800	-82.170	-27.499	-38.572
	Apr	303.756	-55.784	-93.109	75.035	41.027	270.925
	Mai	-69.313	2.497	-20.606	41.494	-4.148	-50.075
	Jun	-288.749	15.068	28.155	211.452	-57.074	-91.148
	Jul	235.283	21.336	34.430	-83.023	63.748	271.774
	Aug	137.841	-57.788	-40.675	-259.112	20.353	-199.381
	Sep	-151.853	28.384	56.430	289.652	-54.033	168.580
	Okt	-14.533	-3.990	-112.813	-291.748	67.227	-355.857
	Nov	-103.751	43.825	154.189	-83.240	22.472	33.495
	Dez	-42.276	-132.708	-153.579	13.568	-130.051	-445.045
2019							
	Jan						
	Feb	-16.478	-61.288	44.229	73.691	20.572	60.726
	Mrz	-55.457	227.532	72.451	-57.668	-25.487	161.371
	Apr	284.201	-195.911	-90.943	33.599	31.921	62.867
	Mai	-101.223	7.304	-17.590	52.364	4.914	-54.231
	Jun	-218.279	-11.064	35.035	202.659	-56.551	-48.200
	Jul	192.765	28.196	7.037	-103.947	52.403	176.454
	Aug	123.294	-44.966	-30.247	-201.306	37.129	-116.096
	Sep	-150.577	30.917	46.114	237.616	-61.381	102.689
	Okt	1.509	-5.258	-74.499	-228.908	54.055	-253.101
	Nov	-84.592	49.517	110.358	-99.021	21.723	-2.015
	Dez	-53.425	-122.053	-118.885	27.517	-110.945	-377.791
Gesamtergebnis							

Abbildung 3.33: Die PivotTable mit der Berechnung der Umsatzdifferenz zum jeweiligen Vormonat

Berechnungstypen im praktischen Einsatz

| Hinweis | Bei derartigen Operationen in PivotTables wird der Basiswert generell ausgeblendet. |

Die im vorausgehenden Beispiel gezeigte Differenzbildung funktioniert innerhalb eines Kalenderjahres problemlos. Anders wird es, wenn Sie beispielsweise bei einem abweichenden Geschäftsjahr über das Kalenderjahr hinaus Differenzen berechnen wollen. Dies ist ohne Erweiterungsspalten in den Basisdaten nicht möglich.

Im folgenden Abschnitt führen Sie diese Erweiterungen in die Daten ein, um dann kalenderjahresübergreifende Auswertungen mit Differenz- oder Abweichungsberechnungen in PivotTables erarbeiten zu können.

Als Datenquelle dient der Datenbestand im Tabellenblatt **DifferenzDatum(2)**. Dieser Datenbestand ist als »intelligente Tabelle« formatiert und hat den Tabellennamen **fSales3**. Die Basistabelle ist um zwei Spalten, **Fiskaljahr (FY)** und **Jahr/Monat (YM)**, ergänzt worden. Die Formeln beziehen sich auf die Spalte **Tagesdatum**.

Tagesdatum	Kunde	Kategorie	Umsatz	Region	Kosten	Land	FY	YM
03.01.2018	Cenit GmbH	K 1	22.245,06	Ost	11.567,43	BE	FY 2017/18	2018 - 01
03.01.2018	MWB Elektro	K 2	7.944,19	West	4.130,98	SL	FY 2017/18	2018 - 01
03.01.2018	Phoenix Brei	K 2	7.830,92	Nord	4.072,08	HB	FY 2017/18	2018 - 01

Abbildung 3.34: Berechnete Spalten für FY und YM

| Hinweis | Wenn Sie die Arbeitsschritte ausführen wollen, dann ist es sinnvoll, den Basisdatenbestand (blaue Feldbezeichner) in ein leeres Tabellenblatt zu kopieren und dort die folgenden Arbeitsschritte auszuführen. |

Mit folgenden Schritten erledigen Sie diese Aufgabe:

1. Erstellen Sie an einem beliebigen Ort in Ihrer Mappe eine kleine Tabelle mit dem Startdatum des abweichenden Geschäftsjahres (Abbildung 3.35).

Beginn	FY
01.07.2017	FY 2017/18
01.07.2018	FY 2018/19
01.07.2019	FY 2019/20
01.07.2020	FY 2020/21

Abbildung 3.35: Tabelle mit den Daten zum FY

2. Wandeln Sie den Datenbereich in eine »intelligente Tabelle« um.
3. Geben Sie der Datenquelle im Register **Tabellenentwurf** den Tabellennamen **fFiscalYear**.
4. Fügen Sie in der Datenquelle eine neue Spalte **FY** hinzu (Abbildung 3.34) und geben Sie in die erste Zelle folgende Formel ein:
   =**VERWEIS([@Tagesdatum];dFiscalYear)**
5. Fügen Sie in der Datenquelle eine weitere Spalte **YM** hinzu.
   Die Formel dazu lautet:
   JAHR([@Tagesdatum])&" - "&TEXT(MONAT([@Tagesdatum]);"00")
6. Als Ergebnis erhalten Sie zwei neue Spalten wie in Abbildung 3.34.

Kapitel 3: Vertiefter Umgang mit PivotTable

Erstellen Sie eine PivotTable und zeigen Sie die monatliche Differenz für das **FY 2018/19** an.

1. Positionieren Sie den Cursor im Datenbereich und wählen Sie den Befehl **Einfügen/PivotTable**.
2. Erstellen Sie die PivotTable mit folgender Feldanordnung:
   - Feld **YM** im Layoutbereich **Zeilen**
   - Feld **Region** im Layoutbereich **Spalten**
   - Feld **Umsatz** im Layoutbereich **Werte**
   - Feld **FY** im Layoutbereich **Filter**
3. Positionieren Sie den Cursor im Wertebereich und öffnen Sie mit der rechten Maustaste das Kontextmenü.
4. Wählen Sie dort den Befehl **Werte anzeigen als** und im Listenbereich den Befehl **Differenz von**.
5. Im folgenden Dialogfeld wählen Sie als Basisfeld **YM** und als Basiselement **(Vorheriger)**.
6. Bestätigen Sie dann mit einem Klick auf **OK**.

Das Ergebnis zeigt Abbildung 3.36.

FY	FY 2018/19					
Summe von Umsatz	Region					
YM	Mitte	Nord	Ost	Süd	West	Gesamtergebnis
2018 - 07						
2018 - 08	137.841	-57.788	-40.675	-259.112	20.353	-199.381
2018 - 09	-151.853	28.384	56.430	289.652	-54.033	168.580
2018 - 10	-14.533	-3.990	-112.813	-291.748	67.227	-355.857
2018 - 11	-103.751	43.825	154.189	-83.240	22.472	33.495
2018 - 12	-42.276	-132.708	-153.579	13.568	-130.051	-445.045
2019 - 01	24.956	83.996	-2.726	21.600	16.973	144.799
2019 - 02	-16.478	-61.288	44.229	73.691	20.572	60.726
2019 - 03	-55.457	227.532	72.451	-57.668	-25.487	161.371
2019 - 04	284.201	-195.911	-90.943	33.599	31.921	62.867
2019 - 05	-101.223	7.304	-17.590	52.364	4.914	-54.231
2019 - 06	-218.279	-11.064	35.035	202.659	-56.551	-48.200
Gesamtergebnis						

Abbildung 3.36: Die PivotTable mit einer Differenzbildung in einem abweichenden Geschäftsjahr

Laufende Summe von

Berechnung der laufenden Summe (kumulierte Summe) pro Zeile oder Spalte innerhalb einer Gruppierungsebene. Zeigt den Wert aufeinanderfolgender Elemente im Basisfeld als fortlaufendes Ergebnis an.

Hinweis	Die PivotTable im Tabellenblatt **Laufende Summe** mit dem Ergebnis der Berechnung verwendet die Daten der »intelligenten Tabelle« mit dem Tabellennamen **fSales3**.

Berechnungstypen im praktischen Einsatz

Die PivotTable hat folgende Feldanordnung:

- Feld **FY** und Feld **YM** im Layoutbereich **Zeilen**
- Feld **Region** im Layoutbereich **Spalten**
- Feld **Umsatz** im Layoutbereich **Werte**

1. In der erstellten PivotTable positionieren Sie den Cursor im Wertebereich und öffnen mit der rechten Maustaste das Kontextmenü.
2. Wählen Sie dort den Befehl **Werte anzeigen als** und im Listenbereich den Befehl **Laufende Summe von**.
3. Im folgenden Dialogfeld wählen Sie als Basisfeld **YM**.
4. Bestätigen Sie dann mit einem Klick auf **OK**.
5. Das Ergebnis zeigt Abbildung 3.37.

Summe von Umsa Spalten					
Zeilenbeschrift	Mitte	Nord	Ost	Süd	West	Gesamtergebnis
FY 2018/19						
2018 - 07	448.104	240.470	268.973	674.249	166.411	1.798.207
2018 - 08	1.034.050	423.151	497.272	1.089.386	353.175	3.397.033
2018 - 09	1.468.142	634.217	782.000	1.794.174	485.906	5.164.439
2018 - 10	1.887.702	841.292	953.916	2.207.215	685.863	6.575.989
2018 - 11	2.203.511	1.092.192	1.280.021	2.537.016	908.293	8.021.033
2018 - 12	2.477.045	1.210.383	1.452.547	2.880.386	1.000.672	9.021.033
2019 - 01	2.775.535	1.412.571	1.622.347	3.245.355	1.110.024	10.165.832
2019 - 02	3.057.547	1.553.471	1.836.376	3.684.015	1.239.948	11.371.357
2019 - 03	3.284.102	1.921.903	2.122.856	4.065.007	1.344.385	12.738.253
2019 - 04	3.794.858	2.094.424	2.318.393	4.479.598	1.480.743	14.168.016
2019 - 05	4.204.391	2.274.249	2.496.340	4.946.553	1.622.015	15.543.548
2019 - 06	4.395.645	2.443.010	2.709.322	5.616.167	1.706.736	16.870.880
Gesamtergebnis						

*Abbildung 3.37: Die PivotTable mit einer **Laufenden Summe** in einem abweichenden Geschäftsjahr*

Übungsdateien   Analog den vorherigen Arbeitsschritten wird auch die **% Laufende Summe** erstellt. Das Beispiel finden Sie im Tabellenblatt **%LaufendeSumme** der Mappe **Kap_03_BRT.xlsx**.

Rangfolge nach Größe (aufsteigend/absteigend)

Zeigt den Rang der ausgewählten Werte in einem bestimmten Feld an, wobei das kleinste Element im Feld als 1 und jeder größere Wert mit einem höheren Rangwert aufgelistet wird.

Bei absteigender Folge wird das kleinste Element im Feld als 1 und jeder kleinere Wert mit einem höheren Rang aufgelistet.

Hinweis   Die PivotTable im Tabellenblatt **Rangfolge** mit dem Ergebnis der Berechnung verwendet die Daten der »intelligenten Tabelle« mit dem Tabellennamen **fSales3**.

Kapitel 3: Vertiefter Umgang mit PivotTable

Die PivotTable hat folgende Feldanordnung:
- Feld **FY** und Feld **YM** im Layoutbereich **Zeilen**
- Feld **Region** im Layoutbereich **Spalten**
- Feld **Umsatz** im Layoutbereich **Werte**

1. In der erstellten PivotTable positionieren Sie den Cursor im Wertebereich und öffnen mit der rechten Maustaste das Kontextmenü.
2. Wählen Sie dort den Befehl **Werte anzeigen als** und im Listenbereich den Befehl **Rangfolge nach Größe (absteigend)**.
3. Im folgenden Dialogfeld wählen Sie als Basisfeld **YM**.
4. Bestätigen Sie dann mit einem Klick auf **OK**.
5. Das Ergebnis zeigt Abbildung 3.38.

Summe von Ums Spal						
Zeilenbeschrif	Mitte	Nord	Ost	Süd	West	Gesamtergebnis
⊟ FY 2018/19						
2018 - 07	3	3	4	2	4	1
2018 - 08	1	7	5	6	3	3
2018 - 09	4	4	3	1	7	2
2018 - 10	5	5	11	8	2	6
2018 - 11	7	2	1	12	1	4
2018 - 12	10	12	10	11	11	12
2019 - 01	8	6	12	10	9	11
2019 - 02	9	11	6	5	8	10
2019 - 03	11	1	2	9	10	8
2019 - 04	2	9	8	7	6	5
2019 - 05	6	8	9	4	5	7
2019 - 06	12	10	7	3	12	9
Gesamtergebnis						

*Abbildung 3.38: Die PivotTable mit der **Rangfolge nach Größe (absteigend)** in einem abweichenden Geschäftsjahr*

Index

Jeder Wert der PivotTable geteilt durch das Gesamtergebnis.

Abbildung 3.39: Indexberechnung in der PivotTable

Mit **INDEX** wird die Bedeutung der jeweiligen Kombination hervorgehoben. Konzentriert sich der Blick nur auf die Anteile, fallen bestimmte Kombinationen kaum ins Gewicht. Im folgenden Beispiel sehen Sie für Lebensmittel im Bereich A (Index 1,813) einen hohen Index, obwohl dort nicht die größte Häufigkeit erreicht wird (792).

Hinweis	Die PivotTable für die Indexberechnung basiert auf den Daten im Tabellenblatt **Basisdaten**.

Berechnungstypen im praktischen Einsatz

	B	C	D	E	F	G	H
14							
15	Summe von Wert	Bereich					
16	Branche	AB/AN B	AB/AN C	AB/AN A	AB/AN D	AB/AN F	Gesamtergebnis
17	Dienstleistung	511	535	138	126	354	1664
18	Geschenke/Blumen	801	666	195	546	393	2601
19	Lebensmittel	242	865	792	432	204	2535
20	Mode/Accessoires	200	368	362	744	698	2372
21	Restaurant/Bars	847	368	550	593	296	2654
22	Gesamtergebnis	2601	2802	2037	2441	1945	11826
23							
24							
25							
26							
27	Summe von Wert	Bereich					
28	Branche	AB/AN B	AB/AN C	AB/AN A	AB/AN D	AB/AN F	Gesamtergebnis
29	Dienstleistung	1,3962562	1,3569699	0,4814737	0,366849	1,2935053	1
30	Geschenke/Blumen	1,4001988	1,0806962	0,4352523	1,0170034	0,9186931	1
31	Lebensmittel	0,4340452	1,4401505	1,8138195	0,8256118	0,4892947	1
32	Mode/Accessoires	0,3836653	0,6547913	0,8860143	1,5195967	1,7892005	1
33	Restaurant/Bars	1,4510421	0,5852166	1,2031191	1,0824899	0,6781239	1
34	Gesamtergebnis	1	1	1	1	1	1

Abbildung 3.40: Auswertung der Daten mit PivotTable (Ausschnitt) unter Anwendung der Formel aus Abbildung 3.39

Die Formel mit Zelladressen für das Ergebnis in Zelle C33 lautet:

=(C21*$H22)/(C$22*$H21)

Als Vergleich für die Aussagekraft einer Indexberechnung sehen Sie in der Abbildung 3.41 zwei PivotTables mit Berechnungsmethode **% des Gesamtergebnisses** [1] und **% des Spaltenergebnisses** [2].

Summe von Wert	Bereich					
Branche	AB/AN B	AB/AN C	AB/AN A	AB/AN D	AB/AN F	Gesamtergebnis
Dienstleistung	4,32%	4,52%	1,17%	1,07%	2,99%	14,07%
Geschenke/Blumen	6,77%	5,63%	1,65%	4,62%	3,32%	21,99%
Lebensmittel	2,05%	7,31%	6,70%	3,65%	1,73%	21,44%
Mode/Accessoires	1,69%	3,11%	3,06%	6,29%	5,90%	20,06%
Restaurant/Bars	7,16%	3,11%	4,65%	5,01%	2,50%	22,44%
Gesamtergebnis	21,99%	23,69%	17,22%	20,64%	16,45%	100,00%

Summe von Wert	Bereich					
Branche	AB/AN B	AB/AN C	AB/AN A	AB/AN D	AB/AN F	Gesamtergebnis
Dienstleistung	19,65%	19,09%	6,77%	5,16%	18,20%	14,07%
Geschenke/Blumen	30,80%	23,77%	9,57%	22,37%	20,21%	21,99%
Lebensmittel	9,30%	30,87%	38,88%	17,70%	10,49%	21,44%
Mode/Accessoires	7,69%	13,13%	17,77%	30,48%	35,89%	20,06%
Restaurant/Bars	32,56%	13,13%	27,00%	24,29%	15,22%	22,44%
Gesamtergebnis	100,00%	100,00%	100,00%	100,00%	100,00%	100,00%

*Abbildung 3.41: PivotTable **% des Gesamtergebnisses** und **% des Spaltenergebnisses** als Vergleichswerte zum Index*

Kapitel 3: Vertiefter Umgang mit PivotTable

Praxisbeispiel: % Differenz und Fehlerbehandlung

Bilden Sie beispielsweise in einer PivotTable-Auswertung die Differenz zwischen zwei Geschäftsjahren und beispielsweise einer Basisregion als Element in absoluten Werten, werden Felder ohne Fehlermeldung in der PivotTable dargestellt (Abbildung 3.42).

.Umsatz		Region					
Jahre	Kategorie	Mitte	Nord	Ost	Süd	West	Gesamtergebnis
⊟ 2018	K 1		-2.033.302,71	-91.772,36	4.022.268,65	-2.033.302,71	
	K 2		-927.693,41	-932.816,84	-1.905.229,00	-68.682,77	
	K 3		789.426,93	-784.375,52	-784.375,52	-784.375,52	
2018 Ergebnis			-2.171.569,19	-1.808.964,72	1.332.664,13	-2.886.361,00	
⊟ 2019	K 1		-1.732.429,00	-67.570,00	3.484.039,00	-1.732.429,00	
	K 2		-789.246,00	-790.158,00	-1.613.743,00	-50.148,00	
	K 3		777.295,00	-672.622,00	-672.622,00	-672.622,00	
2019 Ergebnis			-1.744.380,00	-1.530.350,00	1.197.674,00	-2.455.199,00	
Gesamtergebnis			-3.915.949,19	-3.339.314,72	2.530.338,13	-5.341.560,00	

*Abbildung 3.42: Differenzbildung auf das Basiselement **Region Mitte***

Eine andere Auswerteansicht bekommen Sie, wenn Sie die gleiche Auswertung als prozentuale Differenzauswertung vornehmen (Abbildung 3.43).

.Umsatz		Region					
Jahre	Kategorie	Mitte	Nord	Ost	Süd	West	Gesamtergebnis
⊟ 2018	K 1		#NULL!	-4,51%	197,82%	#NULL!	
	K 2		-48,69%	-48,96%	#NULL!	-3,60%	
	K 3		100,64%	#NULL!	#NULL!	#NULL!	
2018 Ergebnis			-45,98%	-38,30%	28,22%	-61,11%	
⊟ 2019	K 1		#NULL!	-3,90%	201,11%	#NULL!	
	K 2		-48,91%	-48,96%	#NULL!	-3,11%	
	K 3		115,56%	#NULL!	#NULL!	#NULL!	
2019 Ergebnis			-43,41%	-38,08%	29,80%	-61,09%	
Gesamtergebnis			-44,80%	-38,20%	28,95%	-61,10%	

*Abbildung 3.43: % Differenzbildung auf das Basiselement **Region Mitte***

Wie erklären sich die Fehlermeldungen an den Positionen, die in der Version der Abbildung 3.42 einen Wert aufweisen, der nicht 0 ist?

Die Lösung liegt darin, dass Sie nicht die beiden Differenz-PivotTables aus Abbildung 3.42 und Abbildung 3.43 miteinander vergleichen dürfen.

PivotTable – Auswertung erstellen

Erstellen Sie jetzt eine PivotTable mit Auswertungen wie in Abbildung 3.42 und Abbildung 3.43.

Als Datenquelle verwenden Sie die »intelligente Tabelle« mit dem Tabellennamen **fSales** im Tabellenblatt **DifferenzDatum**. Berechnen Sie in einer neuen PivotTable die monatliche Umsatzdifferenz in den Regionen. Verwenden Sie als Basisfeld **Region** und als Basiselement **(Mitte)**.

Gehen Sie folgendermaßen vor:

1. Positionieren Sie den Cursor in der Datenquelle (**fSales**) und erstellen Sie eine PivotTable in einem neuen Arbeitsblatt.

Berechnungstypen im praktischen Einsatz

2. Feldanordnung:
   - Feld **Jahre** und **Kategorie** im Layoutbereich **Zeilen**
   - Feld **Regionen** im Layoutbereich **Zeilen**
   - Feld **Umsatz** im Layoutbereich **Werte**
3. Formatieren Sie die Werte mit zwei Nachkommastellen und 1000er-Trennzeichen.
4. Zeigen Sie die Tabelle im Berichtslayout **Im Tabellenformat anzeigen**.
5. Ändern Sie die Beschriftung des Wertefeldes von **Summe von Umsatz** in **.Umsatz**.
6. Die PivotTable als Standardauswertung (Abbildung 3.44).

.Umsatz		Region					
Jahre	Kategorie	Mitte	Nord	Ost	Süd	West	Gesamtergebnis
⊟ 2018	K 1	2.033.302,71		1.941.530,35	6.055.571,36		10.030.404,42
	K 2	1.905.229,00	977.535,59	972.412,16		1.836.546,23	5.691.722,98
	K 3	784.375,52	1.573.802,45				2.358.177,97
2018 Ergebnis		4.722.907,23	2.551.338,04	2.913.942,51	6.055.571,36	1.836.546,23	18.080.305,37
⊟ 2019	K 1	1.732.429,00		1.664.859,00	5.216.468,00		8.613.756,00
	K 2	1.613.743,00	824.497,00	823.585,00		1.563.595,00	4.825.420,00
	K 3	672.622,00	1.449.917,00				2.122.539,00
2019 Ergebnis		4.018.794,00	2.274.414,00	2.488.444,00	5.216.468,00	1.563.595,00	15.561.715,00
Gesamtergebnis		8.741.701,23	4.825.752,04	5.402.386,51	11.272.039,36	3.400.141,23	33.642.020,37

*Abbildung 3.44: Die PivotTable ohne **Werte anzeigen als** im Standardformat*

7. Aktivieren Sie jetzt die PivotTable, indem Sie den Cursor im Wertebereich positionieren, und öffnen Sie mit der rechten Maustaste das Kontextmenü.
8. Im Kontextmenü wählen Sie den Befehl **Werte anzeigen als** und im Listenbereich den Listeneintrag **% Differenz von**.
9. Im folgenden Dialogfeld wählen Sie als Basisfeld **Region** und als Basiselement **(Mitte)**.

Abbildung 3.45: Einträge in Basisfeld und Basiselement

10. Bestätigen Sie mit einem Klick auf **OK**.
11. Das PivotTable-Ergebnis sehen Sie in Abbildung 3.43.

Bei genauer Betrachtung der beiden PivotTables stellen Sie fest: Die Lösung liegt nicht im Vergleich der beiden Differenztabellen miteinander, sondern im Vergleich der Standardtabelle mit der %-Differenztabelle. In dem Moment erkennen Sie, dass die Fehlermeldung **#NULL** in den Zellen erscheint, die in der Standardtabelle keine Werte aufweisen.

Hinweis   Ein wichtiger Gesichtspunkt bei der Arbeit mit PivotTable ist, die Logik der automatischen Berechnungsmechanismen zu durchdringen und zu verstehen, um Interpretationsfehler zu vermeiden. Oft werden in den Berechnungen der PivotTable andere Grunddaten verwendet, als wir Betrachter bei schneller Interpretation gedanklich zugrunde legen.

Kapitel 3: Vertiefter Umgang mit PivotTable

In PivotTable Fehlerdarstellungen bearbeiten

Mit wenigen Handgriffen können Sie diese Fehlermeldungen ausblenden oder mit einem von Ihnen festgelegten Text versehen. Dazu gehen Sie folgendermaßen vor:

1. Aktivieren Sie die PivotTable und öffnen Sie mit der rechten Maustaste das Kontextmenü. Dort wählen Sie den Befehl **PivotTable-Optionen**.
2. Im Dialogfeld **PivotTable-Optionen** wechseln Sie auf die Registerkarte **Layout & Format** und aktivieren im Abschnitt **Format** das Kontrollkästchen **Für Fehlerwerte anzeigen**.
3. Das zugehörige Textfeld ist zunächst leer, und wenn es leer bleibt, wird auch in der PivotTable ein leeres Feld (siehe Abbildung 3.46) anstelle der Fehlermeldung #NULL angezeigt.

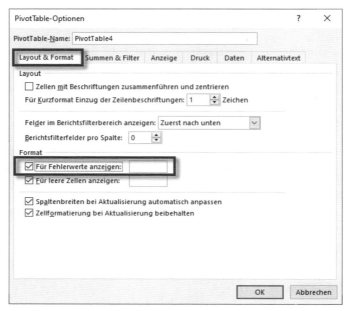

Abbildung 3.46: In diesem Dialogfeld können Sie einen Fehlerwert in der PivotTable mit einem eigenen Wert oder Text belegen.

Tipp   Die benutzerdefinierte Berechnung deaktivieren Sie, indem Sie das Dialogfeld **Wertfeldeinstellungen** aufrufen, dort die Registerkarte **Werte anzeigen als** aktivieren und im Listenfeld **Werte anzeigen als** den Eintrag **Keine Berechnung** auswählen.

Weitere Berechnungsmöglichkeiten in PivotTables

Mit den Zusammenfassungsfunktionen und den benutzerdefinierten Berechnungstypen haben Sie bereits einige Möglichkeiten für Berechnungen in PivotTables kennengelernt. Darüber hinaus bietet sich auch die Möglichkeit, erweiterte Berechnungen durchzuführen, die nicht auf die integrierten Berechnungstypen zurückgreifen. Auf diese Weise können Sie Ihr eigenes Berechnungsfeld erstellen und alle Berechnungen auch speichern.

Übungsdateien   Als Datengrundlage verwenden Sie in den folgenden Beispielen das Tabellenblatt **Basisdaten** in der Datei **Kap03_UEB.xlsx**.

In den folgenden Beispielen werden Sie diese weitergehenden Techniken kennenlernen:

- berechnete Felder
- berechnete Elemente
- die Funktion **PIVOTDATENZUORDNEN()**

Mithilfe berechneter Felder und berechneter Elemente erhalten Sie die Möglichkeit, innerhalb der PivotTable mit allen Feldern oder Elementen besondere Berechnungen durchzuführen. Mit der Funktion **PIVOTDATENZUORDNEN()** können Sie außerhalb einer PivotTable auf deren Daten zugreifen, Daten in eine Standardtabellenumgebung übernehmen und weitergehende Berechnungen und Bearbeitungen vornehmen. Solange Sie die Felder der PivotTable lediglich neu anordnen, werden die Ergebnisse in der Standardumgebung immer richtig berechnet wiedergegeben. Ein Entfernen oder Hinzufügen von Feldern in der PivotTable zerstört jedoch die Verbindung zur Standardumgebung.

Berechnete Felder

Auf Basis einer Formel berechnen Sie unter Verwendung des Inhalts anderer Felder den neuen Inhalt eines Feldes. Dabei arbeiten Formeln für berechnete Felder immer mit allen verfügbaren PivotTable-Daten. Es ist nicht möglich, den Wirkungsbereich der Formeln einzuschränken.

Berechnete Elemente

Auf der Grundlage einer Formel berechnen Sie mit den Inhalten eines Feldes oder eines Elementes in der PivotTable einen neuen Inhalt und erhalten als Ergebnis ein Element in einem PivotTable-Feld – ein sogenanntes »berechnetes Element«.

So erstellen Sie ein berechnetes Feld in einer PivotTable

Ein berechnetes Feld wird immer auf Basis eines oder mehrerer Wertefelder definiert und wird für globale Berechnungen auf bestehende Wertefelder (Measures) in der PivotTable verwendet.

Angenommen, Sie möchten aus den Umsatzwerten von 2019 und 2020 den Wert für die Provisionszahlungen in Höhe von 5 % berechnen.

Kapitel 3: Vertiefter Umgang mit PivotTable

Dafür benötigen Sie eine PivotTable mit folgendem Aufbau:
- **Umsatz:** im Layoutbereich **Werte**
- **Jahre:** im Layoutbereich **Spalten**
- **Region:** im Layoutbereich **Zeilen**
- **Kategorie:** im Layoutbereich **Filter**

Gehen Sie folgendermaßen vor, um das Ergebnis zu erhalten:

1. Erstellen Sie in einem neuen Tabellenblatt auf der Grundlage des Datenmaterials im Tabellenblatt **Basisdaten** eine neue PivotTable mit obiger Feldanordnung (Abbildung 3.47).
2. Formatieren Sie die Werte mit zwei Dezimalstellen und verwenden Sie das Berichtslayout **Im Tabellenformat anzeigen**.

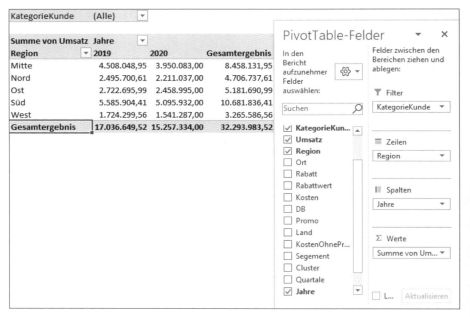

*Abbildung 3.47: Aufbau und Struktur der PivotTable für ein **berechnetes Feld** und ein **berechnetes Element***

3. Markieren Sie ein Wertefeld im Datenbereich (Umsatz), klicken Sie anschließend innerhalb der Registerkarte **PivotTable-Analyse** in der Befehlsgruppe **Berechnungen** auf den Befehl **Felder, Elemente und Gruppen** und im sich öffnenden Untermenü auf den Befehl **Berechnetes Feld** (Abbildung 3.48).

So erstellen Sie ein berechnetes Feld in einer PivotTable

*Abbildung 3.48: Befehlsfolge für die Erstellung eines **Berechneten Feldes***

4. Daraufhin erscheint das Dialogfeld **Berechnetes Feld einfügen** (Abbildung 3.49).

*Abbildung 3.49: Dialogfeld **Berechnetes Feld** mit eingetragenem Formelnamen und Formel*

5. Im Listenfeld **Name** (Vorgabetext **Feld1**) geben Sie **Provision5** als Namen für das zu berechnende Feld ein.
6. Löschen Sie im Textfeld **Formel** die Null, wählen Sie im Listenfeld **Felder** das benötigte Feld für die Berechnung aus (hier **Umsatz**) und klicken Sie auf die Schaltfläche **Feld einfügen**. Alternativ können Sie auch auf dem Feldnamen einen Doppelklick ausführen.
7. Vervollständigen Sie die Formel für die Provisionsberechnung: **=Umsatz*0,05**. Alternativ können Sie die Formel auch mit %-Angabe schreiben: **=Umsatz*5%**.
8. Klicken Sie zunächst auf die Schaltfläche **Hinzufügen** und anschließend auf **OK**.
9. Abbildung 3.50 zeigt das Ergebnis der Provisionsberechnung.

Kapitel 3: Vertiefter Umgang mit PivotTable

Region	Jahre 2019 .Umsatz	.Provision5	2020 Umsatz	.Provision5	Gesamt: .Umsatz	Gesamt: .Provision5
Mitte	4.508.048,95	225.402,45	3.950.083,00	197.504,15	8.458.131,95	422.906,60
Nord	2.495.700,61	124.785,03	2.211.037,00	110.551,85	4.706.737,61	235.336,88
Ost	2.722.695,99	136.134,80	2.458.995,00	122.949,75	5.181.690,99	259.084,55
Süd	5.585.904,41	279.295,22	5.095.932,00	254.796,60	10.681.836,41	534.091,82
West	1.724.299,56	86.214,98	1.541.287,00	77.064,35	3.265.586,56	163.279,33
Gesamtergebnis	17.036.649,52	851.832,48	15.257.334,00	762.866,70	32.293.983,52	1.614.699,18

KategorieKunde (Alle)

Abbildung 3.50: Die neu berechnete Spalte auf Grundlage der Umsätze wird in dem PivotTable-Bericht angezeigt.

Das berechnete Feld wird damit in die PivotTable-Feldliste aufgenommen und kann über das Kontrollkästchen im PivotTable-Bericht ein- bzw. ausgeblendet werden.

Die PivotTable lässt sich besser lesen, wenn Sie den Bericht in die Ansicht **Tabellenformat** umformatieren. Dazu klicken Sie innerhalb der Menüband-Registerkarte **PivotTable-Tools**, Unterregisterkarte **Entwurf**, Befehlsgruppe **Layout** auf den Befehl **Berichtslayout** und im Untermenü auf den Befehl **In Tabellenformat anzeigen**.

Übungsdateien Sie finden die Lösung zu diesem Beispiel im Tabellenblatt **LOE01**.

Tipp Um die PivotTable noch übersichtlicher zu gestalten, bietet es sich an, den neuen Feldnamen zu kürzen, so wie Abbildung 3.50 es bereits zeigt. Klicken Sie dazu in der neu erstellten PivotTable auf das Feld **Summe von Provision5**, aktivieren Sie die Bearbeitungsleiste und markieren Sie den Teil »Summe von«, also einschließlich des Leerzeichens nach dem **von**. Ersetzen Sie diesen Teil z. B. durch einen Punkt (».«). Auf diese Weise erhalten Sie den geänderten Feldbezeichner **.Provision5**.

Wichtig In berechneten Feldern und Elementen können Sie Ihre Formeln, Operatoren und Ausdrücke in gleicher Weise wie in Tabellenformeln verwenden. Ebenso ist es möglich, Konstanten festzulegen und auf Daten aus der PivotTable zu verweisen. Hingegen ist es nicht erlaubt, Zellbezüge oder festgelegte Namen zu benutzen. Demzufolge können Sie keine Tabellenfunktionen verwenden, die als Parameter Zellbezüge oder festgelegte Namen erfordern. Matrixfunktionen können ebenso wenig eingesetzt werden.

So erstellen Sie ein berechnetes Element in einer PivotTable

Ein berechnetes Element bezieht sich immer auf ein oder mehrere Dimensionselemente (im Beispiel auf **Region Mitte** und **Nord**) und wird für differenzierte Berechnungen innerhalb eines Pivot-Feldes einer PivotTable verwendet. Zu den beiden bestehenden Elementen wird ein zusätzliches Element **MitteNord** hinzugefügt.

Erzeugen Sie auf Basis der Daten im Tabellenblatt **Basisdaten** eine vollständig neue PivotTable. Achten Sie dabei darauf, dass keine Gruppierungen aus vorangegangenen Arbeiten in diesen Daten wirksam sind. Gegebenenfalls entfernen Sie die noch vorhandenen Gruppierungen. Gruppierungen in Daten lassen es nicht zu, berechnete Elemente einzufügen.

Übungsdateien	Als Datengrundlage verwenden Sie im folgenden Beispiel das Tabellenblatt **Basisdaten** in der Datei **Kap03_UEB.xls**.

Öffnen Sie die Datei **Kap03_UEB** und erstellen Sie in dieser Mappe ein berechnetes Element, das die **Region Mitte** und die **Region Nord** in einer Summe zusammenfasst, in die PivotTable aufgenommen und dort angezeigt wird.

Wichtig	Eine neue Mappe ist deshalb notwendig, weil in der vorangegangenen Übung bereits Gruppierungen vorgenommen wurden. Befinden sich in einer Mappe Gruppierungen, können keine berechneten Elemente erstellt werden. Dies ist wichtig zu wissen, weil es die Lösungsmodelle beeinflusst.

Die PivotTable hat folgenden Aufbau (Abbildung 3.51):

- **Umsatz:** im Layoutbereich **Werte**
- **Region:** im Layoutbereich **Zeilen**

Region	.Umsatz
Mitte	8.458.131,95
Nord	4.706.737,61
Ost	5.181.690,99
Süd	10.681.836,41
West	3.265.586,56
Gesamtergebnis	32.293.983,52

Abbildung 3.51: Basisaufbau der PivotTable für ein berechnetes Element

Führen Sie die folgenden Schritte durch, um in Ihrer PivotTable ein berechnetes Element aufzunehmen:

1. Markieren Sie innerhalb der PivotTable etwa das Feld **Mitte** im Zeilenbereich.
2. Klicken Sie innerhalb der Registerkarte **PivotTable-Analyse** in der Befehlsgruppe **Berechnungen** auf den Befehl **Felder, Elemente und Gruppen** und im sich dann öffnenden Untermenü auf **Berechnetes Element**. Daraufhin wird das Dialogfeld **Berechnetes Element in "…" einfügen** angezeigt.

Kapitel 3: Vertiefter Umgang mit PivotTable

3. Das berechnete Element **MitteNord** soll die beiden Bereiche **Mitte** und **Nord** für Auswertungszwecke in dem neuen Element **MitteNord** zusammenfassen. Im Listenfeld **Name** (Vorgabetext **Feld1**) geben Sie **MitteNord** als Namen für das zu berechnende Element ein.
4. Positionieren Sie den Cursor in dem Textfeld **Formel** und überschreiben Sie den Platzhalter für die Berechnung mit der folgenden Formel: = **Mitte** + **Nord** (Abbildung 3.52).
5. Übernehmen Sie das Element mit einem Klick auf die Schaltfläche **Hinzufügen** und beenden Sie Ihre Eingabe mit **OK**.

*Abbildung 3.52: PivotTable mit dem eingeblendeten Dialogfeld **Berechnetes Element in "..."** einfügen*

Hinweis — Wenn Sie eine Funktion in dem Dialogfeld **Berechnetes Element in "..."** einfügen oder **Berechnetes Feld einfügen** nachträglich ändern, wird die ursprüngliche Schaltfläche **Hinzufügen** durch die Schaltfläche **Ändern** ersetzt.

Das Ergebnis ist die PivotTable mit dem neuen Element **MitteNord** in Abbildung 3.53.

Region	Summe von Umsatz
Mitte	8.458.131,95
Nord	4.706.737,61
Ost	5.181.690,99
Süd	10.681.836,41
West	3.265.586,56
MitteNord	13.164.869,56
Gesamtergebnis	45.458.853,08

Abbildung 3.53: PivotTable-Bericht mit einem berechneten Element. Beachten Sie die erweiterte Summe!

Lösungsreihenfolge für berechnete Elemente ändern

In umfangreichen PivotTables, die zahlreiche berechnete Elemente enthalten, kann es von Bedeutung sein, in welcher Reihenfolge die einzelnen berechneten Elemente ausgeführt werden. Über die Befehlsfolge **PivotTable-Analyse/Berechnungen/Felder, Elemente und Gruppen/Lösungsreihenfolge** können Sie die Reihenfolge der Berechnungsausführung beeinflussen. Im Dialogfeld **Lösungsreihenfolge für berechnete Elemente** werden die Formeln für alle berechneten Elemente angezeigt.

Eine Liste der verwendeten Formeln erstellen

Zur Dokumentation Ihrer Lösungsmodelle ist es sinnvoll, eine Liste der verwendeten Formeln anzulegen. Damit ist es Ihnen möglich, jederzeit die Ergebnisse nachzuprüfen oder nachzuvollziehen. Um eine solche Liste zu erstellen, wählen Sie die Befehlsfolge **PivotTable-Analyse/Berechnungen/Felder, Elemente und Gruppen/Formeln auflisten**. Excel erstellt daraufhin ein neues Tabellenblatt und listet die berechneten Felder und Elemente auf.

So verwenden Sie die Funktion PIVOTDATENZUORDNEN()

Die Funktion **PIVOTDATENZUORDNEN()** erscheint bei erster Betrachtung sehr unscheinbar und zeigt einem Benutzer nicht unmittelbar das in ihr steckende Potenzial. In der Praxis gibt es immer wieder Situationen, in denen eine Berechnung notwendig ist, die nicht innerhalb der PivotTable durchgeführt werden kann oder soll. Die Funktion **PIVOTDATENZUORDNEN()** bietet Ihnen die Möglichkeit, weitere Berechnungen außerhalb der PivotTable durchzuführen oder aber Tabellenberichte aufzubauen, die auf die Daten unterschiedlicher PivotTables zugreifen.

Zugriff auf Pivot-Daten

Der Zugriff auf die Daten einer PivotTable kann aus der gleichen Tabelle, aus einer anderen Tabelle oder sogar aus einer anderen Mappe heraus erfolgen. Um auf Daten in einer anderen Mappe zuzugreifen, muss diese nicht geöffnet sein. Die genaue Pfadbezeichnung innerhalb der Funktion ist ausreichend.

Die allgemeine Syntax dieser Funktion lautet:

PIVOTDATENZUORDNEN(Datenfeld;PivotTable;Feld1;Element1;Feld2;Element2 ...)

Angenommen, Sie möchten im Beispiel aus Abbildung 3.54 den **Umsatzwert** für die **KategorieKunde A** der **Region Süd** außerhalb der PivotTable weiterverarbeiten.

KategorieKund	Region	Summe von Umsatz
A	Mitte	3.658.770,79
	Ost	3.435.332,80
	Süd	10.681.836,41
A Ergebnis		17.775.940,00
B	Mitte	3.388.477,93
	Nord	1.766.154,46
	Ost	1.746.358,19
	West	3.265.586,56
B Ergebnis		10.166.577,14
C	Mitte	1.410.883,23
	Nord	2.940.583,15
C Ergebnis		4.351.466,38
Gesamtergebnis		32.293.983,52

*Abbildung 3.54: PivotTable – Beispiel für die Anwendung der Funktion **PIVOTDATENZUORDNEN()***

Kapitel 3: Vertiefter Umgang mit PivotTable

Sie finden die PivotTable in der Mappe **Kap03_LOE_03.xlsx** auf dem Tabellenblatt **LOE01**. Gehen Sie folgendermaßen vor:
1. Aktivieren Sie die Zielzelle außerhalb der PivotTable, die den Wert aufnehmen soll.
2. Erstellen Sie folgende Funktion. Wenn Sie in der Zielzelle das = eingeben und auf Zelle **D8** in der PivotTable klicken, erzeugt Excel automatisch folgende Formel:
   =**PIVOTDATENZUORDNEN("Umsatz";$B$5;"Kategorie-Kunde";"A";"Region";"Süd")**

Schließen Sie die Formel mit der ⏎-Taste ab.

Diese Funktion schreibt als Ergebnis den Wert 10.681.836,41 in die Zielzelle Ihrer Tabelle.

Hinweis	Wenn Sie in **PivotTable-Analyse** in der Gruppe **PivotTable/Optionen/GetPivot-Data generieren** aktivieren, dann ergänzt Excel automatisch die Bezüge, sobald Sie beim Erstellen einer Formel auf eine Zelle innerhalb einer PivotTable klicken.

Die Funktion wird mit unterschiedlichen Argumenten aufgebaut, je nachdem, ob Sie einen Umsatzwert, ein Teilergebnis oder die Gesamtsumme abfragen:

KategorieKund	Region	Summe von Umsatz
⊟ A	Mitte	3.658.770,79
	Ost	3.435.332,80
	Süd	**10.681.836,41** (1)
A Ergebnis		**17.775.940,00**
⊟ B	Mitte	3.388.477,93
	Nord	1.766.154,46
	Ost	1.746.358,19
	West	3.265.586,56
B Ergebnis		**10.166.577,14** (2)
⊟ C	Mitte	1.410.883,23
	Nord	2.940.583,15
C Ergebnis		**4.351.466,38**
Gesamtergebnis		**32.293.983,52** (3)

*Abbildung 3.55: Die drei Werte der PivotTable, die nachfolgend in der Funktion **PIVOTDATENZUORDNEN()** erklärt werden*

Die Funktionsargumente sind wie folgt belegt:
- [1]: Umsatzwert
  =**PIVOTDATENZUORDNEN("Umsatz";$B$5;"Kategorie-Kunde";"A";"Region";"Süd")**
- [2]: Teilergebnis
  =**PIVOTDATENZUORDNEN("Umsatz";$B$5;"KategorieKunde";"B")**
- [3]: Gesamtergebnis
  =**PIVOTDATENZUORDNEN("Umsatz";$B$5)**

Fehlermeldung der Funktion

Sollten Sie im Verlauf der Arbeit die PivotTable in der Art umgestalten, dass Sie Felder in einen anderen Layoutbereich verschieben, liefert die obige Funktion weiterhin das richtige Ergebnis, obwohl der Wert innerhalb der PivotTable seine Position verändert hat. Entfernen Sie jedoch ein Feld aus dem Layoutbereich, hat die Funktion **PIVOTDATENZUORDNEN()** einen #BEZUG-Fehler zur Folge.

Werden Felder nachträglich in die PivotTable aufgenommen, sind sie nicht automatisch in der Funktion **PIVOTDATENZUORDNEN()** enthalten. Daher ist bereits beim Aufbau der PivotTable darauf zu achten, dass alle derzeit und zukünftig notwendigen Felder im Layoutbereich (außer im Bereich **Filter**) angeordnet werden.

Bezugsfehler können vermieden werden, wenn die verwendeten Argumente im »sichtbaren« Bereich der PivotTable liegen. Damit ist gemeint, dass alle Felder, die in dieser PivotTable benötigt werden, bereits von Anfang an im Layoutbereich positioniert sind. Die im Layoutbereich **Filter** angeordneten Felder gehören nicht zu diesem Bereich. Diese können in der Funktion **PIVOTDATENZUORDNEN()** nicht angesprochen werden.

Kapitel 4
In der Praxis: Logistikdienste mit PivotTables organisieren

In diesem Kapitel lernen Sie, ...

- intelligente Tabellen im Anwendungsfall zu erstellen und sie zu verwenden,
- Formeln in einer intelligenten Tabelle zu erstellen,
- die neue Syntax richtig zu verstehen und anzuwenden,
- Datenschnitte aufzubauen sowie
- mit Datenschnitten die Berichte zu steuern.

Im Büroalltag sind immer wieder Veranstaltungen zu organisieren. In unserem speziellen Beispiel geht es um den Abholservice der ankommenden Gäste. Diese haben sich angemeldet und Ihnen einen Ankunftszeitpunkt und einen Ort mitgeteilt, an dem sie übernachten werden. Sie organisieren jetzt den Transport vom Ankunftsort zum Hotel oder Veranstaltungsort. Sie haben die Anmeldedaten in einer Liste erfasst und machen sich nun Gedanken, wie Sie eine Übersicht über die Transferdaten bekommen. Sie organisieren die Aufgabe mit strukturierten Tabellen und PivotTables.

Übungsdateien   Die Arbeitsdaten für dieses Kapitel finden Sie in der Datei **Kap04_UEB.xlsx**.

Die Arbeitsdaten finden Sie in der Tabelle **Basisdaten**. In Abbildung 4.1 sehen Sie die Struktur der Datei.

Name	Vorname	Tag	Uhrzeit	Abholung	Hotel
Wagner	Michael	24.04.2020	10:30	Flughafen	Hilton
Lehnert	Mattes	24.04.2020	10:30	Flughafen	Novotel
Lange	Klaus	24.04.2020		keine	Stay2Munich
Nitalk	Lothar	24.04.2020	11:45	Hbf	Hilton
Mannheimer	Katrin	24.04.2020	10:30	Flughafen	Novotel

Abbildung 4.1: Die Datenstruktur der erfassten Ankunfts- und Transferdaten für den Event (Ausschnitt)

Eine Pivot-Tabelle bietet Ihnen die bestmögliche Auskunft über die Ankunfts- und Abholzeiten und anhand der Darstellung zeigt Sie Ihnen eine optimale Übersicht. Arbeiten Sie mit einer PivotTable, die Ihnen folgende Informationen zur Verfügung stellt:

Kapitel 4: In der Praxis: Logistikdienste mit PivotTables organisieren

- die Abholzeiten, unterteilt nach den verschiedenen Tagen
- die Transferorte, über die die Teilnehmer anreisen
- die Hotels, in denen die Teilnehmer untergebracht sind

Überlegte Vorbereitung erleichtert das Arbeiten: als Datenbasis eine strukturierte Tabelle verwenden

Bevor Sie eine PivotTable erstellen, sollten Sie den Datenbereich mit den einzelnen Informationen in eine strukturierte Tabelle umwandeln. Bei Veränderungen und Ergänzungen Ihrer Daten können Sie auf einfachste Weise Ihre PivotTable aktualisieren.

Mit folgenden Schritten wandeln Sie den Datenbereich in eine strukturierte Tabelle um:

1. Aktivieren Sie das Tabellenblatt **Basisdaten** [1] und klicken Sie dort auf eine beliebige Zelle innerhalb des Datenbereichs **B4:G36**.
2. Drücken Sie jetzt die Tastenkombination [Strg]+[T] [2] und öffnen Sie damit das Dialogfeld **Als Tabelle formatieren**.
3. Prüfen Sie die Richtigkeit des Datenbereichs [3]. Aktivieren Sie im Dialogfeld das Kontrollkästchen **Tabelle hat Überschriften** und bestätigen Sie Ihre Auswahl mit **OK**.
4. Geben Sie der Tabelle auf der Registerkarte **Tabellentools/Entwurf** in der Gruppe **Eigenschaften** im Feld **Tabellenname** den Namen **tbl_Daten** [4] und [5].

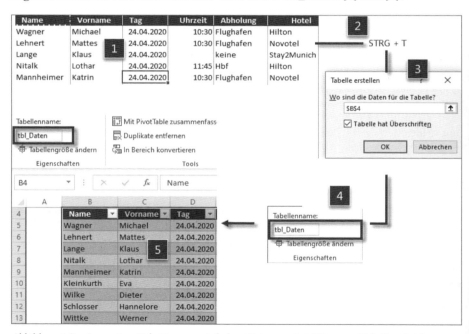

*Abbildung 4.2: In wenigen Schritten von einfachen Daten zur **intelligenten Tabelle** mit Namen*

Die PivotTable erstellen

Nach dieser kleinen Vorarbeit geht es jetzt an die Erstellung der PivotTable. Zuerst wollen wir die Teilnehmer mit ihren Ankunftszeiten und ihrem Ankunftsort in einer übersichtlichen PivotTable darstellen.

Mit folgenden Schritten erstellen Sie die PivotTable:

1. Aktivieren Sie die Tabelle **tbl_Daten** und klicken Sie anschließend auf der Registerkarte **Einfügen** in der Gruppe **Tabellen** auf die Schaltfläche **PivotTable**.
2. Im Dialogfeld **PivotTable erstellen** ist in dem Textfeld **Tabelle/Bereich** der Name **tbl_Daten** bereits eingetragen. Die Option **Neues Arbeitsblatt** ist schon aktiviert.
3. Übernehmen Sie diese Option und betätigen Sie die Schaltfläche **OK**.

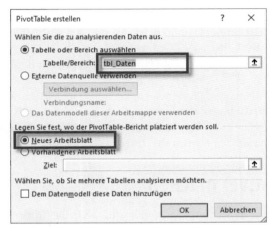

*Abbildung 4.3: Bestätigen Sie mit **OK** die Voreinstellungen im Dialogfeld **PivotTable**.*

Daraufhin wird die PivotTable erstellt und die Felder aus der Datenquelle werden im Aufgabenbereich **PivotTable-Feldliste** angezeigt.

4. Ziehen Sie das Feld **Abholung** in den Layoutbereich **Spalten**. Das Feld **Tag** ziehen Sie in den Bereich **Zeilen**, ebenso das Feld **Uhrzeit**. Das Feld **Name** ziehen Sie in den Layoutbereich **Filter**.
5. Um zu erkennen, wie viele Personen zu transportieren sind, ziehen Sie das Feld **Name** aus der Feldliste in den Layoutbereich **Werte**. Daraufhin wird die Anzahl der Personen je Zeiteinheit und Abholungsort angezeigt (Abbildung 4.4).

Kapitel 4: In der Praxis: Logistikdienste mit PivotTables organisieren

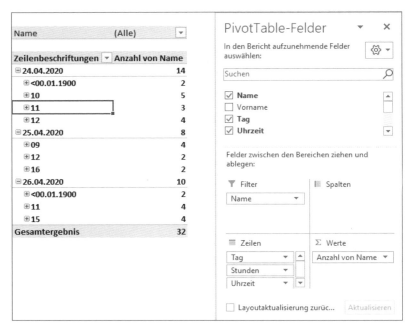

Abbildung 4.4:   PivotTable mit zugehöriger Feldliste

Die PivotTable informativer machen

Aufgrund der automatischen Gruppierung werden das Datum und die Uhrzeit in einem ungeeigneten Format angezeigt. Für unsere Aussage sind die Summen in Zeilen und Spalten nicht notwendig. Zudem sollen die Daten kontrastreicher und besser lesbar sein.

1. Wählen Sie auf der Registerkarte **Entwurf** in der Gruppe **Layout** den Befehl **Berichtslayout**. Im Kontextmenü wählen Sie den Befehl **Im Tabellenformat anzeigen**. Zusätzlich wählen Sie in der gleichen Gruppe den Befehl **Teilergebnisse** und im Kontextmenü den Befehl **Teilergebnisse nicht anzeigen**.
2. Ziehen Sie das Feld **Abholung** in den Layoutbereich **Spalten**. Jetzt nehmen Sie noch einige Korrekturen vor, um die PivotTable in eine gut lesbare Form zu bringen
3. Markieren Sie in der PivotTable das Feld **Uhrzeit**. Öffnen Sie mit der rechten Maustaste das Kontextmenü und wählen Sie dort den Befehl **Gruppierung aufheben**.
4. Für die Darstellung werden keine Summen in Zeilen und Spalten benötigt. Wählen Sie den Befehl **Entwurf** und in der **Gruppe Layout** den Befehl **Gesamtergebnisse** sowie im Kontextmenü den Befehl **Für Zeilen und Spalten deaktiviert**. Die PivotTable wird daraufhin neu formatiert (siehe Abbildung 4.5).

Die PivotTable informativer machen

Name	(Alle)			
Anzahl von Name		Abholung		
Tag	Uhrzeit	Flughafen	Hbf	keine
⊟ 24.04.2020	10:30:00	5		
	11:00:00	1		
	11:45:00		2	
	12:00:00		4	
	(Leer)			2
⊟ 25.04.2020	09:00:00		4	
	12:30:00	1	1	
	16:30:00	1	1	
⊟ 26.04.2020	11:00:00	2	2	
	15:45:00		4	
	(Leer)			2

Abbildung 4.5: Die PivotTable nach den vorausgegangenen Veränderungen mit dem korrekten Ergebnis

Um die Lesbarkeit zu verbessern, ist es sinnvoll, die PivotTable in ein kontrastreicheres Format zu überführen und aus der Spalte Uhrzeit den Eintrag (Leer) zu entfernen bzw. auszublenden:

1. Klicken Sie dazu in der Registerkarte **Entwurf** in der Gruppe **PivotTable-Formate** auf den Pfeil zum Öffnen des Kontextmenüs. Alle Formatvorlagen werden jetzt angezeigt.
2. Wählen Sie dort das Pivot-Format **Dunkel 2**. Als Ergebnis erhalten Sie eine PivotTable, die bereits sehr derjenigen aus Abbildung 4.6 ähnelt.
3. Klicken Sie jetzt auf den Dropdown-Pfeil am Feld **Uhrzeit**. Deaktivieren Sie das Kontrollkästchen vor dem Listeneintrag (**Leer**) und bestätigen Sie mit **OK**.

Name	(Alle)			
Anzahl von Name		Abholung		
Tag	Uhrzeit	Flughafen	Hbf	keine
⊟ 24.04.2020	10:30:00	5		
	11:00:00	1		
	11:45:00		2	
	12:00:00		4	
	(Leer)			2
⊟ 25.04.2020	09:00:00		4	
	12:30:00	1	1	
	16:30:00	1	1	
⊟ 26.04.2020	11:00:00	2	2	
	15:45:00		4	
	(Leer)			2

*Abbildung 4.6: Die neu formatierte PivotTable im Pivot-Format **Dunkel 2***

Daten als Information flexibel anzeigen

Die erste Auswertung ergibt einen Überblick. Im Verlauf der Planungsarbeit ist es von Vorteil, wenn die Daten ohne nennenswerten Aufwand so umgestellt werden können, dass sie helfen, die jeweilige Fragestellung zu beantworten. Das ist mit PivotTables sehr leicht möglich, und wenn Sie Datenschnitte einsetzen, ist es auch noch sehr elegant und übersichtlich erreichbar.

Eine durchdachte Architektur ermöglicht es Ihnen, beliebige Fragen ad hoc zu beantworten, beispielsweise:

1. Welcher Teilnehmer reist an welchem Tag an, und an welchem Ankunftsort trifft er ein?
2. Wie viele Personen müssen zur gleichen Zeit am Flughafen oder am Bahnhof abgeholt werden?
3. In welchen Hotels sind die Teilnehmer untergebracht, und ab welcher Tageszeit werden diese dort eintreffen?

Die Anordnung macht's: die Felder im informativsten Layoutbereich anzeigen

Den Anreisetag, die Ankunftszeit des Teilnehmers und den Ort, an dem er eintrifft, ermitteln Sie mit wenigen Handgriffen.

Mit folgenden Schritten werden Ihre Daten aufbereitet:

1. Ausgehend von der PivotTable aus Abbildung 4.6 ziehen Sie zuerst das Feld **Name** aus dem Layoutbereich **Filter** in den Layoutbereich **Zeilen** unter das Feld **Uhrzeit**.
2. Danach ziehen Sie das Feld **Hotel** in den Layoutbereich **Filter**, und Sie erhalten das Ergebnis (Abbildung 4.7).

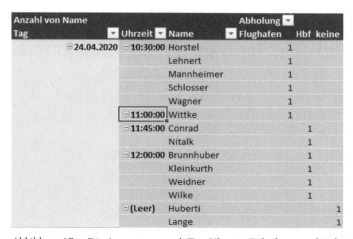

Abbildung 4.7: Die Auswertung nach Tag, Uhrzeit, Teilnehmer und Ankunftsort (Ausschnitt)

Die Anzahl bestimmt die benötigte Kapazität

Die Anzahl der Personen, die zur jeweiligen Uhrzeit am Bahnhof oder Flughafen eintreffen, ermitteln Sie automatisch, wenn Sie Ihrer PivotTable Teilergebnisse hinzufügen:

1. Aktivieren Sie dazu die PivotTable (Abbildung 4.7) und positionieren Sie den Cursor auf dem Feld **Uhrzeit**.
2. Wählen Sie im Register **Entwurf** und in der Gruppe **Layout** den Befehl **Teilergebnisse** sowie im Kontextmenü den Befehl **Teilergebnisse in der Gruppe unten anordnen**.
3. Die PivotTable bietet Ihnen jetzt die gewünschte Information (siehe Abbildung 4.8).

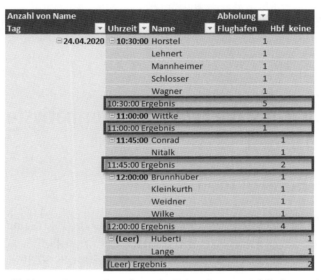

Abbildung 4.8: Durch Einfügen des Teilergebnisses wird die Summe je Uhrzeit gebildet.

In welches Hotel geht der Transfer des Teilnehmers?

Ebenso einfach ist es, die Hotels den jeweiligen Teilnehmern zuzuordnen. Das geschieht, indem Sie das Feld **Hotel** aus dem Filterbereich in den Layoutbereich **Spalten** ziehen.

Entfernen Sie das Feld **Abholung** aus dem Layoutbereich **Spalten**. Das Ergebnis finden Sie in Abbildung 4.9.

Kapitel 4: In der Praxis: Logistikdienste mit PivotTables organisieren

Anzahl von Name			Hotel		
Tag	Uhrzeit	Name	Hilton	Novotel	stay2Munich
⊟ 24.04.2020	⊟ 10:30:00	Horstel			1
		Lehnert		1	
		Mannheimer		1	
		Schlosser		1	
		Wagner	1		
	10:30:00 Ergebnis		1	3	1
	⊟ 11:00:00	Wittke			1
	11:00:00 Ergebnis				1
	⊟ 11:45:00	Conrad		1	
		Nitalk	1		
	11:45:00 Ergebnis		1	1	
	⊟ 12:00:00	Brunnhuber	1		
		Kleinkurth			1
		Weidner		1	
		Wilke	1		
	12:00:00 Ergebnis		2	1	1
⊟ (Leer)		Huberti	1		
		Lange			1
(Leer) Ergebnis			1		1

Abbildung 4.9: Welcher Teilnehmer wohnt in welchem Hotel, und wie viele Personen wollen jeweils befördert werden?

Den Check-in im Hotel planen

Für die Planung der Ankunftszeit im Hotel benötigen Sie neben der Ankunftszeit am Flughafen oder Bahnhof die Transferzeit, um daraus die Ankunft im Hotel zu ermitteln. Unsere Basisdaten enthalten lediglich die Ankunftszeit am Reisezielort, jedoch nicht die im Hotel. Die Transferzeit vom Bahnhof zu dem jeweiligen Hotel beträgt ca. 30 Minuten. Die Transferzeit vom Flughafen zum jeweiligen Hotel beträgt ca. 60 Minuten. Mit diesen Zeitangaben lässt sich eine Berechnung durchführen.

Mit einer berechneten Datenergänzung in den Quelldaten ist dieses Ziel leicht umzusetzen. Sie fügen den Quelldaten die Informationen zur Transferzeit hinzu und erstellen dann eine neue PivotTable.

Ergänzen Sie die Datenquelle um eine Spalte mit der berechneten Ankunftszeit im Hotel.

Dazu fügen Sie im Tabellenblatt (**Basisdaten**, in **J4** beginnend) eine Hilfstabelle ein, die für Flughafen und Bahnhof die Transferzeit enthält (Abbildung 4.10).

Ort	Transferzeit/min
Flughafen	60:00
Bahnhof	30:00

Abbildung 4.10: Die Hilfstabelle zu Berechnung der Ankunftszeit im Hotel

Für die Berechnung der Ankunftszeit wird folgende Logik in Formeln umgesetzt (Abbildung 4.11):

Den Check-in im Hotel planen

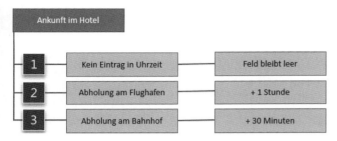

Abbildung 4.11: Die Lösungslogik der Formel

Sie sehen jetzt die Umsetzung der Logik in Formelsyntax am Beispiel der Funktion **Wenn()**. Die Formel lautet:

=WENN(ISTLEER([@Uhrzeit]);"";WENN([@Abholung]="Flughafen"; [@Uhrzeit]+($K$5/60);WENN([@Abholung]="Hbf";[@Uhrzeit]+($K$6/60))))

Abbildung 4.12 interpretiert die Funktionalität im Einzelnen:

```
=Wenn (
    Istleer ( [@Uhrzeit] );
    "";
    Wenn (
        [@Abholung] = "Flughafen";
        [@Uhrzeit]
          + ( $K$5 / 60 );
        Wenn (
  [@Abholung] = "Hbf"; [@Uhrzeit] + ( $K$6 / 60 ) )
        )
)¶
```

Abbildung 4.12: Die Syntax der Formellogik aus Abbildung 4.11

Die Formel (**$K$5 / 60**) rechnet den Wert der Zelle **K5** in Uhrzeit um. Diese Umrechnung ermöglicht eine Addition mit dem Feld **[@Uhrzeit]**.

Die Formel wird in der Basistabelle in einer zusätzlichen Spalte eingetragen und in die strukturierte Tabelle **tbl_Daten** übernommen. Der neuen Spalte mit dem generischen Namen **Spalte1** geben Sie den Feldnamen **AnkunftHotel** (Abbildung 4.13).

Name	Vorname	Tag	Uhrzeit	Abholung	Hotel	AnkunftHotel
Wagner	Michael	24.04.2020	10:30	Flughafen	Hilton	11:30
Lehnert	Mattes	24.04.2020	10:30	Flughafen	Novotel	11:30
Lange	Klaus	24.04.2020		keine	Stay2Munich	
Nitalk	Lothar	24.04.2020	11:45	Hbf	Hilton	12:15

*Abbildung 4.13: Die Tabelle mit den Basisdaten, ergänzt um das berechnete Feld **AnkunftHotel***

Mit einer Aktualisierung der PivotTable wird das neue Feld in der PivotTable-Feldliste angezeigt. Um es in den PivotTable-Bericht aufzunehmen, gehen Sie folgendermaßen vor:
1. Wählen Sie in dem Register **PivotTable-Analyse** in der Gruppe **Daten** den Befehl **Aktualisieren/Alle Aktualisieren** (siehe Abbildung 4.14).

Kapitel 4: In der Praxis: Logistikdienste mit PivotTables organisieren

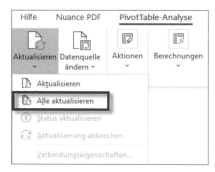

Abbildung 4.14: Befehl zur Aktualisierung der vorhandenen PivotTable

2. Ziehen Sie das Feld **AnkunftHotel** in den Layoutbereich **Zeilen**, und dort an die letzte Position. Das Feld wird in der PivotTable angeordnet.
3. Um die Teilergebnisanzeige der Uhrzeit auszuschalten, positionieren Sie den Cursor auf dem Feld **Uhrzeit** und wählen die Befehlsfolge **Entwurf/Teilergebnisse/Teilergebnisse nicht anzeigen**.
4. Als Ergebnis erhalten Sie folgende Berichtsausgabe (Abbildung 4.15):

Anzahl von Name				Abholung		
Tag	Uhrzeit	Name	AnkunftHotel	Flughafen	Hbf	keine
⊟24.04.2020	⊟10:30:00	⊟Horstel	11:30:00	1		
		⊟Lehnert	11:30:00	1		
		⊟Mannheimer	11:30:00	1		
		⊟Schlosser	11:30:00	1		
		⊟Wagner	11:30:00	1		
	⊟11:00:00	⊟Wittke	12:00:00	1		
	⊟11:45:00	⊟Conrad	12:15:00		1	
		⊟Nitalk	12:15:00		1	
	⊟12:00:00	⊟Brunnhuber	12:30:00		1	
		⊟Kleinkurth	12:30:00		1	
		⊟Weidner	12:30:00			1
		⊟Wilke	12:30:00			1

*Abbildung 4.15: Die neu hinzugefügte Spalte **AnkunftHotel** erhöht den Informationsgehalt der PivotTable.*

Elegante Dynamik: mit Datenschnitten die Informationen komfortabel filtern

Die Pivot-Tabelle zeigt alle Informationen, die Sie für Ihre Arbeit benötigen. Mit Feldfiltern und Berichtsfiltern können Sie die Daten für bestimmte Informationsinhalte gezielt selektieren. Besonders komfortabel ist das Filtern über eine Dropdown-Liste allerdings nicht. Viel einfacher und eleganter ist das Filtern von Pivot-Tabellen mit einem oder mehreren Datenschnitten. Dabei werden die vorhandenen Einträge in einem Dialogfeld, in einem Datenschnitt in übersichtlicher Form angezeigt. Die Einträge lassen sich danach leicht per Mausklick einzeln oder in Gruppen auswählen, und sie filtern dann die PivotTable.

Datenschnitte zum Filtern einbauen

Hotel	(Alle)				
Anzahl von Name				Abholung	
Tag	Uhrzeit	Name	AnkunftHotel	Flughafen	Hbf
25.04.2020	09:00:00	Box	09:30:00		1
		Kruse	09:30:00		1
		Tubel	09:30:00		1
		Willberg	09:30:00		1
	12:30:00	Gestenberger	13:00:00		1
		Marks	13:30:00	1	
	16:30:00	Brüsken	17:00:00		1
		Württenberg	17:30:00	1	

Tag
24.04.2020
25.04.2020
26.04.2020

Abbildung 4.16: Der Datenschnitt zeigt Daten des ausgewählten Datums an. Der selektierte Eintrag ist deutlich sichtbar.

Datenschnitte zum Filtern einbauen

Um effizient arbeiten zu können, benötigen Sie für die Auswertung vier Auswahlmöglichkeiten, die Ihnen ein komfortables Filtern nach Tag, Hotel, Uhrzeit und Abholung ermöglichen. Mit den folgenden Schritten fügen Sie die Auswahlmöglichkeiten im Modell hinzu:

1. Verwenden Sie die zuletzt erstellte PivotTable (siehe Abbildung 4.15) oder greifen Sie auf die Mappe **Kap04_LOE.xlsx** und dort auf das Tabellenblatt **LOE03 App4.15** zurück.
2. Aktivieren Sie die Pivot-Tabelle [1] und klicken Sie dann auf der Registerkarte **Pivot-Table-Analyse** in der Gruppe **Filtern** auf den Befehl **Datenschnitt einfügen** [2].
3. Wählen Sie dann im Dialogfeld **Datenschnitt auswählen** [3] die benötigten Felder aus und schließen Sie das Dialogfeld mit einem Klick auf **OK**.

Kapitel 4: In der Praxis: Logistikdienste mit PivotTables organisieren

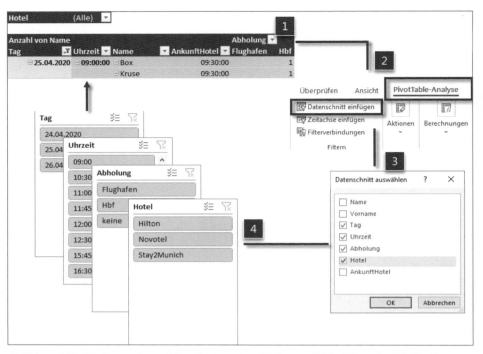

Abbildung 4.17: Die Datenschnitte [4] sind mit wenigen Klicks, von [1] bis [3], in das Tabellenblatt eingefügt und können dann angeordnet und formatiert werden.

Nachdem die Datenschnitte erstellt sind, müssen sie noch im Arbeitsblatt positioniert, in der Größe angepasst und formatiert werden.

Hinweis   Das Dialogfeld **Datenschnitt auswählen** zeigt alle Felder der Basistabelle und nicht nur die in der PivotTable aktiven Felder zur Auswahl an. Somit lassen sich beliebige Filtermöglichkeiten zusammenstellen und auf die vorhandene PivotTable anwenden (zur Vertiefung siehe auch Kapitel 3).

Die Steuerzentrale

Für die Bedienung ist es sinnvoll, die Elemente übersichtlich zu platzieren. Deshalb fügen Sie oberhalb der PivotTable so viele Zeilen ein, dass Sie in diesem von Ihnen geschaffenen Raum die Datenschnitte anordnen können (siehe Abbildung 4.18).

Anzahl von Name				Abholung		
Tag	Uhrzeit	Name	AnkunftHotel	Flughafen	Hbf	keine
⊟ 24.04.2020	⊟ 10:30:00	⊟ Horstel	11:30:00	1		
		⊟ Lehnert	11:30:00	1		
		⊟ Mannheimer	11:30:00	1		
		⊟ Schlosser	11:30:00	1		
		⊟ Wagner	11:30:00	1		
	⊟ 11:00:00	⊟ Wittke	12:00:00	1		
	⊟ 11:45:00	⊞ Conrad			1	
		⊟ Nitalk	12:15:00		1	

Abbildung 4.18: Effiziente Arbeitsmöglichkeiten bietet die Lösung über Datenschnitte.

Durch die Automatisierung mit den Datenschnitten erhalten Sie jederzeit elegant und schnell einen Einblick in den Stand Ihrer Organisation und Planung.

Übungsdateien   Die Steuerzentrale mit den vorbereiteten Datenschnitten finden Sie in der Datei **Kap04_LOE.xlsx** in dem Tabellenblatt **LOE04_ Abb04.18**.

Die Farben und der Deckungsgrad der jeweiligen Schaltflächen liefern Informationen zum Hintergrund der gefilterten Daten (siehe Abbildung 4.19). Zusätzlich verändert sich nochmals die Farbe der Schaltfläche und eröffnet weitere Informationsinhalte, wenn Sie mit dem Cursor auf die aktuelle Farbgebung einer Schaltfläche zeigen.

Kapitel 4: In der Praxis: Logistikdienste mit PivotTables organisieren

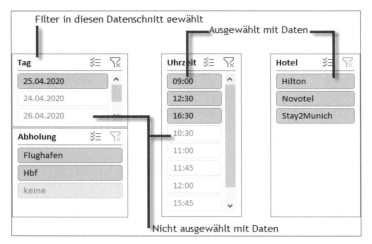

Abbildung 4.19: Die Aussagekraft hinter den Farben und dem Deckungsgrad im Datenschnitt

Die Farbe und die Deckkraft der Datenschnittschaltflächen können individuell formatiert werden. Dazu müssen Sie eine neue Formatvorlage für Datenschnitte anlegen oder eine bestehende ändern. Sie finden den Aufbaubefehl bei selektiertem Datenschnitt im Register **Datenschnitt** in der Gruppe **Datenschnitt-Formatvorlage** im Kontextmenü **Neue Datenschnitt-Formatvorlage**.

Die Formatierungsmöglichkeiten in der Schnellvorlage für Datenschnitte sind folgende:

- gesamter Datenschnitt
- Überschrift
- ausgewähltes Element mit Daten
- ausgewähltes Element ohne Daten
- nicht ausgewähltes Element mit Daten
- nicht ausgewähltes Element ohne Daten
- ausgewähltes Element mit Daten, auf das gezeigt wird
- ausgewähltes Element ohne Daten, auf das gezeigt wird
- nicht ausgewähltes Element mit Daten, auf das gezeigt wird
- nicht ausgewähltes Element ohne Daten, auf das gezeigt wird

Kapitel 5
Stundenabweichungsanalyse mit PivotTable

In diesem Kapitel lernen Sie, ...

- eine Projektstruktur aufzubauen,
- Daten aus Vorsystemen in ein Datenmodell zu importieren/zu übernehmen,
- importierte Daten zu formatieren und zu pivotieren,
- Uhrzeitformate zu bearbeiten,
- Zeitdifferenzen zu berechnen,
- Soll-Ist-Abweichungen mit einer PivotTable zu berechnen und
- mit gezielten Formatierungen Differenzen hervorzuheben.

Jedes größere Projekt wird mithilfe eines Projektplans mit Meilensteinen für die Umsetzung vorbereitet und nach diesen Schritten aufbereitet und abgearbeitet. Um die Kosten zu budgetieren und zu überwachen, ist die Meilensteinstruktur jedoch ungeeignet.

In diesem Praxisbeispiel besteht ein Projekt aus einem Kostenträger, dargestellt durch eine Kostenträgernummer. Werden alle anfallenden Kosten auf dieser globalen Kostenträgernummer gesammelt, so können Sie am Ende des Projekts einen Vergleich zwischen geplanten und tatsächlich angefallenen Kosten vornehmen. Dieser Vergleich lässt sich allerdings nicht sinnvoll als Steuerinstrument während der Laufzeit des Projekts einsetzen. Für einen wirtschaftlich erfolgreichen Verlauf benötigen Sie einen permanenten – beispielsweise wöchentlichen oder monatlichen – Vergleich der tatsächlichen Aufwendungen (Istkosten) mit den geplanten Aufwendungen (Plankosten).

Das Controlling-Beispiel betrachtet diesen Prozess, beschränkt sich hier jedoch auf den Vergleich und die Auswertung der tatsächlich angefallenen Arbeitsstunden (Iststunden) mit den für diese Arbeitsschritte vorgesehenen, geplanten Arbeitsstunden – den Plan-Ist-Stundenvergleich.

Die Projektstruktur aufbauen

Nach der Kalkulation der Anfrage und der erfolgten Beauftragung durch den Kunden legen Sie für den Auftrag bzw. das Projekt einen Kostenträger an und richten ihn ein. Unterhalb des Kostenträgers entwerfen Sie eine auf die Projektgröße und -art abgestimmte Budgetstruktur und erzeugen die einzelnen Arbeitspakete (Work Packages). In diesem Beispiel wird die Abkürzung WBS für diese Budgetstruktur genutzt, die die einzelnen Arbeitspakete beinhaltet (WBS = Work Breakdown Structure).

Die Arbeitspakete werden aus der Kalkulation des Projekts abgeleitet. Die WBS hat eine Grundstruktur, die die kalkulierten Budgetwerte des Angebots aufnimmt und diese dem Projektcontrolling als Maximalwerte zur Verfügung stellt. Abbildung 5.1 zeigt anhand eines Schemas die Grundstruktur des Beispielprojekts 100112:

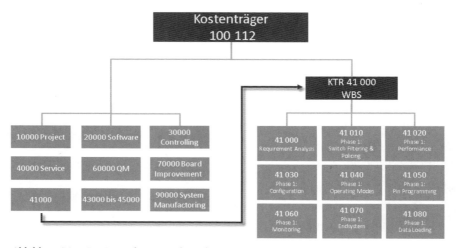

*Abbildung 5.1: Die WBS des Beispielprojekts mit der Detailansicht der WBS-Nummer **41000***

Nachdem der Kostenträger angelegt und die untergeordnete WBS-Struktur aufgebaut ist, erfolgt die Veröffentlichung im Intranet. In dieser Struktur tragen die Mitarbeiter die geleisteten Arbeitsstunden ein und ordnen sie gleichzeitig dem Kostenträger und Arbeitspaket (WBS) zu.

Die erfassten Daten werden in eine Excel-Arbeitsmappe übernommen und dort regelmäßig ausgewertet. Sie stehen darüber hinaus den Projektleitern zur Steuerung des Projekts zur Verfügung.

Übungsdateien   Alle Beispiele für dieses Kapitel finden Sie in der Datei **Kap05_UEB.xlsx**.

Daten in PivotTable-Berichten auswerten

Innerhalb der Mappe finden Sie die in Tabelle 5.1 gelisteten Tabellenblätter und Daten.

Bezeichnung	Beschreibung
Info	Allgemeine Übersicht über die vorhandenen Tabellen
WBSPlanung	Beinhaltet die geplanten Stunden für den Kostenträger (hier: Kostenträger 100112)
StdExport	Aus einem Vorsystem zur Verfügung gestellte Istdaten
Stammdaten	Zuordnung von Personalnummern und Namen

Tabelle 5.1: Inhalte der Arbeitsmappe **Kap05_UEB.xlsx**

Um die Daten aufzubereiten und in einem PivotTable-Bericht auszuwerten, sind zahlreiche Arbeitsblöcke bzw. -schritte notwendig. Als Lösungsweg wird die Pivot-Konsolidierung gewählt.

Daten aus einem Vorsystem und der Planung übernehmen

In der Datei **Kap05_UEB.xlsx** finden Sie im Tabellenblatt **StdExport** die von den Projektmitarbeitern in einem Vorsystem erfassten und anschließend in Excel importierten Daten. Tabelle 5.2 zeigt ihre Struktur.

Feldbezeichner	Inhalt
Datum	Tagesdatum der Erfassung
Name	Name des Mitarbeiters
PNr	Personalnummer
KoStelle	Kostenstelle des Mitarbeiters
StdVerSatz	Stundenverrechnungssatz (Plan)
Ktr/KSt	Buchung auf Kostenträger/Kostenstelle
Stunden	Gearbeitete Stunden
WorkPackage	WBS-Nummer (Arbeitspaketnummer)

Tabelle 5.2: Verwendete Feldnamen in der Importdatei

Dem gegenüber steht die Plandatei in der Tabelle **WBSPlanung** der Mappe **Kap05_UEB.xlsx** mit dem Aufbau, den Abbildung 5.2 zeigt.

Kapitel 5: Stundenabweichungsanalyse mit PivotTable

WBSNr	WBS Name	GeplanteStunden
	Stundenplanung	
	geplant auf die Work-Breakdown-Structure (WBSNr)	
0	Allgemein	0
10000	Project	290
10001	Project Allgemein	0
10100	Project Management	0
10101	Reserve	250
10200	Test System Engineering	40
20000	Software	250
20100	AFDX Board Improvement Driver Standard	250
30000	Controlling	24
30001	Kunde Project Controlling	24
40000	Service and Support	40
40001	Training	40
40100	A-Support	0

Abbildung 5.2: Plandatei mit Beispielen für Stundenkontingente (Ausschnitt)

Bei Übergabe eines Projekts an die Projektabteilung wird aus dem Angebot die **WBSNr** abgeleitet und mit Planstunden aufgefüllt. Im Verlauf des Projekts werden die geleisteten Stunden permanent mit den geplanten Stunden abgeglichen. Dies ist die Aufgabe des Controllings. Wie Sie diesen Vergleich mit PivotTables umsetzen, erfahren Sie im folgenden Abschnitt.

Daten aufbereiten, vervollständigen und pivotisieren

Nachdem Sie die Daten aus dem Vorsystem importiert haben, prüfen Sie diese auf Konsistenz und Vollständigkeit und ergänzen sie gegebenenfalls. Beispielsweise wird der Mitarbeitername auf Basis der vorhandenen Personalnummer hinzugefügt. Auch ist es sinnvoll, den Arbeitspaketnamen anhand der WBS-Nummer zu ergänzen, um so die Lesbarkeit zu verbessern. Die importierten Datensätze enthalten Informationen zu allen Projekten. Ein spezielles Projekt wählen Sie aus, wenn Sie die PivotTable erstellt haben.

Das Tabellenblatt WBS-Planung pivotisieren

Um die Plandaten mit den Istdaten abzugleichen, müssen Sie beide Datenquellen pivotisieren. Dazu gehen Sie folgendermaßen vor:
1. Aktivieren Sie das Tabellenblatt **WBS-Planung** und positionieren Sie den Cursor innerhalb der Daten.

Das Tabellenblatt WBS-Planung pivotisieren

2. Klicken Sie innerhalb der Menüband-Registerkarte **Einfügen**, Befehlsgruppe **Tabellen**, auf den Befehl **PivotTable**. Im folgenden Dialogfeld klicken Sie ohne Änderungen auf **OK**.
3. Im Aufgabenbereich **PivotTable-Felder** ziehen Sie das Feld **WBSNr** und das Feld **WBS Name** in den Layoutbereich **Zeilen** und das Feld **GeplanteStunden** in den Layoutbereich **Werte**. Daraufhin entsteht eine PivotTable wie in Abbildung 5.3.

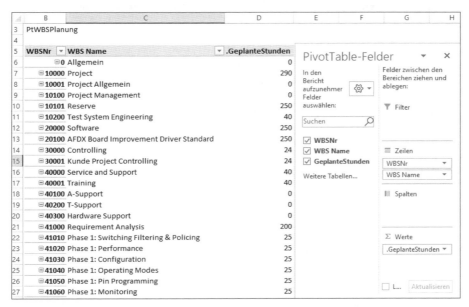

Abbildung 5.3: Die pivotisierten Plandaten, formatiert mit **In Tabellenformat anzeigen** und **Teilergebnisse nicht anzeigen**

In den nächsten Schritten soll die Darstellung des PivotTable-Berichts anpasst werden. Die PivotTable wird automatisch im Kurzformat erstellt. Sie können die Anzeige per Rechtsklick in die PivotTable über die Feldeinstellungen auf der Registerkarte **Layout & Drucken** oder im Menüband im Register **Entwurf** in der Befehlsgruppe **Layout/Berichtslayout/** ändern:

1. Klicken Sie innerhalb der Menüband-Registerkarte **PivotTable- Analyse**, Befehlsgruppe **Layout**, auf den Befehl **Teilergebnisse** und im dann angezeigten Untermenü auf den Befehl **Teilergebnisse nicht anzeigen**.
2. In der Befehlsgruppe **Layout** klicken Sie jetzt auf den Befehl **Berichtslayout** und im Untermenü auf den Befehl **In Tabellenformat anzeigen**. Sie erhalten jetzt eine Darstellung, wie sie in Abbildung 5.3 zu sehen ist.
3. Geben Sie dem Tabellenblatt abschließend noch den Namen **PtWBSPlanung**.

Die geplanten Stunden werden übrigens immer im Dezimalformat angezeigt, weil sie in diesem Format erfasst werden. Dies bedeutet, dass nicht die in manchen Zeiterfassungssystemen übliche Darstellung von Stunden und Minuten in der Form 7:45 verwendet wird. Stattdessen werden die Minuten in sogenannte Industrieminuten umgerechnet (1 Stunde hat in diesem Modell 100 Industrieminuten), und die Zeit wird als Dezimalzahl dargestellt (im Beispiel also 7,75). In der Abbildung ist dies nicht zu sehen, da die Planstunden ganzzahlige Werte sind.

Kapitel 5: Stundenabweichungsanalyse mit PivotTable

Übungsdateien	Dieses Beispiel finden Sie im Tabellenblatt **PtWBSPlanung** in der Datei **Kap05_LOE.xlsx**.

Importierte Daten pivotisieren und formatieren

Kehren Sie zurück zur Datei **Kap05_LOE.xlsx** oder arbeiten Sie mit Ihrer persönlichen Variante weiter. Als Nächstes erstellen Sie aus den Daten des Tabellenblattes **StdExport** einen PivotTable-Bericht:

1. Wechseln Sie in das Tabellenblatt **StdExport** und positionieren Sie den Cursor im Datenbereich.
2. Erstellen Sie über die Befehlsfolge **Einfügen/Tabellen/PivotTable** einen PivotTable-Bericht in einem neuen Arbeitsblatt. Die Angaben im Dialogfeld **PivotTable erstellen** übernehmen Sie mit Klick auf **OK**.
3. In der PivotTable-Feldliste ziehen Sie zuerst das Feld **Ktr/KSt** in den Layoutbereich **Filter**, das Feld **Stunden** in den Layoutbereich **Werte** und danach das Feld **Datum** in den Layoutbereich **Zeilen**.
4. Ändern Sie in der Bearbeitungsleiste die Beschriftung **Summe von Stunden** in die Kurzschreibweise **.Stunden** ab. Sie erhalten eine neue PivotTable, die Sie in Abbildung 5.4 sehen.

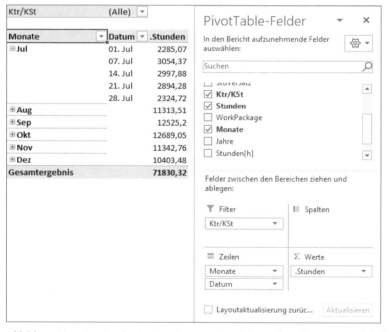

Abbildung 5.4: Anzeige der Stunden in gruppierter Monatsdarstellung. Zusätzlich den Monat Juli im Tagesdatum (Ausschnitt)

Dezimale Stundenangaben in Uhrzeitformat umwandeln

5. Um das Feld **Datum** in seiner automatischen Gruppierung um die Jahresdarstellung zu ergänzen, markieren Sie eine Datumszelle in der PivotTable, öffnen mit der rechten Maustaste das Kontextmenü und wählen dort den Befehl **Gruppieren**.
6. Im Dialogfeld **Gruppieren** markieren Sie in der Auswahlliste auch den Eintrag **Jahre**. Klicken Sie auf **OK**, um den Vorgang abzuschließen.
7. Verändern Sie die Feldanordnung des PivotTable-Berichts und positionieren Sie die Felder:
   - **Ktr/KSt**: im Layoutbereich **Filter** (sollte sich bereits dort befinden)
   - **Jahre**: im Layoutbereich **Zeilen**
   - **WorkPackage**: im Layoutbereich **Zeilen**
   - **Stunden**: im Layoutbereich **Werte** (sollte sich bereits dort befinden)
   - Entfernen Sie die Felder **Datum** und **Monate** aus dem Layoutbereich **Zeilen**.

Im Filter selektieren Sie den Kostenträger 100112 (siehe Abbildung 5.5).

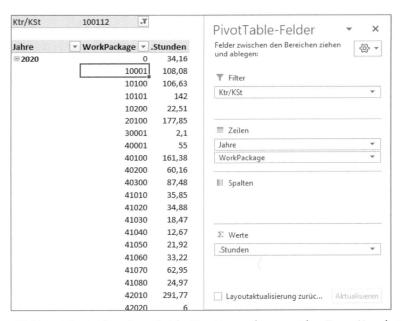

Abbildung 5.5: Feldanordnung bei der Pivotisierung der zugespielten Daten (Ausschnitt)

Dezimale Stundenangaben in Uhrzeitformat umwandeln

Für die folgenden Auswertungen ist es sinnvoll, die in Dezimalschreibweise vorliegenden Zeitnachweise des Feldes **Stunden** in das Uhrzeitformat umzuwandeln. Ordnen Sie die beiden Felder nebeneinander an, um auf diese Weise die Daten bereits vergleichend betrachten zu können. Sie schaffen damit gleichzeitig die Grundlage, um später Differenzen bzw. Abweichungen berechnen zu können.

Kapitel 5: Stundenabweichungsanalyse mit PivotTable

Diese Umwandlung lässt sich nicht über die Zahlenformate lösen. Es ist notwendig, ein berechnetes Feld in die PivotTable einzufügen und diesem Feld das Format **[h]:mm** zuzuweisen:

1. Positionieren Sie den Cursor innerhalb der PivotTable.
2. Klicken Sie innerhalb der Menüband-Registerkarte **PivotTable-Analyse**, Befehlsgruppe **Berechnungen**, auf den Befehl **Felder, Elemente und Gruppen** und im dann angezeigten Untermenü auf den Befehl **Berechnetes Feld**.
3. Im Dialogfeld **Berechnetes Feld** einfügen markieren Sie zunächst in der Auswahlliste **Felder** das Feld **Stunden** und klicken auf **Feld einfügen**.
4. Der Feldname **Stunden** wird in das Textfeld **Formel** übertragen und muss dort von Ihnen noch ergänzt werden. Sie benötigen dort die Formel =**Stunden/24**.
5. Im Textfeld **Name** geben Sie dieser Berechnungsformel den Namen **Stunden[h]** und klicken auf **Hinzufügen** (siehe Abbildung 5.6). Damit wird die Berechnung in die Formelliste aufgenommen.

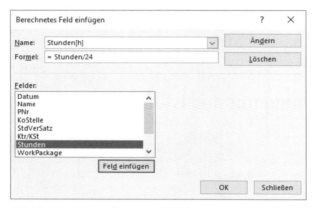

Abbildung 5.6: **Berechnetes Feld** *einfügen mit der Formel für die Stundenberechnung*

6. Verlassen Sie das Dialogfeld mit einem Klick auf **OK**. Der PivotTable-Bericht wird im Anschluss daran um die Spalte **Summe von Stunden[h]** im Wertebereich erweitert.
7. In der Bearbeitungsleiste ändern Sie die Feldbezeichnung Summe von **Stunden[h]**, indem Sie sie markieren und auf die Schreibweise **.Stunden[h]** verkürzen.
8. Um jetzt das Zahlenformat dieses Feldes zu ändern, rufen Sie mit der rechten Maustaste das Kontextmenü auf und wählen den Befehl **Wertfeldeinstellungen**.
9. Im Dialogfeld **Wertfeldeinstellungen** klicken Sie auf die Schaltfläche **Zahlenformat**, um in das Dialogfeld **Zellen formatieren** zu gelangen.
10. In der Liste **Kategorie** wählen Sie den Eintrag **Benutzerdefiniert**, tippen im Kombinationslistenfeld **Typ** das Zahlenformat **[h]:mm** ein und schließen die beiden Dialogfelder jeweils mit einem Klick auf **OK**. Als Ergebnis erhalten Sie die PivotTable aus Abbildung 5.7.

Die Daten der Planung mit den Istdaten vergleichen und bewerten

Ktr/KSt	100112	.T		
Jahre	WorkPackage		.Stunden	.Stunden[h]
⊟ 2020		0	34,16	34:09
			108,08	108:04
		10100	106,63	106:37
		10101	142	142:00
		10200	22,51	22:30
		20100	177,85	177:51
		30001	2,1	2:06
		40001	55	55:00
		40100	161,38	161:22
		40200	60,16	60:09

*Abbildung 5.7: PivotTable mit dem eingefügten berechneten Feld **.Stunden[h]** (Ausschnitt)*

Geben Sie dem Tabellenblatt einen Namen; in der Lösungsdatei heißt das Tabellenblatt **LOE03 Abb5.7**.

Übungsdateien Dieses Beispiel finden Sie im Tabellenblatt **LOE03 Abb5.7** in der Datei **Kap05_LOE.xlsx**.

Die Daten der Planung mit den Istdaten vergleichen und bewerten

Damit Sie die vorliegenden Daten endgültig auswerten, interpretieren und bewerten können, müssen Sie noch einige Arbeitsschritte durchführen, die in Abbildung 5.8 schematisch dargestellt sind.

Abbildung 5.8: Arbeitsschritte von den Basisdaten bis zum Bericht und zu dessen Interpretation

Die beiden PivotTables **LOE01 Abb5.3 (PtWBSPlanung)** und **LOE02 Abb5.6 (PtWBSIst)** unterscheiden sich marginal im Aufbau. Für eine fehlerfreie Konsolidierung müssen sie aber in der äußeren Struktur identisch sein. Unterschiede dürfen in den Vergleichsfeldern auftreten. Es ist nicht notwendig, dass in beiden Tabellen die gleiche Anzahl an WBS-Nummern vorhanden ist. WBS-Nummern, die nicht bebucht wurden, existieren in den importierten Daten möglicherweise nicht bzw. noch nicht.

Kapitel 5: Stundenabweichungsanalyse mit PivotTable

Übungsdateien Öffnen Sie die Datei **Kap05_LOE.xlsx**. Aktivieren Sie das Tabellenblatt **LOE03 Abb5.7 (PtWBSIst)**.

Um die strukturelle Angleichung der beiden Berichte zu erreichen, überarbeiten Sie das Tabellenblatt **LOE03 Abb5.7(PtWBSIst)** in der von Ihnen erstellten PivotTable mit den im Folgenden genannten Schritten. (In der Lösungsdatei wurden die Schritte bereits durchgeführt. Die Tabelle heißt dort **LOE03 Abb5.7 (2) (PtWBSIst)**.)

1. Im PivotTable-Bericht **LOE03 Abb5.7 (PtWBSIst)** benötigen Sie nur eine Spalte mit Stunden. Entfernen Sie das **Feld .Stunden[h]** aus dem Bereich **Werte**. (Dies ist nur erforderlich, wenn Sie die Stundenumwandlung ausgeführt haben.)
2. Entfernen Sie das Feld **Jahre, Monate, Datum** aus den jeweiligen Layoutbereichen.
3. Das Feld **WorkPackage** sollte sich bereits im Layoutbereich **Zeilen** befinden. Falls nicht, ziehen Sie es in diesen Bereich.
4. Ihr PivotTable-Bericht **LOE03 Abb5.7 (2) (PtWBSIst)** sollte nach Abschluss der Arbeiten wie in Abbildung 5.9 aussehen.

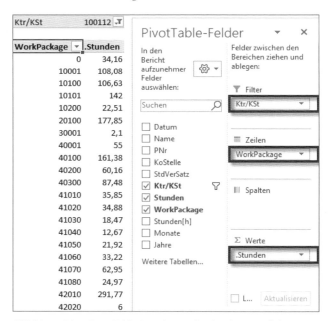

Abbildung 5.9:   *PivotTable-Bericht mit der für die Konsolidierung notwendigen Struktur (Ausschnitt)*

5. Aktivieren Sie den PivotTable-Bericht im Tabellenblatt **LOE01 Abb5.3 (PtWBSPlanung)**.
6. Diesen PivotTable-Bericht können Sie für die Konsolidierung ohne Veränderungen direkt verwenden.

Zwei PivotTable-Berichte konsolidieren

Excel bietet innerhalb des Menübands keinen direkten Befehl für eine Konsolidierung von zwei oder mehreren PivotTable-Berichten. Die Lösung erreichen Sie über den PivotTable- und PivotChart-Assistenten aus früheren Excel-Versionen. Um die beiden PivotTable-Berichte zu konsolidieren, gehen Sie folgendermaßen vor:

1. Fügen Sie ein neues Tabellenblatt in die Mappe ein und aktivieren Sie dort die Zelle C5.
2. Öffnen Sie mit [Alt]+[N]+[P] den Assistenten aus früheren Excel-Versionen und beginnen Sie mit Schritt 1 von 3 des Assistenten (siehe Abbildung 5.10).
3. Wählen Sie die Option **Mehrere Konsolidierungsbereiche** und gehen Sie über **Weiter** zum Folgeschritt.
4. Im nächsten Dialogfeld – Schritt 2a von 3 des Assistenten – übernehmen Sie die Option **Einfache Seitenfelderstellung**, indem Sie direkt auf **Weiter** klicken.

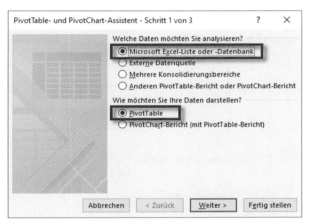

*Abbildung 5.10: PivotTable- und PivotChart-Assistent mit der aktiven Option **Mehrere Konsolidierungsbereiche***

5. Im folgenden Dialogfeld – Schritt 2b von 3 des Assistenten – wählen Sie die zu konsolidierenden Bereiche aus. Aktivieren Sie zuerst die PivotTable in der Tabelle **LOE01 Abb5.3 (PtWBSPlanung)**. Beginnen Sie die Markierung im Feld **Zeilenbeschriftungen** und ziehen Sie den Markierungsrahmen bis zur letzten Datenzeile (ohne Summenzeile).

Achtung Die Zeile **Gesamtergebnis** darf nicht in die Markierung eingeschlossen werden, weil mit einer solchen Einbeziehung die Daten doppelt in die Berechnung einfließen würden!

6. Ist der Bereich korrekt ausgewählt, klicken Sie auf **Hinzufügen**. Wiederholen Sie den gleichen Arbeitsschritt im Tabellenblatt **LOE03 Abb5.7(2) (PtWBSIst)**.
7. Nach der Datenmarkierung im PivotTable-Bericht **LOE Abb5.7(2) (PtWBSIst)** klicken Sie erneut auf **Hinzufügen**. Ihr Dialogfeld müsste wie Abbildung 5.11 aussehen. Wenn Sie die Tabelle manuell über die Übungsdatei nachgebaut haben, können hier die Koordinaten abweichen.

Kapitel 5: Stundenabweichungsanalyse mit PivotTable

Abbildung 5.11: Auswahl der Konsolidierungsbereiche

8. Nachdem Sie alle Bereiche hinzugefügt haben, klicken Sie auf **Weiter**.
9. Wählen Sie im Dialogfeld **Schritt 3 von** 3 die Option für die Ausgabe **In bestehendem Arbeitsblatt** an Position =$C$5. Sie befinden sich nun im neu geöffneten Tabellenblatt.
10. Zum Abschluss klicken Sie auf **Fertig stellen** und erhalten eine PivotTable wie in Abbildung 5.12.

Seite1	(Alle)			
Summe von Wert	Spaltenbeschriftungen			
Zeilenbeschriftungen	.GeplanteStunden	.Stunden	WBS Name	Gesamtergebnis
0	0	34,16	0	34,16
10001	108,08	0	0	108,08
10100	0	106,63	0	106,63
10101	250	142	0	392
10200	0	62,51	0	62,51
20100	0	427,85	0	427,85
30001	24	2,1	0	26,1
40001	40	55	0	95
40100	0	161,38	0	161,38
40200	0	60,16	0	60,16
40300	0	87,48	0	87,48
41010	0	60,85	0	60,85
41020	0	59,88	0	59,88
41030	0	43,47	0	43,47
41040	0	37,67	0	37,67
41050	0	46,92	0	46,92
41060	0	58,22	0	58,22
41070	0	87,95	0	87,95
41080	0	49,97	0	49,97
42010	0	1271,77	0	1271,77
42020	860	6	0	866
42030	0	439,11	0	439,11
42040	0	667,55	0	667,55
42080	24	30	0	54
43010	0	799,6	0	799,6
43020	460	10	0	470
43030	0	146,69	0	146,69

Abbildung 5.12: Konsolidierter PivotTable-Bericht (Ausschnitt)

Zwei PivotTable-Berichte konsolidieren

Die erste Ausgabe des PivotTable-Berichts müssen Sie noch etwas bearbeiten, um ein interpretierbares Ergebnis zu erhalten. Die notwendigen Arbeitsschritte, bei denen auch die Felder mit sprechenden Namen versehen werden, sehen folgendermaßen aus:

1. Entfernen Sie das Feld **Spalte** aus dem Layoutbereich **Spalten**, indem Sie in der Liste der PivotTable-Felder das Kontrollkästchen für dieses Feld deaktivieren.
2. Ziehen Sie im Anschluss das Feld **Seite1** aus dem Filterbereich in den Layoutbereich **Spalten**.
3. Gegebenenfalls müssen Sie das Wertefeld von **Anzahl** in **Summe** ändern. Dann weisen Sie dem Feld **Anzahl von Wert** das **Teilergebnis Summe** zu, indem Sie zunächst auf den Dropdown-Pfeil klicken und den Befehl **Wertfeldeinstellungen** anwählen.
4. Im gleichnamigen Dialogfeld wechseln Sie im Listenfeld **Wertfeld zusammenfassen nach** die Markierung von **Anzahl** auf **Summe**.
5. Ändern Sie die Spaltenbeschriftungen **Element1** (oder **Element n**) in **PLAN**, **Element2** in **IST** und **Zeilenbeschriftungen** in **WBS**, indem Sie den jeweiligen Eintrag markieren und in der Bearbeitungsleiste den neuen Text eingeben.

Hinweis   Ob **Element1** oder **Element2** den Planwert enthält, hängt von der Reihenfolge Ihrer Auswahl im Konsolidierungsassistenten ab.

---

6. Zeigen Sie den Bericht im Tabellenformat an, indem Sie innerhalb der Registerkarte **Entwurf** in der Befehlsgruppe **Layout** auf den Befehl **Berichtslayout** und im Untermenü auf den Befehl **In Tabellenformat anzeigen** klicken. Ihre PivotTable entspricht nach den Einstellungen der Darstellung in Abbildung 5.13.

Summe von Wert	Seite1		
WBS	PLAN	IST	Gesamtergebnis
0	0	34,16	34,16
10001	0	108,08	108,08
10100	0	106,63	106,63
10101	250	142	392
10200	40	22,51	62,51
20100	250	177,85	427,85
30001	24	2,1	26,1
40001	40	55	95
40100	0	161,38	161,38
40200	0	60,16	60,16
40300	0	87,48	87,48
41010	25	35,85	60,85
41020	25	34,88	59,88
41030	25	18,47	43,47
41040	25	12,67	37,67
41050	25	21,92	46,92
41060	25	33,22	58,22
41070	25	62,95	87,95
41080	25	24,97	49,97
42010	980	291,77	1271,77
42020	860	6	866

Abbildung 5.13: Die Ansicht der PivotTable nach den ersten Umstellungen (Ausschnitt mit PivotTable-Feldliste)

Kapitel 5: Stundenabweichungsanalyse mit PivotTable

Im Seitenelement **Seite1** sind sowohl die Daten für die Plan- als auch für die Istwerte enthalten. Dieses Feld wurde deshalb vom Layoutbereich **Filter** in den Layoutbereich **Spalten** verschoben. Erst in dieser neuen Position werden die Inhalte vollständig angezeigt. Die Beschriftung des Feldes kann ebenfalls geändert werden. Die Berechnung der Abweichungen bzw. des noch verfügbaren Zeitkontingents muss noch erfolgen. Die Spalte **Gesamtergebnis** addiert die beiden Werte aus der Spalte **IST** und **Plan** lediglich auf und ist so, wie sie vorliegt, für unsere Arbeit unbrauchbar.

Übungsdateien   Das Ergebnis der bisherigen Arbeitsschritte finden Sie in der Mappe **Kap05_LOE.xlsx** im Tabellenblatt **LOE04 Abb5.13**.

Um den Arbeitsstand zu erhalten, werden die weiteren Arbeitsschritte in der Tabelle **Konsolidierung** der gleichen Datei ausgeführt. Dies ist keine Kopie des Tabellenblatts **LOE04 Abb5.13**. Bei einer Kopie würden Änderungen in beiden PivotTables wirksam! Der Grund für dieses Verhalten der Tabelle liegt im Cache.

Zeitdifferenz berechnen

Um die Plan-Ist-Abweichung zu berechnen, benötigen Sie ein **berechnetes Element**. Dazu sind folgende Schritte erforderlich:

PivotTables werden von Ihnen immer wieder aktualisiert oder auch in ihrer Ansicht geändert. Aus diesem Grund ist es sinnvoll, einige generelle Einstellungen zur Stabilisierung des Layouts und zur Formatierung der PivotTable vorzunehmen:

1. Aktivieren Sie eine Zelle in der PivotTable und wählen Sie im Kontextmenü den Befehl **PivotTable-Optionen**.

Abbildung 5.14:   *So schalten Sie die automatische Anpassung der Spaltenbreite bei einer Datenaktualisierung aus.*

2. Bearbeiten Sie auf der Registerkarte **Layout & Format** die beiden Kontrollkästchen entsprechend der Abbildung 5.14. Deaktivieren Sie das Kontrollkästchen **Spaltenbreiten bei Aktualisierung automatisch anpassen** und achten Sie darauf, dass das Kontrollkästchen **Zellformatierung bei Aktualisierung beibehalten** eingeschaltet ist.
3. Wechseln Sie auf die Registerkarte **Summen & Filter**, deaktivieren Sie das Kontrollkästchen **Gesamtsummen für Zeilen anzeigen** und bestätigen Sie mit **OK**.

Jetzt fügen Sie die Berechnung für die Abweichungsanalyse mit folgenden Arbeitsschritten hinzu:

1. Positionieren Sie den Cursor im Feld **Seite1**. Klicken Sie im Register **PivotTable-Analyse** in der Befehlsgruppe **Berechnungen** auf den Befehl **Felder, Elemente und Gruppen** und im Untermenü auf den Befehl **Berechnetes Element**.
2. Im Dialogfeld **Berechnetes Element in "Seite1" einfügen** geben Sie im Textfeld **Name** den Formelnamen **Plan/IST-Abweichung** ein.
3. Markieren Sie in der Liste **Felder** den Listeneintrag **Seite1**. Daraufhin werden in der daneben befindlichen Liste **Elemente** die Einträge **IST** und **Plan** sichtbar (Abbildung 5.15).
4. Um die Differenz zu berechnen, erstellen Sie folgende Formel: =**Plan - IST**

   Dazu klicken Sie zunächst in der Auswahlliste **Elemente** auf den Eintrag **Plan** und anschließend auf **Element einfügen**. Geben Sie jetzt den Operator - (Minuszeichen) ein, klicken Sie in der Auswahlliste **Elemente** auf den Eintrag **IST** (Abbildung 5.15) und bestätigen Sie Ihre Wahl mit einem Klick auf **Element einfügen**.

Hinweis   Alternativ zum Hinzufügen aus der Liste können Sie die Formel auch direkt ins Textfeld **Formel** eintippen. Bei der direkten Eingabe in das Textfeld müssen Sie das Feld zuerst aktivieren, bevor Sie dort Einträge vornehmen können.

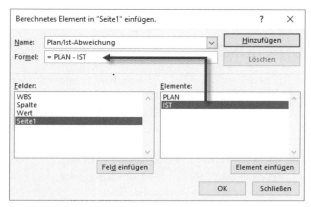

*Abbildung 5.15: Die Formel zur Berechnung der Abweichung im Dialogfeld **Berechnetes Element in "Seite1" einfügen***

5. Über **Hinzufügen** nehmen Sie die Formel in die Liste der Formeln auf.
6. Beenden Sie die Eingabe des berechneten Elements mit **OK**. Als Ergebnis erhalten Sie den PivotTable-Bericht aus Abbildung 5.16.

Kapitel 5: Stundenabweichungsanalyse mit PivotTable

Hinweis	Sollten Sie die PivotTable im Berichtslayout nicht umgestellt haben, dann ist dieses Feld noch mit der Bezeichnung **Spaltenbeschriftungen** in Ihrer PivotTable sichtbar.

Berechnung der Plan-Ist-Abweichung			
.Summe	Seite1 ▼		
WBS ▼	PLAN	IST	Plan/Ist-Abweichung
0	0	34,16	-34,16
10001	0	108,08	-108,08
10100	0	106,63	-106,63
10101	250	142	108
10200	40	22,51	17,49
20100	250	177,85	72,15
30001	24	2,1	21,9
40001	40	55	-15
40100	0	161,38	-161,38

*Abbildung 5.16: Die Abbildung zeigt das Ergebnis der Formel **Berechnetes Element**.*

Hinweis	Die Darstellung von negativen Uhrzeitangaben ist in Excel nicht problemlos möglich. Aus diesem Grund ist es notwendig, alle Stunden in Dezimalschreibweise zu verarbeiten.

Abweichungen hervorheben: weitere Formatierungen vornehmen

Damit negative Ereignisse in der Abweichungsspalte sofort auffallen, formatieren Sie die negativen Werte mit dem Vorzeichen - (Minuszeichen) und in roter Schrift. Dies erreichen Sie wie folgt:

1. Positionieren Sie den Cursor auf einem Wert innerhalb der Spalte **Plan/IST-Abweichung** und öffnen Sie mit der rechten Maustaste das Kontextmenü.
2. Klicken Sie auf den Befehl **Wertfeldeinstellungen** und danach auf **Zahlenformat**.
3. Im Dialogfeld **Zellen formatieren** wählen Sie in der Liste **Kategorie** den Eintrag **Zahl** und belassen die vorgegebene Einstellung **Dezimalstellen: 2**. In der Liste **Negative Zahlen** entscheiden Sie sich für das Format mit roter Schrift und Vorzeichen:
4. Beenden Sie die Eingabe in diesem und im folgenden Dialogfeld jeweils mit einem Klick auf **OK**. Das Ergebnis dieser Formatierung sehen Sie in der PivotTable (Abbildung 5.17).

Berechnung der Plan-Ist-Abweichung			
.Summe	Seite1		
WBS	PLAN	IST	Plan/Ist-Abweichung
0	0,00	34,16	-34,16
10001	0,00	108,08	-108,08
10100	0,00	106,63	-106,63
10101	250,00	142,00	108,00
10200	40,00	22,51	17,49
20100	250,00	177,85	72,15
30001	24,00	2,10	21,90

Abbildung 5.17: Umstellung des Formats für negative Werte auf rote Schrift und Vorzeichen

Ein Projekt nach erweiterten Gesichtspunkten auswerten

Der Projektleiter beeinflusst den Entwicklungsprozess. Er steuert, wie sich die Kosten entwickeln, und darüber hinaus muss er wissen, welche Kostenstellen (andere Arbeitsbereiche) das Projekt mit Stunden belasten. Diese Information können Sie als Projektleiter schnell mit einem PivotTable-Bericht aus den Daten des Tabellenblatts **StdExport** ermitteln.

Kapitel 6
Mit PivotTable einen Kostenträger überwachen und auswerten

In diesem Kapitel lernen Sie, ...

- Kostenträger und Kostenstellen in einem Datenmodell auszuwerten,
- das Berichtslayout anzupassen,
- Daten gezielt zu filtern,
- Berechnungen neu zusammenzuführen sowie
- Einzelleistungen und Einzelaufwand mit einfachen Mitteln zu separieren.

Der Projektleiter beeinflusst den Entwicklungsprozess. Er steuert, wie sich die Kosten entwickeln, und darüber hinaus muss er wissen, welche Kostenstellen (andere Arbeitsbereiche) das Projekt mit Stunden belasten. Diese Information können Sie als Projektleiter schnell mit einem PivotTable-Bericht aus den Daten des Tabellenblatts **StdExport** ermitteln.

Ein Projekt nach erweiterten Gesichtspunkten auswerten

Ein Projekt wird oft nach den Umsatzkriterien ausgewertet. Also: Was kann beispielsweise als Abschlagszahlung abgerechnet werden und wie groß ist der berechnete Aufwand? Das ist jedoch nur ein Bruchteil dessen, was für ein erfolgreiches Projektcontrolling sinnvoll und notwendig ist. Wie können Sie mit PivotTables hier effizient arbeiten und wirken? Im nächsten Abschnitt bearbeiten Sie die Auswertung eines Kostenträgers in den zusammenwirkenden Kostenstellen.

Übungsdateien Als Arbeitsgrundlage verwenden Sie die Mappe **Kap_06_UEB.XLSX**.

Kostenstellenanalyse der Kostenträger 100112 und 1414

Um für die Kostenträger 100112 und 1414 die beteiligten Kostenstellen zu ermitteln, gehen Sie wie folgt vor:

1. Aktivieren Sie in der Mappe **Kap_06_UEB.xlsx** das Tabellenblatt **StdExport**.
2. Erstellen Sie einen PivotTable-Bericht, indem Sie innerhalb der Registerkarte **Einfügen**, Befehlsgruppe **Tabellen**, den Befehl **PivotTable** anklicken.
3. Übernehmen Sie den automatisch erkannten Tabellenbereich. Ebenso soll der PivotTable-Bericht in einem neuen Arbeitsblatt erstellt werden. Bestätigen Sie diese Einstellungen mit **OK**.
4. In dem neuen Tabellenblatt mit der PivotTable bearbeiten Sie die PivotTable-Felder für den Kostenstellenbericht

    Ziehen Sie zunächst das Feld **Datum** in den Layoutbereich **Zeilen**. Um das Feld **Jahre** zu erhalten, öffnen Sie mit der rechten Maustaste das Kontextmenü und wählen den Befehl **Gruppieren**. Im Dialogfeld aktivieren Sie den Listeneintrag Jahre und deaktivieren den Listeneintrag **Tage**.

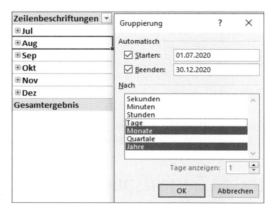

Abbildung 6.1:   Die Monate mit dem Jahr ergänzen und die Tagesanzeige in der PivotTable ausblenden

5. Anschließend ziehen Sie die Felder **Ktr/KSt** und **WorkPackage** in den Layoutbereich **Zeilen**. Das Feld **Stunden** ziehen Sie in den Layoutbereich **Werte**. Entfernen Sie das Feld **Datum** aus dem Layoutbereich **Zeilen**. Achten Sie darauf, dass sich diese Reihenfolge im Layoutbereich widerspiegelt, **Jahre** muss also ganz oben stehen (Abbildung 6.2).

Kostenstellenanalyse der Kostenträger 100112 und 1414

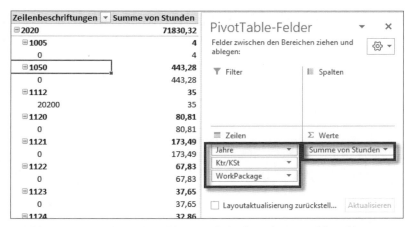

Abbildung 6.2:   Anordnung der Felder im Aufgabenbereich **PivotTable-Felder**

6. Als Nächstes erweitern Sie die PivotTable und ziehen das Feld **KoStelle** in den Layoutbereich **Spalten**.
7. Mit dem Befehl **Entwurf/Teilergebnisse/Teilergebnisse nicht anzeigen** blenden Sie die Zwischensummen aus.

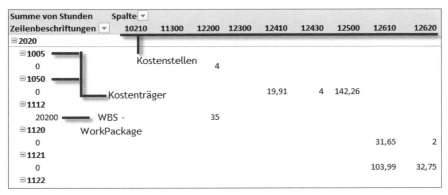

Abbildung 6.3:   Anzeige der Stunden für alle Kostenträger, je Kostenstelle und Work Package (Ausschnitt)

Diese PivotTable (Abbildung 6.3) lässt bereits eine detaillierte Beurteilung der Kostenentstehung und -verteilung zu. Die Anzeige aller Kostenträger und die Zwischensumme (Teilergebnisse) je Kostenträger liefern jedoch noch nicht die gewünschte Informationstiefe.

Stellen Sie die Feldanordnung im PivotTable-Bericht um. Selektieren Sie gezielt die beiden betroffenen Kostenträger. Dazu nehmen Sie folgende Arbeitsschritte vor: Ändern Sie im **Entwurf/Berichtslayout** die Ansicht auf **Im Tabellenformat anzeigen.**

Der veränderte Bericht ist in Abbildung 6.4 zu sehen. Die Kostenstelle 12200 hat 35 Stunden für Kostenträger/Projekt 1112 gearbeitet und 4 Stunden für Kostenträger/Projekt 1005.

Kapitel 6: Mit PivotTable einen Kostenträger überwachen und auswerten

Summe von Stunden			KoStelle				
Jahre	Ktr/KS	WorkPackage	10210	11300	12200	12300	12410
⊟ 2020	⊟ 1005		0		4		
	⊟ 1050		0				19,91
	⊟ 1112	20200			35		
	⊟ 1120		0				
	⊟ 1121		0				
	⊟ 1122		0				

Abbildung 6.4: Die optimierte Ansicht im Tabellenformat mit Kennzeichnung der Kostenstelle

Nur die betroffenen Kostenträger anzeigen

Um die Informationen für einen einzelnen oder auch mehrere Kostenträger/Projekte anzuzeigen, fügen Sie im Layoutbereich **Filter** das Feld **Ktr/KSt** hinzu. Damit können Sie komfortabel auswählen, welche Kostenträger dargestellt werden. Führen Sie dazu folgende Schritte aus:

1. Verschieben Sie das Feld **Ktr/KSt** vom Layoutbereich **Zeilen** in den Layoutbereich **Filter**.
2. Klicken Sie im Layoutbereich Filter (oder im Filterelement innerhalb der PivotTable) auf den Dropdown-Pfeil und aktivieren Sie das Kontrollkästchen **Mehrere Elemente auswählen**.

*Abbildung 6.5: Aktivieren Sie an dieser Stelle die Möglichkeit, mehrere Elemente (**KSt/Ktr**) gleichzeitig auszuwählen.*

3. Deaktivieren Sie zunächst das Kontrollkästchen **(Alle)**. Nun können Sie gezielt die beiden Kostenträger (1414 und 100112) durch Klick auf die beiden Kontrollkästchen auswählen (Abbildung 6.6).

Nur die betroffenen Kostenträger anzeigen

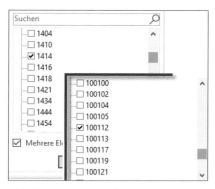

Abbildung 6.6: Auswahl der beiden Kostenträger im Layoutbereich **Filter**

4. Bestätigen Sie die Auswahl der Elemente (Kostenträger) mit einem Klick auf **OK**.
5. Ziehen Sie jetzt das Feld **Ktr/KSt** in den Bereich **Zeilen** zwischen die Felder **Jahre** und **WorkPackage**.
6. Das Ergebnis sehen Sie in Abbildung 6.7.

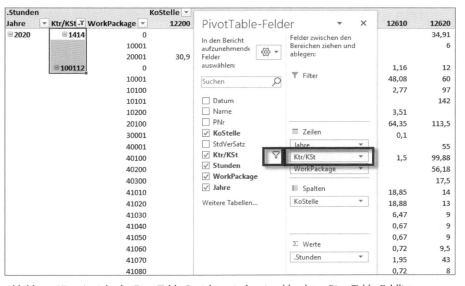

Abbildung 6.7: Ansicht des PivotTable-Berichts mit der eingeblendeten PivotTable-Feldliste

---

Hinweis Der zuvor eingestellte Filter bleibt bei dieser Aktion erhalten. Das Filtersymbol weist auf einen selektierten Datenbestand hin, den Sie für das Feld **Ktr/KSt** eingerichtet haben.

151

Kompaktansicht im Kostenträger: Details im Work Package ausblenden

Sie erhalten eine kompakte Ansicht der beiden Kostenträger – ohne die einzelnen WBS-Nummern –, indem Sie vor jeder Kostenträgernummer auf das Reduzieren-Symbol klicken. Aus der erweiterten Ansicht wird entsprechend eine reduzierte Ansicht, die am +-Symbol erkennbar ist (siehe Abbildung 6.8). Alternativ wählen Sie im Kontextmenü den Befehl **Erweitern/Reduzieren** und anschließend den gewünschten Unterbefehl zum Reduzieren bzw. Erweitern.

.Stunden			KoS										
Jahre	Ktr/KSt	WorkPackag	12200	12300	12410	12430	12500	12610	12620	12800	13220	13320	14310	14320	18100	Gesamtergebnis
⊟2020	⊟1414		0	44					34,91							78,91
		10001		25												31
		20001	30,9						6					140,55		171,45
	⊞100112		5,5		36,29	9	17	423,6	1341	735,6	40	19,41	24,66	10	2	2664,1
Gesamtergebnis			36,4	69	36,29	9	17	423,6	1382	735,6	40	19,41	24,66	150,55	2	2945,46

Abbildung 6.8: Reduzierte Anzeigedetails des Kostenträgers **100112**. Der Kostenträger **1414** wird dagegen mit allen Anzeigedetails dargestellt.

Übungsdateien Dieses Beispiel finden Sie im Tabellenblatt **LOE01 Abb6.8** in der Mappe **Kap06_LOE.xlsx**.

Mitarbeiter, die die angezeigte Leistung erbracht haben

Für den Kostenstellenverantwortlichen ist auch die Information von Bedeutung, welcher Mitarbeiter die Leistung für das Projekt erbracht hat und welche Work Packages bearbeitet wurden. Diese Information können Sie mit wenigen Handgriffen innerhalb der PivotTable bereitstellen.

Die Ausgangsbasis für die weiteren Arbeitsschritte ist der PivotTable-Bericht wie in Abbildung 6.8 (Tabellenblatt **LOE01 Abb6.8**).

Tipp Wenn Sie das vorausgegangene Lösungsblatt nicht verändern möchten, dann erstellen Sie von der **PivotTable 6-8** eine Kopie.

---

1. Aktivieren Sie gegebenenfalls das Tabellenblatt **LOE01 Abb6.8** (andernfalls verwenden Sie Ihre eigene PivotTable).
2. Positionieren Sie den Cursor in der PivotTable. Ziehen Sie im Aufgabenbereich **PivotTable-Felder** das Feld **Name** in den Layoutbereich **Zeilen** und legen Sie es unterhalb des Felds **WorkPackage** ab.
3. Die Namen werden hinter der WBS-Nummer im Feld **WorkPackage** angezeigt. Abbildung 6.9 zeigt den aktuellen PivotTable-Bericht.

.Stunden Jahre	Ktr/KSt	WorkPackage	Name	12200	12300	12410	12430	12500	12610	12620
⊟2020	⊟1414	⊟0	Lerch Nikolai							34,91
			Schubert Ude	44						
		⊟10001	Leibnitz Walter							6
			Schubert Ude		25					
		⊟20001	Grauvogel Anton							
			Onat Amadeus	30,9						
	⊞100112			5,5		36,29	9	17	423,57	1341,04
Gesamtergebnis				36,4	69	36,29	9	17	423,57	1381,95

Abbildung 6.9: Der aktuelle PivotTable-Bericht mit den Namen der Mitarbeiter, die an diesem Projekt gearbeitet haben

Probieren Sie die verschiedenen Varianten aus: Verändern Sie die Felder in den Bereichen der PivotTable-Feldliste. Ebenso können Sie mit dem Berichtslayout und den PivotTable-Formaten experimentieren. Sie finden die entsprechenden Möglichkeiten im Register **Entwurf**.

Übungsdateien Dieses Beispiel finden Sie im Tabellenblatt **LOE02 KtrMitarbeiter** in der Mappe **Kap06_LOE.xlsx**.

Die Gesamtkosten für den Kostenträger 100112 mit PivotTables berechnen

Verlockend wäre es, die Kosten für den Kostenträger 1001112 innerhalb der PivotTable über ein berechnetes Feld zu ermitteln. Leider ist dieser Weg nicht möglich, weil innerhalb des PivotTable-Berichts keine negativen Zeitdifferenzen verarbeitet werden. Der Weg zur Lösung dieser Aufgabe führt über die Basisdaten im Tabellenblatt **StdExport**.

In jedem Datensatz sind der Stundenverrechnungssatz und die Anzahl der Stunden enthalten. Es bietet sich an, ein Feld in der Datenquelle mit der Berechnung aufzubauen und das Ergebnis in die PivotTable zu übernehmen. Dazu gehen Sie folgendermaßen vor:

1. Aktivieren Sie das Tabellenblatt **StdExport** und fügen Sie in die Zelle **J4** den Feldnamen **StdWert** ein (falls nicht bereits vorhanden).
2. Geben Sie in die Zelle **J5** folgende Formel ein: = **F5*H5** (allgemeiner **StdVerSatz * Stunden**). Fügen Sie die Formel in allen darunterliegenden Zellen ein.
3. Sie benötigen einen PivotTable-Bericht wie in Abbildung 6.9, in dem Sie das neue Feld **StdWert** einfügen. Sie könnten einen neuen PivotTable-Bericht erstellen. Einfacher wäre es aber, in dem bestehenden PivotTable-Bericht die Datenquelle zu ändern.

Übungsdateien In der Lösungsdatei gibt es eine Kopie des Tabellenblattes mit dem Namen **LOE02KtrMA**, in dem die folgenden Arbeitsschritte ausgeführt wurden.

4. Dazu klicken Sie die Befehlsfolge **PivotTable-Analyse/Daten/Datenquelle ändern** an.

Kapitel 6: Mit PivotTable einen Kostenträger überwachen und auswerten

5. Im folgenden Dialogfeld **PivotTable-Datenquelle ändern** erweitern Sie den Bereich der Datenauswahl bis zur **Spalte J**. Bestätigen Sie Ihre Einstellungen mit einem Klick auf **OK** (Abbildung 6.10).

Abbildung 6.10: Den Datenbereich für die neue PivotTable erweitern

6. Aktualisieren Sie jetzt die PivotTable, sofern das nicht automatisch passiert. Dazu drücken Sie [Alt]+[F5]. Alternativ können Sie auch den Befehl **Aktualisieren** im Kontextmenü wählen.
7. Das Feld **StdWert** wird in der PivotTable-Feldliste eingeblendet. Ziehen Sie das neue Feld in den Bereich **Werte**. Die beiden Felder **Summe von Stunden** und **Summe von StdWert** werden nun in jeder Kostenstelle angezeigt.
8. Geben Sie dem Feld **Summe von Stunden** den kurzen Namen **.Stunden** und dem Feld **Summe von StdWert** den kurzen Namen **.StdWert**. Formatieren Sie das Feld **StdWert** auf zwei Nachkommastellen und mit Tausenderpunkt. Abbildung 6.11 zeigt das Ergebnis des PivotTable-Berichts im Ausschnitt.

Jahre	Ktr/KSt	WorkPackage	Name	KoStelle 12200 .Stunden	Werte .StdWert	12300 .Stunden	.StdWert
⊟2020	⊟1414	⊟0	Lerch Nikolai				
			Schubert Ude			44	1892
		⊟10001	Leibnitz Walter				
			Schubert Ude			25	1075
		⊟20001	Grauvogel Anton				
			Onat Amadeus	30,9	1081,5		
	⊞100112			5,5	117		
Gesamtergebnis				**36,4**	**1198,5**	**69**	**2967**

*Abbildung 6.11: Um die Kosten erweiterte PivotTable – das Feld **StdWert** wurde in die PivotTable aufgenommen.*

Tipp Deaktivieren Sie in den PivotTable-Optionen das Kontrollkästchen **Spaltenbreite bei Aktualisierung automatisch anpassen**.

Mehr Aussagekraft durch Neuanordnung der Wertefelder

Wie Sie sehen werden, ist die PivotTable-Feldliste optimal für das Pivotisieren geeignet. Wenn Sie zwei oder mehr Felder in den Bereich **Werte** einfügen, wird ein zusätzliches Feld **Werte** im Layoutbereich **Spalten** des Aufgabenbereichs **PivotTable-Felder** erstellt. Durch Ziehen mit der Maus – oder alternativ über den Dropdown-Pfeil des Feldes und den Befehl **Wechseln zu Zeilenbeschriftungen** – können Sie schnell zwischen der Anzeige in Spalten bzw. Zeilen wechseln.

Die beiden Felder **.Stunden** und **.StdWert** werden im Wertebereich nebeneinander angezeigt. Vielleicht geht es Ihnen auch so, dass Sie es übersichtlicher finden, wenn die Felder untereinander angeordnet sind. Möchten Sie die Felder **.Stunden** und **.StdWert** nicht als Spalten, sondern als Zeilen untereinander anordnen, lässt sich das mit wenigen Handgriffen erreichen. Gehen Sie dazu wie folgt vor:

Im Aufgabenbereich **PivotTable-Felder** wird im Layoutbereich **Spalten** das Feld Σ **Werte** angezeigt.

1. Klicken Sie das Feld **Werte** an und ziehen Sie es bei gedrückt gehaltener Maustaste an die letzte Position im Layoutbereich **Zeilen**.
2. Wählen Sie die Befehlsfolge **Entwurf/Berichtslayout/In Tabellenformat anzeigen** (falls die PivotTable nicht bereits in diesem Format angezeigt wird).

Jeder Kostenstellenverantwortliche kann sich die ihn betreffenden Daten gezielt ansehen, indem er einen Filter auf das Feld **KoStelle** anwendet:

1. Klicken Sie dazu auf den Dropdown-Pfeil am Feld **KoStelle**.
2. Deaktivieren Sie zunächst das Kontrollkästchen (**Alle**).
3. Klicken Sie auf das Kontrollkästchen vor der Kostenstelle **12200** und **12300** und bestätigen Sie dann Ihre Auswahl mit einem Klick auf **OK**. Das Ergebnis sehen Sie in Abbildung 6.12.

Jahre	Ktr/KSt	WorkPackag	Name	Werte	KoStelle 12200	12300	Gesamtergebnis
⊟2020	⊟1414	⊟0	Schubert Ude	.Stunden	44		44
				.StdWert		1892	1892
		⊟10001	Schubert Ude	.Stunden	25		25
				.StdWert		1075	1075
		⊟20001	Onat Amadeus	.Stunden	30,9		30,9
				.StdWert	1081,5		1081,5
	⊞100112			.Stunden	5,5		5,5
				.StdWert	117		117
Gesamt: .Stunden					36,4	69	105,4
Gesamt: .StdWert					1198,5	2967	4165,5

Abbildung 6.12: Kostenstellenbericht mit Work Package und Kostenträger für zwei selektierte Kostenstellen

Kapitel 6: Mit PivotTable einen Kostenträger überwachen und auswerten

Hinweis	In dieser Kostenstellenauswertung dient immer der gesamte Zeitraum als Grundlage für die Daten im PivotTable-Bericht. Wenn Sie beispielsweise monatsabhängig oder jahresübergreifend auswerten wollen, müssen Sie die Felder (Monat und Jahre), die aus dem ursprünglichen Datumsfeld entstanden sind, mit in den Bericht aufnehmen. Dies sollten Sie immer mit Blick auf das Beurteilungsziel vornehmen, um den Bericht nicht unnötig aufzublähen.

Die Stundenverteilung differenzieren – monatsweise anzeigen

Um eine monatliche Sicht für den Kostenträger 1414 im Jahr 2020 zu erzeugen, gehen Sie folgendermaßen vor:

1. Übernehmen Sie die Darstellung aus Abbildung 6.12 mit den beiden ausgewählten Kostenstellen.
2. Ziehen Sie das Feld **Datum** in den Layoutbereich **Zeilen** und positionieren Sie es unterhalb des Feldes **Name**.
3. Reduzieren Sie die Auswahl auf den Kostenträger **1414**: Klicken Sie dazu auf das Filtersymbol am Feld **Ktr/KSt**, deaktivieren Sie das Kontrollkästchen vor dem Kostenträger **100112** und bestätigen Sie Ihre Auswahl mit einem Klick auf **OK**.

Wichtig	Wenn der Berichtszeitraum über mehrere Jahre geht, sollte auch das Feld Jahre in den Bericht aufgenommen werden, um die Summenbildungen korrekt zu interpretieren.

Sie erhalten den PivotTable-Bericht, der in Abbildung 6.13 zu sehen ist.

Jahre	Ktr/KSt	WorkPackage	Name	Datum	Werte	KoStelle 12200	12300	Gesamtergebnis
2020	1414	0	Schubert Ude	Jul	.Stunden		40	40
					.StdWert		1720	1720
				Sep	.Stunden		4	4
					.StdWert		172	172
		10001	Schubert Ude	Aug	.Stunden		11	11
					.StdWert		473	473
				Sep	.Stunden		4	4
					.StdWert		172	172
				Okt	.Stunden		6	6
					.StdWert		258	258
				Nov	.Stunden		2	2
					.StdWert		86	86
				Dez	.Stunden		2	2
					.StdWert		86	86
		20001	Onat Amadeus	Okt	.Stunden	30,9		30,9
					.StdWert	1081,5		1081,5
	100112				.Stunden	5,5		5,5
					.StdWert	117		117
Gesamt: .Stunden						36,4	69	105,4
Gesamt: .StdWert						1198,5	2967	4165,5

*Abbildung 6.13: PivotTable mit Monatsunterteilung und unter Einbeziehung des Feldes **Jahre***

Hinweis	Mit jeder Positionsveränderung eines Feldes und dem Einsatz eines veränderten Filters wird der PivotTable-Bericht neu aufbereitet. Damit bietet er andere Sichten auf die Daten und ermöglicht neue Beurteilungen.

Ermitteln Sie die zeitlichen Arbeitsleistungen der Mitarbeiter in einem Projekt

Wie müssten Sie vorgehen, damit Ihnen ein PivotTable-Bericht die Antwort auf die folgende Frage liefert: »Welche Mitarbeiter haben in den Monaten Oktober, November und Dezember die meisten Stunden am Projekt 100112 gearbeitet?«

Diese Fragestellung beantworten Sie mit einer neuen PivotTable folgendermaßen:

1. Wechseln Sie in die Tabelle **StdExport** und erstellen Sie auf dieser Datenbasis einen PivotTable-Bericht. Klicken Sie dazu innerhalb der Menüband-Registerkarte **Einfügen**, Befehlsgruppe **Tabellen**, auf den Befehl **PivotTable**.
2. Übernehmen Sie im Dialogfeld **PivotTable erstellen** den automatisch erkannten Bereich sowie die Voreinstellung für die Ausgabe in einem neuen Arbeitsblatt. (Die PivotTable sollte im Tabellenblatt an Position C5 beginnen.)
3. Im neuen Tabellenblatt mit der leeren PivotTable erstellen Sie im Aufgabenbereich **PivotTable-Felder** folgende Feldanordnung:
   – **Stunden:** im Layoutbereich **Werte**
   – **Name:** im Layoutbereich **Zeilen**
   – **Datum:** im Layoutbereich **Spalten**

   Als Ergebnis erhalten Sie einen PivotTable-Bericht wie in Abbildung 6.14, die dort im Tabellenformat angezeigt wird.
4. Klicken Sie in der PivotTable auf den Dropdown-Pfeil am Feld **Datum** (oder Spaltenbeschriftungen, je nach Berichtslayout) und aktivieren Sie dort nur die Kontrollkästchen für **Oktober, November** sowie **Dezember**. Klicken Sie zum Beenden auf **OK**.

Hinweis	Sollten Sie Ihre Daten nicht in Jahren gruppieren wollen, dann überprüfen Sie an dieser Stelle immer den Beginn und das Ende des Datenzeitraums, um die Summierung des gleichen Monats in verschiedenen Jahren zu verhindern.

5. Aktivieren Sie eine Zelle in der Spalte **Gesamtergebnis**.
6. Wählen Sie innerhalb der Menüband-Registerkarte **Start**, Befehlsgruppe **Bearbeiten**, den Befehl **Sortieren und Filtern** und im Untermenü den Befehl **Nach Größe sortieren (absteigend)**.

Kapitel 6: Mit PivotTable einen Kostenträger überwachen und auswerten

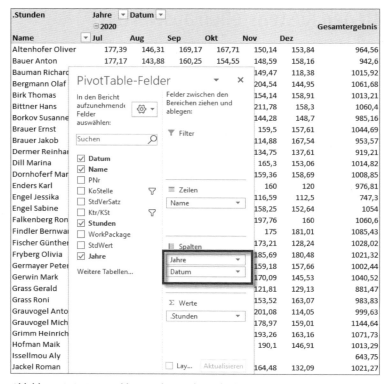

Abbildung 6.14: PivotTable-Bericht mit den erforderlichen Feldern (Ausschnitt)

7. Der PivotTable-Bericht zeigt alle Mitarbeiter mit den geleisteten Stunden absteigend sortiert an.
8. Sie möchten sich jedoch auf die drei Mitarbeiter mit der höchsten Stundenanzahl beschränken.
9. Klicken Sie in der PivotTable auf den Dropdown-Pfeil am Feld **Name** (oder Zeilenbeschriftungen **Name**) und anschließend auf den Befehl **Wertefilter/Top 10**. Das Dialogfeld aus Abbildung 6.15 wird eingeblendet.
10. Ändern Sie im Dialogfeld **Top-10-Filter (Name)** den Wert **10** auf **3** und klicken Sie auf **OK**.

*Abbildung 6.15: Das Dialogfeld **Top-10-Filter (Name)** zur Auswahl der obersten drei Werte*

Die betroffenen Kostenstellen auswerten

Wissen Sie, welche Kostenstellen betroffen sind? Folgende Schritte sind notwendig, um dies zu beantworten:

1. Ziehen Sie im Aufgabenbereich **PivotTable-Felder** das Feld **KoStelle** an die unterste Position des Layoutbereichs **Zeilen**.
2. Im Prinzip zeigt Ihnen der neue PivotTable-Bericht bereits die Antwort, allerdings machen die Zwischensummen den Bericht etwas unübersichtlich. Entfernen Sie die Zwischensummen. Wählen Sie die Befehlsfolge **Entwurf/Layout Teilergebnisse/ Teilergebnisse nicht anzeigen**.
3. Als Ergebnis erhalten Sie den PivotTable-Bericht aus Abbildung 6.16.

.Stunden		Jahre	Datum			
		2020				Gesamtergebnis
Name	KoStelle	Okt	Nov	Dez		
⊟ Müller Daniel	12200	172,19	151,72	151,87		475,78
⊟ Onat Amadeus	12200	192,74	184,16	123,28		500,18
⊟ Schubert Ude	12300	200,22	137,68	160,75		498,65
Gesamtergebnis		565,15	473,56	435,9		1474,61

Abbildung 6.16: Erweiterter PivotTable-Bericht mit zusätzlicher Anzeige der Kostenstelle

Das Ergebnis: Mit dem PivotTable-Bericht aus Abbildung 6.16 ist die eingangs gestellte Frage beantwortet, welche Mitarbeiter von welcher Kostenstelle an dem Projekt 100112 die meisten Stunden gearbeitet haben.

Tipp — Natürlich können Sie auch, wie schon in vorangegangenen Kapiteln am Beispiel gezeigt wurde, die Selektion (das Filtern) von Daten mit ausgewählten Datenschnitten organisieren (vgl. dazu Kapitel 3).

Übungsdateien — Dieses Beispiel finden Sie im Tabellenblatt **LOE04 MA Top3** in der Mappe **Kap06_LOE.xlsx**.

Kapitel 7
Personal- und Personalstrukturanalyse mit PivotTable-Berichten

In diesem Kapitel lernen Sie, ...

- Berechnungen in den Basisdaten anzupassen,
- Listen mit PivotTable zu erzeugen,
- eine Personalstrukturanalyse mit PivotTables vorzunehmen,
- Gruppierungen anhand von Datentypen zu bearbeiten,
- neben PivotTables auch PivotCharts aufzubauen,
- Wertfeldbearbeitung, Werte zusammenfassen nach ...,
- die Funktion **Diskrete Anzahl** zum Einsatz zu bringen sowie
- erste Schritte mit dem Datenmodell in Power Pivot zu machen.

Personal ist eine der wichtigsten Ressourcen im Informationszeitalter und einer Wissensgesellschaft wie in unserem Land. Personalcontrolling ist eine Möglichkeit, um den sinnvollen Umgang mit dem Ausbau dieser Ressource zu unterstützen und damit zur Mitarbeitermotivation und -zufriedenheit beizutragen. Ein wesentliches Instrument in diesem Umfeld ist das Entgelt für die erbrachte Leistung. Relativ leicht ist noch der Überblick über die Relation des Einkommens eines Mitarbeiters zu den Kollegen. Anders verhält es sich, wenn es darum geht, die Einkommensverhältnisse von Altersgruppen, Kostenstellen oder Tätigkeitsgruppen innerhalb des Unternehmens zu analysieren oder zu vergleichen. Eine weitere Herausforderung ist der Benchmark beispielsweise mit dem Marktdurchschnitt für diese Tätigkeitsgruppe und die daraus resultierende Abweichung.

Im ersten Beispiel geht es um die Verteilung des Einkommens. Die Intervalle zwischen den Einkommensstufen basieren auf der Dauer der Betriebszugehörigkeit bzw. Berufstätigkeit und dem Alter.

Kapitel 7: Personal- und Personalstrukturanalyse mit PivotTable-Berichten

Prozess der Analyse

Die Analyse der vorliegenden anonymisierten Personaldaten bedarf verschiedener und überlegter Vorbereitungen. Im Wesentlichen ergibt sich folgender Prozessablauf:

- Daten aus dem operativen System in Excel übernehmen
- Daten in Excel aufbereiten (Formate ändern, Alter errechnen, Gehaltssumme berechnen, Betriebszugehörigkeit ermitteln usw.)
- Berichtsmodell entwickeln
- Formeln entwickeln und im Modell aufbauen
- PivotTable-Unterstützung überlegen und vorbereiten

Übungsdateien   Als Datenbasis dient die Datei **Kap076_UEB.xlsx**.

Welche Felder in der Basistabelle verändert oder berechnet werden

In der Praxis werden häufig Daten aus einem Vorsystem exportiert und dem Anwender in der Fachabteilung zur Verfügung gestellt. Die bereitgestellten Daten sind nahezu immer umfangreich zu bearbeiten und für die Auswertung aufzubereiten. So auch in unserem Beispiel. Sie benötigen drei weitere berechnete Spalten, wie Tabelle 7.1 zeigt.

Feldname	Formel
Gehalt_mtl	Import
Jahresgehalt_Gesamt	=(J5*12) + L5 + M5 Jahresgehalt+Prämien+Zuwendung
Alter	=DATEDIF(F5;HEUTE();"Y")
Betriebszugehörigkeit	=DATEDIF(G5;HEUTE();"Y")

Tabelle 7.1: Die Formeln der berechneten Zellen im Basistabellenblatt

Mit diesen Datenergänzungen, die bereits vorbereitet sind, können Sie die gewünschten Analysen und Auswertungen starten.

Es gibt jedoch noch eine interessante Veränderung im Basisdatenblatt, die in diesem Beispiel verwendet werden soll: die strukturierten Verweise oder auch die strukturierte Tabelle.

Die Auswahl des Datenbereichs erfolgt über die Zellbezüge, in unserem Beispiel mit **Basisdaten!$B$4:$N$618**. Bei einem relativ kleinen Datenbereich sind die Zuordnung und Auswahl noch kein Problem. Bei sehr großen Datenbeständen und dann, wenn sich der Datenbereich fortlaufend ändert, ist der Weg über den Zellbezug eher ungünstig. Als optimale Lösung, auch im Hinblick auf den Einsatz von Power Pivot, bietet sich die »intelligente« Tabelle an.

Eine »intelligente« Tabelle

Unter intelligenten Tabellen versteht man spezielle Namen und Bezeichner für einen Datenbereich innerhalb eines Tabellenblattes.

Bezeichner	Verweis auf
Tabellenname[#Alle]	alle Elemente einer Tabelle einschließlich Überschriften und Ergebniszeile
Tabellenname[#Daten]	die Daten der Tabelle
Tabellenname[#Kopfzeilen]	die Überschriften der Tabelle
Tabellenname[#Ergebnisse]	die Ergebniszeile der Tabelle
Tabellenname[@ - Diese Zeile]	die Daten in der gleichen Zeile, in der sich diejenige Zelle befindet, in der dieser Bezug verwendet wird

Tabelle 7.2: Die Bezeichner für die Tabellenelemente

Mit folgenden Arbeitsschritten wandeln Sie die Daten der Basistabelle in eine strukturierte Tabelle um:

1. Positionieren Sie den Cursor in den Daten [1] und drücken Sie die Tastenkombination [Strg]+[T] [2]. Mit einem Klick auf **OK** übernehmen Sie die Inhalte.
2. Geben Sie der strukturierten Tabelle den Namen **tbl_Basisdaten** [3].
3. Sie erhalten eine formatierte Tabelle [4] (Abbildung 7.1).

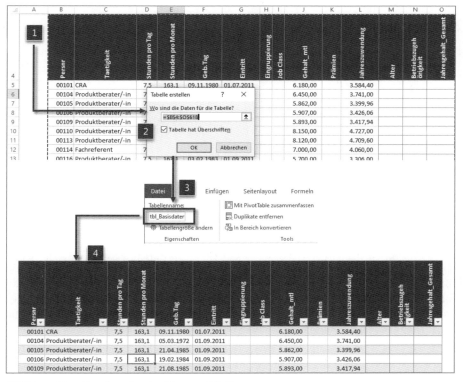

Abbildung 7.1: Erstellen einer intelligenten Tabelle

Strukturen im Stellenplan und in den Tätigkeitsfeldern entdecken

Die vorliegenden Daten im Tabellenblatt **Basisdaten** mit den hinzugefügten berechneten Spalten der Mappe **Kap07_UEB.xlsx** dienen als Grundlage für zahlreiche Auswertungen.

Wie viele Mitarbeiter hat das Unternehmen insgesamt und in welchen Tätigkeitsfeldern sind sie beschäftigt?

Um diese Frage zu beantworten, gehen Sie folgendermaßen vor:

1. Positionieren Sie den Cursor im Tabellenblatt mit den Basisdaten.
2. Klicken Sie innerhalb der Menüband-Registerkarte **Einfügen**, Befehlsgruppe **Tabellen**, auf den Befehl **PivotTable**.
3. Überprüfen Sie im folgenden Dialogfeld die Bereichsauswahl der Basisdaten. Bestätigen Sie die Auswahl anschließend mit **OK**.
4. Im Aufgabenbereich PivotTable-Felder ziehen Sie das Feld **Taetigkeit** in den Layoutbereich **Zeilen** und das Feld **Persnr** (Personalnummer) in den Layoutbereich **Werte**.
5. In diesem Beispiel benötigen Sie die Zusammenfassungsfunktion **Anzahl**. Markieren Sie eine Zelle im Wertebereich und öffnen Sie mit der rechten Maustaste das Kontextmenü. Dort klicken Sie auf den Befehl **Wertfeldeinstellungen**.
6. Im Dialogfeld Wertfeldeinstellungen wählen Sie auf der Registerkarte **Werte zusammenfassen nach** den Berechnungstyp **Anzahl** aus (Abbildung 7.2).

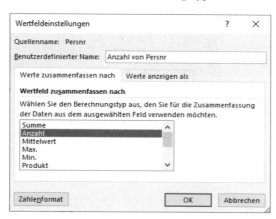

*Abbildung 7.2: Auswahl des Berechnungstyps **Anzahl** im Feld **Persnr** (Personalnummer)*

7. Schließen Sie das Dialogfeld durch einen Klick auf **OK**. Daraufhin entsteht der PivotTable-Bericht (Abbildung 7.3).

Zeigen Sie, wie viele Tätigkeitsfelder es im Unternehmen gibt

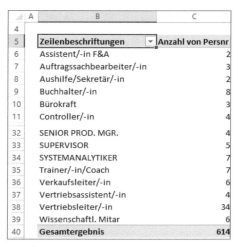

Abbildung 7.3: Die Gesamtanzahl der Mitarbeiter und die Aufschlüsselung in die Tätigkeitsfelder (Ausschnitt)

Tipp Die Umstellung des Wertefeldes auf die Anzeige **Anzahl** können Sie auch über das Kontextmenü erreichen. Mit dem Cursor im Wertefeld öffnen Sie mit der rechten Maustaste das Kontextmenü und wählen dort die Befehlsfolge **Wertzusammenfassen nach/Anzahl**.

Das Unternehmen beschäftigt 614 Personen, die in den verschiedenen Tätigkeitsfeldern unterschiedlich zahlreich vertreten sind.

Übungsdateien Die Lösung finden Sie in der Mappe **Kap07_LOE.xlsx** im Tabellenblatt **LOE01 Abb7.3**.

Zeigen Sie, wie viele Tätigkeitsfelder es im Unternehmen gibt

Diese Information erhalten Sie, wenn Sie folgende Arbeitsschritte durchführen:
1. Verwenden Sie den PivotTable-Bericht wie in Abbildung 7.3 (oder erstellen Sie ggf. einen neuen PivotTable-Bericht).

    Der PivotTable-Bericht bietet, ohne das Datenmodell zu verwenden, keine interne Möglichkeit, diese Frage zu beantworten. Um diesen Wert zu ermitteln, benötigen Sie eine Tabellenfunktion.
2. Suchen Sie im Tabellenblatt mit dem PivotTable-Bericht eine Zelle, die bei einer Zu- oder Abnahme von Tätigkeitsfeldern durch die damit verbundene Ausdehnung des PivotTable-Berichts nicht überschrieben werden kann. Hier eignet sich beispielsweise die Zelle **E4**.

3. Schreiben Sie in diese Zelle die folgende Funktion:
   =ANZAHL2(B6:B39).
   Das Ergebnis besagt, dass es 34 Tätigkeitsfelder im Unternehmen gibt (Abbildung 7.4).

Abbildung 7.4:   Die Anzahl der Tätigkeitsbezeichnungen bzw. Tätigkeitsfelder im Unternehmen

Tipp Mit den Bordmitteln der PivotTable können Sie die Anzahl der Tätigkeitsfelder nicht ermitteln. Es gibt aber einen Weg, wenn Sie Power Pivot in die Lösung mit einbeziehen und das Datenmodell nutzen. Auch hier gibt es zwei Varianten. Die Lösung über das Datenmodell und Power Pivot und eine Measure werden Sie in Kapitel 12 kennenlernen. An dieser Stelle gehen wir den Weg über das Datenmodel und die bekannte PivotTable.

Sie benötigen für das Datenmodell eine intelligente Tabelle als Grundlage für die Verknüpfung. Diese Voraussetzung haben wir bereits geschaffen. Sie benötigen jetzt eine Verknüpfung der Daten in das Datenmodell und erstellen dann eine PivotTable mit der Möglichkeit, die Zusammenfassungsmethode **Diskrete Anzahl** anwenden zu können. Mit folgenden Schritten erreichen Sie das Ergebnis:

1. Wechseln Sie in das Tabellenblatt **Basisdaten** und positionieren Sie den Cursor im Datenbereich.

2. Klicken Sie innerhalb der Menüband-Registerkarte **Einfügen**, Befehlsgruppe **Tabellen**, auf den Befehl **PivotTable**.

3. Überprüfen Sie im folgenden Dialogfeld die Bereichsauswahl der Basisdaten. Aktivieren Sie das Kontrollkästchen für **Dem Datenmodell diese Daten hinzufügen.** Bestätigen Sie die Auswahl anschließend mit **OK**.

4. Die PivotTable wird erstellt. Ziehen Sie jetzt das Feld **Taetigkeit** in den Layoutbereich **Zeilen** und zusätzlich das gleiche Feld in den Layoutbereich **Werte**.

5. Positionieren Sie den Cursor in einer Zelle des Werte-Feldes und öffnen Sie mit der rechten Maustaste das Kontextmenü. Wählen Sie dort die Befehlsfolge **Wert zusammenfassen nach/Weitere Optionen** (Abbildung 7.5).

Zeigen Sie, wie viele Tätigkeitsfelder es im Unternehmen gibt

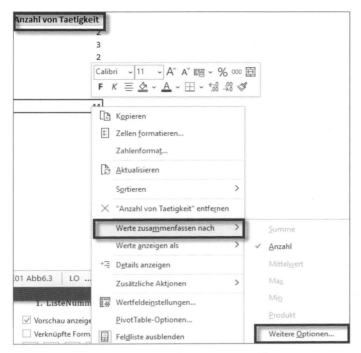

*Abbildung 7.5: Befehlsweg zu Auswahl **Diskrete Anzahl***

6. Im folgenden Dialogfeld wählen Sie in dem Listenfeld des Registers **Werte zusammenfassen nach** den Listeneintrag **Diskrete Anzahl** (Abbildung 7.6).

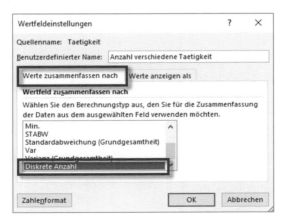

*Abbildung 7.6: Auswahl des Befehls **Diskrete Auswahl**, mit dem Sie die Anzahl der Tätigkeitsfelder ermitteln*

7. Bestätigen Sie im Dialogfeld Wertfeldeinstellungen die Auswahl mit **OK**.
8. Die Summe **Gesamtergebnis** zeigt den Wert für die Anzahl der Tätigkeitsfelder (Abbildung 7.7).

*Abbildung 7.7: Ergebnis der Berechnung **Diskrete Anzahl** unter Anwendung des Datenmodells*

Übungsdateien Die Lösung finden Sie in im Tabellenblatt **LOE03DiskAnz** in der Mappe **Kap07_LOE.XLSX**.

Hinweis Mehr zum Thema Datenmodell lesen Sie in Kapitel 12 (und 11).

Zeigen Sie die fünf Tätigkeitsfelder mit den meisten Mitarbeitern

Diese Information erhalten Sie, wenn Sie folgendermaßen vorgehen:

1. Verwenden Sie den PivotTable-Bericht (oder erstellen Sie einen PivotTable-Bericht) wie in Abbildung 7.3.
2. Positionieren Sie den Cursor in einer Zelle des Feldes **Taetigkeit** (Zeilenbeschriftungen).
3. Öffnen Sie mit der rechten Maustaste das Kontextmenü und wählen Sie dort den Befehl **Filter**.
4. Im Untermenü klicken Sie auf den Befehl **Top 10** und öffnen damit das Dialogfeld **Top-10-Filter (Taetigkeit)** (Abbildung 7.8).
5. Ändern Sie im Drehfeld des Dialogfeldes den Wert von **10** auf **5** Elemente.

Zeigen Sie die fünf Tätigkeitsfelder mit den meisten Mitarbeitern

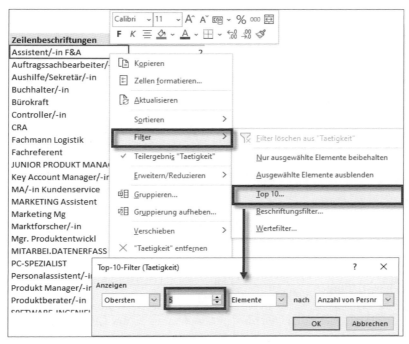

*Abbildung 7.8:   Auswahl der fünf Tätigkeitsfelder aus dem **Top-10-Filter** innerhalb eines Pivot-Table-Berichts*

6. Schließen Sie das Dialogfeld mit einem Klick auf **OK**. Das Ergebnis sehen Sie in Abbildung 7.9.

Zeilenbeschriftungen	Anzahl von Persnr	Zeilenbeschriftungen	Anzahl von Persnr
CRA	44	Produktberater/-in	322
Fachreferent	27	CRA	44
Produktberater/-in	322	Vertriebsleiter/-in	34
Sachbearbeiter/-in	29	Sachbearbeiter/-in	29
Vertriebsleiter/-in	34	Fachreferent	27
Gesamtergebnis	**456**	**Gesamtergebnis**	**456**
Unmittelbar nach dem Dialogabschluss		Datenanordnung nach dem Sortieren	

Abbildung 7.9:   Das Ergebnis des Top-10-Filters (hier ist es streng genommen ein Top-5-Filter) zeigt die Tätigkeitsfelder mit den meisten Mitarbeitern.

Neue Reihenfolge festlegen

Sortieren Sie den PivotTable-Bericht in absteigender Reihenfolge. Dazu gehen Sie folgendermaßen vor:

1. Positionieren Sie den Cursor in einer Zelle des Feldes **Anzahl von Persnr** und öffnen Sie mit der rechten Maustaste das Kontextmenü.
2. Wählen Sie dort den Befehl **Sortieren** und anschließend den Befehl **Nach Größe sortieren (absteigend)**.

Kapitel 7: Personal- und Personalstrukturanalyse mit PivotTable-Berichten

Als Ergebnis erhalten Sie einen PivotTable-Bericht, der die fünf Tätigkeiten mit den meisten Mitarbeitern absteigend sortiert anzeigt (Abbildung 7.9).

Diesem PivotTable-Bericht können Sie gleichzeitig entnehmen, dass in fünf von 34 Tätigkeitsgruppen zusammen 456 von insgesamt 614 Mitarbeitern beschäftigt sind. Besonders herausragend ist die Gruppe der Produktberater und Produktberaterinnen. Wie gezeigt wurde, lässt sich dieses Analyseergebnis unter Einsatz eines PivotTable-Berichts mit wenig Aufwand ermitteln.

Übungsdateien Die Lösung finden Sie im Tabellenblatt **LOE04 Top5** in der Mappe **Kap07_LOE.XLSX**.

Prozentuale Darstellung wählen

Stellen Sie das Ergebnis aus der Top-10-Filterung auf Prozentdarstellung um. Dies funktioniert folgendermaßen:

1. Positionieren Sie den Cursor in einem Wertefeld des PivotTable-Berichts.
2. Öffnen Sie mit der rechten Maustaste das Kontextmenü und klicken Sie auf den Befehl **Wertfeldeinstellungen**.
3. Im folgenden Dialogfeld wechseln Sie zur Registerkarte **Werte anzeigen als** und wählen im Listenfeld **Werte anzeigen als** den Listeneintrag **% des Gesamtergebnisses**.
4. Beenden Sie die Auswahl mit einem Klick auf **OK**. Sie erhalten den PivotTable-Bericht in Prozentdarstellung (siehe Abbildung 7.10).

Zeilenbeschriftungen	Anzahl von Persnr
Produktberater/-in	70,61%
CRA	9,65%
Vertriebsleiter/-in	7,46%
Sachbearbeiter/-in	6,36%
Fachreferent	5,92%
Gesamtergebnis	**100,00%**

Abbildung 7.10: Der PivotTable-Bericht in Prozentdarstellung

Prozentwerte und absolute Werte gleichzeitig darstellen

Für eine bessere Bewertung wäre die Anordnung beider Parameter in einem einzigen PivotTable-Bericht sehr hilfreich. Dazu gehen Sie folgendermaßen vor:

1. Öffnen Sie Ihre Übungsdatei oder greifen Sie auf die Lösungsdatei **Kap07_LOE.xlsx** zurück.
2. Wechseln Sie auf das Tabellenblatt mit den Basisdaten (Basisdaten in der Lösungsdatei).
3. Positionieren Sie den Cursor im Datenbereich des Tabellenblatts und erstellen Sie einen neuen PivotTable-Bericht. Klicken Sie dazu innerhalb der Menüband-Registerkarte **Einfügen**, Befehlsgruppe **Tabellen**, auf den Befehl **PivotTable**.
4. Im folgenden Dialogfeld übernehmen Sie die Daten und bestätigen Sie mit **OK**.
5. Im Aufgabenbereich **PivotTable-Felder** ziehen Sie das Feld **Taetigkeit** in den Layoutbereich **Zeilen** und das Feld **Persnr** ziehen Sie zweimal in den Layoutbereich **Werte**.

Datenschnitte: mehr als nur einfache Filter

6. Klicken Sie auf den Dropdown-Pfeil des einen Feldes **Persnr** im Layoutbereich **Werte** und wählen Sie im Kontextmenü den Befehl **Wertfeldeinstellungen**.
7. Im gleichnamigen Dialogfeld entscheiden Sie sich auf der Registerkarte **Werte zusammenfassen nach** für den Berechnungstyp **Anzahl**. Schließen Sie das Dialogfeld durch einen Klick auf **OK**.
8. Positionieren Sie den Cursor in der PivotTable im Wertefeld **Anzahl von Persnr**. Öffnen Sie erneut mit der rechten Maustaste das Kontextmenü und wählen Sie den Befehl **Wertfeldeinstellungen**.
9. Im Dialogfeld **Wertfeldeinstellungen** wechseln Sie auf die Registerkarte **Werte anzeigen als** und entscheiden sich in der Auswahlliste **Werte anzeigen als** für den Eintrag **% des Spaltengesamtergebnisses** (siehe Abbildung 7.10). Schließen Sie das Dialogfeld mit einem Klick auf **OK**.
10. Sie erhalten jetzt die Anzeige mit der prozentualen Verteilung über alle Tätigkeitsbereiche. Aktivieren Sie jetzt noch den Filter auf **Top10** bzw. **Top5** wie in Abbildung 7.8.

Als Ergebnis erhalten Sie den PivotTable-Bericht, der die Top 5 der Tätigkeiten mit den meisten Mitarbeitern widerspiegelt. Er zeigt sowohl die prozentualen Anteile (basierend auf den selektierten Tätigkeitsfeldern, hier also den Top 5) als auch die absoluten Werte (Abbildung 7.11).

Taetigkeit	Anzahl in %	Anzahl Top5
Produktberater/-in	70,61%	322
CRA	9,65%	44
Vertriebsleiter/-in	7,46%	34
Sachbearbeiter/-in	6,36%	29
Fachreferent	5,92%	27
Gesamtergebnis	100,00%	456

Abbildung 7.11: Der PivotTable-Bericht im Tabellenformat mit den Top 5 der Arbeitsgebiete (Tätigkeit) mit den meisten Mitarbeitern

Datenschnitte: mehr als nur einfache Filter

Umfangreiche Datenmengen können per Filter eingegrenzt und übersichtlicher gestaltet werden. Besonders hilfreich sind hierbei Datenschnitte und Zeitachsen. Sie unterstützen den Anwender durch einfache Handhabung und gewähren einen optischen Einblick in die ausgewählten Filter. Mit wenigen Vorarbeiten, zum Beispiel in den Basisdaten, können Sie noch viel mehr erreichen.

So ist es beispielsweise möglich, eine lange Auswahlliste durch einen Datenschnitt, der als Vorfilter dient, auf Inhalte mit einem selektierten Anfangsbuchstaben zu reduzieren. Das Ergebnis könnte dann so wie in Abbildung 7.12 aussehen.

Kapitel 7: Personal- und Personalstrukturanalyse mit PivotTable-Berichten

Abbildung 7.12: Die Auswahlmöglichkeiten im Datenschnitt können bei begrenztem Platzangebot nicht komplett angezeigt werden.

Die Menge der Auswahlmöglichkeiten ist derart umfangreich, dass man auch bei einem Datenschnitt scrollen muss, um alle Optionen zu sehen.

Mit einer Kaskadierung zweier Datenschnitte ist eine übersichtlichere Anzeige möglich (siehe Abbildung 7.13).

Der Datenschnitt **Initial** filtert mit einem ausgewählten Buchstaben [1] den abhängigen Datenschnitt **Taetigkeit**. Alle Listeneinträge, die mit dem Buchstaben **P** beginnen [2], werden an den Anfang der Liste sortiert und farblich hervorgehoben. Damit sind sie immer in dem Auswahlfenster an erster Position und gut sichtbar. Die restlichen Listeneinträge [3] werden farblich abgeblendet und folgen danach.

Datenschnitte: mehr als nur einfache Filter

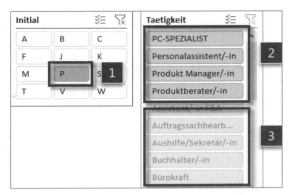

Abbildung 7.13: Datenschnitte einmal anders: Mit der Vorauswahl [1] steuern Sie einen weiteren Datenschnitt [2].

Mit den folgenden Arbeitsschritten, die in Abbildung 7.14 illustriert werden, erreichen Sie das Ergebnis aus Abbildung 7.13:

1. Ergänzen Sie die Basisdaten um eine Spalte mit der Bezeichnung **Initial** [1], in der Sie den ersten Buchstaben der Tätigkeitsbezeichnung extrahieren.
2. Folgende Formel erledigt diese Aufgabe:
   =LINKS([@Taetigkeit];1)
3. Positionieren Sie den Cursor in der Zelle **P5**, geben Sie die Formel ein [2] und beenden Sie die Formeleingabe mit der Taste **(Eingabe)**.
4. Die Formel wird daraufhin in der gesamten Spalte eingetragen und zeigt jeweils den ersten Buchstaben aus dem Feld **Taetigkeit** [3] (Abbildung 7.14).

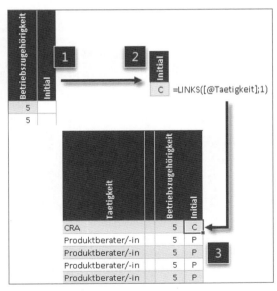

Abbildung 7.14: Mit wenigen Arbeitsschritten schaffen Sie die Voraussetzungen für eine komfortable Listenauswahl.

Den Datenschnitt für die Vorselektion aufbauen

Um den Datenschnitt aufzubauen, benötigen Sie eine PivotTable. Für unser Beispiel genügt der einfache Aufbau mit dem alleinigen Feld **Taetigkeit** (Zeilenbeschriftung) im Bereich **Zeilen** (Abbildung 7.12).

1. Aktivieren Sie die PivotTable und klicken Sie dann auf der Registerkarte **PivotTable-Analyse** in der Gruppe **Filtern** auf die Schaltfläche **Datenschnitt einfügen**.
2. Im Dialogfeld **Datenschnitt einfügen** wählen Sie zuerst das Feld **Initial** und danach das Feld **Taetigkeit**.
3. Schließen Sie das Dialogfeld mit einem Klick auf **OK**.

Die Datenschnitte perfekt auf die Arbeitsumgebung einstellen

1. Aktivieren Sie jetzt den Datenschnitt **Initial** und wählen Sie in der Registerkarte **Datenschnitt** in der Gruppe **Schaltflächen** in dem Drehfeld für die Anzahl der Spalten **3** Spalten.
2. In der Gruppe **Größe** stellen Sie den Wert für die **Höhe** auf **4 cm** und den Wert für die **Breite** auf **5 cm**.
3. In der Gruppe **Datenschnitt-Formatvorlagen** wählen Sie **Datenschnitt-Formatvorlagen Format Hell 2**.
4. Selektieren Sie jetzt den Datenschnitt **Taetigkeit** und formatieren Sie diesen Datenschnitt mit der **Datenschnitt-Formatvorlage – Hell 3**.
5. Die Spaltenanzahl belassen Sie auf dem Wert **1**.
6. In der Gruppe **Größe** stellen Sie den Wert für die **Höhe** auf **7 cm** und den Wert für die **Breite** auf **5 cm**.

Einstellungen für den Datenschnitt vornehmen

1. Selektieren Sie den Datenschnitt **Initial** und wählen Sie in der Registerkarte **Datenschnitt** in der Gruppe **Datenschnitt** den Befehl **Datenschnitteinstellungen**.
2. Im Dialogfeld **Datenschnitteinstellungen** entfernen Sie das Häkchen im Kontrollkästchen **Kopfzeile anzeigen**.
3. In der Gruppe **Elementsortierung und -filterung** entfernen Sie das Häkchen im Kontrollkästchen **Elemente ohne Daten zuletzt anzeigen**.

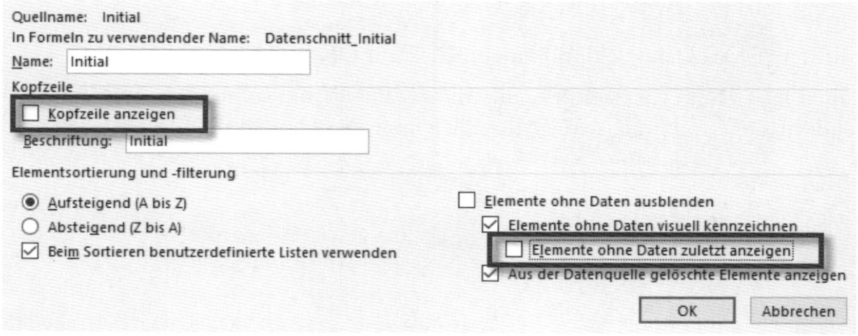

*Abbildung 7.15: Die Einstellungen für den Datenschnitt **Initial***

Den Datenschnitt für die Vorselektion aufbauen

4. Schließen Sie das Dialogfeld mit einem Klick auf die Schaltfläche **OK**. Für die Vorauswahl erhalten Sie den Datenschnitt aus Abbildung 7.16.

Abbildung 7.16: Der Datenschnitt für die Vorauswahl mit den Einstellungen aus Abbildung 7.15

Tipp Bei ausgeblendeter Kopfzeile ist es nicht möglich, die gewählte Selektion zu löschen. Sie können lediglich andere Buchstaben auswählen oder mit der Taste `Strg` oder mit der Taste `⇧` andere Selektionen vornehmen.

---

5. Selektieren Sie jetzt den Datenschnitt **Taetigkeit** und wählen Sie in der Registerkarte **Datenschnitt** in der Gruppe **Datenschnitt** den Befehl **Datenschnitteinstellungen**.
6. Im Dialogfeld **Datenschnitteinstellungen** wählen Sie die Einstellungen, die Sie in Abbildung 7.17 sehen.

*Abbildung 7.17: Die Einstellungen für den Datenschnitt **Taetigkeit***

7. Schließen Sie das Dialogfeld mit einem Klick auf **OK**.

Sie erhalten jetzt zwei Datenschnitte, die mit der PivotTable verbunden sind und die entsprechend Ihrer Auswahl die Anzeige der PivotTable steuern (Abbildung 7.18).

Kapitel 7: Personal- und Personalstrukturanalyse mit PivotTable-Berichten

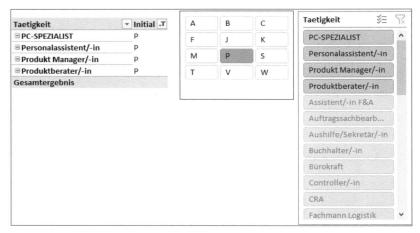

Abbildung 7.18: Die Steuerung der Datenanzeige in der PivotTable über zwei kaskadierte Datenschnitte

Übungsdateien   Das Ergebnis finden Sie in der Mappe **Kap07_LOE.xlsx** im Tabellenblatt **LOE05 Datenschnitt**.

Strukturanalyse zur Altersverteilung und Betriebszugehörigkeit

Für ein Unternehmen ist es immer wieder wichtig, die Altersstruktur und die Verteilung der Betriebszugehörigkeit zu kennen. Bevor Sie jedoch mit einer Analyse beginnen, müssen Sie eine Gruppeneinteilung für die Altersverteilung und die Betriebszugehörigkeit festlegen.

Übungsdateien   Verwenden Sie für diese Aufgabe die Datei **Kap07_UEB.xlsx** und Ihre persönliche Erweiterung bzw. die Datei **Kap07_LOE.xlsx**.

Gruppen für Zeiträume bilden

Die Auswertung der meisten Daten ist an die Länge der beruflichen Tätigkeit im Betrieb geknüpft. Bilden Sie in den PivotTable-Berichten die in Tabelle 7.3 und Tabelle 7.4 dargestellten Jahresgruppen.

Tätigkeitszeiträume nach Betriebszugehörigkeit
0 bis 5 Jahre
6 bis 10 Jahre
11 bis 15 Jahre
16 bis 20 Jahre
21 Jahre und länger

Tabelle 7.3: Tätigkeitszeiträume und Betriebszugehörigkeit

Strukturanalyse zur Altersverteilung und Betriebszugehörigkeit

Altersgruppen
16 bis 20 Jahre
21 bis 25 Jahre
26 bis 30 Jahre
31 bis 35 Jahre
36 bis 40 Jahre
41 bis 45 Jahre
46 bis 50 Jahre
51 bis 55 Jahre
56 bis 60 Jahre
61 bis 65 Jahre

Tabelle 7.4: Die Altersgruppen

Aufbau des PivotTable-Berichts Betriebszugehörigkeit

Sie benötigen die Basisdatei mit berechneten Spalten für Gesamtgehalt, Alter und Betriebszugehörigkeit. Diese Daten sind in den Basisdaten bereits vorbereitet, aber noch nicht berechnet. Falls noch nicht geschehen, berechnen Sie für jede Person das Alter, die Betriebszugehörigkeit und das Jahresgehalt. Die notwendigen Formeln finden Sie am Anfang des Kapitels.

Gruppierungen können Sie nur in einer vorhandenen PivotTable aufbauen. Um die Gruppierung für die Betriebszugehörigkeit zu entwickeln, gehen Sie folgendermaßen vor:

1. Wechseln Sie auf das Tabellenblatt mit den Basisdaten (Basisdaten in Ihrer Arbeitsdatei oder verwenden Sie die Lösungsdatei **Kap07_LOE**).
2. Positionieren Sie den Cursor im Datenbereich des Tabellenblatts und erstellen Sie einen neuen PivotTable-Bericht. Klicken Sie dazu innerhalb der Menüband-Registerkarte **Einfügen**, Befehlsgruppe **Tabellen**, auf den Befehl **PivotTable**.
3. Überprüfen Sie im folgenden Dialogfeld die Bereichsauswahl der Tabelle (oder verwenden Sie eine intelligente Tabelle), legen Sie das Ziel für die Ausgabe fest und bestätigen Sie anschließend Ihre Wahl mit einem Klick auf **OK**.
4. Im Aufgabenbereich PivotTable-Felder positionieren Sie die Felder wie folgt:
   – **Persnr:** im Layoutbereich **Zeilen**
   – **Betriebszugehörigkeit:** im Layoutbereich **Spalten**
   – **Gesamt_Gehalt:** im Layoutbereich **Werte**
   – **Taetigkeit:** im Layoutbereich **Filter**

Sie erhalten als Ergebnis einen sehr umfangreichen PivotTable-Bericht mit einer unsortierten Folge der Betriebszugehörigkeiten (siehe Abbildung 7.19).

Kapitel 7: Personal- und Personalstrukturanalyse mit PivotTable-Berichten

Taetigkeit	(Alle)					
Summe von Jahresgehalt Spalte						
Zeilenbeschriftunge	9	8	6	30	14	32
00101	77783,4					
00104		81189				
00105		73778,96				
00106		74346,06				
00109		74167,94				
00110		102577				
00113		102197,6				
00114		88101				
00116		71743				
00121			75518			
00122			79309			

Abbildung 7.19: Auswahl der Daten für die erste Gruppenbildung der Betriebszugehörigkeit (Ausschnitt)

Betriebszugehörigkeit gruppieren

Die Zeile mit den Daten für die Betriebszugehörigkeit ist in einer unsortierten Folge und so ungeeignet für die Gruppenbildung. Sortieren Sie die Werte in aufsteigender Sortierfolge.

Aktivieren Sie die Spaltenbeschriftung mit den Werten der Betriebszugehörigkeit und verwenden Sie die Befehlsfolge **Start/Gruppe Bearbeiten/Sortieren und Filtern/Von A nach Z**. Jetzt beginnen Sie mit der Gruppierung:

1. Für die erste Gruppe markieren Sie im PivotTable-Bericht die Zellen **C7:F7** (Ihre Adressangaben weichen hier eventuell ab!).
2. Klicken Sie im Menüband innerhalb der Registerkarte **PivotTable-Analyse** in der Befehlsgruppe **Gruppieren** auf den Befehl **Auswahl gruppieren** (Abbildung 7.20).

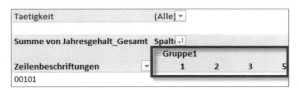

Abbildung 7.20: Bildung der ersten Gruppe im PivotTable-Bericht

Alternativ können Sie auch über das Kontextmenü den Befehl zur Gruppierung aufrufen:

1. Excel erzeugt oberhalb der markierten Zellen (Abbildung 7.20) einen übergreifenden Eintrag mit dem globalen Namen **Gruppe1**.
2. Doppelklicken Sie auf den Namen **Gruppe1**, um die Gliederung wieder zu schließen. Ändern Sie den Namen in der Bearbeitungsleiste in **Grp0bis5Jahre**.
3. Schalten Sie die durch die Gruppierung entstandenen Teilergebnisse aus. Markieren Sie jetzt die Zellen **G7:K7** und klicken Sie innerhalb der Registerkarte **PivotTable-Analyse** in der Befehlsgruppe **Gruppieren** auf den Befehl **Gruppieren/Gruppenauswahl**. Dadurch erzeugen Sie die **Gruppe2**.
4. Durch einen Doppelklick auf den Namen wird die Gliederung geschlossen. Ändern Sie den Namen in der Bearbeitungsleiste in **Grp6bis10Jahre**.
5. Bilden Sie die restlichen Gruppen und benennen Sie diese entsprechend der Angaben in Abbildung 7.3. Das Ergebnis sehen Sie in Abbildung 7.21.

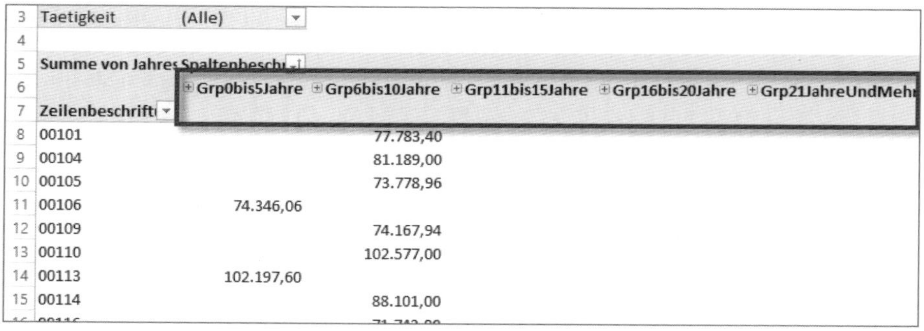

Strukturanalyse zur Altersverteilung und Betriebszugehörigkeit

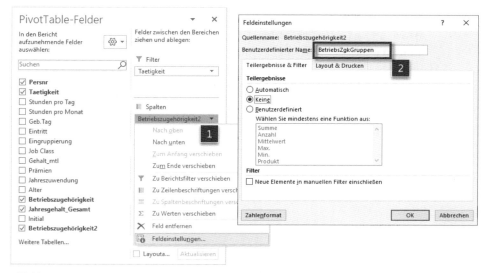

Abbildung 7.21: Die erzeugten und neu benannten Gruppen für die Betriebszugehörigkeit (Ausschnitt)

Mit dem Erstellen der Gruppierungen für die Betriebszugehörigkeit wurde im Layoutbereich **Zeilen** das neue Feld **Betriebszugehörigkeit2** hinzugefügt. Dieses Feld enthält ausschließlich die Gruppen. Damit Sie die Detaildaten dieser Gruppen im PivotTable-Bericht sehen können, müssen die Felder **Betriebszugehörigkeit** und **Betriebszugehörigkeit2** im Layoutbereich vorhanden sein.

Übungsdateien   Die Lösung zu dieser Aufgabe finden Sie im Tabellenblatt **LOE06-Gruppieren** der Mappe **Kap07_LOE.xlsx.Online**.

Den Namen einer Feldschaltfläche anpassen

Den Namen der Feldschaltfläche **Betriebszugehörigkeit2** ändern Sie folgendermaßen:

1. Klicken Sie im Layoutbereich der PivotTable-Feldliste auf den kleinen Pfeil am rechten Rand des Feldes und wählen Sie den Befehl **Feldeinstellungen** (Abbildung 7.22, [1]).

Abbildung 7.22: So ändern Sie die Namen der Feldschaltflächen.

2. Überschreiben Sie im Dialogfeld **Feldeinstellungen** hinter **Benutzerdefinierter Name** den derzeitigen Namen mit **BetriebsZgkGruppen** (Abbildung 7.22, [2]).
3. Mit einem Klick auf **OK** im Dialogfeld **Feldeinstellungen** übernehmen Sie Ihre Änderung in die PivotTable-Feldliste.

Gruppen für Altersklassen bilden

In diesem Abschnitt sollen für die vorhandenen Daten Altersgruppen gebildet werden. Die Basis dafür ist Tabelle 7.5.

Altersgruppe	Gruppenbezeichnung
16 bis 20 Jahre	Alter16bis20
21 bis 25 Jahre	Alter21bis25
26 bis 30 Jahre	Alter26bis30
31 bis 35 Jahre	Alter31bis35
36 bis 40 Jahre	Alter36bis40
41 bis 45 Jahre	Alter41bis45
46 bis 50 Jahre	Alter46bis50
51 bis 55 Jahre	Alter51bis55
56 bis 60 Jahre	Alter56bis60
61 bis 65 Jahre	Alter61bis65

Tabelle 7.5: Altersklassenstruktur und Altersklassenbenennung

Um die Altersgruppen in einer eigenen PivotTable getrennt von den Betriebszugehörigkeitsgruppen zu erhalten, führen Sie die folgenden Schritte aus:

1. Erstellen Sie einen neuen PivotTable-Bericht mit folgenden Feldern:
   - **BetriebsZgkGruppen (Betriebszugehörigkeit2)**: im Layoutbereich **Spalten**
   - **Alter**: im Layoutbereich **Zeilen**
   - **Jahresgehalt_Gesamt**: im Layoutbereich **Werte**
2. Markieren Sie jetzt beispielsweise die Zelle **B8** (Feld **Alter**) des PivotTable-Berichts (die Zellkoordinaten können bei Ihnen abweichen). Öffnen Sie mit der rechten Maustaste das Kontextmenü und wählen Sie den Befehl **Gruppieren** (siehe Abbildung 7.23, [1]).
3. Das Dialogfeld Gruppierung wird aufgerufen. Dort ändern Sie die Standardeinträge auf die Werte wie in Abbildung 7.23 bei [2].
4. Klicken Sie auf die Schaltfläche **OK**. Die PivotTable bildet nun automatisch alle Altersgruppen.
5. Formatieren Sie den Bericht in die Tabellenansicht, indem Sie im Register **Entwurf** in der Gruppe **Layout/Berichtslayout** den Befehl **Im Tabellenformat anzeigen** anklicken.

Gruppen für Altersklassen bilden

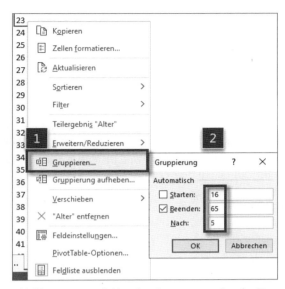

*Abbildung 7.23: Sie bilden die Altersgruppen über das Kontextmenü [1] mit dem Dialogfeld **Gruppierung** [2].*

6. Formatieren Sie ggf. noch die Werte mit zwei Nachkommastellen und 1000er-Trennzeichen.

Der PivotTable-Bericht wird in der neuen Darstellung angezeigt (Abbildung 7.24).

Taetigkeit	(Alle)					
Summe von Jahresg BetriebsZgKGru						
Alter	Grp0bis5Jahre	Grp6bis10Jahre	Grp11bis15Jahre	Grp16bis20Jahre	Grp21JahreUndMe	Gesamtergebnis
21-25	40.908,00	194.823,82		47.086,78		282.818,60
26-30		872.667,20				872.667,20
31-35	381.971,00	4.377.804,20	352.016,28			5.111.791,48
36-40	425.677,34	12.097.238,16	1.763.579,56		74.173,94	14.360.669,00
41-45	110.749,00	7.604.657,40	2.207.720,02	407.921,22	384.509,58	10.715.557,22
46-50	102.197,60	3.994.025,68	1.335.465,28	1.346.270,50	1.288.975,28	8.066.934,34
51-55		931.759,82	379.130,50	1.762.915,02	3.189.851,94	6.263.657,28
56-60		431.417,18	617.861,46	2.213.451,13	3.003.666,49	6.266.396,26
61-65		202.890,44	42.371,54	732.581,42	3.688.246,81	4.666.090,21
Gesamtergebnis	1.061.502,94	30.707.283,90	6.698.144,64	6.510.226,07	11.629.424,04	56.606.581,59

Abbildung 7.24: Das Ergebnis der Altersgruppierung

Übungsdateien   Diese Lösung finden Sie im Tabellenblatt **LOE07-Altersgruppen** in der Mappe **Kap07_LOE.xlsx**.

Die Anzahl der Mitarbeiter je Altersgruppe in den Tätigkeitsfeldern ermitteln

Angenommen, Sie benötigen für eine Auswertung die Anzahl der Mitarbeiter in den verschiedenen Tätigkeitsfeldern, und zwar entsprechend den definierten Altersgruppen. Dazu gehen Sie folgendermaßen vor:

1. Wechseln Sie auf das Tabellenblatt mit den Basisdaten (Basisdaten in der Lösungsdatei).
2. Positionieren Sie den Cursor im Datenbereich des Tabellenblatts und erstellen Sie einen neuen PivotTable-Bericht. Klicken Sie dazu im Menüband in der Registerkarte **Einfügen**, Befehlsgruppe **Tabellen**, auf den Befehl **PivotTable**.
3. Überprüfen Sie im folgenden Dialogfeld die Bereichsauswahl der Tabelle, legen Sie das Ziel für die Ausgabe fest und bestätigen Sie anschließend mit einem Klick auf **OK**.
4. In der PivotTable-Feldliste ziehen Sie das Feld
   - **Taetigkeit** in den Layoutbereich **Zeilen**,
   - **Alter** in den Layoutbereich **Spalten**,
   - **Jahresgehalt_Gesamt** in den Layoutbereich **Werte** und
   - **BetriebsZgKGruppen** in den Layoutbereich **Filter**.

> **Achtung** Wenn die Gruppierungen **Betriebszugehörigkeit** und **Alter** als Gruppen nicht vorhanden sind, weil Sie nicht auf die Tabelle mit den entsprechenden Lösungen zugreifen können, müssen Sie diese Felder nach der oben stehenden Beschreibung aufbauen.

5. Markieren Sie im Wertebereich eine beliebige Zelle und öffnen Sie mit der rechten Maustaste das Kontextmenü. Wählen Sie den Befehl **Wertfeldeinstellungen** und ändern Sie die Wertfeldzusammenfassung von **Summe** auf **Anzahl**. Bestätigen Sie mit Klick auf **OK**.

Sie erhalten anschließend die Auswertung in einem PivotTable-Bericht (Abbildung 7.25).

BetriebsZgKGruppen	(Alle)									
Anzahl von Jahresgehalt_Gesamt	Alter									
Taetigkeit	21-25	26-30	31-35	36-40	41-45	46-50	51-55	56-60	61-65	Gesamtergebnis
Assistent/-in F&A						1	1			2
Auftragssachbearbeiter/-in		1			1		1			3
Aushilfe/Sekretär/-in	1							1		2
Buchhalter/-in			3	3	1	1				8
Bürokraft	1		1					1		3
Controller/-in					1	2	1			4
CRA		3	16	18	4		1	1	1	44
Fachmann Logistik				3	1	2				6
Fachreferent				2	9	12	1	1	2	27
JUNIOR PRODUKT MANAGER				2	2					4
Key Account Manager/-in					1	1		1	2	5

Abbildung 7.25: Altersgruppenbezogene Mitarbeiteranzahl je Tätigkeitsfeld (Ausschnitt)

Zeigen Sie in einer Grafik die Mitarbeiterverteilung in den Altersgruppen

Um diese Aufgabe zu erfüllen, verwenden Sie den PivotTable-Bericht (Abbildung 7.25) und verändern ihn in folgender Weise:

1. Ziehen Sie das Feld **Taetigkeit** aus dem Layoutbereich **Zeilen** in den Layoutbereich **Filter**.
2. Entfernen Sie das Gesamtergebnis der Zeile, indem Sie innerhalb der Registerkarte **Entwurf** in der Gruppe **Layout** auf den Befehl **Gesamtergebnisse** klicken und im Kontextmenü den Befehl **Für Zeilen und Spalten deaktiviert** anklicken.
3. Schließen Sie das Dialogfeld mit einem Klick auf **OK**.

| Hinweis | Das Gesamtergebnis je Zeile/Spalte lässt sich auch über die PivotTable-Optionen mithilfe des Kontextmenüs entfernen. Öffnen Sie dazu mit der rechten Maustaste im Wertefeld das Kontextmenü. Im folgenden Dialogfeld wechseln Sie zur Registerkarte **Summen & Filter** und deaktivieren im Abschnitt **Gesamtsummen** die Kontrollkästchen **Gesamtsummen für Zeilen anzeigen** und **Gesamtsummen für Spalten anzeigen**. |

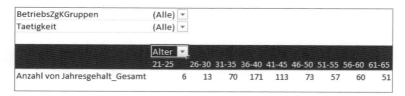

Abbildung 7.26: PivotTable-Bericht mit der Anzahl der Mitarbeiter in jeder Altersgruppe

4. Positionieren Sie den Cursor im PivotTable-Bericht.
5. Wechseln Sie im Menüband auf die Registerkarte **Einfügen** und klicken Sie in der Gruppe **Diagramme** auf den Befehl **Empfohlene Diagramme**.
6. Excel öffnet das Dialogfeld **Diagramm einfügen** mit Diagrammvarianten. Wählen Sie den Eintrag **Gruppierte Säulen** (siehe Abbildung 7.27). Bestätigen Sie mit einem Klick auf **OK**.
7. In der Registerkarte **Entwurf** sehen Sie in der Befehlsgruppe **Diagrammformatvorlagen** den Katalog mit den Formatvorlagen. Durch einen Klick auf den Listenpfeil (rechts unten in der Auflistung; QuickInfo **Weitere**) werden alle verfügbaren Formatvorlagen in einer Auswahlliste angezeigt. Weisen Sie dem Diagramm die **Formatvorlage 1** zu, indem Sie diesen Eintrag anklicken.

Kapitel 7: Personal- und Personalstrukturanalyse mit PivotTable-Berichten

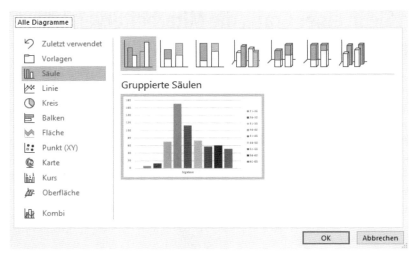

*Abbildung 7.27: Dialogfeld **Diagramm einfügen** zur Auswahl eines Diagrammtyps und Untertyps*

Tipp Sie können sich auch ein Bild von der Wirkung einer Formatvorlage machen, ohne diese zuzuweisen. Bewegen Sie hierfür den Mauszeiger auf eine Formatvorlage und warten Sie. Das Diagramm wird dann kurzzeitig unter Anwendung der neuen Formatvorlage angezeigt. Die Änderungen werden nur übernommen, wenn Sie die jeweilige Formatvorlage anklicken.

Als Ergebnis erhalten Sie ein PivotChart wie in Abbildung 7.28.

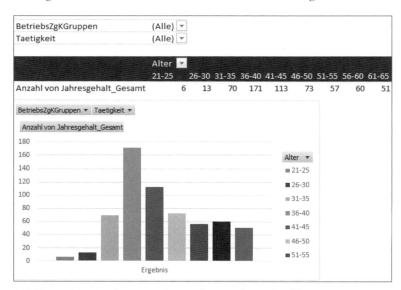

Abbildung 7.28: Mitarbeiterverteilung in den jeweiligen Altersklassen

Zeigen Sie in einer Grafik die Mitarbeiterverteilung in den Altersgruppen

Das Diagramm in Abbildung 7.28 lässt sich über die die Register **PivotChart-analysieren**, **Entwurf** und **Format** noch weiter gestalten. Sie können auf diesem Weg die anzuzeigenden Diagrammelemente bestimmen. Weitere Möglichkeiten der Diagrammgestaltung erhalten Sie auf der benachbarten Unterregisterkarte **Format**.

Das Layout des Diagramms verändern

Möchten Sie die Legende oberhalb der Daten und unterhalb des Diagrammtitels anzeigen? Oder wollen Sie zwischen den Säulen den Abstand verändern und die Werte oberhalb der Datensäule platzieren? Um diese Änderungen durchzuführen, gehen Sie folgendermaßen vor:

1. Selektieren Sie das zuvor erstellte Diagramm (Abbildung 7.28).
2. Klicken Sie im Menüband in der Registerkarte **Entwurf**, Befehlsgruppe **Diagrammlayouts**, auf den Befehl **Schnelllayout** und wählen Sie im Untermenü den Eintrag **Layout 2** (Abbildung 7.29).

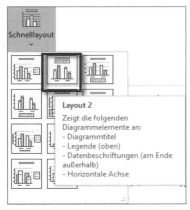

*Abbildung 7.29: Das Schnelllayout mit den vorbereiteten Diagrammlayouts – Auswahl des Eintrags **Layout 2***

3. Markieren Sie den **Diagrammtitel** und überschreiben Sie den generischen Namen **Diagrammtitel** durch den Namen **Altersverteilung**.

Als Ergebnis erhalten Sie einen PivotTable-Bericht mit einem integrierten PivotChart (Abbildung 7.30).

Aus der Grafik lässt sich deutlich die starke Vertretung der 36- bis 40-jährigen Mitarbeiter erkennen. Sehr schwach repräsentiert sind bei den Mitarbeitern sowohl die 16- bis 25-Jährigen als auch die 26- bis 30-Jährigen.

Kapitel 7: Personal- und Personalstrukturanalyse mit PivotTable-Berichten

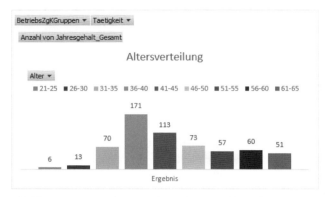

Abbildung 7.30: Die Altersverteilung als PivotTable und PivotChart

Übungsdateien   Diese Lösung finden Sie im Tabellenblatt **LOE09-Chart** in der Mappe **Kap07_LOE.xlsx**.

Hinweis   Die Feldschaltflächen im Diagramm lassen sich einzeln oder alle zusammen ausblenden. Der Befehl dazu befindet sich innerhalb der Registerkarte **PivotChart analysieren** in der Gruppe **Einblenden/Ausblenden**, Befehl **Feldschaltflächen**.

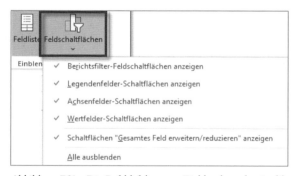

Abbildung 7.31: Die Befehlsfolge zum Einblenden oder Ausblenden der Feldschaltflächen im Diagramm

Zeigen Sie die grafische Verteilung der Betriebszugehörigkeit

Um diese Aufgabe zu lösen, erstellen Sie einen neuen PivotTable-Bericht:
1. Positionieren Sie den Cursor im Tabellenblatt **Basisdaten** Ihrer Übungsdatei oder der Mappe **Kap07_LOE.xlsx**.
2. Klicken Sie innerhalb der Menüband-Registerkarte **Einfügen**, Gruppe **Tabellen**, auf den Befehl **PivotTable**. Erstellen Sie die PivotTable, indem Sie im folgenden Dialogfeld die Daten überprüfen, gegebenenfalls ändern und anschließend mit **OK** bestätigen. Die PivotTable wird erstellt.

Zeigen Sie in einer Grafik die Mitarbeiterverteilung in den Altersgruppen

3. Im Aufgabenbereich **PivotTable-Felder** ziehen Sie das Feld
   - **Betriebszugehörigkeit2** in den Layoutbereich **Spalten** (dieses Feld ist bei der Gruppierung der Betriebszugehörigkeit entstanden),
   - **Jahresgehalt_Gesamt** in den Layoutbereich **Werte** und
   - **Taetigkeit** in den Layoutbereich **Filter**.
4. Die Berechnungsfunktion des Feldes **Gesamt_Gehalt** im Bereich **Werte** ändern Sie von **Summe** auf **Anzahl**. Dazu klicken Sie auf den Dropdown-Pfeil auf der Feldschaltfläche, öffnen das Kontextmenü und wählen den Befehl **Wertfeldeinstellungen**.
5. Im Dialogfeld **Wertfeldeinstellungen** wählen Sie in der Registerkarte **Werte zusammenfassen nach** im Listenfeld den Eintrag **Anzahl**. Schließen Sie das Dialogfeld mit **OK**.
6. Im Folgenden wird das Gesamtergebnis der Zeile entfernt. Positionieren Sie dazu den Cursor in einer Zelle im Wertebereich. Öffnen Sie mit der rechten Maustaste das Kontextmenü und wählen Sie den Befehl **PivotTable-Optionen**.
7. Im folgenden Dialogfeld wechseln Sie zur Registerkarte **Summen & Filter** und deaktivieren im Abschnitt **Gesamtsummen** das Kontrollkästchen **Gesamtsummen für Zeilen anzeigen**.
8. Schließen Sie das Dialogfeld mit einem Klick auf **OK**. Abbildung 7.32 zeigt den neuen PivotTable-Bericht.
9. Ändern Sie die Bezeichnungen **Gruppe1** bis **Gruppe5** entsprechend den Angaben in Abbildung 7.5.
10. Über die Wertfeldeinstellungen ändern Sie auch den Namen **Anzahl von Jahresgehalt_Gesamt** in **.Anzahl**.

Abbildung 7.32: Der PivotTable-Bericht mit den Betriebszugehörigkeitsgruppen

---

Hinweis   Wenn Sie den Namen **Anzahl von Jahresgehalt_Gesamt** direkt in der Tabelle oder in der Bearbeitungsleiste überschreiben, müssen Sie die PivotTable ggf. aktualisieren, um die Änderung zu übernehmen. Die Änderung über die Wertfeldeinstellungen im Layoutbereich der PivotTable hingegen aktualisiert auch den Inhalt der entsprechenden Zelle in der PivotTable.

---

11. Wechseln Sie die Ansicht und lassen Sie sich die PivotTable im Tabellenformat anzeigen. Klicken Sie dazu in der Registerkarte **Entwurf**, Gruppe **Layout**, auf den Befehl **Berichtslayout** und im Kontextmenü auf **In Tabellenformat anzeigen**. Die PivotTable wird in die neue Darstellungsform umgestellt.

Kapitel 7: Personal- und Personalstrukturanalyse mit PivotTable-Berichten

Die Betriebszugehörigkeit als Grafik

Erzeugen Sie hierzu eine Darstellung in Form eines Flächendiagramms. Zuerst müssen Sie für die Anzeige die Feldanordnung in der PivotTable umstellen:

1. Positionieren Sie den Cursor in der PivotTable (Abbildung 7.32).
2. Im Aufgabenbereich **PivotTable-Felder** ziehen Sie das Feld **Betriebszugehörigkeit2** vom Layoutbereich **Spalten** in den Layoutbereich **Zeilen**.
3. Klicken Sie in der Registerkarte **PivotTable-Analyse**, Befehlsgruppe **Tools**, auf den Befehl **PivotChart**.
4. Excel öffnet das Dialogfeld **Diagramm einfügen**. Klicken Sie auf den Eintrag **Fläche**.

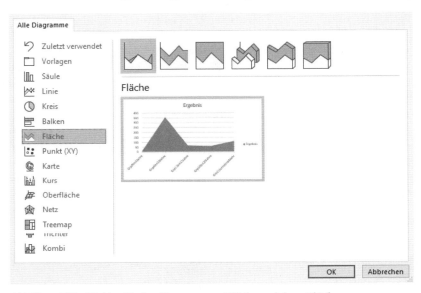

*Abbildung 7.33: Wählen Sie den Diagrammtyp **Fläche** und dann **Fläche**.*

5. Wählen Sie den Diagrammtyp **Fläche** (Abbildung 7.33) und erstellen Sie das Pivot-Chart mit einem Klick auf **OK**.
6. Selektieren Sie das erstellte PivotChart-Diagramm und klicken Sie **Entwurf**, Befehlsgruppe **Diagrammlayouts**, auf den Befehl **Schnelllayouts**. Im Untermenü wählen Sie **Layout 5**.
7. In der Befehlsgruppe **Diagrammformatvorlagen** wählen Sie die Diagrammformatvorlage **Formatvorlage 5**.
8. Selektieren Sie den Diagrammtitel und tragen Sie die Beschriftung **Struktur Betriebszugehörigkeit** ein.
9. Entfernen Sie den primären Achsentitel (Y-Achse), indem Sie die Beschriftung markieren und die Taste `Entf` drücken.

Sie erhalten ein PivotChart mit Datentabelle und PivotTable-Bericht im Hintergrund (Abbildung 7.34). Selbstverständlich können Sie jederzeit weitere Formatierungen ganz nach Ihren Anforderungen und Wünschen vornehmen.

Besondere Strukturen mit der PivotTable aufzeigen

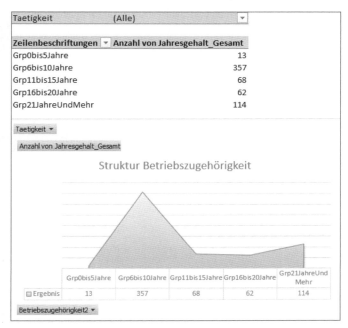

Abbildung 7.34: PivotChart über die Struktur der Betriebszugehörigkeit

Die Struktur zeigt einen hohen Anteil von Mitarbeitern, die zwischen 6 und 10 Jahren für das Unternehmen tätig sind.

Übungsdateien Die Lösung dieser Aufgabe finden Sie in der Mappe **Kap07_LOE.xlsx** im Tabellenblatt **LOE10-Betriebszugehörigkeit**.

Besondere Strukturen mit der PivotTable aufzeigen

Der PivotTable-Bericht aus Abbildung 7.34 zeigt die Betriebszugehörigkeit für alle Tätigkeitsgruppen. Die Praxis verlangt aber häufig die Anzeige für ein oder mehrere ausgewählte Tätigkeitsfelder. Eine derartige Fragestellung können Sie auf der Basis dieses oder eines vergleichbaren PivotTable-Berichts schnell beantworten.

Kapitel 7: Personal- und Personalstrukturanalyse mit PivotTable-Berichten

Zeigen Sie die Struktur der Betriebszugehörigkeit für das Tätigkeitsfeld Produktberater/-in an

Folgende Schritte führen zur Lösung:

1. Erstellen Sie einen PivotTable-Bericht, der Abbildung 7.35 entspricht.

Abbildung 7.35: Aufbau des notwendigen PivotTable-Berichts

2. Klicken Sie auf den kleinen Dropdown-Pfeil des Feldes **Taetigkeit**.
3. Ein Auswahldialog wie in Abbildung 7.36 wird eingeblendet.

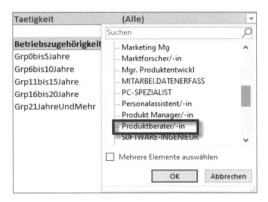

*Abbildung 7.36: Auswahl für das Tätigkeitsfeld **Produktberater/-in** über das Suchfeld eingrenzen.*

4. Geben Sie im Suchfeld des Dialoges den ersten Buchstaben ein. Die Auswahl wird entsprechend eingegrenzt.
5. Klicken Sie auf das Element **Produktberater/-in** und anschließend auf **OK**.

Jetzt erscheinen die veränderte PivotTable und das veränderte PivotChart (siehe Abbildung 7.37).

Besondere Strukturen mit der PivotTable aufzeigen

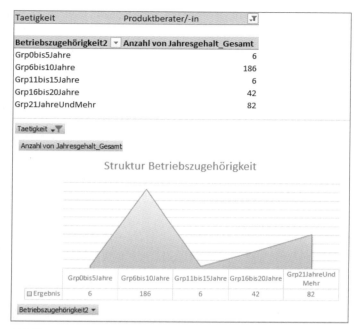

*Abbildung 7.37: Die Struktur der Betriebszugehörigkeit für das Tätigkeitsfeld **Produktberater/-in***

Sie eröffnen sich mit diesem PivotTable-Bericht zahlreiche weitere Auswertemöglichkeiten.

Übungsdateien Die Lösung dieser Aufgabe finden Sie in der **Mappe Kap07_LOE.xlsx** im Tabellenblatt **LOE11**.

PivotTable-Bericht mit Minimum, Maximum und Durchschnittseinkommen je Altersgruppe

Öffnen Sie die Datei **Kap07_LOE.xlsx** oder Ihre persönliche Übungsdatei und erstellen Sie auf den Basisdaten eine weitere PivotTable mit dem Aufbau, den Sie in Abbildung 7.38 sehen.

1. Besonderheit: Ziehen Sie viermal das Feld **Jahresgehalt_Gesamt** in den Layoutbereich **Werte**.
2. Ändern Sie im Bereich Werte die Wertfeldeinstellungen in andere Berechnungstypen. Klicken Sie dazu auf das Feld **Summe von Jahresgehalt_Gesamt2** und öffnen Sie die **Wertfeldeinstellungen**.

Kapitel 7: Personal- und Personalstrukturanalyse mit PivotTable-Berichten

Abbildung 7.38: Aufbau der PivotTable für die nächste Auswertung

3. Auf der Registerkarte **Werte zusammenfassen nach** wählen Sie im Bereich **Wertefeld zusammenfassen nach** den Eintrag **Mittelwert** und ersetzen oben im Textfeld **Benutzerdefinierter Name** den vorhandenen Eintrag durch den Text **Durchschnitt** (Abbildung 7.39). Bestätigen Sie die Änderung mit einem Klick auf **OK**.

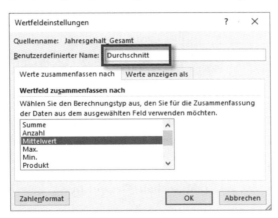

Abbildung 7.39: Ändern des Berechnungstyps mit einem neuen Namen für die Berechnung

4. Ändern Sie nach demselben Prinzip die Berechnung **von Summe von Jahresgehalt_Gesamt3** auf **Minimum** sowie die vierte Berechnung von **Summe von Jahresgehalt_Gesamt4** auf **Maximum** und legen Sie die benutzerdefinierten Namen entsprechend fest.
5. Formatieren Sie alle Werte mit Nachkommastellen und Tausendertrennzeichen. Verwenden Sie dazu die Schaltfläche **Zahlenformat** des Dialogfeldes **Wertfeldeinstellungen** oder den Befehl **Zahlenformat** im Kontextmenü.
6. Weisen Sie dem Tabellenblatt den neuen Namen **LOE12** zu.

Als Ergebnis erhalten Sie einen neuen PivotTable-Bericht (Abbildung 7.40).

Besondere Strukturen mit der PivotTable aufzeigen

Alter	Betriebszuge... Werte Grp6bis10Jahre .Jahresgehalt_Gesamt	Durchschnitt	Minimum	Maximum
21-25	194.823,82	48.705,96	44.129,48	194.823,82
26-30	872.667,20	67.128,25	38.951,52	872.667,20
31-35	4.377.804,20	74.200,07	37.683,94	4.377.804,20
36-40	12.097.238,16	82.857,80	30.744,78	12.097.238,16
41-45	7.604.657,40	93.884,66	62.238,52	7.604.657,40
46-50	3.994.025,68	105.105,94	37.034,20	3.994.025,68
51-55	931.759,82	103.528,87	40.810,20	931.759,82
56-60	431.417,18	86.283,44	50.376,00	431.417,18
61-65	202.890,44	101.445,22	92.124,44	202.890,44

Abbildung 7.40: PivotTable mit den unterschiedlichen Berechnungen, derzeit für alle Tätigkeiten (Ausschnitt)

Übungsdateien Sie finden die Lösung in der Datei **Kap07_LOE.xlsx** im Tabellenblatt **LOE12**.

Der erstellte PivotTable-Bericht zeigt über alle Tätigkeitsfelder die Gesamtgehälter sowie deren Durchschnitt, Minimum und Maximum – gestaffelt nach Altersgruppen. Die Darstellung wäre noch besser, wenn in der jeweiligen Altersgruppe die Anzahl der Mitarbeiter angezeigt würde.

Die Anzahl der Mitarbeiter einfügen, die die Berechnungsgrundlage bildet

Um den PivotTable-Bericht um diese Position zu ergänzen, gehen Sie folgendermaßen vor:

1. Wechseln Sie auf das Tabellenblatt **LOE12** in der Lösungsmappe **Kap06_LOE.xlsx** oder auf das entsprechende Tabellenblatt Ihrer eigenen Übungsdatei.
2. Positionieren Sie den Cursor im PivotTable-Bericht.
3. Ziehen Sie das Feld **Persnr** an die erste Position im Layoutbereich **Werte**.
4. Stellen Sie für dieses Feld den Berechnungstyp **Anzahl** ein (Dialogfeld **Wertfeldeinstellungen**) und geben Sie dem Feld den Namen **AnzahlMA**.
5. Schließen Sie das Dialogfeld mit **OK**. Sie erhalten dann die PivotTable mit der zusätzlichen Auswertung (siehe Abbildung 7.41).

Taetigkeit (Alle)

Alter	Grp6bis10Jahre AnzahlMA	.Jahresgehalt_Ge	Durchschnitt	Minimum	Maximum
21-25	4	194.823,82	48.705,96	44.129,48	194.823,82
26-30	13	872.667,20	67.128,25	38.951,52	872.667,20
31-35	59	4.377.804,20	74.200,07	37.683,94	4.377.804,20
36-40	146	12.097.238,16	82.857,80	30.744,78	12.097.238,16
41-45	81	7.604.657,40	93.884,66	62.238,52	7.604.657,40
46-50	38	3.994.025,68	105.105,94	37.034,20	3.994.025,68
51-55	9	931.759,82	103.528,87	40.810,20	931.759,82
56-60	5	431.417,18	86.283,44	50.376,00	431.417,18
61-65	2	202.890,44	101.445,22	92.124,44	202.890,44

Abbildung 7.41: Das Ergebnis mit der Anzahl der Mitarbeiter, die den Durchschnitt bilden (Ausschnitt)

Kapitel 7: Personal- und Personalstrukturanalyse mit PivotTable-Berichten

Übungsdateien Sie finden die Lösung in der Datei **Kap07_LOE.xlsx** im Tabellenblatt **LOE13**.

Mitarbeiter, die mehr als 120 Stunden monatlich tätig sind

Bei der bisherigen Auswertung der Daten wurde nicht darauf geachtet, wie viele Stunden ein Mitarbeiter beschäftigt ist. Angenommen, Sie benötigen die Auswertung nur für Mitarbeiter, die mehr als 120 Stunden monatlich tätig sind. Um die Auswertung an diese Bedingung anzupassen, gehen Sie folgendermaßen vor:

1. Wechseln Sie auf das Tabellenblatt **LOE13** in der Mappe **Kap07_LOE.xlsx** oder auf die entsprechende Tabelle Ihrer eigenen Übungsdatei.
2. Im Aufgabenbereich der PivotTable-Felder ziehen Sie das Feld **Stunden pro Monat** in den Layoutbereich **Filter**.
3. Klicken Sie im Tabellenblatt auf den Dropdown-Pfeil am Feld **Stunden pro Monat** und öffnen Sie damit das zugehörige Dialogfeld.
4. Aktivieren Sie das Kontrollkästchen **Mehrere Elemente auswählen**.

Abbildung 7.42: Deaktivieren der Werte <120

5. Deaktivieren Sie jetzt die Kontrollkästchen der Listeneinträge, die kleiner als 120 sind (siehe Abbildung 7.42).
6. Bestätigen Sie abschließend mit einem Klick auf **OK**.

Der PivotTable-Bericht wird gefiltert angezeigt (Abbildung 7.43).

Besondere Strukturen mit der PivotTable aufzeigen

Taetigkeit	(Alle)					
Stunden pro Monat	(Mehrere Elemente)					
		Grp6bis10Jahre				
Alter		AnzahlMA	Jahresgehalt_Ge	Durchschnitt	Minimum	Maximum
21-25		4	194.823,82	48.705,96	44.129,48	194.823,82
26-30		11	792.904,32	72.082,21	60.410,00	792.904,32
31-35		58	4.340.120,26	74.829,66	57.688,14	4.340.120,26
36-40		143	11.941.875,38	83.509,62	62.309,00	11.941.875,38
41-45		80	7.497.181,20	93.714,76	62.238,52	7.497.181,20
46-50		36	3.911.025,48	108.639,60	59.650,04	3.911.025,48
51-55		8	890.949,62	111.368,70	67.356,00	890.949,62
56-60		5	431.417,18	86.283,44	50.376,00	431.417,18
61-65		1	92.124,44	92.124,44	92.124,44	92.124,44

Abbildung 7.43: Der PivotTable-Bericht mit einem neuen aktiven Feld im Berichtsfilter (Datenausschnitt)

Auswertung auf ausgewählte Tätigkeitsfelder begrenzen

Der Berichtsfilter bietet Ihnen auch die Möglichkeit, die Darstellung unternehmensübergreifend vorzunehmen oder gezielt einzelne oder mehrere Tätigkeitsfelder auszuwerten. Um beispielsweise die Gehaltsstruktur der Vertriebsleiter/-innen zu analysieren, gehen Sie wie folgt vor:

1. Ihre Ausgangsbasis ist der Inhalt der Tabelle aus dem Beispiel in Abbildung 7.43. Klicken Sie auf den Dropdown-Pfeil am Berichtsfilterfeld **Taetigkeit**, um das zugehörige Dialogfeld zu öffnen.

2. Suchen Sie den Listeneintrag **Vertriebsleiter/-innen**, indem Sie im Suchfeld erste Buchstaben eingeben. Wählen Sie dann aus der angezeigten Liste aus und klicken Sie auf **OK** (siehe Abbildung 7.44).

Abbildung 7.44: Selektion über das Suchfeld und anschließende Deaktivierung nicht benötigter Einträge

Sofort wird die PivotTable gefiltert angezeigt (Abbildung 7.45).

Kapitel 7: Personal- und Personalstrukturanalyse mit PivotTable-Berichten

Taetigkeit	Vertriebsleiter/-				
Stunden pro Monat	(Mehrere Eleme)				
	Betriebszugehör	Werte			
	Grp6bis10Jahre				
Alter	AnzahlMA	.Jahresgehalt_Gesamt	Durchschnitt	Minimum	Maximum
36-40	5	605.163,20	121.032,64	110.742,00	605.163,20
41-45	9	1.291.305,86	143.478,43	106.971,00	1.291.305,86
46-50	3	483.719,20	161.239,73	157.296,00	483.719,20
51-55	3	483.858,00	161.286,00	158.434,20	483.858,00
56-60					
61-65					

*Abbildung 7.45: Die gefilterte PivotTable für die Betriebszugehörigkeitsgruppe **6–10 Jahre** (Ausschnitt)*

Auf diesem Weg können Sie einzelne Tätigkeitsfelder oder Zusammenfassungen von relevanten Tätigkeitsfeldern in Ihre Analyse einbeziehen. Sie müssen dazu lediglich die Auswahl im Berichtsfilter anpassen.

Die Anordnung der Felder **Altersgruppe (Alter)** und **Betriebszugehörigkeit** im Layoutbereich **Zeilen** ermöglicht diese Ansicht. Zahlreiche andere Feldanordnungen sind möglich und ergeben immer wieder einen anderen Blick auf die Daten. Dieses Beispiel dient lediglich als Idee und zeigt bereits vielfältige Möglichkeiten auf.

Um die Vielfalt der gewählten Filter sichtbar zu machen, bietet ein Datenschnitt die besten Bedingungen (siehe Abbildung 7.46).

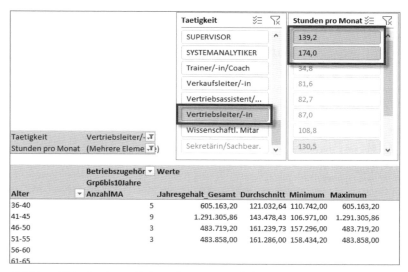

Abbildung 7.46: Die Auswahl der Bedingungen wird über Datenschnitte gesteuert.

Tipp Sie können auch eine Abhängigkeit eines Datenschnitts von einem vorherigen Datenschnitt (Kaskadierung) aufbauen, wie im Kapitel weiter oben beschrieben.

Darüber hinaus bestimmen Sie durch die vielfältigen Möglichkeiten, die Sie haben, um die Felder im jeweiligen Layoutbereich zu positionieren, welche Aussagekraft Ihre PivotTable letztendlich aufweist.

Kapitel 8

Wie Sie mit PivotTables Umsätze und Kosten berechnen und analysieren

In diesem Praxisbeispiel wird gezeigt, wie Sie mit PivotTables eine vergleichende Kostenanalyse durchführen und prozentuale Abweichungen berechnen. Anschließend dienen diese Pivot-Berechnungen als Grundlage für einen Bericht in einem Tabellenblatt.

In diesem Kapitel lernen Sie, ...

- Daten für eine PivotTable auszuwählen, aufzubereiten und ein PivotTable zu erstellen, Felder für die eigene Darstellung neu zu benennen und sie erfolgreich in weiteren Berechnungen einsetzen zu können,
- die Automatismen der Funktion **Werte anzeigen als** vielfältig anzuwenden,
- wie Feldanordnungen die Perspektive auf die Daten verändern und
- Sie arbeiten mit einigen Funktionen der PivotTable-internen Feld- und Elementberechnungen.

Aktion und Analyse

Aufgrund wirtschaftlicher Entwicklungen wurden firmenintern einige Umstrukturierungen zur Kostenreduzierung vorgenommen. Nach Ablauf des Jahres 2020 möchten Sie die Kosteneinsparungen gegenüber dem Jahr 2019 näher analysieren. Da Sie wissen, dass der Umsatz des Jahres 2020 sich gegenüber dem Vorjahr verändert hat, möchten Sie die Ergebnisse jetzt überprüfen und sehen, wie sich die Strukturmaßnahmen auf die Kostenentwicklung ausgewirkt haben. Um schnell einen Überblick ohne aufwendige Formelarbeit zu erhalten, ist eine PivotTable eine wunderbare Möglichkeit, Berechnungen zu kreieren und die Ergebnisse zügig zu betrachten und zu beurteilen.

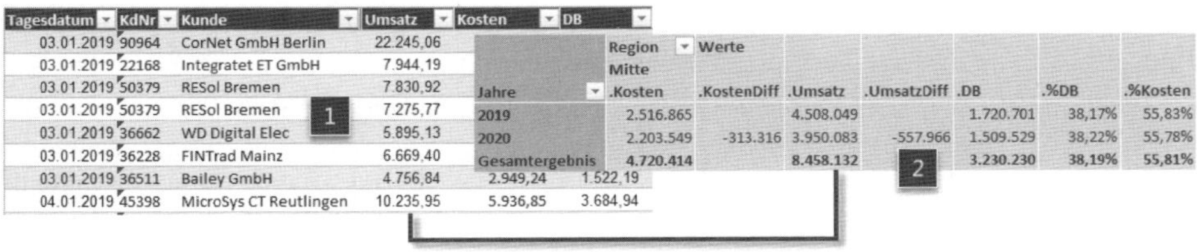

Tagesdatum	KdNr	Kunde	Umsatz	Kosten	DB
03.01.2019	90964	CorNet GmbH Berlin	22.245,06		
03.01.2019	22168	Integratet ET GmbH	7.944,19		
03.01.2019	50379	RESol Bremen	7.830,92		
03.01.2019	50379	RESol Bremen	7.275,77		
03.01.2019	36662	WD Digital Elec	5.895,13		
03.01.2019	36228	FINTrad Mainz	6.669,40		
03.01.2019	36511	Bailey GmbH	4.756,84	2.949,24	1.522,19
04.01.2019	45398	MicroSys CT Reutlingen	10.235,95	5.936,85	3.684,94

	Region	Werte					
	Mitte						
Jahre	.Kosten	.KostenDiff	.Umsatz	.UmsatzDiff	.DB	.%DB	.%Kosten
2019	2.516.865		4.508.049		1.720.701	38,17%	55,83%
2020	2.203.549	-313.316	3.950.083	-557.966	1.509.529	38,22%	55,78%
Gesamtergebnis	4.720.414		8.458.132		3.230.230	38,19%	55,81%

Abbildung 8.1: Der Aufbereitungsablauf der Quelldaten in einem PivotTable-Bericht mit sehr differenzierten Ausprägungen der Datenberechnung

Kapitel 8: Wie Sie mit PivotTables Umsätze und Kosten berechnen und analysieren

In der Tabelle [1] sehen Sie einen Ausschnitt der Basisdaten, die auf Jahresniveau aggregiert sind. Bei [2] werden die Daten durch Berechnungen schon informativer, und danach können sie in der gewohnt mächtigen Anzeige des Pivot-Berichts komfortabel und umfangreicher dargestellt werden [3]. Wenn Sie verstehen, wie die Daten zustande kommen, sind tiefgreifende Beurteilungen möglich.

Wenn Sie darüber hinaus die Daten dynamisch und über Dialoge auswählbar aufbereiten wollen, wäre die Ausgabe in einem Dashboard eine Steigerung des Komforts für die Benutzer. Die Benutzer könnten dann durch Auswahl der Parameter in den unterschiedlichen Auswahldialogen im Dashboard die jeweiligen Berechnungen ausführen und anzeigen lassen.

Übungsdateien   Die Übungsdatei finden Sie in der Mappe **KAP08_UEB.xlsx**.

Als erste Aufgabe möchten wir die Kosten pro Jahr aggregieren und danach die Veränderung durch Differenzbildung anzeigen. Das Jahr 2019 dient als Basis für die Berechnung.

In der oben genannten Mappe finden Sie im Tabellenblatt **Basisdaten** die Inhalte für die folgende Übung. Sie sind in einer »intelligenten Tabelle« aufbereitet. Diese Tabelle hat den Namen **Tbl_Basisdaten**. (Eine detailliertere Beschreibung zur Definition einer intelligenten Tabelle finden Sie in Kapitel 7.)

Aufbau der PivotTable zur Kostenanalyse

Sie benötigen eine PivotTable, die zunächst die Kosten auf höchster Ebene, also nach den Jahren, aggregiert und danach die Abweichung berechnet.

Gehen Sie folgendermaßen vor:

1. Klicken Sie innerhalb der Registerkarte **Einfügen** in der Befehlsgruppe **Tabellen** auf den Befehl **PivotTable.**
2. Klicken Sie innerhalb der Menüband-Registerkarte **Einfügen**, Befehlsgruppe **Tabellen**, auf den Befehl **PivotTable**.
3. Überprüfen Sie im folgenden Dialogfeld die Bereichsauswahl der Basisdaten. Bestätigen Sie im Dialogfeld den vorbelegten Namen (**tbl_Basisdaten**) mit einem Klick auf **OK**.
4. Im Aufgabenbereich **PivotTable-Felder** ziehen Sie jetzt das Feld **Tagesdatum** in den Layoutbereich **Zeilen** und das Feld **Kosten** in den Layoutbereich **Werte**.
5. Aufgrund der Vorarbeiten mit dieser Mappe wird automatisch das Feld **Jahre, Quartal** und **Tagesdatum** im Zeilenbereich an-gezeigt. Die PivotTable zeigt zunächst das Jahr und die aggregierte Summe des jeweiligen Jahres an.

Abbildung 8.2: Die PivotTable mit der Feldanordnung im Layoutbereich ***Zeilen***

6. Formatieren Sie die Werte mit 1000er-Trennzeichen und ohne Nachkommastelle, indem Sie mit der rechten Maustaste das Kontextmenü aufrufen, dort den Befehl **Zahlenformat** anklicken und im folgenden Dialogfeld die Angaben für die Darstellung vornehmen.
7. Mit noch einem Klick auf **OK** erhalten Sie die formatierte PivotTable (Abbildung 8.2).

PivotTable in die Tabellenansicht und in ein neues Pivot-Format überführen

1. Aktivieren Sie die PivotTable und wählen Sie im Register **Entwurf** in der Gruppe **Layout** den Befehl **Berichtslayout** und wählen Sie dort **Im Tabellenformat anzeigen**.
2. Jetzt ändern Sie das PivotTable-Format, indem Sie in der Registerkarte **Entwurf** in der Gruppe **PivotTable-Formate** das Pivot-Format – **Mittel 24** auswählen.
3. Sie erhalten dann die PivotTable aus Abbildung 8.3.

Jahre	Quartale	Tagesdatum	Summe von Kosten
+ 2019			9.352.987
- 2020	+ Qrtl1		1.906.541
	+ Qrtl2		2.280.922
	+ Qrtl3		2.403.000
	- Qrtl4	Okt	689.151
		Nov	674.168
		Dez	471.217
	Qrtl4 Ergebnis		**1.834.536**
2020 Ergebnis			**8.424.999**
Gesamtergebnis			**17.777.986**

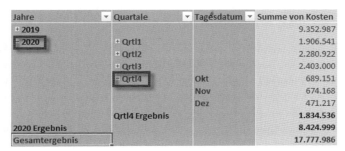

Abbildung 8.3: Die PivotTable mit neuer Formatierung und erweitertem Berichtslayout ***Im Tabellenformat anzeigen***

Im Anzeigeformat **Im Tabellenformat anzeigen** wird automatisch das Feld **Quartal** und **Tagesdatum** in der PivotTable angezeigt. Die beiden Felder sind zunächst ohne Inhalt. Erst mit einem Klick auf das Pluszeichen vor **2020** und danach auf das Pluszeichen vor **Quartal** wird die jeweils nächste Ebene eingeblendet. Damit können Sie die Quartalswerte und die Monatswerte neben der Gesamtsumme des jeweiligen Jahres anschauen.

Um die Kostendifferenz der Jahre 2019 und 2020 zu bilden, ist es nicht notwendig, dass Quartal und Tagesdatum sichtbar sind. Daher reduzieren Sie die eingeblendeten Felder, vergleichbar mit der Anzeige für das Jahr 2019.

Basisjahr 2019: Differenz der Kosten berechnen

Die Differenz berechnen Sie mit folgenden Schritten:

1. Aktivieren Sie die PivotTable mit einem Klick in das Feld **Summe von Kosten**, öffnen Sie mit der rechten Maustaste das Kontextmenü und wählen Sie dort den Befehl **Wert anzeigen als**, und im Folgekontext wählen Sie **Differenz von**.

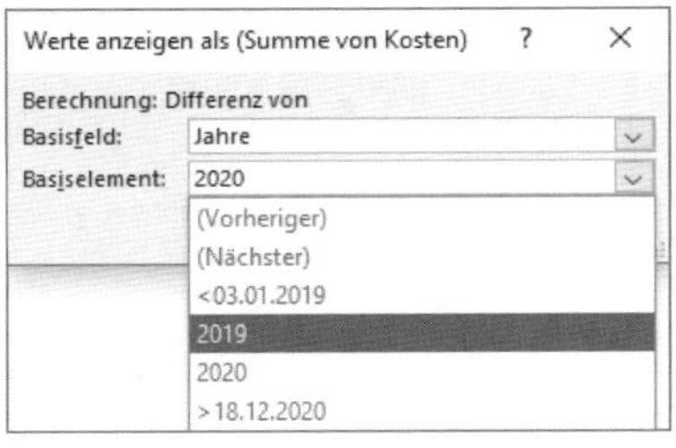

Abbildung 8.4: Auswahl des Basisfeldes ***Jahre*** *und des Basiselements* ***2019***

Kapitel 8: Wie Sie mit PivotTables Umsätze und Kosten berechnen und analysieren

2. Im folgenden Dialogfeld in der Auswahlliste [2] wählen Sie als Basisfeld **Jahre** und als Basiselement die Jahreszahl **2019**.
3. Schließen Sie das Dialogfeld mit einem Klick auf **OK.**
4. Als Ergebnis erhalten Sie die PivotTable mit der Differenzbildung auf dem Basisfeld **Jahre** (siehe Abbildung 8.5).

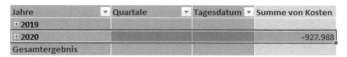

*Abbildung 8.5: Der Prozess zur Berechnung der Differenz auf dem Basisfeld **Jahre** und dem Basiselement **2019***

Zur Veranschaulichung dieser Berechnung ziehen Sie das Feld **Region** in den Layoutbereich **Spalten**. Sie erhalten dann eine PivotTable wie in Abbildung 8.6 bei [1]. Erweitern Sie die Anzeige für die beiden Jahre 2019/2020 durch einen Klick auf das Minussymbol vor der jeweiligen Jahreszahl. Jetzt wird die Berechnung noch deutlicher [2].

Hinweis Ist das Element **Jahre 2019** reduziert, dann zeigt das Element **Jahre 2020** die Fehlermeldung **#NV**. Erweitern Sie das Element **Jahre 2019**, werden die Daten korrekt angezeigt.

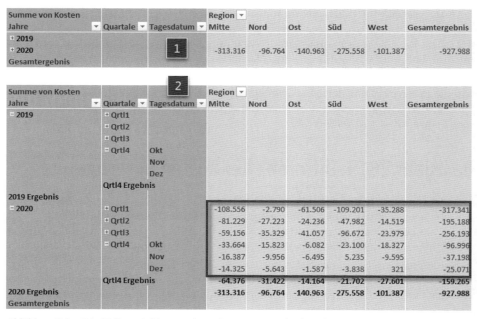

Abbildung 8.6: Die Differenzbildung in der reduzierten Ansicht des Jahres 2019 [1] und in der erweiterten Darstellung auf Quartale und Monate [2]

Übungsdateien Die Lösung bis zu diesem Entwicklungsstand finden Sie in der Datei **Kap08_LOE.xlsx** in dem Tabellenblatt **LOE01 – Differenz**.

Basiswert des Jahres 2019 in die Ansicht des Berichts integrieren

Mit folgenden Schritten erreichen Sie die Gegenüberstellung des Basiswertes 2019 mit den Werten der berechneten Kostendifferenz der beiden Jahre:

1. Zur Verbesserung der Übersichtlichkeit entfernen Sie das Feld **Quartal** und das Feld **Tagesdatum** aus dem Layoutbereich **Zeilen**.
2. Benennen Sie das Feld **Summe von Kosten** in **.KostenDiff** um, indem Sie das Feld markieren und in der Bearbeitungszeile den neuen Text eingeben (siehe Abbildung 8.7).

.KostenDiff	Region					
Jahre	Mitte	Nord	Ost	Süd	West	Gesamtergebnis
2019						
2020	-313.316	-96.764	-140.963	-275.558	-101.387	-927.988
Gesamtergebnis						

Abbildung 8.7: Die PivotTable mit der neuen Bezeichnung **.KostenDiff** und der verkleinerten Feldanzahl

3. Ziehen Sie das Feld **Kosten** ein weiteres Mal in den Layoutbereich **Werte**. Formatieren Sie den Wert mit 1000er-Trennzeichen und ohne Nachkommastelle, indem Sie mit der rechten Maustaste das Kontextmenü öffnen, den Befehl **Wertfeldeinstellungen** anwählen und im Folgemenü den Befehl **Zahlenformat** anklicken. Im folgenden Dialogfeld nehmen Sie die Einstellung vor und kehren mit zwei Klicks auf die Schaltfläche **OK** in die vorherige Arbeitsumgebung zurück.
4. Markieren Sie in der PivotTable das Feld **Summe von Kosten,** ändern Sie dann in der Bearbeitungszeile **Summe von Kosten** in **.Kosten**. Ändern Sie ebenfalls den Namen **Summe von KostenDiff** in den verkürzten den Namen **.KostenDiff** (Abbildung 8.8).
5. Das Ergebnis ist eine PivotTable mit einer Darstellung wie in Abbildung 8.8.

	Region	Werte				
	Mitte		Nord		Ost	
Jahre	.Kosten	.KostenDiff	.Kosten	.KostenDiff	.Kosten	.KostenDiff
2019	2.516.865		1.331.710		1.435.758	
2020	2.203.549	-313.316	1.234.946	-96.764	1.294.796	-140.963
Gesamtergebnis	4.720.414		2.566.656		2.730.554	

Abbildung 8.8: Die PivotTable zeigt die Spalte **Kosten** und die Spalte mit der **Kostendifferenz** zum Vorjahr am Beispiel der **Region Mitte** (Ausschnitt).

Mit dieser Gegenüberstellung ist der vermittelte Eindruck wesentlich differenzierter.

Noch differenzierter und aussagekräftiger wird die Darstellung, wenn Sie neben den Kosten auch den Umsatz und den Deckungsbeitrag anzeigen und die prozentualen Abweichungen beim Deckungsbeitrag und bei den Kosten gegenüber dem Vorjahr berechnen und in der PivotTable darstellen.

Übungsdateien   Die Arbeitsschritte bis zu diesem Entwicklungsstand finden Sie in der Datei **Kap08_LOE.xlsx** im Tabellenblatt **LOE02 – Differenz**.

Die Kostendifferenz von –313,316 € ist in ihrer Aussagekraft noch reduziert. Der alleinigen Reduzierung der Kosten steht auch eine Minderung des Umsatzes gegenüber. Um beurteilen zu können, ob eine wirkliche Kostenreduzierung vorliegt, muss die anteilige Reduzierung der Kosten im Verhältnis zum Umsatz berechnet und betrachtet werden.

Um diese Messgrößen zu erhalten, sind noch einige Veränderungen und Berechnungen innerhalb der PivotTable notwendig. Die interessanteste Berechnung ist der tatsächliche Prozentanteil der Kostenreduzierung.

Die nächsten Arbeitsschritte sollen in der PivotTable

- die bereits berechnete Kostendifferenz darstellen,
- den Umsatz und die Umsatzdifferenz berechnen,
- den prozentualen Anteil des Deckungsbeitrags am Umsatz berechnen,
- den Prozentanteil der Kosten am Gesamtumsatz zeigen und
- den effektiven Prozentwert der Kostenreduzierung darstellen.

Die PivotTable informativer machen

Ausgehend von der PivotTable in Abbildung 8.8 erarbeiten Sie alle Berechnungen, die oben aufgezählt wurden.

Umsatzdifferenz ermitteln

1. Ziehen Sie das Feld **Umsatz** in den Layoutbereich **Werte**. Positionieren Sie das Umsatzfeld vor dem vorhandenen Feld **.Kosten**.
2. Markieren Sie diesen Wert im Layoutbereich **Werte**. Formatieren Sie den Wert mit 1000er-Trennzeichen und ohne Nachkommastelle, indem Sie mit der rechten Maustaste das Kontextmenü öffnen, den Befehl **Wertfeldeinstellungen** anwählen und im Folgemenü den Befehl **Zahlenformat** anklicken.

   Im folgenden Dialogfeld nehmen Sie die Einstellung vor und kehren dann in die vorherige Arbeitsumgebung zurück, indem Sie zweimal auf die Schaltfläche **OK** klicken.
3. Markieren Sie das Feld **Summe von Umsatz**, positionieren Sie den Cursor in der Bearbeitungszeile und geben Sie dem Feld den neuen Namen **.Umsatz**.
4. Ziehen Sie das Feld **Umsatz** erneut in den Layoutbereich **Werte** und positionieren Sie es hinter dem Feld **.Umsatz**.
5. Formatieren Sie das Feld mit 1000er-Trennzeichen und ohne Nachkommastelle.
6. Markieren Sie das Feld **Summe von Umsatz**, wechseln Sie in die Bearbeitungszeile und ändern Sie den Namen in **.UmsatzDiff**.

Ermitteln Sie die Differenz zum Vorjahresumsatz mit folgenden Schritten:

1. Aktivieren Sie die PivotTable mit einem Klick in das Feld **.Umsatz**, öffnen Sie mit der rechten Maustaste das Kontextmenü und wählen Sie dort den Befehl **Wert anzeigen als** und im weiteren Kontextmenü den Befehl **Differenz von**.
2. In dem Dialogfeld wählen Sie als Basisfeld **Jahre** und als Basiselement die Jahreszahl **2019**.
3. Schließen Sie das Dialogfeld mit einem Klick auf **OK**.

Prozentanteil des Deckungsbeitrages ermitteln

Als Ergebnis erhalten Sie die PivotTable mit der Differenzbildung auf dem Basiselement **Jahre**. Das Ergebnis dieser Berechnung sehen Sie in Abbildung 8.9.

Jahre	Region Mitte .Kosten	Werte .KostenDiff	.Umsatz	.UmsatzDiff
2019	2.516.865		4.508.049	
2020	2.203.549	-313.316	3.950.083	-557.966
Gesamtergebnis	4.720.414		8.458.132	

Abbildung 8.9: Die beiden neuen Spalten .Umsatz und .UmsatzDiff am Beispiel der Region Mitte

Prozentanteil des Deckungsbeitrages ermitteln

Mit folgenden Arbeitsschritten ermitteln Sie die Deckungsbeitrags-(DB-)Anteile:

1. Ziehen Sie das Feld **DB** in den Layoutbereich **Werte**. Positionieren Sie das DB-Feld unter dem vorhandenen Feld **.UmsatzDiff**.
2. Markieren Sie diesen Wert im Layoutbereich **Werte**. Formatieren Sie den Wert mit 1000er-Trennzeichen und ohne Nachkommastelle, indem Sie mit der rechten Maustaste das Kontextmenü öffnen, den Befehl **Wertfeldeinstellungen** anwählen und im Folgemenü den Befehl **Zahlenformat** anklicken.

   Im folgenden Dialogfeld nehmen Sie die Einstellung vor und kehren in die vorherige Arbeitsumgebung zurück, indem Sie zweimal auf die Schaltfläche **OK** klicken.

3. Markieren Sie das Feld **Summe von DB**, positionieren Sie den Cursor in der Bearbeitungszeile und geben Sie dem Feld den neuen Namen **.DB**.

   Ermitteln Sie die den %-Anteil des DB am Jahresumsatz mit folgenden Schritten. Sie benötigen dafür ein **Berechnetes Feld**:

4. Positionieren Sie den Cursor in der PivotTable in einem Wertefeld.
5. Wählen Sie im Register **PivotTable-Analyse** und in der Gruppe **Berechnungen** den Befehl **Felder, Elemente und Gruppen**. Klicken Sie auf den Dropdown-Pfeil und wählen Sie im Kontextmenü den Befehl **Berechnetes Feld** vgl. Abbildung 8.10.

Abbildung 8.10: Die Befehlsfolge zum Einfügen eines berechneten Feldes

Kapitel 8: Wie Sie mit PivotTables Umsätze und Kosten berechnen und analysieren

6. Nun öffnet sich ein Dialogfeld, in dem Sie die Berechnungsformel eingeben.
7. Geben Sie den Namen der Formel ein und im Feld **Formel** die Berechnung vgl. Abbildung 8.11.
8. Klicken Sie auf die Schaltfläche **Hinzufügen** und danach auf die Schaltfläche **OK**.
9. Das berechnete Feld wird in die PivotTable-Feldliste aufgenommen. Ziehen Sie das neue Feld **%DB** an die letzte Position im Layoutbereich Werte. Dort erscheint es als **Summe von %DB**.
10. Markieren Sie das Feld, wechseln Sie in die Bearbeitungszeile und benennen Sie das Feld um in **.%DB**.

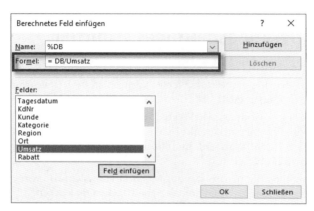

*Abbildung 8.11: Das Dialogfeld **Berechnetes Feld einfügen** mit seinen Eingabeparametern*

11. In der PivotTable formatieren Sie das Feld in Prozentdarstellung mit zwei Nachkommastellen (siehe Abbildung 8.12).

Jahre	Region Mitte .Kosten	Werte .KostenDiff	.Umsatz	.UmsatzDiff	.DB	.%DB
2019	2.516.865		4.508.049		1.720.701	38,17%
2020	2.203.549	-313.316	3.950.083	-557.966	1.509.529	38,22%
Gesamtergebnis	4.720.414		8.458.132		3.230.230	38,19%

Abbildung 8.12: Die PivotTable mit dem Deckungsbeitrag als absolutem Wert und in Prozentdarstellung

In dieser Auswertung können Sie die Veränderungen beurteilen und entsprechende Schlüsse ziehen.

Im nächsten Berechnungsschritt wollen wir die prozentualen Anteile der Kosten je Position berechnen. Arbeiten Sie zunächst auf Jahresbasis.

Prozentanteil der Kosten am Umsatz

Für den Lösungsschritt benötigen Sie ein berechnetes Feld. Gehen Sie folgendermaßen vor:
1. Positionieren Sie den Cursor in der PivotTable in einem Wertefeld.
2. Wählen Sie unter **PivotTable-Analyse** in der Gruppe **Berechnungen** den Befehl **Felder, Elemente und Gruppen**. Klicken Sie auf den Dropdown-Pfeil und wählen Sie im Kontextmenü den Befehl **Berechnetes Feld**.
3. In dem Dialogfeld geben Sie den Namen **%Kosten** und die Formel **=Kosten/Umsatz** ein (Abbildung 8.13).
4. Klicken Sie auf die Schaltfläche **Hinzufügen** und schließen Sie das Dialogfeld mit einem Klick auf **OK**.
5. Das berechnete Feld wird in die PivotTable-Feldliste aufgenommen. Ziehen Sie das neue Feld **%Kosten** an die letzte Position im Layoutbereich **Werte**. Dort erscheint es als **Summe von %Kosten**.
6. Markieren Sie das Feld, wechseln Sie in die Bearbeitungszeile und benennen Sie es um in **.%Kosten**.
7. In der PivotTable formatieren Sie das Feld in Prozentdarstellung mit zwei Nachkommastellen (Abbildung 8.13).

Jahre	Region Mitte .Kosten	.KostenDiff	.Umsatz	.UmsatzDiff	.DB	.%DB	.%Kosten
2019	2.516.865		4.508.049		1.720.701	38,17%	55,83%
2020	2.203.549	-313.316	3.950.083	-557.966	1.509.529	38,22%	55,78%
Gesamtergebnis	4.720.414		8.458.132		3.230.230	38,19%	55,81%

*Abbildung 8.13: Die PivotTable mit dem Kostenanteil in Prozent der **Region Mitte** (Ausschnitt)*

Mit den berechneten Feldern eröffnen sich Möglichkeiten, eigene Formeln aufzubauen. Daraus ergeben sich innerhalb der PivotTable weitere Möglichkeiten, die Auswertungen den spezifischen Anforderungen der Praxis anzupassen.

Übungsdateien   Die Arbeitsschritte bis zu diesem Entwicklungsstand finden Sie in der Datei **Kap08_LOE.xlsx** in dem Tabellenblatt **LOE05-%Kosten**.

Die Abbildung 8.13 zeigt lediglich einen Ausschnitt aus der gesamten PivotTable. Sie können jederzeit die Jahre um Quartale und Monate ergänzen, um dann auf den Ebenen, die neu eingeblendet wurden, ebenfalls alle Berechnungen zu beurteilen. Des Weiteren können Sie die Anordnung der Felder im Zeilenbereich oder Spaltenbereich tauschen, um ebenfalls auf diese Weise einen neuen Einblick in die Daten zu gewinnen. Natürlich stehen Ihnen zahlreiche Möglichkeiten offen, um zusätzliche Felder im Layoutbereich **Zeilen** oder **Spalten** zu positionieren, wodurch Sie erweiterte oder spezifische Eindrücke von den unterschiedlichen Wirkungen der Kostenreduzierung gewinnen können.

Schon wenige Veränderungen ergeben eine völlig neue Perspektive, wie Abbildung 8.14 beweist.

Kapitel 8: Wie Sie mit PivotTables Umsätze und Kosten berechnen und analysieren

Region	Jahre	.Kosten	.KostenDiff	.Umsatz	.UmsatzDiff	.DB	.%DB	.%Kosten
Mitte	2019	2.516.865		4.508.049		1.720.701	38,17%	55,83%
	2020	2.203.549	-313.316	3.950.083	-557.966	1.509.529	38,22%	55,78%
Mitte Ergebnis		**4.720.414**		**8.458.132**		**3.230.230**	**38,19%**	**55,81%**
Nord	2019	1.331.710		2.428.193		950.792	39,16%	54,84%
	2020	1.234.946	-96.764	2.236.513	-191.680	867.376	38,78%	55,22%
Nord Ergebnis		**2.566.656**		**4.664.706**		**1.818.168**	**38,98%**	**55,02%**
Ost	2019	1.435.758		2.722.696		1.123.576	41,27%	52,73%
	2020	1.294.796	-140.963	2.458.995	-263.701	1.016.659	41,34%	52,66%
Ost Ergebnis		**2.730.554**		**5.181.691**		**2.140.235**	**41,30%**	**52,70%**
Süd	2019	3.112.032		5.585.904		2.138.718	38,29%	55,71%
	2020	2.836.474	-275.558	5.095.932	-489.972	1.953.702	38,34%	55,66%
Süd Ergebnis		**5.948.506**		**10.681.836**		**4.092.420**	**38,31%**	**55,69%**
West	2019	956.622		1.724.300		664.220	38,52%	55,48%
	2020	855.235	-101.387	1.541.287	-183.013	593.575	38,51%	55,49%
West Ergebnis		**1.811.856**		**3.265.587**		**1.257.795**	**38,52%**	**55,48%**
Gesamtergebnis		**17.777.986**		**32.251.952**		**12.538.849**	**38,88%**	**55,12%**

Abbildung 8.14: Mit dieser veränderten Feldanordnung (rechter Abschnitt) ergibt sich eine Gegenüberstellung der beiden Jahre je Region.

Kapitel 9
Mit PivotTable aggregieren: mit PIVOTDATENZUORDNEN() Daten extrahieren

In diesem Praxisbeispiel wird gezeigt, wie Sie mit **PIVOTDATENZUORDNEN()** PivotTables mit Dashboards oder anderen Tabelleninhalten dynamisch und fehlerfrei verbinden.

In diesem Kapitel lernen Sie, ...

- Daten für eine PivotTable auszuwählen, aufzubereiten und ein PivotTable zu erstellen,
- die Funktion **PIVOTDATENZUORDNEN()** in ihrer Syntax kennen und sie zu verstehen,
- wie Sie mit dieser Funktion Dashboards dynamisieren,
- was Sie bei der Anwendung dieser Funktion unbedingt wissen müssen, um Fehler zu vermeiden, und
- wie Sie damit die Datenpräsentation verbessern.

Einerseits reicht für zahlreiche Arbeitssituationen die Anzeige der Ergebnisse mit den Möglichkeiten der PivotTable aus. Andererseits können die Anforderungen an die Darstellung des Ergebnisses bzw. Berichts oder eines Dashboards spezifischer sein, sodass ein ungeübter Anwender mit den dynamischen Möglichkeiten der PivotTable überfordert ist. Ist der Raum für die Darstellung der Ergebnisse begrenzt, ist es besser, die Daten, die Sie anzeigen lassen wollen, aus der PivotTable in einen statischen Bericht zu extrahieren, so wie er ohne PivotTable gestaltet würde.

Sollen die Daten beispielsweise in einem Dashboard ausgegeben werden, kann die PivotTable nicht dynamisch genutzt werden, weil nicht genügend Raum zur Ausdehnung verfügbar sein wird. Deshalb ist ein möglicher Weg, durch die PivotTable die Daten aggregiert zur Verfügung zu stellen. Die Funktion **PIVOTDATENZUORDNEN()** überträgt dann den jeweiligen Wert aus der PivotTable beispielsweise an die richtige Position im Dashboard oder Bericht.

Für eine derartige Datenaufbereitung und -bereitstellung bietet die Pivot-Tabelle in Kombination mit der Funktion **PIVOTDATENZUORDNEN()** ideale Möglichkeiten. In derartigen Fällen kann sie eine andere Rolle übernehmen. Sie dient dann als Zwischenschicht und reicht die Daten lediglich an das Dashboard oder den Bericht weiter.

Die Arbeitsweise der Funktion

Die Funktion **PIVOTDATENZUORDNEN()** (engl. **GETPIVOTDATA**) gibt aus einer PivotTable Daten zurück. Sie können damit Datenzusammenfassungen aus einem PivotTable-Bericht abrufen.

Die Funktion ermöglicht es Ihnen, auf einzelne Werte einer PivotTable (nicht auf Bereiche) mit Nennung der Kategorien, also der Spalten- und Zeilenbeschriftungen, zuzugreifen. Die Funktion bietet einen großen Nutzen. Wenn die bereits angeordneten Felder der PivotTable beispielsweise aus dem Zeilenbereich in den Spaltenbereich verschoben werden und der Wert in einer anderen Zelle berechnet wird, werden die Werte im Bericht trotzdem richtig angezeigt. Werden hingegen Zelladressen verwendet, würden nach einer Aktualisierung sehr wahrscheinlich falsche Werte in den Bericht übertragen.

Übungsdateien   Die Übungsdatei finden Sie in der Mappe **Kap09_UEB.xlsx**.

Syntax der Funktion

Die Syntax der Funktion lautet:

=PIVOTDATENZUORDNEN(Datenfeld;PivotTable;Feld1;Element1;Feld2;Element2

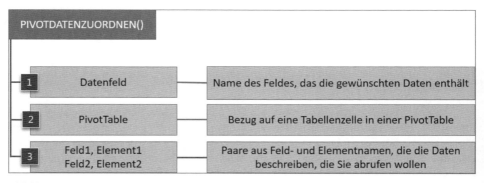

*Abbildung 9.1:   Die Syntax und Beschreibung der Funktion **PIVOTDATENZUORDNEN()***

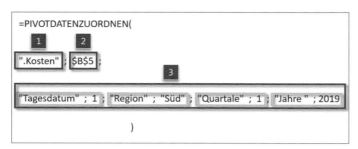

Abbildung 9.2:   Die Interpretation der Formelelemente am praktischen Beispiel unter Beachtung der Ziffern in Abbildung 9.1

Die Arbeitsweise der Funktion

Grundlage für die Formel in Abbildung 9.2 ist die PivotTable **LOE01** in der Mappe **Kap09_LOE.xlsx**. Die PivotTable beinhaltet alle Felder, die für das später aufzubauende Dashboard benötigt werden. Das Ergebnis der obigen Formel können Sie in Abbildung 9.3 erkennen.

Jahre	Quartal	Tag	Werte	Region					
				Mitte	Nord	Ost	Süd	West	Gesamtergebnis
2019	Qrtl1	Jan	.Kosten	185.963	155.695	113.690	184.906	73.463	713.716
			.KostenDiff						
			.Umsatz	338.251	277.224	217.064	334.245	132.393	1.299.177
			.UmsatzDiff						
			.DB	131.993	104.896	90.350	129.284	50.986	507.510
			.%DB	39,02%	37,84%	41,62%	38,68%	38,51%	39,06%
			.%Kosten	54,98%	56,16%	52,38%	55,32%	55,49%	54,94%
		Feb	.Kosten	192.006	85.642	124.066	284.541	74.548	760.804

184.905,77 ← Ergebnis der Formel

Abbildung 9.3: Die PivotTable mit allen sichtbaren Feldern für den Aufbau des Dashboards (Ausschnitt)

Vorbereitung der Arbeitsumgebung

Das in dieser Übung aufzubauende Dashboard umfasst folgende Funktionalitäten:

- Die auszuwertende Region soll aus einer Gültigkeitsliste auswählbar sein.
- Das auszuwertende Quartal soll aus einer Gültigkeitsliste auswählbar sein.
- Die anzuzeigenden Daten werden aus der PivotTable anhand der Auswahlliste und der benötigten Feldinhalte in das Dashboard übertragen.
- Der Bericht aktualisiert sich außerhalb der PivotTable automatisch bei Auswahl eines neuen Kriteriums.

Übungsdateien Wenn Sie alle Aufbauschritte der PivotTable nochmals üben wollen, beginnen Sie mit der Mappe **Kap09_UEB** in den Basisdaten. Andernfalls setzen Sie Ihre Arbeitsschritte auf die schon vorbereitete PivotTable im Tabellenblatt **LOE_Start** oder **LOE01** auf.

Die PivotTable im Tabellenblatt **LOE01** liefert Ihnen alle Daten, die zur Anzeige im Dashboard benötigt werden. In Tabelle 9.1 finden Sie alle Formeln und Felder, die zur PivotTable gehören.

Feld bzw. Formelname	Ergebnis
.Kosten	Feld in der PivotTable
.Umsatz	Feld in der PivotTable
.Kostendifferenz	Quelle **Kosten - Differenz** von Basisfeld **Jahre**, Basiselement **2015**
.Umsatzdifferenz	Quelle **Umsatz - Differenz** von Basisfeld **Jahre**, Basiselement **2015**
Deckungsbeitrag .DB	Berechnetes Feld in den Basisdaten und Feld in der PivotTable
.%DB	Berechnetes Feld in der PivotTable =**DB/Umsatz** in %-Format
.%Kosten	Berechnetes Feld in der PivotTable =**Kosten/Umsatz** in %-Format

Tabelle 9.1: Formeln und Berechnungen in der PivotTable – Anzeige im Dashboard

Die einfache Aufbaustruktur des Dashboards mit den geplanten Ergebnissen sehen Sie in Abbildung 9.4.

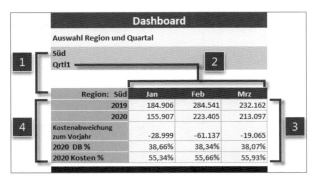

Abbildung 9.4:   Die Arbeitsstruktur des Dashboards

Die Darstellung besteht aus vier Teilen:
1. Auswahl der Region [1]
2. Auswahl des anzuzeigenden Quartals [2]
3. die in der PivotTable berechneten Werte und deren Anzeige im Dashboard [3]
4. die Felder der PivotTable und die berechneten Felder innerhalb der PivotTable [4]

(Die zugehörigen Formeln werden später beschrieben.)

Um eine Ausgabe im Dashboard oder in einem Bericht wie in Abbildung 9.4 zu erreichen, sind neben der Funktion **PIVOTDATENZUORDNEN()** noch weitere Funktionen, Formeln, Übersetzungstabellen und Auswahllisten notwendig. Die gesamte Arbeitsumgebung sehen Sie exemplarisch in Abbildung 9.5.

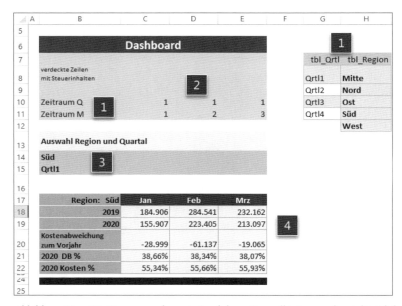

Abbildung 9.5:   Die Steuerungselemente (und deren Formelhintergrund – nicht sichtbar) sowie die Inhalte der Auswahllisten

Die Arbeitsweise der Funktion

Um das Dashboard mit vorbereiteter PivotTable (Tabellenblatt **LOE01**) aufzubauen, gehen Sie folgendermaßen vor:
1. Übersetzen Sie die Listenauswahl [3] von Quartal und Region mithilfe einer Liste (Datenüberprüfung) [1].
2. Sorgen Sie für die Umwandlung bzw. Berechnung der Werte, die von der Funktion **PIVOTDATENZUORDNEN**() in den jeweiligen Argumenten interpretiert werden [2].
3. Wählen Sie die Parameter über Gültigkeitskriterien/Datenüberprüfung aus [3].
4. Sorgen Sie für die Auswertung der Formeln und Anzeige der Werte aus der PivotTable [4].

Der Bereich, der in Abbildung 9.5 mit [1] und [2] gekennzeichnet ist, befindet sich oberhalb des Dashboards im Tabellenblatt und wird (über Gruppierung/Gliederung) ausgeblendet.

Aufbau des Dashboards

In diesem Beispiel befindet sich das Dashboard in einem anderen Tabellenblatt als die PivotTable. Mit folgenden Arbeitsschritten erstellen Sie das Modell:
1. Öffnen Sie ein neues Tabellenblatt, in dem das Dashboard und die Hilfstabellen für die Auswahllisten entstehen sollen.
2. Im neuen Tabellenblatt schreiben Sie in Zeile 6 die Überschrift. Das Dashboard wird im Bereich **B6:E23** aufgebaut.
3. Im Bereich **G7:H12** erfassen Sie die beiden Listen für die Auswahl der Region und des anzuzeigenden Quartals (siehe Abbildung 9.5, [1]).
4. In Zeile 10 schreiben Sie die (versteckten) Übersetzungen für die Auswahl des Quartals und in Zeile 11 die (versteckten) Übersetzungen für die Auswahl des Monats.
5. In Zeile 14 erfolgt die Auswahl der Region durch den Anwender.
6. In Zeile 15 erfolgt die Auswahl des Quartals durch den Anwender.
7. Ab Zeile 17 erfolgt die Anzeige der Werte aus der PivotTable, basierend auf der Auswahl des Anwenders in Zeile 14 und 15.

Übungsdateien Die Lösung finden Sie in der Mappe **Kap09_ LOE.xlsx** im Tabellenblatt **LOE01-Dashboard**.

Erstellen Sie jetzt die Hilfstabellen, dann die zugehörigen Auswahldialoge und verändern Sie danach die Funktionsargumente, um zu parametrisieren, sie variabel zu machen. Entwickeln Sie jetzt alle Formeln für das Dashboard.

Die Auswahllisten erstellen

Die Auswahllisten für die Auswahl des Quartals und der Region sind die ersten Tätigkeiten, die nach dem Layout des Dashboards zu erledigen sind. Legen Sie in dem Tabellenbereich, der gemäß Layout vorgesehen ist (Abbildung 9.5), die beiden Listen an.

Mit folgenden Arbeitsschritten bauen Sie die Auswahldialoge auf:
1. Tragen Sie in die erste Zelle der Spaltenaufzählung als Überschrift **tbl_Qrtl** und für die Spalte der Regionen den Namen **tbl_Region** ein.
2. Tragen Sie dann die Daten in die Zellen ein (Abbildung 9.5).

Kapitel 9: Mit PivotTable aggregieren: mit PIVOTDATENZUORDNEN() Daten extrahieren

3. Markieren Sie jeweils die gesamte Liste einschließlich Überschrift und drücken Sie die Tastenkombination [STRG]+[⇧]+[F3].
4. Im Dialogfeld **Namen aus Auswahl erstellen** ist das Kontrollkästchen **Oberster Zeile** aktiviert (Abbildung 9.6 bei [2]).
5. Schließen Sie das Dialogfeld mit **OK**. Die Überschrift (**tbl_Qrtl**) wird als Name für die darunterliegenden Zellen im Namensmanager hinterlegt.

Wiederholen Sie den Vorgang für die Liste der Regionen.

Einrichten der Datenüberprüfung zur Auswahl der Steuergrößen

1. Wählen Sie die Zielzelle (**B15**), in der die Auswahl (**Datenüberprüfung**) eingerichtet werden soll.
2. Klicken Sie auf der Registerkarte **Daten** in der Gruppe **Datentools** auf die Schaltfläche **Datenüberprüfung**.
3. Im Dialogfeld **Datenüberprüfung** wählen Sie im Listenfeld **Zulassen** den Eintrag **Liste** (Abbildung 9.6, [3]).
4. Im Textfeld **Quelle** (Abbildung 9.6, [4]) drücken Sie die Taste [F3] und wählen im Dialogfeld **Namen einfügen** den Namen aus. Schließen Sie die Dialogfelder mit **OK**.
5. Klicken Sie auf die Zielzelle, und Sie erhalten die Auswahlliste (Abbildung 9.6, [5]).
6. Schließen Sie das Dialogfeld mit **OK**.

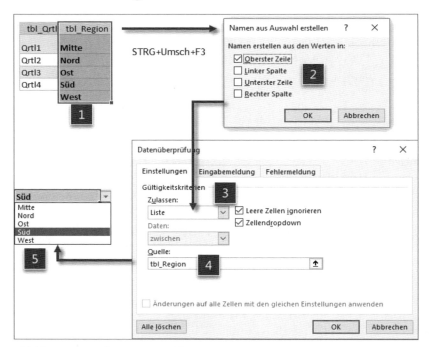

Abbildung 9.6: Aufbau der Auswahlliste über **Daten/Datentools/Datenüberprüfung: Prozessschritte**

Überprüfung der Auswahl und Folgeeinträge in den Steuertabellen

In Zeile 10 wird überprüft, welche Quartalsauswahl in Zeile 15 vorgenommen wurde. Das Ergebnis wird in eine Ziffer übersetzt, damit sie von der Funktion **PIVOTDATENZUORDNEN()** interpretiert werden kann.

Das wird mit einer Wenn-Abfrage umgesetzt:

=WENN($B$15="Qrtl1";1;WENN($B$15="Qrtl2";2;WENN($B$15="Qrtl3";3;4)))

In Zeile 11 wird berechnet, welcher Monat zum jeweiligen Quartal gehört. Der ermittelte Monat wird dann in der jeweils passenden Spalte angezeigt:

- Spalte 1:
  =WENN($B$15="Qrtl1";1;WENN($B$15="Qrtl2";4;WENN($B$15="Qrtl3";7;10)))
- Spalte 2:
  =WENN($B$15="Qrtl1";2;WENN($B$15="Qrtl2";5;WENN($B$15="Qrtl3";8;11)))
- Spalte 3:
  =WENN($B$15="Qrtl1";3;WENN($B$15="Qrtl2";6;WENN($B$15="Qrtl3";9;12)))

Die Auswahl der Monatsnamen in Zeile 17 ist ebenfalls abhängig vom ausgewählten Quartal und dem Monat, der in Zeile 11 berechnet wurde. Die Anzeige erfolgt über eine einfache Lösung mit der Funktion **Wahl()**:

- Spalte 1:
  =WAHL(C11;"Jan";"";"";"Apr";"";"";"Jul";"";"";"Okt")
- Spalte 2:
  =WAHL(D11;"";"Feb";"";"";"Mai";"";"";"Aug";"";"";"Nov")
- Spalte 3:
  =WAHL(E11;"";"";"Mrz";"";"";"Jun";"";"";"Sep";"";"";"Dez")

Die Argumente der Funktion PIVOTDATENZUORDNEN()

Die Anzeige des Wertes **Kosten 2019 im Januar (184.906)** basiert auf dem Funktionsaufbau, den wir im nächsten Absatz erläutern. Die Argumente der Funktion sehen Sie in Tabelle 9.2 sowie in Abbildung 9.7 und in Abbildung 9.8, wo Sie ihre Auswirkungen erkennen.

Ziffer	Argument	Inhalt
[1]	Datenfeld in PivotTable	.Kosten
[2]	Wo befindet sich die PivotTable?	Zelladresse; linke obere Ecke der PivotTable
[3]	Tagesdatum (bedeutet: Monat)	Monat zum ausgewählten Quartal
[4]	Region	Feld aus der PivotTable; Auswahl durch Anwender
[5]	Quartal	Gruppierung aus der PivotTable (Tagesdatum)
[6]	Jahr	Gruppierung aus der PivotTable (Tagesdatum)

Tabelle 9.2: Interpretation der Formelargumente

Die Funktion PIVOTDATENZUORDNEN() entwickeln und dynamisieren

Den Wert aus der PivotTable übernehmen Sie mit der Funktion **PIVOTDATENZUORDNEN()** an die gewünschte Position in einer Zelle des Dashboards, indem Sie ein = in die Zielzelle schreiben und danach auf der PivotTable in die Zelle zeigen, die den gewünschten Inhalt enthält.

Beispielsweise wird der Wert für die Kosten im Januar 2019 in der **Region Süd** mit der Formel

PIVOTDATENZUORDNEN(".Kosten";'LOE01'!$B$5;"Tagesdatum";C$11;"Region";$B$14;"Quartale";C$10;"Jahre";$B$18)

im Dashboard in die geplante Zelle geschrieben.

Die so eingefügte Funktion ist statisch. Das heißt, sie kann nicht kopiert werden und ist auch nicht über Parameter steuerbar. Sie dynamisch und steuerbar zu machen, erfordert den Einsatz von Hilfstabellen und den Austausch von Argumenten innerhalb der Funktion. Wie die obige Funktion dynamisch wird, sehen Sie in Abbildung 9.2, Abbildung 9.7 und Abbildung 9.8.

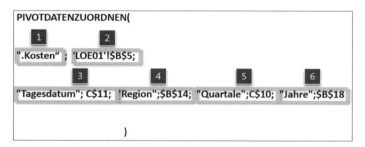

Abbildung 9.7: Formelinterpretation: Funktionsargumente

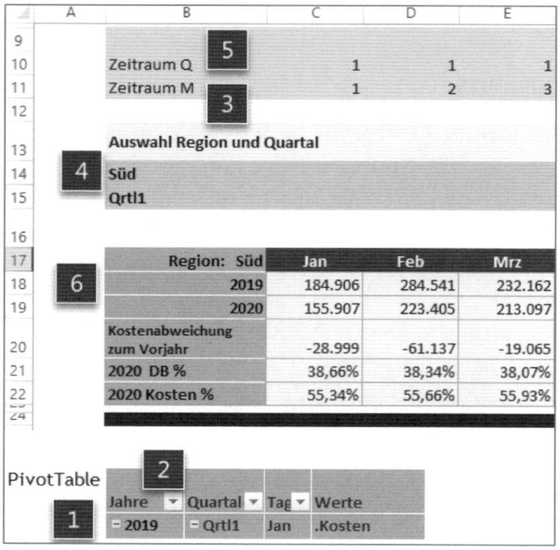

Abbildung 9.8: Feldinhalt im Dashboard

Fehlerbehandlung

Fehler können auftreten, wenn der PivotTable-Bericht geändert wird oder wenn notwendige Feldinhalte nicht mehr sichtbar sind. Das kann zum Beispiel passieren, wenn Sie vor der Jahreszahl im PivotTable-Bericht auf das Minussymbol an der Jahreszahl klicken. Ihr Ziel ist es dann, den auftretenden Fehler zu erfassen und anstelle des Fehlerwertes **#Bezug!** eine eigene Meldung anzuzeigen.

Die Funktion **PIVOTDATENZUORDNEN()** wird zu diesem Zweck noch mit der Funktion **WENNFEHLER()** umschlossen, um einen Bezugsfehler zu verändern und eine kontrollierte Anzeige in die Zelle zu schreiben.

Die Formel für die Fehlerbehandlung lautet dann:

=WENNFEHLER(Pivotdatenzuordnen(…);"keine Daten").

Hinweis Die Besonderheiten der Tabellenfunktion **PIVOTDATENZUORDNEN()**

Die Funktion **PIVOTDATENZUORDNEN()** gibt Daten bzw. Datenzusammenfassungen aus dem PivotTable-Bericht zurück. Voraussetzung ist die Sichtbarkeit der Daten bzw. Datenzusammenfassungen im PivotTable-Bericht. Damit ist gemeint, dass alle Felder und Elemente, die in der Funktion benötigt werden, im PivotTable-Bericht vorhanden und sichtbar angeordnet sein müssen. Dazu gehört auch, dass Gruppierungen nicht geschlossen (zugeklappt) werden dürfen. Felder, die nachträglich aus dem PivotTable-Bericht entfernt werden, ziehen also automatisch den Fehler **#BEZUG!** nach sich. Felder, die nachträglich aufgenommen werden, bleiben in der Funktion unberücksichtigt. Felder, die in einem PivotTable-Bericht an eine andere Position gezogen werden, die sichtbar ist, werden korrekt verarbeitet und dargestellt. Wird beispielsweise ein Feld aus dem Layoutbereich **Zeilen** in den Layoutbereich **Filter** verschoben und dort ein Element ausgeblendet, sind die Daten im PivotTable-Bericht nicht mehr sichtbar. Dies führt daraufhin zum Fehler **#BEZUG!**.

Berechnete Felder, berechnete Elemente und benutzerdefinierte Berechnungen werden von der Funktion **PIVOTDATENZUORDNEN()** berücksichtigt.

Kapitel 10
Innovative Analyse und Berichte mit Gruppierungen

In diesem Praxisbeispiel wird gezeigt, wie Sie mit PivotTables und dem geschickten Zusammenfassen von Informationen in den Quelldaten, neue Analysemöglichkeiten eröffnen und Berichte dadurch wesentlich informativer und lesbarer aufbereiten können.

In diesem Kapitel lernen Sie, …

- eine PivotTable zu erstellen,
- eine Logik zu erarbeiten, wie Sie Daten für Ihre Aufgabenstellung neu klassifizieren und zusammenführen,
- mithilfe der PivotTable neue Felder bzw. Elemente zu erstellen,
- mit diesen Gruppierungen neue Berechnungen in Ihren Daten zu eröffnen sowie
- durch erweiterte Datendifferenzierung informative und leicht verständliche Berichte zu erstellen.

Gruppierungen – die besondere Form der Datenbearbeitung

Durch Gruppieren von Daten in einer PivotTable können Sie Teilmengen von Daten anzeigen oder neue Datenkombinationen kreieren. Die grundsätzlichen Gruppierungen haben Sie in Kapitel 7 schon kennengelernt. Eine Neuerung ist ab der Version 2016 als Feature hinzugekommen: die automatische Zeitgruppierung. Bei Zeitgruppierungen werden beispielsweise bei einem Datumsfeld automatisch die Felder **Jahr**, **Quartal** und **Monat** erzeugt. Diese können dann sofort in eine PivotTable gezogen und analysiert werden.

Daneben gibt es aber auch die Möglichkeit, losgelöst von Automatismen Gruppierungen zu entwerfen. Genau darin liegen die besonderen Möglichkeiten, Daten nach eigenen Kriterien zusammenzufassen. Daraus entstehen Felder, die es in den Quelldaten nicht gibt und dort auch nicht mittels Formeln erzeugt werden müssen. Dadurch wird es möglich, Daten, die in allgemeiner Schreibweise oder als codierte Daten abgelegt sind, für die Leser eines Berichts lesbar zu machen.

Kapitel 10: Innovative Analyse und Berichte mit Gruppierungen

Beispielsweise werden Daten mit der Information **Region 1** bis **Region n** gespeichert. In einem Bericht ist dann nicht erkennbar, um welche Lokalisierung es tatsächlich geht. Daraus können Sie mit einer Gruppierung aus **Region 1**, **Region 5** und **Region 9** die lokalisierbare Variante **Region Nord** oder **Region Deutschland** machen.

Übungsdateien   Die Übungsdatei finden Sie in der Mappe **KAP10_UEB.xlsx**.

Für eine umfassende Beurteilung der Daten werden umfangreiche Gruppenbildungen benötigt.

Der Datenbestand zeigt folgende Felder (Abbildung 10.1).

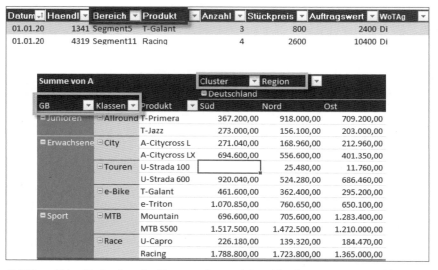

Abbildung 10.1: Die Struktur der Ursprungsdatei und die Felder, die mit einer PivotTable generiert werden

Die Daten in dem Tabellenblatt **Daten** sind als intelligente Tabelle definiert, und der Name lautet **tbl_DWH**. Erstellen Sie eine PivotTable mit folgender Feldanordnung.

Gruppierungen – die besondere Form der Datenbearbeitung

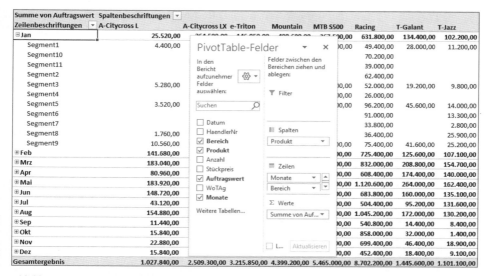

Abbildung 10.2: Die PivotTable mit einer einfachen Auswertung

Eine umfangreichere und mehr ins Detail gehende Auswertung wird durch geschickte Gruppierungen ermöglicht. Die Gruppierungen bauen Sie mit den folgenden Feldern auf.

Gruppierungen
GB (für Geschäftsbereich)
Klassen
Regionen
Cluster

Tabelle 10.1: Tabelle der benötigten Gruppen, die für die Auswertung aufgebaut werden

Nach einigen Überlegungen haben Sie die Zusammenstellung der neuen Felder erarbeitet. Aus welchen Feldern entstehen die Gruppen der Abbildung 10.1?

- **GB** entsteht aus **Klassen**.
- **Klassen** entsteht aus **Produkt**.
- **Cluster** entsteht aus **Region**.
- **Region** entsteht aus **Segment**.

Grafisch werden die Arbeitsschritte zur Entstehung der umfänglichen Auswertung in Abbildung 10.3 und Abbildung 10.4 dargestellt

Kapitel 10: Innovative Analyse und Berichte mit Gruppierungen

Produkt	Klassen	GB
T-Primera	Allround	Junioren
T-Jazz		
A-Citycross LX	City	Erwachsene
A-Citycross L		
U-Strada 100	Touren	
U-Strada 600		
T-Galant	e-Bike	
e-Triton		
Mountain	MTB	Sport
MTB S500		
U-Capro	Race	
Racing		

*Abbildung 10.3: Die Entstehung der Gruppierung für **Klassen** und **GB***

Segment	Region	Cluster
Segment1	Region Süd	Deutschland
Segment3	Region Süd	Deutschland
Segment2	Region Nord	Deutschland
Segment5	Region Nord	Deutschland
Segment6	Region West	Deutschland
Segment7	Region West	Deutschland
Segment4	Region Ost	Deutschland
Segment9	Region Ost	Deutschland
Segment10	Frankreich	Europa
Segment8	Schweiz	Europa
Segment11	Österreich	Europa

*Abbildung 10.4: Die Entwicklung der Gruppierung für Regionen und Cluster aus dem Basisfeld **Segment***

Die praktischen Schritte zum neuen Pivot-Bericht

Die Vorgaben aus den Abbildungen mit den neuen Gruppierungen werden jetzt, beginnend auf der Segmentebene aufgebaut.

Die Segmente in Regionen umarbeiten

Sie können diese Aufgabe auf unterschiedlichen Wegen erreichen:

1. Aktivieren Sie die zuvor erstellte PivotTable (Abbildung 10.2) und entfernen Sie das Feld **Monate** aus dem Zeilenbereich.
2. Selektieren Sie jetzt das **Segment1** und mit gedrückter [Strg]-Taste das **Segment3**.
3. Öffnen Sie mit der rechten Maustaste das Kontextmenü und wählen Sie dort den Befehl **Gruppieren**. Das Ergebnis zeigt Abbildung 10.5.

Summe von Auftragswert	Spaltenbeschriftungen	
Zeilenbeschriftungen	A-Citycross L	A-Citycross LX
⊟ Gruppe1	271.040,00	694.600,00
Segment1	208.560,00	471.500,00
Segment3	62.480,00	223.100,00
⊟ Segment10	58.080,00	140.300,00
Segment10	58.080,00	140.300,00

Abbildung 10.5: Die erste Gruppierung der Segmente 1 und 3

4. Selektieren Sie das Feld **Gruppe1** und tragen Sie in der Bearbeitungszeile den neuen Namen **Süd** ein.
5. Wiederholen Sie diesen Arbeitsschritt, bis alle Regionen aufgebaut sind.

Bei dem Versuch, **Segment 8**, **10** oder **11** zu gruppieren, erscheint folgende Meldung:

Abbildung 10.6: Meldung bei dem Versuch, eine einzelne Zeile zu gruppieren

Eine Gruppierung muss mehr als eine Zeile umfassen. Wie gelangen Sie zum Element **Frankreich**?

Beim Erstellen der ersten Gruppe hat Excel nicht nur diese eine Gruppe erstellt, sondern hat allen anderen Zeilen auch eine Gruppierung zugewiesen. Das bedeutet, jede Zeile hat einen generischen Gruppennamen. Das nutzen Sie jetzt, indem Sie die Gruppenbezeichnung von **Segment10** (Gruppe10) anklicken und in der Bearbeitungszeile den Namen **Frankreich** eintragen. Verfahren Sie ebenso mit allen einzeiligen Segmenten.

Die benannten Regionen erhalten den Feldnamen **Bereich2**. Geben Sie diesem Feld den neuen Namen **Region**.

1. Klicken Sie in der Feldliste im Layoutbereich **Zeilen** auf den Dropdown-Pfeil des Feldes **Bereich2**.
2. Im Kontextmenü klicken Sie auf den Befehl **Feldeinstellungen**.
3. Im folgenden Dialogfeld **Feldeinstellungen** ändern Sie den benutzerdefinierten Namen von **Bereich2** auf **Region** (Abbildung 10.7).

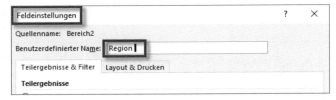

*Abbildung 10.7: Das Dialogfeld **Feldeinstellungen**, in dem der Name des Feldes geändert wird*

4. Entfernen Sie das Feld **Bereich** aus dem Layoutbereich **Zeilen.**
5. Wählen Sie die Befehlsfolge **Entwurf/Berichtslayout/Im Tabellenformat anzeigen**.
6. Das Ergebnis dieses Arbeitsablaufs zeigt die Abbildung 10.8.

Kapitel 10: Innovative Analyse und Berichte mit Gruppierungen

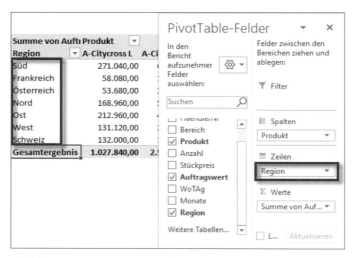

Abbildung 10.8: Die Segmente wurden in Regionen gruppiert.

Die Regionen in Cluster zusammenführen und gruppieren

Das gruppierte Feld **Region** kann durchaus die Grundlage für eine weitere Gruppierung sein.

1. Aktivieren Sie die PivotTable und fügen Sie per manueller Sortierung die Felder einzeln untereinander ein, die zu einer Gruppe gehören sollen (nicht mit STRG -Taste auswählen, da die Felder sonst als Block bewegt werden und somit keine gezielte Sortierung erfolgen kann).

   Bei manueller Sortierung selektieren Sie ein Feld, positionieren den Cursor auf dem grünen Rahmen, bis ein Doppelpfeil entsteht, klicken dann mit der linken Maustaste und ziehen das Feld an die gewünschte Position. Lösen Sie dann die Maustaste. Das Feld wird neu angeordnet.

Hinweis Um die manuelle Sortierung wirksam ausführen zu können, muss in den PivotTable-Optionen die Option in der Feldliste **Nach der Reihenfolge der Datenquelle sortieren** aktiv sein. Ist die Option **Von A bis Z sortieren** aktiv, lässt die PivotTable keine manuelle Sortierung zu.

---

2. Markieren Sie im Feld **Region** alle Namen, die das Cluster **Deutschland** bilden.
3. Öffnen Sie mit der rechten Maustaste das Kontextmenü und wählen Sie dort den Befehl **Gruppieren**.
4. Wiederholen Sie diesen Schritt mit den markierten Namen für das Cluster **Europa**.
5. Benennen Sie die neuen Gruppen und den Feldnamen **Bereich2** wie in Abbildung 10.9.

Damit haben Sie den ersten Teil der neuen Gruppen erstellt. Jetzt folgt noch die Arbeit auf der Produktebene.

Die praktischen Schritte zum neuen Pivot-Bericht

Summe von Auftragswert		Produkt		Summe von Auftragswert		Produkt	
Bereich2	Region	A-Citycross L		Cluster	Region	A-Citycross L	
⊟ Gruppe1	Süd	271.040,00		⊟ Deutschland	Süd	271.040,00	
	Nord	168.960,00			Nord	168.960,00	
	Ost	212.960,00			Ost	212.960,00	
	West	131.120,00			West	131.120,00	
Gruppe1 Ergebnis		784.080,00		Deutschland Ergebnis		784.080,00	
⊟ Gruppe2	Frankreich	58.080,00		⊟ Europa	Frankreich	58.080,00	
	Österreich	53.680,00			Österreich	53.680,00	
	Schweiz	132.000,00			Schweiz	132.000,00	
Gruppe2 Ergebnis		243.760,00		Europa Ergebnis		243.760,00	
Gesamtergebnis		1.027.840,00		Gesamtergebnis		1.027.840,00	

*Abbildung 10.9: Die neuen Bezeichnungen für den Feldnamen **Bereich2** und die neuen Cluster*

Produkte in Klassen und Geschäftsbereichen zusammenfassen und gruppieren

Sie vereinfachen sich die Arbeit, wenn Sie die Felder im Layoutbereich Zeilen und Spalten tauschen. Ziehen Sie das Feld **Produkt** in den Zeilenbereich und die Felder **Region** und **Cluster** in den Spaltenbereich (Abbildung 10.10).

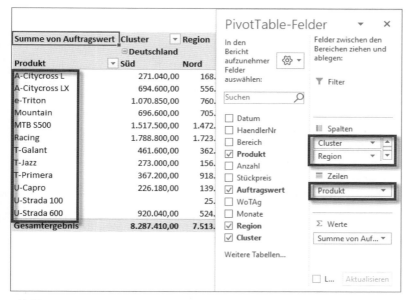

Abbildung 10.10: Die Arbeitsumgebung für die neuen Gruppierungen

1. Für ein zügiges Arbeiten bei dieser Aufgabe ist es hilfreich, die Produkte in der Reihenfolge anzuordnen (manuelles Sortieren), wie die Zusammenfassung (die Gruppierung) laut Planung erfolgen soll.
2. Markieren Sie die ersten beiden Produkte, die die Klasse **Allround** bilden sollen, öffnen Sie mit der rechten Maustaste das Kontextmenü und wählen Sie dort den Befehl **Gruppieren**.
3. Um die Übersicht zu verbessern und leichter arbeiten zu können, schalten Sie mit der Befehlsfolge **Entwurf/Teilergebnisse/Teilergebnisse nicht anzeigen** die Zwischensummen (Teilergebnisse) aus.

Kapitel 10: Innovative Analyse und Berichte mit Gruppierungen

4. Wiederholen Sie die Gruppierungsschritte für alle Produkte.
5. Benennen Sie die generischen Gruppenbezeichnungen gemäß Planung (Abbildung 10.3).
6. Das Ergebnis zeigt Abbildung 10.11.

Abbildung 10.11: Die Gruppen für die Klassendarstellung

Die Klassen zu Geschäftsbereichen (GB) zusammenfassen

In der PivotTable führen Sie dazu folgende Arbeitsschritte aus.

1. Bringen Sie die zusammengehörenden Klassen in die richtige Reihenfolge.
2. Markieren Sie die Klassen **City, Touren** und **e-Bike**, öffnen Sie mit der rechten Maustaste das Kontextmenü und wählen Sie dort den Befehl **Gruppieren**. Alle Gruppen entstehen.
3. Die Gruppe **Allround** benennen Sie lediglich um in **Junioren**.
4. Markieren Sie die Klasse **MTB** und **Race** und wählen Sie über das Kontextmenü den Befehl **Gruppieren**.
5. Benennen Sie jetzt noch die restlichen Gruppen gem. Planung.
6. Das Ergebnis sehen Sie in Abbildung 10.12.

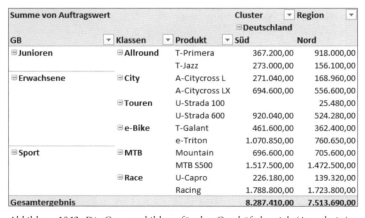

Abbildung 10.12: Die Gruppenbildung für den Geschäftsbereich (Ausschnitt)

Die Crux mit dem Cache

Mit den auf diesem Weg entstandenen neuen Feldern können Sie Ihre Daten nach erweiterten Gesichtspunkten analysieren und eine differenzierte Berichtsdarstellung anbieten.

Übungsdateien Diese Lösung finden Sie im Tabellenblatt **LOE02-GB** in der Mappe **Kap10_LOE.xlsx**.

Die Crux mit dem Cache

Am häufigsten werden Sie bei Gruppierungen mit dem im Hintergrund wirkenden Cache konfrontiert. Folgendes Beispiel zeigt die Wirkung in der alltäglichen Arbeit mit PivotTables. Erstellen Sie eine PivotTable mit dem Feld **Datum** im Zeilenbereich und dem Feld **Auftragswert** im Layoutbereich **Wert** (Abbildung 10.13).

Zeilenbeschriftungen		Zeilenbeschriftungen	Auftragswert
⊞ Jan		⊞ Jan	2.826.290
⊞ Feb		⊟ Feb	3.591.910
⊞ Mrz		01. Feb	10.600
⊞ Apr		02. Feb	91.000
⊞ Mai		03. Feb	26.000
⊞ Jun	Erweitert	04. Feb	66.200
⊞ Jul		05. Feb	54.000
⊞ Aug		06. Feb	86.960
⊞ Sep		07. Feb	81.350
⊞ Okt		08. Feb	175.050
⊞ Nov		09. Feb	92.180
⊞ Dez		10. Feb	41.600
Gesamtergebnis		11. Feb	241.600

*Abbildung 10.13: Die PivotTable mit den beiden Feldern **Datum** und **Auftragswert***

Die Darstellung in der PivotTable zeigt die Monate und den Auftragswert. Benötigen Sie im gleichen Bericht eine weitere Ansicht mit dem Jahr und dem Quartal, erstellen Sie eine zweite PivotTable oder kopieren Sie die vorhandene PivotTable.

Zeilenbeschriftungen	Summe von Auftragswert	Zeilenbeschriftungen	Summe von Auftragswert
⊞ Jan	2.826.290	⊞ Jan	2.826.290
⊞ Feb	3.591.910	⊞ Feb	3.591.910
⊞ Mrz	4.206.530	⊞ Mrz	4.206.530
⊞ Apr	4.195.600	⊞ Apr	4.195.600
⊞ Mai	5.298.650	⊞ Mai	5.298.650
⊞ Jun	4.006.360	⊞ Jun	4.006.360
⊞ Jul	2.720.520	⊞ Jul	2.720.520
⊞ Aug	3.515.060	⊞ Aug	3.515.060
⊞ Sep	1.044.030	⊞ Sep	1.044.030
⊞ Okt	1.565.510	⊞ Okt	1.565.510
⊞ Nov	1.618.450	⊞ Nov	1.618.450
⊞ Dez	1.328.460	⊞ Dez	1.328.460
Gesamtergebnis	35.917.370	Gesamtergebnis	35.917.370

Abbildung 10.14: Die Doppelung der PivotTable

Wenn Sie jetzt etwas in der rechten PivotTable ändern, wird diese Änderung auch in der Ursprungstabelle (linke Tabelle) übernommen.

Kapitel 10: Innovative Analyse und Berichte mit Gruppierungen

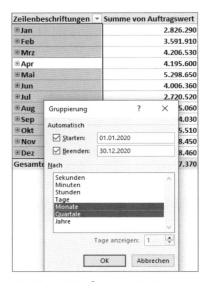

Abbildung 10.15: Änderung der Gruppierung der zweiten PivotTable

Das Ergebnis dieser Aktion sehen Sie in Abbildung 10.16.

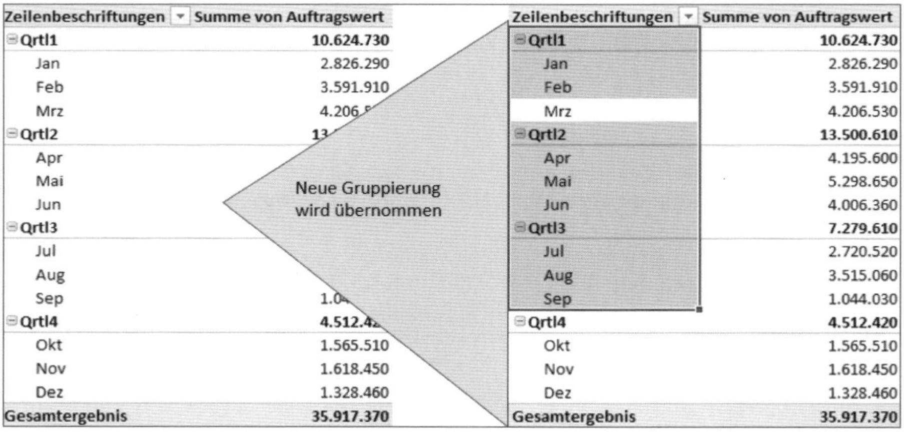

Abbildung 10.16: Die neue Gruppierung wird ebenfalls in der Ursprungstabelle angezeigt.

Diese Reaktion erklärt sich aus dem internen Speicherbereich von Excel, dem Pivot-Cache.

Wie entsteht und wirkt der Pivot-Cache?

Der PivotTable-Cache ist der interne Speicherbereich, den Excel nutzt, um die Daten für PivotTables und PivotCharts zu verwalten.

Wenn Sie eine PivotTable erstellen oder eine PivotTable kopieren, legt Excel automatisch eine Kopie der Quelldaten im PivotTable-Cache ab. Wird eine PivotTable kopiert oder auf der gleichen Datenbasis erstellt, verwendet die neue PivotTable den vorhandenen Pivot-Cache. Deshalb kann die PivotTable auch bei großen Datenmengen auf Änderungen der Struktur performant reagieren.

Die Crux mit dem Cache

Wird die Spalte **Datum**, die das Tagesdatum enthält, in eine PivotTable in den Zeilenbereich positioniert, entsteht in diesem Beispiel automatisch die Gruppierung **Tage, Monate**. Das Feld **Jahre** wird nicht mit einbezogen, weil nur Daten für ein Jahr vorliegen (Abbildung 10.17). Diese automatische Gruppierung reagiert je nach Version und Vorarbeiten, die in der Mappe gemacht wurden, unterschiedlich.

*Abbildung 10.17: Automatische Auswahl der Gruppierungsfelder beim Anordnen des Feldes **Datum** im Zeilenbereich der PivotTable*

Erstellen Sie eine weitere PivotTable, werden die bereits vorhandenen Gruppierungen der existierenden PivotTable aus dem Pivot-Cache übernommen. Eine Änderung der Gruppierung wird dann auf die vorhandene(n) ebenfalls übertragen, weil beide PivotTables auf den gleichen Cache zugreifen (vgl. Abbildung 10.16).

Wie können Sie das umgehen?

1. Im einfachsten Fall umgehen Sie das, indem Sie unmittelbar, wenn Sie mit dem Datumsfeld arbeiten, ALLE Gruppierungsebenen anlegen. Also neben **Tag** und **Monat** auch noch **Quartale** und **Jahre** (vgl. Abbildung 10.17).
2. Jetzt entfernen Sie beispielsweise aus der zweiten PivotTable die Felder (aus der Datumsgruppierung), die nicht benötigt werden. Diese Veränderung hat dann keine Auswirkung auf die erste PivotTable (Abbildung 10.18, linke PivotTable).

Damit können Sie die Automatismen des Pivot-Cache selbst gestalten. Bei gemeinsamer Nutzung eines Cache sollten Sie jedoch beachten:

- Sie können keine unterschiedlichen Gruppierungen auf derselben Spalte der Datenquelle anlegen.
- Wenn Sie eine PivotTable aktualisieren, dann werden die auf dem gleichen Pivot-Cache beruhenden PivotTables ebenfalls aktualisiert.
- Ein Datenschnitt oder eine Zeitachse wirkt auf alle PivotTables mit dem gleichen Cache.
- Berechnete Elemente und berechnete Felder werden in allen PivotTables, die auf dem gleichen Cache basieren, zur Verfügung gestellt. Jede Veränderung an der Berechnung wirkt sich überall aus.

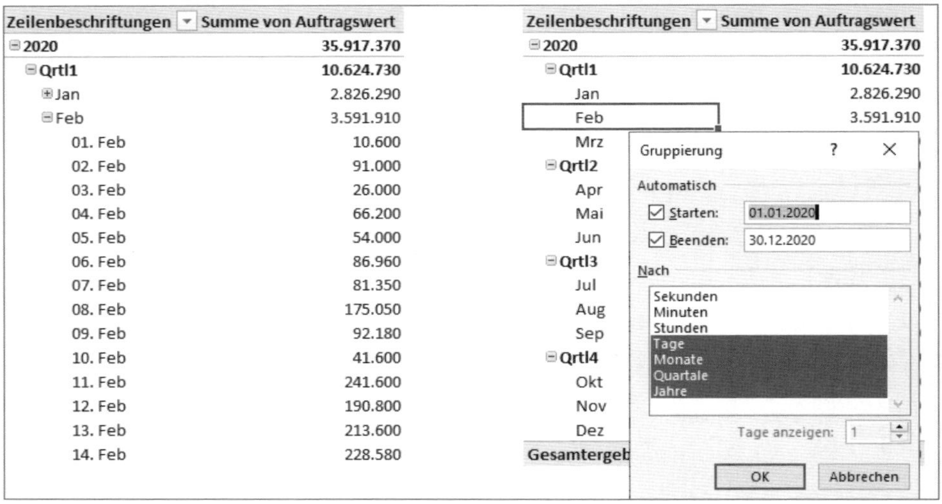

Kapitel 10: Innovative Analyse und Berichte mit Gruppierungen

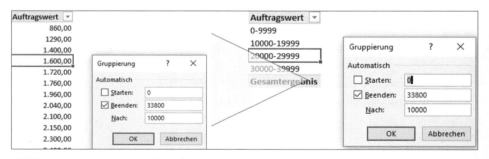

Abbildung 10.18: Veränderung der rechten PivotTable, die keine Auswirkung auf die linke PivotTable hat

Einen separaten Cache für eine PivotTable erstellen

Wenn Sie mit den vorherigen Maßnahmen nicht an das gewünschte Ziel gelangen, gibt es noch die Variante, einen separaten Cache für jede PivotTable anzulegen.

Der Weg über einen separaten Cache ist dann notwendig, wenn Sie beispielsweise nach Intervallen gruppieren wollen (Abbildung 10.19).

Erstellen Sie auf der gleichen Datenbasis eine weitere PivotTable und beabsichtigen Sie, andere, neue Intervallgruppen anzulegen, dann sind der PivotTable die zuvor angelegten Intervalle bekannt. (Sie sind im Cache gespeichert). Ändern Sie das Intervall, wird das zuvor erstellte Intervall überschrieben.

Abbildung 10.19: Gruppierung des Auftragswertes mit einem 10.000er-Intervall

Eine PivotTable, die nicht auf einen vorhandenen Cache zugreift, erstellen Sie am sichersten über den PivotTable- und PivotChart-Assistent.

1. Aktivieren Sie die Tabelle mit den Basisdaten und drücken Sie dann die Tastenkombination [ALT]+[N]+[P].
2. Es erscheint der PivotTable- und PivotChart-Assistent.

Die Crux mit dem Cache

Abbildung 10.20: Der aufgerufene PivotTable-Assistent mit der notwendigen Optionsauswahl

Wenn Sie über diesen Weg die PivotTable erstellen, bekommen Sie die Möglichkeit, eine neue Intervall-Gruppierung aufbauen zu können.

Abbildung 10.21: Die Gruppierung mit einem anderen Intervall

Hinweis   Die zuletzt erstellte PivotTable, die einen eigenen Cache besitzt, benötigt zur Steuerung auch einen eigenen Datenschnitt. Beide PivotTables können nicht mehr über denselben Datenschnitt gesteuert werden. Bedenken Sie die Auswirkungen in einem Dashboard.

Eine neue PivotTable mit einem bestimmten Cache verbinden

Wenn Sie einer neuen PivotTable einen vorhandenen Cache zuweisen möchten, hilft Ihnen ebenfalls der PivotTable- und PivotChart-Assistent.

1. Aktivieren Sie die Tabelle mit den Basisdaten und drücken Sie dann die Tastenkombination [ALT]+[N]+[P].
2. Im ersten Dialogfeld wählen Sie als erste Option **Anderen PivotTable-Bericht oder PivotChart-Bericht** [1] und als zweite Option **PivotTable** [2] (Abbildung 10.22).

Kapitel 10: Innovative Analyse und Berichte mit Gruppierungen

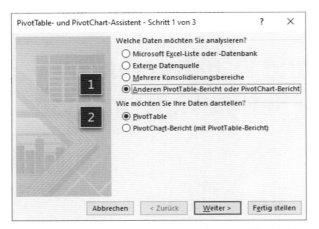

Abbildung 10.22: PivotTable-Assistent mit der Auswahlmöglichkeit eines vorhandenen Cache

3. Im nächsten Dialogfeld wählen Sie dann den erforderlichen Cache aus (Abbildung 10.23).

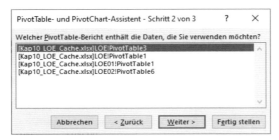

Abbildung 10.23: Auswahl des gewünschten Cache

4. Klicken Sie zunächst auf den Befehl **Weiter** und im nächsten Dialogfeld klicken Sie auf **Fertig stellen**.

In der PivotTable, die Sie mit diesen Schritten erstellt haben, nutzen Sie dann die Inhalte des ausgewählten Cache.

Übungsdateien Diese Beispiele finden Sie in der Mappe **Kap10_LOE_Cache.xlsx**, Tabellenblätter **LOE**, **LOE01** und **LOE02**.

Kapitel 11
Analysieren und Visualisieren mit PivotTables – Beispiel ABC-Analyse

Die ABC-Analyse ist ein operatives Controlling-Instrument. Sie ist ein Mittel zur Entscheidungsfindung, Potenzialbeurteilung und Planung. Bei einer typischen ABC-Analyse erfolgt eine Gewichtung in drei Klassen: A, B und C.

In unserem Pivot-Beispiel untersuchen wir die Umsätze unserer Kunden und erstellen daraus eine PivotTable, in der die jeweilige Gruppenzuordnung farblich dargestellt wird.

In diesem Kapitel lernen Sie, ...

- eine PivotTable zu erstellen,
- verschiedene Werteberechnungen anzuwenden, beispielsweise **% des Gesamtergebnisses**, **Laufende Summe**, **Mittelwert**,
- Kategorien zur Klassifizierung von Daten zu verwenden,
- einen Datenschnitt und eine Zeitachse zu erstellen sowie
- mit bedingter Formatierung zu arbeiten, um Daten anschaulich zu strukturieren.

ABC-Analyse mit PivotTable-Berichten erstellen

In diesem Praxisbeispiel wird gezeigt, wie Sie mit PivotTable-Berichten große Datenmengen nach diesen Analysegesichtspunkten aufbereiten, berechnen, visuell kennzeichnen und mit Datenschnitten steuern können.

Übungsdateien Die Übungsdatei finden Sie in der Mappe **Kap11_UEB.xls**.

Nachdem Sie die Daten in einer PivotTable dargestellt und mit weiteren Berechnungen erweitert haben, erhalten Sie als Ergebnis eine ABC-Analyse. Ein Beispiel für eine solche Analyse sehen Sie in Abbildung 11.1.

Kapitel 11: Analysieren und Visualisieren mit PivotTables – Beispiel ABC-Analyse

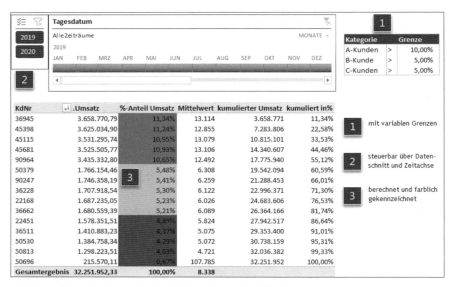

Abbildung 11.1: Das Ergebnis der ABC-Analyse in der Vorschau

Vorbereiten der Basisdaten

In der oben genannten Mappe finden Sie im Tabellenblatt **Basisdaten** die Inhalte für die nächste Übung (siehe Abbildung 11.2). Im ersten Schritt konvertieren Sie die Daten in eine **intelligente Tabelle**.

Tagesdatum	KdNr	Kunde	Kategorie	Region	Ort	Umsatz	Kosten	Land
03.01.2019	90964	CorNet GmbH Berlin	Kategorie 1	Ost	Berlin	22.245,06	11.122,53	BE
03.01.2019	22168	Integratet ET GmbH	Kategorie 2	West	Saarbrücke	7.944,19	4.369,30	SL
03.01.2019	50379	RESol Bremen	Kategorie 2	Nord	Bremen	7.830,92	4.072,08	HB
03.01.2019	50379	RESol Bremen	Kategorie 2	Nord	Bremen	7.275,77	3.783,40	HB
03.01.2019	36662	WD Digital Elec	Kategorie 2	Mitte	Frankfurt	5.895,13	3.478,13	HE

Abbildung 11.2: Ausschnitt aus der Basistabelle, aus der Sie die ABC-Analyse aufbauen

Eine »intelligente Tabelle« anlegen

1. Positionieren Sie den Cursor in den Daten und drücken Sie die Tastenkombination [Strg]+[T].
2. Übernehmen Sie die Inhalte, die im Dialogfeld angezeigt werden, mit einem Klick auf **OK**. Sie erhalten die intelligente Tabelle.
3. Geben Sie der strukturierten Tabelle den Namen **tbl_Basisdaten**.

Aufbau der PivotTable

Als Nächstes benötigen Sie eine PivotTable, die den Umsatz je Kunde zeigt, dargestellt über die Kundennummer.

Vorbereiten der Basisdaten

Gehen Sie folgendermaßen vor:

1. Positionieren Sie den Cursor in der intelligenten Tabelle **(tbl_Basisdaten)** im Tabellenblatt **Basisdaten**.
2. Klicken Sie innerhalb der Menüband-Registerkarte **Einfügen**, Befehlsgruppe **Tabellen**, auf den Befehl **PivotTable**.
3. Überprüfen Sie im folgenden Dialogfeld die Bereichsauswahl der Basisdaten. Bestätigen Sie im Dialogfeld den vorbelegten Namen **(tbl_Basisdaten)** mit einem Klick auf **OK**.
4. Im Aufgabenbereich **PivotTable-Felder** ziehen Sie das Feld **KdNr** in den Layoutbereich **Zeilen** und das Feld **Umsatz** in den Layoutbereich **Werte**.

    Die PivotTable wird erstellt. Damit sie die Prozentanteile, den Mittelwert und kumulierte Umsätze anzeigt, benötigen Sie einen weiteren Aufbau von Feldern im Layoutbereich.

5. Ziehen Sie das Feld **Umsatz** noch viermal in den Layoutbereich **Werte**. Als Ergebnis erhalten Sie die PivotTable aus Abbildung 11.3.

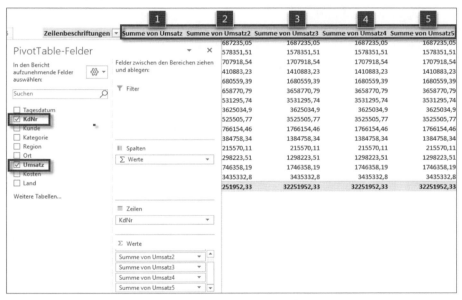

*Abbildung 11.3: Die Pivot-Tabelle mit der Mehrfachanordnung des Feldes **Umsatz***

Für die weitere Entwicklung müssen Sie die Umsatz-Felder in neu zu berechnende Felder umwandeln. Sie benötigen folgende Informationen:

- den Umsatz des jeweiligen Kunden [1]
- den prozentualen Anteil des jeweiligen Kunden am Umsatz [2]
- den Mittelwert [3]
- den kumulierten Umsatz [4]
- den kumulierten Umsatz in Prozent [5]

In den nächsten Schritten entstehen die Berechnungen und die notwendigen Formatierungen.

Formatierungen und Wertfeldberechnungen

1. Im PivotTable-Feld [1] (siehe Abbildung 11.3) formatieren Sie die Werte mit 1000er-Trennzeichen, aber ohne Nachkommastellen.
2. Positionieren Sie den Cursor dazu in einer Zelle dieser Spalte, öffnen Sie mit der rechten Maustaste das Kontextmenü und wählen Sie dort den Befehl **Wertfeldeinstellungen**.
3. Im Dialogfeld klicken Sie auf die Schaltfläche **Zahlenformat** und nehmen in dem folgenden Dialogfeld die entsprechenden Einstellungen vor.
4. Beenden Sie den Dialog, indem Sie auf **OK** klicken.
5. Markieren Sie das Feld **Summe von Umsatz** und benennen Sie es in **.Umsatz** um.

Den Prozentanteil am Gesamtumsatz errechnen

Im PivotTable-Feld [2] aus Abbildung 11.3 berechnen Sie den Prozentanteil:
1. Dazu markieren Sie in dieser Spalte eine Zelle, öffnen mit der rechten Maustaste das Kontextmenü und klicken den Befehl **Werte anzeigen als** an.
2. Im folgenden Kontextmenü wählen Sie den Befehl **% der Gesamtsumme**.
3. Die Spalte der PivotTable wird automatisch neu berechnet, und falls erforderlich, formatieren Sie den Wert in **Prozentdarstellung**.

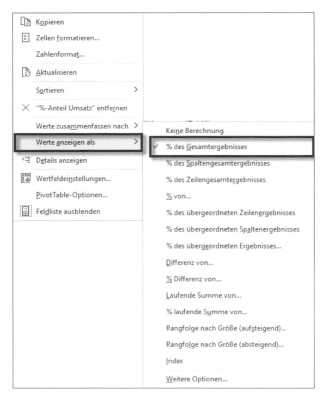

Abbildung 11.4: Auswahl der Befehle für die Wertfeldeinstellungen der PivotTable-Spalte

Den Mittelwert berechnen

Im PivotTable-Feld [3] (Abbildung 11.4) berechnen Sie den Mittelwert:
1. Markieren Sie dazu in dieser Spalte eine Zelle, öffnen Sie mit der rechten Maustaste das Kontextmenü und klicken Sie den Befehl **Werte anzeigen als** an.
2. Im folgenden Kontextmenü wählen Sie den Befehl **Mittelwert**.
3. Die Spalte der PivotTable wird automatisch neu berechnet.
4. Formatieren Sie die Werte mit 1000er-Trennzeichen und ohne Nachkommastellen.
5. Markieren Sie das Feld **Summe von Umsatz3** [3] und benennen Sie es in **Mittelwert** um.

Achtung Der Mittelwert in einer PivotTable wird immer auf der Basis aller Einzelwerte berechnet. Beispielsweise ist es nicht möglich, Zwischensummen als Basis zu verwenden.

Den kumulierten Umsatz berechnen

Im PivotTable-Feld [4] aus Abbildung 11.3 berechnen Sie den kumulierten Umsatz:
1. Markieren Sie dazu in dieser Spalte eine Zelle, öffnen Sie mit der rechten Maustaste das Kontextmenü und klicken Sie den Befehl **Wertfeldeinstellungen** an.
2. Im folgenden Dialogfeld aktivieren Sie die Registerkarte **Werte anzeigen als** und wählen dort in der Bearbeitungszeile den Listeneintrag **Ergebnis in** (siehe Abbildung 11.5).

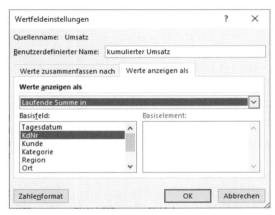

*Abbildung 11.5: Im Dialogfeld **Wertfeldeinstellungen** wählen Sie als Auswerteberechnung **Laufende Summe in** und als Basisfeld **KdNr**.*

3. Bestätigen Sie Ihre Auswahl mit **OK**.
4. Die Spalte der PivotTable wird automatisch neu berechnet.
5. Formatieren Sie die Werte mit **1000er-Trennzeichen** und ohne Nachkommastellen.
6. Markieren Sie das Feld **Summe von Umsatz4** [4] und benennen Sie es um in **kumulierter Umsatz**.

Den kumulierten Umsatz in Prozent berechnen

Im PivotTable-Feld [5] aus Abbildung 11.3 berechnen Sie den kumulierten Umsatz in Prozent:

1. Markieren Sie dazu in dieser Spalte eine Zelle, öffnen Sie mit der rechten Maustaste das Kontextmenü und klicken Sie den Befehl **Wertfeldeinstellungen** an.
2. Im folgenden Dialogfeld aktivieren Sie die Registerkarte **Werte anzeigen als** und wählen dort in der Bearbeitungszeile den Listeneintrag **% Laufende Summe** in.
3. Bestätigen Sie Ihre Auswahl mit **OK**.
4. Formatieren Sie die Werte in Prozentdarstellung mit zwei Nachkommastellen.
5. Markieren Sie das Feld **Summe von Umsatz5** [5] und nennen Sie es **Kumuliert in %**.
6. Zum Abschluss ändern Sie die Berichtsansicht, indem Sie **Im Tabellenformat anzeigen** wählen.
7. Aktivieren Sie die PivotTable und wählen Sie unter **PivotTable-Tools/Entwurf** in der Gruppe **Layout** den Befehl **Berichtslayout/Im Tabellenformat anzeigen**. Damit ist der Aufbau der PivotTable abgeschlossen. Jetzt folgt die Auswertung der ABC-Wertanteile.

Übungsdateien Zwischenergebnis: Die PivotTable zeigt in der gegenwärtigen Darstellung die kumulierten Daten über zwei Jahre Datenmaterial **(LOE01)**.

ABC-Kategorien: die Einordnung der Umsätze berechnen

In diesem Beispiel existiert eine Tabelle mit den Anteilen der Verteilung in die jeweilige Kategorie. Die Werte dieser Tabelle werden in der folgenden Berechnung der bedingten Formatierung zugrunde gelegt bzw. referenziert.

Erstellen Sie eine Tabelle mit den dynamischen Werten für die Einordnung der Umsätze in die ABC-Kategorien (Abbildung 11.6).

Kategorie		Grenze
A-Kunden	>	10,00%
B-Kunde	>	5,00%
C-Kunden	>	5,00%

Abbildung 11.6: Die Tabelle mit den Grenzwerten für die Kategorien-Zuordnung

Übungsdateien In der Lösungsdatei **Kap11_LOE.xls** befindet sich diese Tabelle im Tabellenblatt **Variable**.

Bedingte Formatierung: die Zuordnung der Kunden in die Kategorie

Mit folgenden Arbeitsschritten erreichen Sie das Ergebnis:

1. Aktivieren Sie Ihre PivotTable und markieren Sie die Daten der Spalte **%-Anteil Umsatz** (Abbildung 11.7).

KdNr	.Umsatz	%-Anteil Umsatz
22168	1.687.235,05	5,23%
22451	1.578.351,51	4,89%
36228	1.707.918,54	5,30%
36511	1.410.883,23	4,37%
36662	1.680.559,39	5,21%
36945	3.658.770,79	11,34%
45115	3.531.295,74	10,95%
45398	3.625.034,90	11,24%
45681	3.525.505,77	10,93%
50379	1.766.154,46	5,48%
50530	1.384.758,34	4,29%
50696	215.570,11	0,67%
50813	1.298.223,51	4,03%
90247	1.746.358,19	5,41%
90964	3.435.332,80	10,65%
		100,00%

Abbildung 11.7: Auswahl der zu formatierenden Spalte

2. Öffnen Sie über **Start/Formatvorlagen/Bedingte Formatierung/Neue Regel** das Dialogfeld **Neue Formatierungsregel**.
3. Zur Berechnung der B-Kategorie (gelb) wählen Sie den Eintrag **Alle Zellen mit "%-Anteil Umsatz" Werten für "KDNr"** (siehe [1] in Abbildung 11.8).
4. Im Abschnitt **Regeltyp auswählen** markieren Sie den Eintrag **Nur Zellen formatieren, die enthalten** [2].
5. Die Ansicht des Dialogfeldes ändert sich. Im Abschnitt **Regelbeschreibung bearbeiten** [3] geben Sie die Daten so ein, wie es in Abbildung 11.8 gezeigt ist.
6. Formatieren Sie die Anzeige in der Farbe Gelb.

Die Grenzwerte für die Formatierung, auf die in der Formel referenziert wird, befinden sich im Tabellenblatt **Variable**.

Kapitel 11: Analysieren und Visualisieren mit PivotTables – Beispiel ABC-Analyse

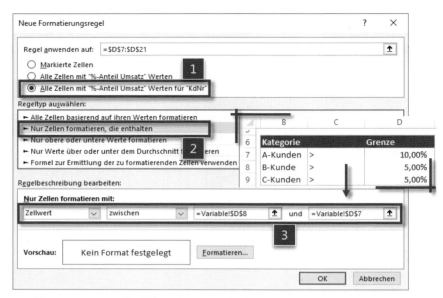

Abbildung 11.8: Das Dialogfeld mit den Daten für die Formatierung der Kategorie B (gelb)

Bestätigen Sie die Eingabe mit einem Klick auf **OK**. Die bedingte Formatierung wird in der PivotTable sichtbar.

Für die Berechnung und Formatierung der A-Kategorie (grün) gehen Sie folgendermaßen vor:

1. Bei gleicher Markierung in der PivotTable öffnen Sie über **Start/Formatvorlagen/Bedingte Formatierung/Neue Regel** das Dialogfeld **Neue Formatierungsregel**.
2. Zur Berechnung der A-Kategorie wählen Sie den Eintrag **Alle Zellen mit "%-Anteil Umsatz" Werten für "KDNr"** (siehe [1] in Abbildung 11.9).

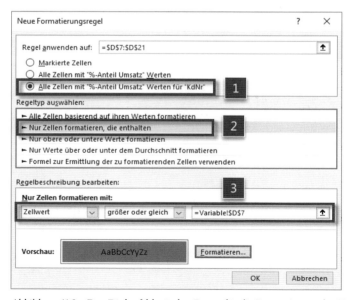

Abbildung 11.9: Das Dialogfeld mit den Daten für die Formatierung der Kategorie A (grün)

238

Bedingte Formatierung: die Zuordnung der Kunden in die Kategorie

3. Im Abschnitt **Regeltyp auswählen** markieren Sie den Eintrag **Nur Zellen formatieren, die enthalten** [2].
4. Die Ansicht des Dialogfeldes ändert sich. Im Abschnitt **Regelbeschreibung bearbeiten** [3] geben Sie die Daten so ein, wie es in Abbildung 11.9 gezeigt ist.
5. Bestätigen Sie die Eingabe mit einem Klick auf **OK**. Die bedingte Formatierung wird in der PivotTable ausgewertet und angezeigt.

Für die Berechnung und Formatierung der C-Kategorie (rot) gehen Sie folgendermaßen vor:

1. Bei gleicher Markierung in der PivotTable öffnen Sie über **Start/Formatvorlagen/Bedingte Formatierung/Neue Regel** das Dialogfeld **Neue Formatierungsregel**.
2. Zur Berechnung der C-Kategorie wählen Sie den Eintrag **Alle Zellen mit "%-Anteil Umsatz" Werten für "KDNr"** (siehe [1] in Abbildung 11.10).
3. Im Abschnitt **Regeltyp auswählen** markieren Sie den Eintrag **Nur Zellen formatieren, die enthalten** [2].
4. Die Ansicht des Dialogfeldes ändert sich. Im Abschnitt **Regelbeschreibung bearbeiten** [3] geben Sie die Daten so ein, wie es in Abbildung 11.10 gezeigt ist.

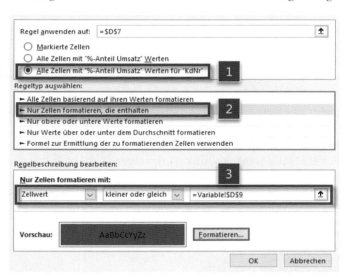

Abbildung 11.10: Das Dialogfeld mit den Daten für die Formatierung der Kategorie C (hellrot)

Bestätigen Sie die Eingabe mit einem Klick auf **OK**. Die bedingte Formatierung wird in der PivotTable angezeigt.

Das Ergebnis der Formatierung und Kategorienzuweisung sehen Sie in der PivotTable aus Abbildung 11.11.

Kapitel 11: Analysieren und Visualisieren mit PivotTables – Beispiel ABC-Analyse

KdNr	.Umsatz	%-Anteil Umsatz	Mittelwert	kumulierter Umsatz	kumuliert in%
22168	1.687.235,05	5,23%	6.026	1.687.235	5,23%
22451	1.578.351,51	4,89%	5.824	3.265.587	10,13%
36228	1.707.918,54	5,30%	6.122	4.973.505	15,42%
36511	1.410.883,23	4,37%	5.075	6.384.388	19,80%
36662	1.680.559,39	5,21%	6.089	8.064.948	25,01%
36945	3.658.770,79	11,34%	13.114	11.723.719	36,35%
45115	3.531.295,74	10,95%	13.079	15.255.014	47,30%
45398	3.625.034,90	11,24%	12.855	18.880.049	58,54%
45681	3.525.505,77	10,93%	13.106	22.405.555	69,47%
50379	1.766.154,46	5,48%	6.308	24.171.709	74,95%
50530	1.384.758,34	4,29%	5.072	25.556.468	79,24%
50696	215.570,11	0,67%	107.785	25.772.038	79,91%
50813	1.298.223,51	4,03%	4.721	27.070.261	83,93%
90247	1.746.358,19	5,41%	6.259	28.816.620	89,35%
90964	3.435.332,80	10,65%	12.492	32.251.952	100,00%
Gesamtergebnis	32.251.952,33	100,00%	8.338		

Abbildung 11.11: Die PivotTable mit der farblichen Formatierung der Kategorien, jedoch ohne Sortierung

Die Kategorien in geschlossener Formation anzeigen

Um die Lesbarkeit der Tabelle zu erhöhen, bietet es sich an, die Tabelle so zu sortieren, dass die jeweiligen Kategorien in der gleichen Farbe unmittelbar hintereinander angeordnet sind.

Mit einem Sortiervorgang ist das leicht zu erledigen. Gehen Sie dazu folgendermaßen vor:

1. Positionieren Sie den Cursor in der entsprechenden Spalte.
2. Öffnen Sie über **Start/Bearbeiten/Sortieren und Filtern** das Dialogfeld **Sortieren** und wählen Sie den Befehl **Nach Größe sortieren (absteigend)**.
3. Als Ergebnis erhalten Sie die sortierte PivotTable aus Abbildung 11.12.

KdNr	.Umsatz	%-Anteil Umsatz	Mittelwert	kumulierter Umsatz	kumuliert in%
36945	3.658.770,79	11,34%	13.114	3.658.771	11,34%
45398	3.625.034,90	11,24%	12.855	7.283.806	22,58%
45115	3.531.295,74	10,95%	13.079	10.815.101	33,53%
45681	3.525.505,77	10,93%	13.106	14.340.607	44,46%
90964	3.435.332,80	10,65%	12.492	17.775.940	55,12%
50379	1.766.154,46	5,48%	6.308	19.542.094	60,59%
90247	1.746.358,19	5,41%	6.259	21.288.453	66,01%
36228	1.707.918,54	5,30%	6.122	22.996.371	71,30%
22168	1.687.235,05	5,23%	6.026	24.683.606	76,53%
36662	1.680.559,39	5,21%	6.089	26.364.166	81,74%
22451	1.578.351,51	4,89%	5.824	27.942.517	86,64%
36511	1.410.883,23	4,37%	5.075	29.353.400	91,01%
50530	1.384.758,34	4,29%	5.072	30.738.159	95,31%
50813	1.298.223,51	4,03%	4.721	32.036.382	99,33%
50696	215.570,11	0,67%	107.785	32.251.952	100,00%
Gesamtergebnis	32.251.952,33	100,00%	8.338		

Abbildung 11.12: Die PivotTable mit Sortierung nach Kategorien in absteigender Folge

Die PivotTable zeigt in der momentanen Darstellung die Jahrgänge 2019 und 2020 in ihrer Summierung. Wünschenswert oder sogar notwendig ist die Darstellung der Kategorienzuordnung für das jeweilige Jahr – und das möglichst dynamisch auswählbar.

Datenschnitt und Zeitachse: in den Kategorien nur ausgewählte Daten berechnen

Übungsdateien	Die Steuerzentrale mit den vorbereiteten Datenschnitten finden Sie in der Datei **Kap11LOE.xlsx** in dem Tabellenblatt **LOE04**.

Datenschnitt und Zeitachse: in den Kategorien nur ausgewählte Daten berechnen

Mit nur wenig Mehraufwand ist es auch möglich, einen Zeitraum, beispielsweise das zweite Quartal aus beiden Jahren, auszuwählen und in der Berechnung darzustellen.

Diese Aufgabenstellung wäre mit einem Datenschnitt und einer Zeitachse leicht lösbar.

Mit den Kenntnissen aus Kapitel 4 und 6 über das Anlegen von Datenschnitten gehen Sie folgendermaßen vor, um Datenschnitt und Zeitachse zur Steuerung der PivotTable aufzubauen:

Hinweis	Wenn Sie bisher noch keine Pivot-Tabelle mit einer Datumsgruppierung erstellt haben, dann bietet Ihnen die Auswahl für den Datenschnitt kein Feld mit der Gruppierung **Jahr** an. Für die Steuerung obiger PivotTable ist dies aber erforderlich. Das Feld **Jahre** entsteht, wenn Sie das Feld **Tagesdatum** in die Übungs-Pivot-Table ziehen. Excel erzeugt dann automatisch alle Zeitdimensionen. Danach entfernen Sie alle Felder, die neu entstanden sind, aus der aktuellen PivotTable. Wenn Sie jetzt das Dialogfeld **Datenschnitt** betrachten, sind die Zeitdimensionen **Jahr** und **Quartale** neben dem Tagesdatum vorhanden.

1. Verwenden Sie die zuletzt erstellte PivotTable (siehe Abbildung 11.12) oder greifen Sie auf die Mappe **Kap11_LOE.xlsx** und dort auf das Tabellenblatt **LOE04** zurück.
2. Aktivieren Sie die Pivot-Tabelle und klicken Sie dann auf der Registerkarte **PivotTable-Analyse** in der Gruppe **Filtern** auf den Befehl **Datenschnitt einfügen**.
3. Wählen Sie dann das Dialogfeld **Datenschnitt auswählen**, aktivieren Sie das Kontrollkästchen vor dem Feld **Jahre** und schließen Sie das Dialogfeld mit einem Klick auf **OK**. Sie erhalten den markierten Datenschnitt aus Abbildung 11.13.

Abbildung 11.13: Der eingefügte Datenschnitt für die Steuerung der Jahresselektion

Der Datenschnitt enthält noch Felder, die für die Anzeige nicht benötigt werden. Nehmen Sie folgende Formatierungen vor:

1. Bei selektiertem Datenschnitt wählen Sie auf der Registerkarte **Datenschnitt** in der Gruppe **Datenschnitt** den Befehl **Datenschnitteinstellungen**.

2. Im folgenden Dialogfeld **Datenschnitteinstellungen** übernehmen Sie die Einstellungen aus Abbildung 11.14.

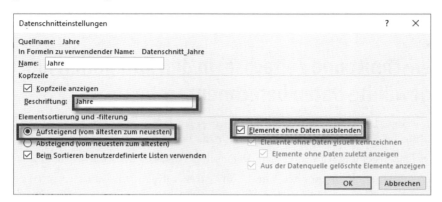

Abbildung 11.14: Die Datenschnitteinstellungen für den aktuellen Datenschnitt zur Auswahl der Jahre

3. Jetzt zeigt der Datenschnitt nur noch zwei Felder mit der Jahreszahl 2019 und 2020 an.
4. Ordnen Sie den Datenschnitt oberhalb der Pivot-Tabelle an und formatieren Sie ihn optisch nach Ihren Wünschen.

Zeitachse einfügen

Um eine Zeitachse hinzuzufügen, gehen Sie folgendermaßen vor:

1. Selektieren Sie wieder die PivotTable und klicken Sie dann auf der Registerkarte **PivotTable-Analyse** in der Gruppe **Filtern** auf den Befehl **Zeitachse einfügen**.
2. Aktivieren Sie das Kontrollkästchen vor dem (einzigen) Feld **Tagesdatum** und schließen Sie das Dialogfeld mit einem Klick auf **OK**.

Positionieren Sie den Datenschnitt **Zeitachse** ebenfalls oberhalb der PivotTable. Damit haben Sie die Selektionsmöglichkeiten geschaffen, um die Auswahl der PivotTable zu steuern.

Jetzt bleibt Ihnen noch die Möglichkeit, die beiden Datenschnitte und die PivotTable nach Ihrem Geschmack zu formatieren. Ein mögliches Ergebnis könnte dann beispielsweise so aussehen wie in Abbildung 11.15.

Zeitachse einfügen

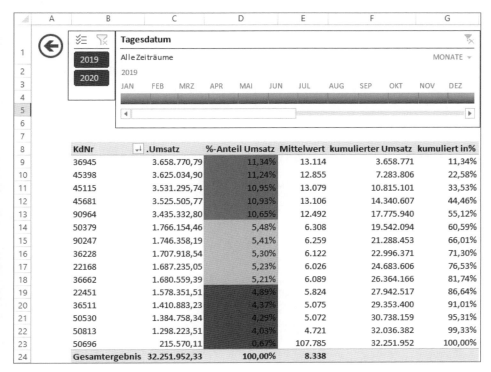

Abbildung 11.15: Die PivotTable mit den Datenschnitten zur dynamischen Auswertung

Übungsdateien   Diese Lösung finden Sie im Tabellenblatt **LOE05** in der Mappe **Kap11_LOE.xlsx**.

Kapitel 12
Datenmodell und Beziehungen

In diesem Kapitel lernen Sie, ...
- eine intelligente Tabelle zu erstellen und sie in einem Datenmodell zu verwenden,
- Beziehungen von Tabellen in einem Datenmodell zu erstellen,
- Measures zu erstellen,
- den Unterschied von impliziten zu expliziten Measures kennen sowie
- Measures nachträglich zu bearbeiten und zu verändern.

Über die neue Funktionalität **Datenmodell hinzufügen** können zwei oder mehrere Datenbereiche in eine gewöhnliche Excel-PivotTable integriert werden. Praktisch entsteht eine relationale Datenquelle. Datenmodelle werden in Excel transparent verwendet und stellen Tabellendaten zur Nutzung in PivotTables, PivotCharts und Power-View-Berichten bereit. Bis einschließlich Excel 2010 ist diese Funktionalität nur in der Erweiterung Power Pivot verfügbar. In den nachfolgenden Versionen übernimmt die PivotTable diese Aufgabe.

Mit einem Datenmodell lassen sich Daten mit Diagrammen oder Pivot-Tabellen noch effizienter analysieren und auswerten, ohne dass zuvor die relevanten Daten zu einer einzigen Tabelle zusammengefasst werden müssen. Auf die Funktion **SVERWEIS()** kann verzichtet werden. Auf Werte oder Aggregationen im Datenmodell können Sie auch mit Excel-Funktionen zugreifen.

Hinweis	In Excel wird das Datenmodell als Zusammenstellung von Tabellen in der PivotTable-Feldliste dargestellt. Wenn Sie direkt mit dem Modell arbeiten möchten, benötigen Sie das Add-In Power Pivot für Microsoft Office Excel, das Sie evtl. erst installieren (je nach Version) oder nur in den Optionen aktivieren müssen (**Datei/Excel-Optionen/Add-Ins/Verwalten COM-Add-Ins**).

Übungsdateien	Als Datenbasis verwenden Sie die Datei **Kap_12_UEB.xlsx**.

Kapitel 12: Datenmodell und Beziehungen

Achtung   Eine Excel-Arbeitsmappe kann nur ein Datenmodell enthalten. Dieses kann jedoch wiederholt in der gesamten Arbeitsmappe verwendet werden.

Anhand eines Beispiels wird eine Pivot-Auswertung mit verknüpften Tabellen unter Nutzung des Datenmodells aufgebaut.

Hinweis   Immer wenn Sie mit einem Datenmodell arbeiten, verwenden Sie auch Power Pivot. Dies wird in dieser Arbeitsumgebung nicht besonders angezeigt oder hervorgehoben, es geschieht ohne Ihr Zutun im Hintergrund. Anders ist es hingegen, wenn Sie ganz gezielt mit Power Pivot arbeiten wollen und es explizit aufrufen.

Strukturierte Tabellen definieren und Beziehungen zwischen den Tabellen erstellen

Möchten Sie beispielsweise die Umsätze im Tabellenblatt **Bewegungsdaten** nach Regionen aufgliedern, können Sie diese Information nur darstellen, wenn Sie auf die Daten des Tabellenblattes **Variablen** zugreifen.

Vorbereiten der Arbeitstabellen

Um einfach und effizient mit Datenmodellen zu arbeiten, ist es notwendig, zuerst alle Datenquellen, die im Modell berücksichtigt bzw. verarbeitet werden sollen, in intelligente Tabellen zu konvertieren. Dazu gehen Sie folgendermaßen vor:

1. Öffnen Sie die Excel-Mappe **Kap_12_UEB.xlsx**. Wechseln Sie in das Tabellenblatt **Bewegungsdaten**. Positionieren Sie den Cursor im Datenbereich.
2. Klicken Sie in der Menüband-Registerkarte **Einfügen** in der Befehlsgruppe **Tabellen** auf den Befehl **Tabelle**. Alternativ können Sie die Tastenkombination [Strg]+[T] anwenden.
3. Im Dialogfeld **Tabelle erstellen** prüfen Sie die Bereichsangaben und stellen sicher, dass die Option **Tabelle hat Überschriften** aktiviert ist.
4. Mit einem Klick auf **OK** definieren Sie die strukturierte Tabelle (siehe Abbildung 12.1).

*Abbildung 12.1: Das Dialogfeld **Tabelle erstellen** mit ausgewähltem Datenbereich*

5. Benennen Sie die Tabelle **f_Umsatz** (siehe den folgenden Abschnitt, »Tabellen benennen«).
6. Wiederholen Sie den vorausgegangenen Schritt für die drei Datenquellen im Tabellenblatt **Variablen**.

Strukturierte Tabellen definieren und Beziehungen zwischen den Tabellen erstellen

Achtung Beachten Sie, dass der Name, der in dem Textfeld **Tabelle/Bereich** vorgegeben wird, wenn Sie zum ersten Mal eine strukturierte Tabelle erstellen, der Name der strukturierten Tabelle ist. Es handelt sich nicht um den Namen des Tabellenblattes, auch wenn dieses möglicherweise den gleichen Namen hat (beispielsweise **Tabelle1**).

Tabellen benennen

Standardmäßig wird die intelligente Tabelle mit einem automatischen Namen versehen, etwa **Tabelle1**, **Tabelle2** usw. Damit Sie im Datenmodell die einzelnen Tabellen gut voneinander unterscheiden können, ist es hilfreich und sinnvoll, die formatierten Tabellen mit einem eigenen, möglichst sprechenden und zum Datenmodell passenden Namen zu versehen. Verwenden Sie folgende Namen und gehen Sie wie folgt vor:

Tabelle	Name der intelligenten Tabelle
Kunde	d_Kunde
Land	d_Land
Artikel	d_Artikel
Bewegungsdaten	f_Umsatz

Tabelle 12.1: Namensvergabe für die Tabellen im Datenmodell

1. Aktivieren Sie die erste zu benennende Tabelle im Arbeitsblatt. Klicken Sie dann in der Menüband-Registerkarte **Tabellenentwurf** in der **Befehlsgruppe Eigenschaften**, das Textfeld **Tabellenname** an.
2. Markieren Sie im Textfeld **Tabellenname** den vorhandenen Eintrag und geben Sie eine neue Bezeichnung für den Datenbereich ein. Die Tabelle mit den Bewegungsdaten nennen Sie **f_Umsatz** (Abbildung 12.2).

Abbildung 12.2: Die formatierte Tabelle (intelligente Tabelle) mit neuem, sprechendem Namen

Im Excel-Arbeitsblatt **Variablen** finden Sie drei Tabellen (siehe Abbildung 12.3). Vergeben Sie auf die gleiche Art und Weise für die Tabellen die vorgegebenen Namen wie in Tabelle 12.1.

Kunde				Land		Artikel		
KdNr	Kunde	Kategorie	Region	Kunde	Bundesland	Code	Zeitschrift	Preis
B3572	Stadion Bremen	B Kunde	Nord	Stadion Bremen	Bremen	O3547	outdoor	5,50
F3037	Zeil Frankfurt	C Kunde	Mitte	Zeil Frankfurt	Hessen	C9854	Chip	5,30
H4343	Flughafen Hannover	C Kunde	Mitte	Flughafen Hannover	Niedersachsen	SL2391	SmartLiving	2,80
H9977	Hafen Hamburg	C Kunde	Nord	Hafen Hamburg	Hamburg	SC6723	Spectrum	6,00
K9211	Dom Köln	B Kunde	West	Dom Köln	Nordrhein-Westfahlen	N9374	Natur	7,30
L5678	Mädler Passage Leipzig	B Kunde	Ost	Mädler Passage Leipzig	Sachsen	CT7346	C'T	9,20
M2031	Flughafen München	A Kunde	Süd	Flughafen München	Bayern	MU3274	MacUp	6,10
M2893	U-Bahn Berlin	A Kunde	Ost	U-Bahn Berlin	Berlin			
M4409	Mainzer Stadtkiosk	A Kunde	Mitte	Mainzer Stadtkiosk	Rheinland-Pfalz			
S6621	Kiosk Bahnhof Stuttgart	A Kunde	Süd	Kiosk Bahnhof Stuttgart	Baden-Württemberg			
S8150	Bahnhof Saarbrücken	B Kunde	West	Bahnhof Saarbrücken	Saarland			

*Abbildung 12.3: Benennung der Tabellen im Arbeitsblatt **Variablen***

Beziehungen zwischen den Tabellen erstellen

Die zentrale Tabelle **f_Umsatz** enthält die Bewegungsdaten der getätigten Umsätze. Ergänzende Informationen wie der Name der Zeitschrift, der Preis, Standort des Kunden usw. befinden sich in den sogenannten Dimensionstabellen (**d_Kunde**, **d_Land** und **d_Artikel**).

Um auf die Inhalte der Dimensionstabellen zugreifen zu können, werden die Tabellen über ein Schlüsselfeld **Beziehungen** hergestellt. Dazu gehen Sie folgendermaßen vor:

1. Erstellen Sie aus den Daten im Tabellenblatt **Bewegungsdaten** eine einfache PivotTable:
2. Aktivieren Sie die Tabelle **d_Umsatz** und wählen Sie den Befehl **Einfügen/Befehlsgruppe Tabellen/PivotTable**.
3. Im Dialogfeld **PivotTable erstellen** aktivieren Sie das Kontrollkästchen **Dem Datenmodell diese Daten hinzufügen** und klicken auf die Schaltfläche **OK**.
4. Die PivotTable wird erstellt. Fügen Sie das Feld **KdNr** in den Layoutbereich **Zeilen** und das Feld **Umsatz** in den Layoutbereich **Werte** ein.
5. Formatieren Sie die Umsatzzahlen mit zwei Nachkommastellen und 1000er Trennzeichen, sowie die Anzeige im Tabellenformat **/Entwurf/Layout/Berichtslayout/Im Tabellenformat anzeigen**.

KdNr	Summe von Umsatz
B3572	249.032,00
F3037	246.639,00
H4343	250.467,00
H9977	243.213,00
K9211	246.373,00
L5678	243.262,00
M2031	247.327,00
M2893	249.017,00
M4409	245.516,00
S6621	254.357,00
S8150	246.103,00
Gesamtergebnis	**2.721.306,00**

Abbildung 12.4: Die einfache PivotTable im Datenmodell

Diese PivotTable enthält aufgrund der schlanken Datenstruktur nur wenige ergänzende Informationen. Jetzt können Sie mittels Datenmodell Informationen aus den Dimensionstabellen in diese PivotTable aufnehmen. Dazu gehen Sie folgendermaßen vor:

1. Aktivieren Sie die PivotTable und wählen Sie den Befehl **PivotTable-Analyse/Berechnungen/Beziehungen**.
2. Im Dialogfeld **Beziehungen verwalten** wählen Sie den Befehl **Neu**.
3. Im folgenden Dialogfeld **Beziehungen erstellen** wählen Sie die Tabellen und Spalten aus, die für die Beziehung notwendig sind.
4. Verbinden Sie die Tabellen und Spalten wie in Abbildung 12.5.
5. Klicken Sie zum Abschluss auf die Schaltfläche **OK**.
6. In der PivotTable-Feldliste aktivieren Sie die Registerkarte **Alle**. Alle intelligenten Tabellen mit ihren Feldern werden hier aufgelistet.

Beziehungen zwischen den Tabellen erstellen

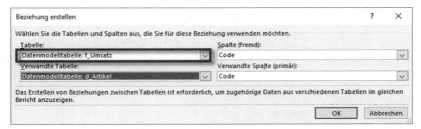

Abbildung 12.5: Die Beziehungen zwischen den Tabellen **Bewegungsdaten** und **Artikel**, um die Information **Produkt** (Name der Zeitschrift) in die PivotTable aufzunehmen

7. Ziehen Sie jetzt das Feld **Zeitschrift** in den Layoutbereich **Zeilen**, an die zweite Position. Sie erhalten dann die PivotTable aus Abbildung 12.6.

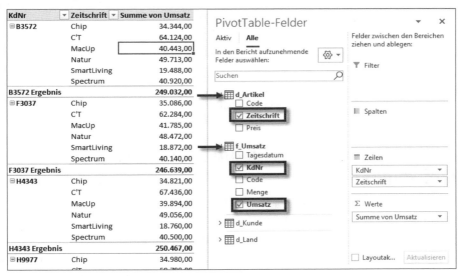

Abbildung 12.6: Die PivotTable mit Inhalten aus zwei Excel-Arbeitsblättern (Ausschnitt)

Die PivotTable präsentiert Ihnen die Umsätze für alle Kunden, aufgesplittet in die Einzelumsätze je Zeitschrift.

Übungsdateien   Die Lösung aus Abbildung 12.6 finden Sie in der Mappe **Kap12_LOE.xlsx** im Tabellenblatt **LOE01**.

Im Aufgabenbereich **PivotTable-Felder** werden auf der Registerkarte **Alle** sämtliche Tabellen der Excel-Arbeitsmappe aufgelistet (intelligente Tabellen). Sie haben die Möglichkeit, lediglich die Tabellen einzublenden, die Sie für Ihre Arbeit benötigen. Für diesen Fall wählen Sie die benötigten Tabellen aus und übertragen diese auf die Registerkarte **Aktiv**. Klicken Sie hierfür mit der rechten Maustaste auf den Tabellennamen und wählen Sie im Kontextmenü den Befehl **Auf der aktiven Registerkarte anzeigen**.

Ebenso gibt es den Befehl **Von der aktiven Registerkarte entfernen**, um eine Tabelle auf der aktiven Registerkarte auszublenden (Abbildung 12.7).

Kapitel 12: Datenmodell und Beziehungen

Abbildung 12.7: Die PivotTable mit den beiden aktiven Tabellen und dem Kontextmenü mit dem Befehl, eine Tabelle aus der aktiven Registerkarte zu entfernen

Eine dritte Tabelle in die Informationsgewinnung einbeziehen

Die Verbindung zu externen Tabellen ist nicht auf eine einzige Beziehung begrenzt. Es ist beim Start bereits sinnvoll, alle Tabellen vorzubereiten und die Beziehungen aufzubauen. Es ist aber auch möglich, Beziehungen nachträglich zu erstellen.

Angenommen Sie möchten Ihre Umsätze nicht nur nach Produkten, sondern zusätzlich auch nach Regionen auswerten und zusätzlich noch die Verteilung auf die Bundesländer betrachten. Über die Erweiterung des Datenmodells lässt sich das leicht und schnell bewerkstelligen. Sie benötigen dazu lediglich die Verknüpfung zu den Tabellen **d_kunde** und **d_Land**.

Der Weg zur Lösung sieht folgendermaßen aus:

1. Die fehlenden Beziehungen erstellen Sie, indem Sie Ihre PivotTable aktivieren und den Befehl **PivotTable-Analyse/Berechnungen/Beziehungen** auswählen.
2. Im Dialogfeld **Beziehungen verwalten** wählen Sie den Befehl **Neu**.

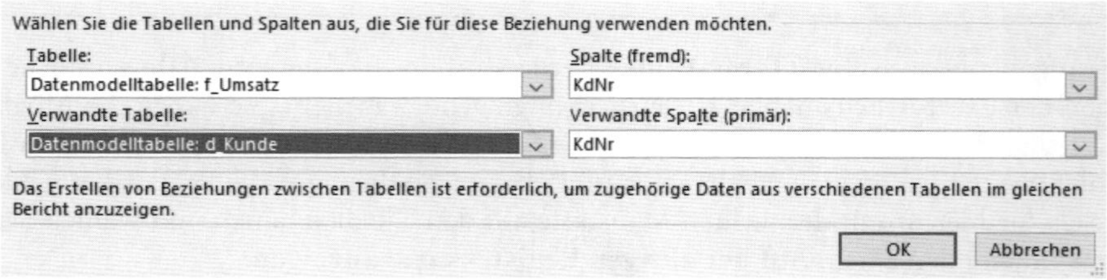

Abbildung 12.8: Beziehung zwischen den Tabellen **f_Umsatz** und **d_Kunde** über ein Schlüsselfeld aufbauen

Eine dritte Tabelle in die Informationsgewinnung einbeziehen

3. Im folgenden Dialogfeld **Beziehungen erstellen** wählen Sie die Tabellen und Spalten aus, die für die Beziehung notwendig sind.
4. Verbinden Sie die Tabellen und Spalten wie in Abbildung 12.8.

Die Verbindung zwischen der Tabelle **Kunden** und der Tabelle **Land** erstellen Sie mit den gleichen Arbeitsschritten:

1. Aktivieren Sie erneut die PivotTable und wählen Sie den Befehl **PivotTable-Analyse/Berechnungen/Beziehungen**.
2. Im Dialogfeld **Beziehungen verwalten** wählen Sie den Befehl **Neu**.
3. Im folgenden Dialogfeld **Beziehungen erstellen** wählen Sie die Tabellen und Spalten aus, die für die Beziehung notwendig sind.
4. Verbinden Sie die Tabellen und Spalten wie in Abbildung 12.9.

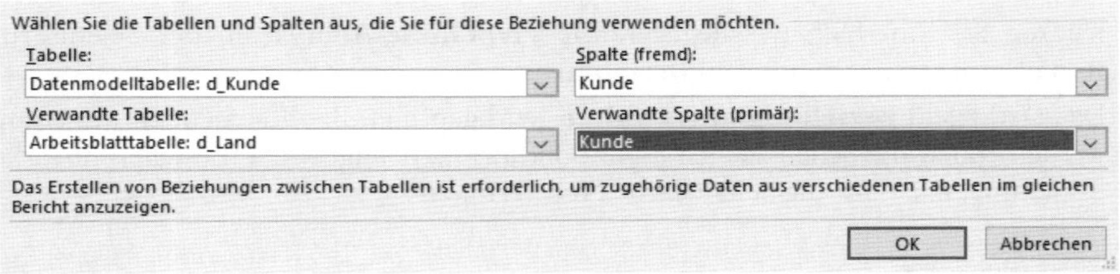

Abbildung 12.9: Beziehung zwischen den Tabellen f_land und d_Kunde über ein Schlüsselfeld aufbauen

Mit diesem Schritt haben Sie alle Tabellen verbunden und können jetzt alle Felder der Tabellen in Ihrer PivotTable auswerten.

Einen Bericht mit Feldern aus allen Tabellen sehen Sie in der folgenden Abbildung.

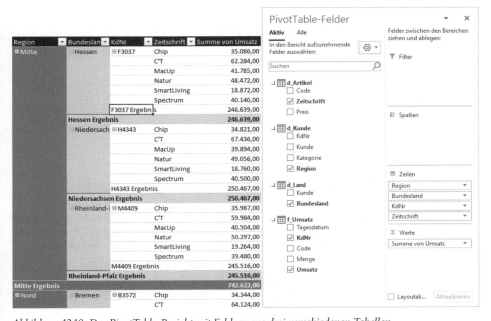

Abbildung 12.10: Der PivotTable-Bericht mit Feldern aus drei verschiedenen Tabellen

Kapitel 12: Datenmodell und Beziehungen

Der PivotTable-Bericht ist im Tabellenformat formatiert und zeigt Teilergebnisse für die Elemente **Region**, **Bundesland** und **KdNr**. Sie können jederzeit sowohl die Anordnung als auch die Formatierung ändern und Felder hinzufügen oder entfernen.

Übungsdateien Die Lösung aus Abbildung 12.10 finden Sie in der Mappe **Kap12_LOE.xlsx** im Tabellenblatt **LOE02**.

Bestehende Beziehungen bearbeiten

Vorhandene Beziehungen können beliebig ergänzt, verändert, gelöscht oder auch deaktiviert bzw. aktiviert werden. So öffnen Sie den Bearbeitungsdialog:

1. Klicken Sie innerhalb der Registerkarte **PivotTable-Analyse** in der Befehlsgruppe **Berechnungen** auf den Befehl **Beziehungen**.
2. Das Dialogfeld **Beziehungen verwalten** wird geöffnet. Bei bestehenden Beziehungen werden Ihnen die Schaltflächen aus Abbildung 12.11 angeboten. Bestehen noch keine Beziehungen, ist nur die Schaltfläche **Neu** verfügbar.

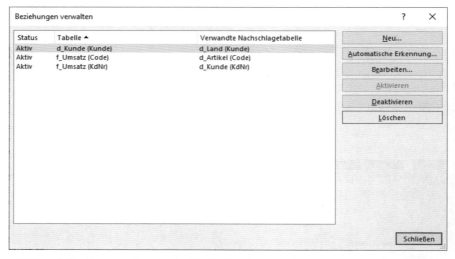

Abbildung 12.11: Verwalten bestehender Tabellenbeziehungen

Der neue Weg – Berechnungen im Datenmodell

Die Zusammenstellung von Feldern aus verschiedenen Tabellen, wie im vorausgegangenen Beispiel gezeigt, ermöglicht lediglich die hier dargestellte Anzeige. Ein **berechnetes Feld** bzw. ein **berechnetes Element** kann in dieser Aufbauweise nicht hinzugefügt werden.

Im Datenmodell eröffnen sich neue Möglichkeiten, mit Measures Berechnungen vorzunehmen. Beim Entwickeln von Measures müssen Sie sich allerdings mit einer anderen Formelsyntax als in Excel befassen.

In einem kleinen Beispiel berechnen Sie die Anzahl der Kunden (Distributoren).

Der neue Weg – Berechnungen im Datenmodell

In der Tabelle mit den Bewegungsdaten (**f_Umsatz**) sind bei jeder Bestellung die Kundennummern hinterlegt. Entwickeln Sie jetzt ein Measure, das jede Kundennummer in der Bewegungstabelle nur einmal zählt.

Gehen Sie folgendermaßen vor:

1. Erstellen Sie eine PivotTable mit folgendem Aufbau (Abbildung 12.12):

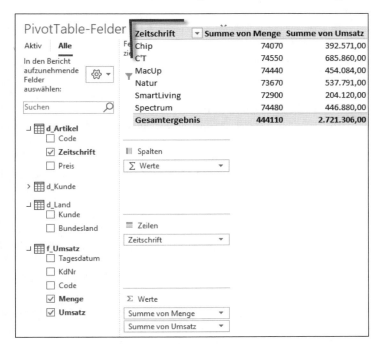

Abbildung 12.12: Vorbereitete PivotTable für den Aufbau eines Measures

2. Aktivieren Sie die PivotTable-Feldliste und klicken Sie mit der rechten Maustaste auf den Tabellennamen **f_Umsatz**.

*Abbildung 12.13: In der PivotTable-Feldliste den Befehl **Measure hinzufügen** aufrufen*

3. Klicken Sie im Kontextmenü auf den Befehl **Measure hinzufügen**.
4. Es öffnet sich das Dialogfeld **Measure**. Geben Sie dort die Angaben zum Measure und die Formel wie in Abbildung 12.14 ein.

Kapitel 12: Datenmodell und Beziehungen

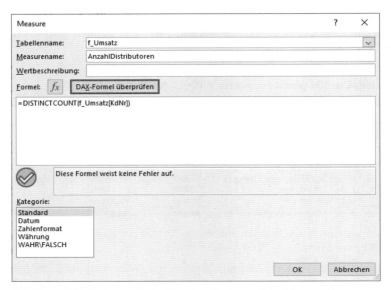

Abbildung 12.14: In diesem Dialogfeld geben Sie das explizite Measure ein.

- **Tabellenname:** Auswahl der Tabelle, in der das Measure gespeichert werden soll
- **Measurename:** eindeutiger Name des Measures; er darf mit keinem Feldnamen identisch sein
- **Wertbeschreibung:** Erläuterung zum Measure
- **Formel:** der Bereich, in dem die Formel (Measure) eingegeben wird

5. Wenn Sie die Formel eingetragen haben, können Sie mit einem Klick auf **DAX-Formel überprüfen** testen, ob die Syntax oder die Feldnamen korrekt geschrieben wurden oder ob sich sonstige Fehler in der Formel befinden.

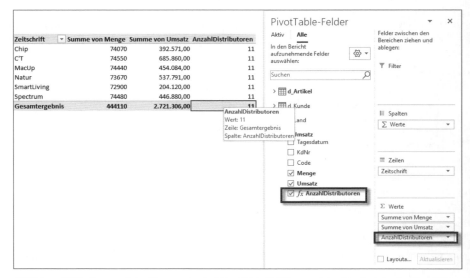

Abbildung 12.15: Das explizite Measure in der PivotTable-Feldliste und das Ergebnis in der PivotTable

Der neue Weg – Berechnungen im Datenmodell

6. Beenden Sie die Eingabe mit einem Klick auf **OK**.
7. Das Measure erscheint in der Liste der Feldnamen der ausgewählten Tabelle (Abbildung 12.15).

Alle Distributoren vertreiben jede Zeitschrift. Es gibt 11 Kundennummern, die in der Bewegungstabelle **f_Umsatz** gezählt wurden.

Tipp   Ein explizites Measure wird dann erstellt, wenn Sie im obigen Dialogfeld eine Formel eingeben. Explizite Measures können von allen PivotTables dargestellt werden. Ein implizites Measure wird durch Sie erstellt, wenn Sie in einer PivotTable ein Feld in den Layoutbereich **Werte** ziehen. Das implizite Measure heißt dann beispielsweise **Summe von Umsatz**. An diesem Measure können Sie nichts ändern. Es wird automatisch durch die PivotTable erstellt.

In einem weiteren kleinen Beispiel berechnen Sie die Anzahl der Kunden (Distributoren) lediglich für die **Region Mitte**.

Bei der Lösung dieser leicht abgeänderten Aufgabe können Sie nicht mehr mit der Funktion **Distinctcount()** alleine arbeiten, sondern Sie müssen noch eine Filterung in die Formel mit einbauen.

Um diese Aufgabe zu lösen, gehen Sie folgendermaßen vor:
1. Verwenden Sie die PivotTable aus Abbildung 12.12.
2. Aktivieren Sie die PivotTable und klicken Sie mit der rechten Maustaste in der PivotTable-Feldliste auf den Tabellennamen **f_Umsatz**.

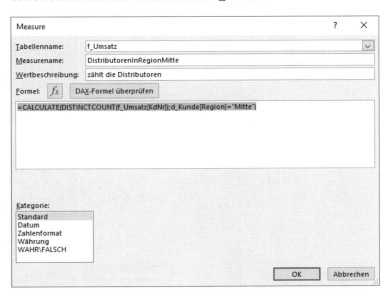

*Abbildung 12.16: Measure zur Berechnung der Anzahl der Distributoren in der **Region Mitte***

3. Klicken Sie im Kontextmenü auf den Befehl **Measure hinzufügen**.

Kapitel 12: Datenmodell und Beziehungen

4. Es öffnet sich das Dialogfeld **Measure**. Geben Sie wie in Abbildung 12.14 die Angaben zum Measure und folgende Formel ein:
   =CALCULATE(DISTINCTCOUNT(f_Umsatz[KdNr]);d_Kunde[Region]="Mitte")

Fügen Sie das Measure in die PivotTable ein, dann erhalten Sie folgendes Ergebnis:

Zeitschrift	Summe von Menge	Summe von Umsatz	AnzahlDistributoren	DistributorenInRegionMitte
Chip	74070	392.571,00	11	3
C'T	74550	685.860,00	11	3
MacUp	74440	454.084,00	11	3
Natur	73670	537.791,00	11	3
SmartLiving	72900	204.120,00	11	3
Spectrum	74480	446.880,00	11	3
Gesamtergebnis	**444110**	**2.721.306,00**	**11**	**3**

Abbildung 12.17: Das Ergebnis der Berechnung durch das neue Measure

In der **Region Mitte** haben wir drei Distributoren, die ebenfalls alle Produkte vertreiben.

Wichtig   Wenn Sie ein bestehendes Datenmodell ändern oder verwalten möchten, verwenden Sie das **Add-In Power Pivot**. Das Add-In ist Bestandteil der Office Professional Plus-Edition von Excel 2013 und Folgeversionen. Power Pivot ist jedoch nicht Bestandteil der Office-Business- und Office-Business-Premium-Version.

Weitere Beispiele und mehr Erklärungen finden Sie in Kapitel 14, Power Pivot für Excel.

Übungsdateien   Diese Lösung finden Sie im Tabellenblatt **LOE3** in der Mappe **Kap12_LOE.xlsx**.

Kapitel 13
Besondere PivotTable-Berichte

In diesem Kapitel lernen Sie, ...

- was ein SET, eine Datengruppe, ist,
- wie Sie einen asymmetrischen Bericht (Set-Bericht) erstellen und
- wie Sie dazu das Datenmodell bzw. Power Pivot nutzen.

Die tägliche Praxis umfasst einerseits eine enorme Datenvielfalt, Datenqualität und Datenaufbereitung und erwartet andererseits optisch ansprechende, komfortabel zu bedienende und in vielerlei Hinsicht flexible PivotTable-Berichte.

Mit einem kleinen Vorgriff auf Power Pivot zeigt das folgende Beispiel eine Datenzusammenstellung, die ein PivotTable-Bericht ohne Datenmodell bzw. Power Pivot nicht leisten kann.

In diesem Beispiel wird demonstriert, wie Sie mit Set-Einstellungen Daten beliebig nebeneinander positionieren – eine Form der Anordnung, die in normalen PivotTables nicht möglich ist.

Daten-Set – die kreative Berichtsgestaltung

Abbildung 13.1 verdeutlicht die Unterschiede zwischen einem standardmäßigen PivotTable-Bericht und einem per Set gesteuerten PivotTable-Bericht.

Im per Set-PivotTable gesteuerten Bericht können die Spalten gezielt ausgewählt und in einer von Ihnen bestimmten Folge dargestellt werden. Im Bericht [1] lässt sich der Umsatz von 2019 und 2020 nicht nebeneinander anordnen. Versuchen Sie es ruhig! Wie kann es gelingen, den Bericht wie in [2] zu gestalten? Um zu diesem Berichtsformat zu gelangen, gehen Sie folgendermaßen vor:

Achtung   An dieser Stelle setze ich nur minimale Power-Pivot-Kenntnisse bei Ihnen voraus.

Kapitel 13: Besondere PivotTable-Berichte

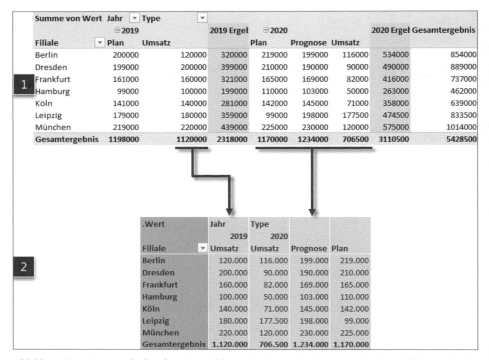

Abbildung 13.1: Der standardmäßige PivotTable-Bericht [1] im Vergleich zum Set-PivotTable-Bericht [2]

Übungsdateien   Als Datenbasis verwenden Sie die Datei **Kap13_UEB.xlsx**. Die Basisdaten wurden als strukturierte Tabelle formatiert und mit dem Namen **tbl_Prognose** versehen.

Power Pivot sollte bei Ihnen bereits einsatzbereit sein. Falls das nicht der Fall ist, lesen Sie in Kapitel 14, wie Power Pivot grundsätzlich genutzt wird.

In diesem Beispiel benötigen Sie nur einen winzigen Teil von Power Pivot. Im ersten Schritt verknüpfen Sie die Datenquelle in Power Pivot und erstellen dann eine PivotTable. Danach finden alle weiteren Arbeitsschritte wieder in der gewohnten Umgebung der PivotTables statt.

Daten verknüpfen und PivotTable erstellen

1. Öffnen Sie die Excel-Arbeitsmappe **Kap13_UEB.xlsx** und legen Sie ein neues Tabellenblatt an. Geben Sie dem Tabellenblatt den Namen **LOE**.
2. Positionieren Sie den Cursor innerhalb der Daten des Arbeitsblatts **Basisdaten**.
3. Klicken Sie innerhalb der Menüband-Registerkarte **Power Pivot**, Befehlsgruppe **Tabellen**, auf den Befehl **Zu Datenmodell hinzufügen**. Über diesen Befehl wird die Tabelle in Power Pivot verknüpft. Abbildung 13.2 zeigt diese verknüpfte Tabelle. Wie dort zu sehen ist, wird sie automatisch mit dem richtigen Namen (also **tbl_Prognose**) in der Tabellenregisterkarte versehen.

Daten verknüpfen und PivotTable erstellen

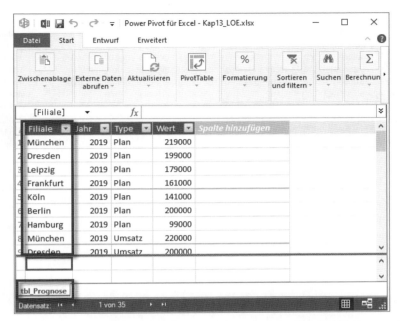

*Abbildung 13.2: Das Power-Pivot-Fenster mit der verknüpften Tabelle (**tbl_Prognose**)*

4. Erstellen Sie jetzt eine PivotTable. Klicken Sie dazu auf den Pfeil unterhalb der Schaltfläche **PivotTable** (Abbildung 13.2) und wählen Sie im Untermenü den Befehl **PivotTable** (oder klicken Sie direkt auf die Schaltfläche **PivotTable**).

5. Im Dialogfeld **PivotTable erstellen** wählen Sie die Option **Vorhandenes Arbeitsblatt** (Abbildung 13.3). Mit einem Klick auf **OK** wird eine PivotTable erstellt.

*Abbildung 13.3: Einfügen der PivotTable in das vorhandene Arbeitsblatt **LOE***

6. Positionieren Sie im Aufgabenbereich **PivotTable-Felder** die Felder der Tabelle **tbl_Prognose** folgendermaßen:
   - **Jahr:** im Layoutbereich **Spalten**
   - **Type:** im Layoutbereich **Spalten** (an die unterste Position)
   - **Filiale:** im Layoutbereich **Zeile**
   - **Wert:** im Layoutbereich **Werte**

Sie erhalten dann den PivotTable-Bericht aus Abbildung 13.4.

Kapitel 13: Besondere PivotTable-Berichte

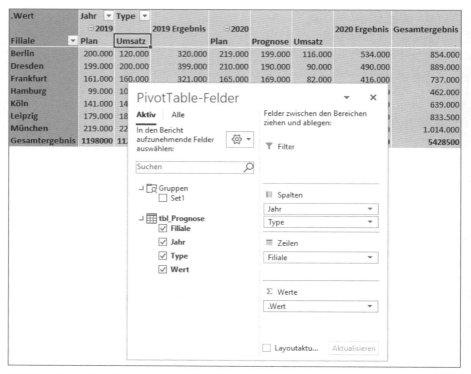

Abbildung 13.4: Nach Anordnung der Felder erhalten Sie den vorläufigen PivotTable-Bericht (schon formatiert gem. Punkt 7).

7. Mit der Befehlsfolge **Entwurf/Layout/Berichtslayout/In Tabellenformat anzeigen** geben Sie dem Bericht ein neues Aussehen.
8. Formatieren Sie die Werte der PivotTable mit zwei Nachkommastellen und 1000er-Trennzeichen. Klicken Sie dazu auf einen Wert in der PivotTable und öffnen Sie mit der rechten Maustaste das Kontextmenü. Wählen Sie den Befehl **Wertfeldeinstellungen**. Im gleichnamigen Dialogfeld klicken Sie auf die Schaltfläche **Zahlenformat**.
9. Im Dialogfeld **Zellen formatieren** wählen Sie im Listenfeld **Kategorie** den Eintrag **Zahl**, stellen zwei Nachkommastellen ein und aktivieren dann das Kontrollkästchen **1000er-Trennzeichen verwenden (.)**.
10. Beenden Sie die Eingabe in diesem und dem folgenden Dialogfeld mit **OK**.

Datengruppe für den Bericht erstellen

1. Positionieren Sie den Cursor im Wertebereich der PivotTable.
2. Klicken Sie auf der Registerkarte **PivotTable-Analyse** in der Befehlsgruppe **Berechnen** auf den Befehl **Felder, Elemente und Gruppe** und im Untermenü auf den Befehl **Gruppe basierend auf Spaltenelementen erstellen**.
3. Das Dialogfeld **Neues Set (ThisWorkbookDataModel)** wird geöffnet (Abbildung 13.5). Hier sollen die Spalten **Umsatz 2019**, **Plan 2020**, **Umsatz 2020** und **Prognose 2020** in das Set aufgenommen werden.

Datengruppe für den Bericht erstellen

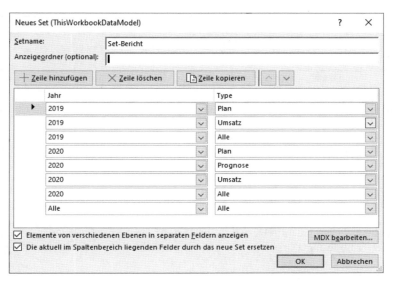

Abbildung 13.5: In diesem Dialogfeld stellen Sie das Set zusammen, legen also fest, welche Felder angezeigt werden sollen.

4. Löschen Sie alle nicht benötigten Zeilen, indem Sie jeweils die Zeile mithilfe des kleinen Pfeilsymbols am linken Rand des Dialogfeldes markieren und danach die Schaltfläche **Zeile löschen** anklicken. Es sollten dabei die Zeilen erhalten bleiben, die Sie in Abbildung 13.6 sehen.

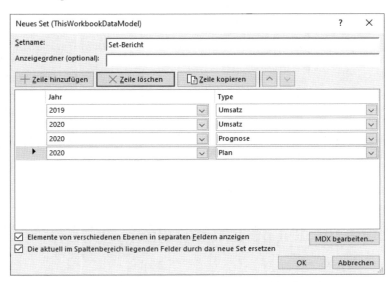

*Abbildung 13.6: In der Spalte **Jahr** wählen Sie die Reihenfolge der Jahre, so wie sie im PivotTable-Bericht aufgebaut sein soll.*

Kapitel 13: Besondere PivotTable-Berichte

Tipp	Die Reihenfolge der Spalten in der PivotTable können Sie durch die Auswahl des Feldes in der Spalte **Type** des Sets beeinflussen (Abbildung 13.7).

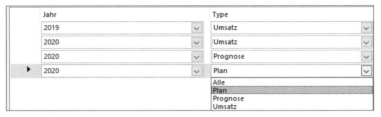

*Abbildung 13.7: In der Spalte **Type** ändern Sie die Reihenfolge der Felder (Spalten) in der PivotTable.*

5. Zum Abschluss klicken Sie auf **OK**, woraufhin Sie den ganz speziellen PivotTable-Bericht erhalten (Abbildung 13.8).

.Wert	Jahr	Type		
	2019	2020		
Filiale	Umsatz	Umsatz	Prognose	Plan
Berlin	120.000	116.000	199.000	219.000
Dresden	200.000	90.000	190.000	210.000
Frankfurt	160.000	82.000	169.000	165.000
Hamburg	100.000	50.000	103.000	110.000
Köln	140.000	71.000	145.000	142.000
Leipzig	180.000	177.500	198.000	99.000
München	220.000	120.000	230.000	225.000
Gesamtergebnis	1.120.000	706.500	1.234.000	1.170.000

Vergleichsumsatz 2019 — Planumsatz 2020 — Prognose für 2020 — Umsatz bis Juni 2020

Abbildung 13.8: Der neue PivotTable-Bericht auf Basis eines Sets und dem Weg über Power Pivot

Diese Gegenüberstellung ist auf dem kleinen Umweg über Power Pivot möglich geworden. Die Set-Bildung erschließt vielfältige neue Informationszusammenstellungen.

Falls noch nicht geschehen, geben Sie zum Abschluss dem Tabellenblatt mit der neuen PivotTable den Namen **LOE**.

Übungsdateien	Diese Lösung finden Sie im Tabellenblatt **LOE** in der Mappe **Kap13_LOE.xlsx**.

Kapitel 14
Power Pivot für Excel

In diesem Kapitel lernen Sie ...
- das Add-In PowerPivot für Excel kennen,
- den Unterschied zwischen einer Tabelle in Excel und einer Tabelle in PowerPivot kennen,
- wie Sie in PowerPivot Daten modellieren,
- wie Sie Daten in PowerPivot zusammenführen und Verknüpfungen zwischen den verschiedenen Tabellen herstellen,
- wie Sie mit berechneten Spalten die Tabellen erweitern,
- was Measures sind und wie sie aufgebaut und eingesetzt werden,
- was der Kontext in Power Pivot bedeutet,
- mit einer Auswahl von Funktionen unterschiedlichste praxisorientierte Berechnungen aufzubauen sowie
- Übungsaufgaben aus der Praxis zu bearbeiten.

Power Pivot für Excel ist ein leistungsstarkes Datenanalysetool, das bestehende Excel-Funktionalitäten erweitert und Ihnen die Möglichkeit eröffnet, sehr große Datenmengen zu importieren oder in Power Pivot zu verknüpfen.

Sie erstellen ein Datenmodell, das aus einer Auflistung von Tabellen mit Beziehungen entsteht und in der Excel-Mappe angezeigt wird. Im Power-Pivot-Fenster stehen alle Daten zur Verfügung, die Sie dann berechnen, filtern, vergleichen, um Hierarchien, Perspektiven und KPIs zu erstellen und umfassend zu analysieren. All das tun Sie im vertrauten und bekannt komfortablen Umfeld von Excel.

Kapitel 14: Power Pivot für Excel

Schneller denn je – Entscheidungen treffen

Bevor Sie Daten in Ihr System importieren, bearbeiten Sie diese, modellieren sie und formen sie um. Auf diesem Wege importieren Sie Daten aus völlig unterschiedlichen Quellen, definieren Beziehungen zwischen den Tabellen, erstellen Formeln und führen Berechnungen durch. So schaffen Sie vollkommen neue Zusammenhänge in der Excel-Umgebung, die in PivotTables, PivotCharts und anderen Excel-Darstellungsobjekten verwendet und zügig in aussagekräftige Informationen umgewandelt werden.

Mit dem Add-In Power Pivot können Sie in Excel eine leistungsstarke Datenbearbeitung durchführen. Verfolgen Sie die Beziehungen zwischen Tabellen wie in einer Datenbank. Erstellen Sie berechnete Spalten, programmieren Sie Measures (berechnete Felder) und aggregieren Sie über Millionen von Zeilen.

Die Ergebnisse, eventuell auch die Daten, sind in der Excel-Arbeitsmappe enthalten oder werden über Power Query mit Power Pivot verbunden. Alle zugehörigen Informationen werden in der Mappe abgespeichert. Über die Excel-Mappe haben Sie immer Zugang zu den Daten und den Berechnungen.

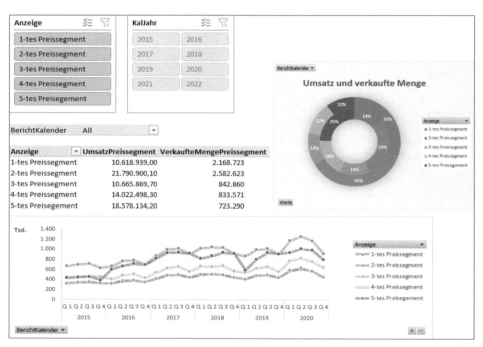

Abbildung 14.1: Mit wenigen Handgriffen erhalten Sie aussagekräftige Charts, Tabellen und Datenkennzeichnungen, und zwar über Datenschnitte gesteuert.

Power Pivot aktivieren

Power Pivot ist ein Add-In, das aktiviert werden muss, falls die Registerkarte nicht aktiv ist. Dazu gehen Sie folgendermaßen vor:

Unterschiede zwischen einer Tabelle in Power Pivot und einer Tabelle in einer Excel-Mappe

1. Klicken Sie im Menüband auf **Datei** und dann auf den Befehl **Optionen**.
2. Wählen Sie die Kategorie **Add-Ins** aus.
3. Im Listenfeld **Verwalten** (ganz unten) entscheiden Sie sich für den Eintrag **COM-Add-Ins**.
4. Mit einem Klick auf die Schaltfläche **Los** gelangen Sie zum Aktivierungsdialog (siehe Abbildung 14.2).

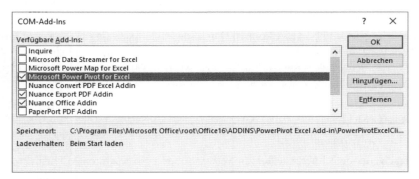

*Abbildung 14.2: Das COM-Add-In **Power Pivot** aktivieren*

5. Das Menüband verfügt nach diesem Schritt über eine zusätzliche Registerkarte **Power Pivot** (Abbildung 14.3).

*Abbildung 14.3: Die eventuell eingefügte Registerkarte **Power Pivot***

Unterschiede zwischen einer Tabelle in Power Pivot und einer Tabelle in einer Excel-Mappe

Daten in einem Excel-Arbeitsblatt sind sehr variabel und unregelmäßig. Dies bedeutet im Arbeitsalltag: Eine Zeile ist mit numerischen Daten gefüllt, die nächste Zeile enthält eine Textzeichenfolge, eine andere Zeile wiederum eine Grafik.

Im Gegensatz dazu ähnelt eine Tabelle in Power Pivot mehr einer Tabelle in einer relationalen Datenbank, in der jede Zeile die gleiche Anzahl von Spalten aufweist und die meisten Spalten auch Daten enthalten.

Innerhalb einer Power-Pivot-Tabelle können Sie nicht einfach Zeilen durch Eingabe von Daten hinzufügen, wie dies in einem Excel-Arbeitsblatt üblich ist.

Daten werden in der Datenquelle hinzugefügt und durch Aktualisieren der Datenverbindung in das Power Pivot-Tabellenblatt in übernommen.

Power Pivot in Excel: leistungsstarke Datenmodellierung

Das Power-Pivot-Add-In stellt eine Verbindung mit dem in einer PivotTable erstellten Datenmodell her. In Power Pivot wird Ihnen als Benutzer eine leistungsstarke und funktionsreichere Modellierungsumgebung bereitgestellt, die umfangreiche Veränderungen bzw. Erweiterungen Ihrer Modelle ermöglicht. Das Power-Pivot-Add-In unterstützt folgende Aktionen:

- Datenfilterung beim Import: Sie können Daten sowohl in Excel als auch in Power Pivot importieren. Beim Import via Power Pivot haben Sie jedoch die Möglichkeit, gezielt Daten herauszufiltern und nur eine Teilmenge zu importieren.
- Umbenennen von Tabellen und Spalten beim Import der Daten in Power Pivot
- Verwalten des Modells und Erstellen von Beziehungen mit Drag&Drop-Techniken in der Diagrammsicht
- Anwenden von Formatierungen
- Erstellen eigener berechneter Felder zur Verwendung in der gesamten Arbeitsmappe
- Definieren von Key Performance Indicators (KPIs) zur Verwendung in PivotTables
- Erstellen benutzerdefinierter Hierarchien zur Verwendung in der gesamten Arbeitsmappe
- Definieren von Perspektiven
- Erstellen eigener Berechnungen durch Schreiben erweiterter Formeln auf der Grundlage der Programmiersprache Data Analysis Expressions (DAX)
- Verwenden erweiterter Daten- und Modellierungsvorgänge

Das Power-Pivot-Fenster: Ihre Arbeitsumgebung

Einen wesentlichen Teil Ihrer Arbeit erledigen Sie im Power-Pivot-Fenster. Die Daten werden über die Datenquellen innerhalb des Power-Pivot-Fensters verknüpft und dann bearbeitet. Wenn Sie innerhalb der Registerkarte **Power Pivot**, Befehlsgruppe **Datenmodell**, auf den Befehl **Verwalten** klicken, gelangen Sie in die Arbeitsumgebung des Power-Pivot-Anwendungsfensters mit seinem speziellen Menüband (Abbildung 14.4).

*Abbildung 14.4: Das Menüband nach dem Aufruf des Power-Pivot-Fensters. Hier ist die Registerkarte **Start** aktiv.*

Hinweis   Einige Teile des Power-Pivot-Fensters unterscheiden sich je nach der ausgeführten Windows-Version. Die Abbildungen in diesem Kapitel basieren auf Windows 10 und Excel 365.

Power Pivot: Excel-Tabellen auswerten

Ist in Ihrem Menüband die Registerkarte **Power Pivot** vorhanden, können Sie sowohl mit Daten in einem Excel-Arbeitsblatt als auch mit Daten im Power-Pivot-Fenster arbeiten. Im Excel-Hauptfenster finden Sie die vertrauten Excel-Funktionen, die bereits erwähnte Registerkarte **Power Pivot** sowie den bekannten Aufgabenbereich **PivotTable-Felder**.

Im Power-Pivot-Fenster dagegen werden zahlreiche spezifische Funktionen angeboten, etwa das Hinzufügen von Datentabellen oder das Erstellen von Beziehungen zwischen vorhandenen Tabellen.

Das folgende Beispiel zeigt die Vorgehensweise bei der Auswertung von zwei Excel-Tabellen, die miteinander verknüpft und in einer PivotTable aufbereitet und ausgewertet werden sollen. Power Pivot verfügt über zahlreiche sehr umfangreiche und bisher in Excel nicht vorhandene Möglichkeiten, um Daten zu analysieren. Die ersten Schritte, um mit Power Pivot zu arbeiten, sehen folgendermaßen aus:

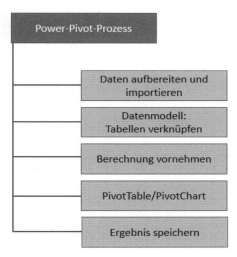

Abbildung 14.5: Die Prozessschritte mit Power Pivot und Excel

Übungsdateien   Als Datengrundlage verwenden Sie im folgenden Beispiel die Mappe **Kap_14_UEB.xlsx**.

Power Pivot: Excel-Tabellen auswerten

Im folgenden Beispiel erstellen Sie ein kleines Datenmodell mit Daten aus einer Excel-Umgebung. Dieses Modell ist geeignet, um die ersten Schritte mit Power Pivot zu demonstrieren. Die Mappe enthält die Tabellen, die in Tabelle 14.1 beschrieben sind und ins Datenmodell übernommen werden.

Kapitel 14: Power Pivot für Excel

Name der Tabellenregisterkarte	Name der intelligenten Tabelle	Ziffer	Inhalt
Istumsatz	fIstumsatz	[1]	Bewegungsdaten; dient als Arbeitstabelle
Artikel	dArtikel	[2]	minimale Artikeldaten, zum Beispiel EKPreisStck
Kunde	dKunde	[3]	minimale Kundendaten
Verkauf	dVerkauf	[4]	Informationen über den Verkäufer und dessen Provision
Lieferant	dLieferant	[5]	ergänzende Informationen zum Lieferanten
BestellFlag	dBestellFlag	[6]	Codierung Handelsweg
Kalender	dKalender	[7]	Kalender für Berechnungen
Waehrung	dWaehrung	[8]	Währungsdaten

Tabelle 14.1: Struktur und Benennungen der Tabellen im Beispielmodell

Die Tabellen werden im weiteren Verlauf des Beispiels nach dem unten dargestellten Schema miteinander verknüpft (Abbildung 14.6).

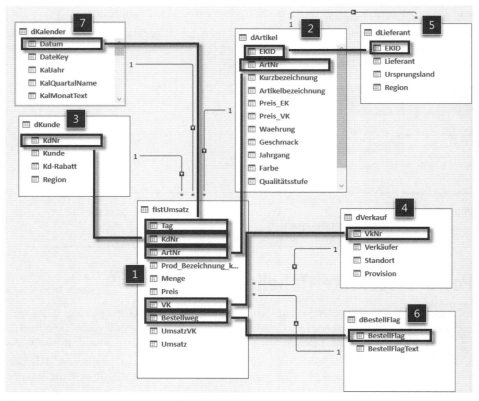

Abbildung 14.6: Die Verknüpfung der Übungstabellen im Datenmodell mit Kennzeichnung der Schlüsselfelder (Ausschnitt der Tabellen)

Beispiel: Datenzusammenführung in Power Pivot

Im Folgenden gehen wir davon aus, dass Sie die in der Excel-Mappe **Kap_14_UEB.xlsx** enthaltenen Umsatzdaten kundenorientiert auswerten möchten. Dabei fällt Ihnen auf, dass in den Umsatzdaten (Tabellenblatt **Istumsatz**) lediglich die Kundennummer eingetragen ist, jedoch der Kundenname fehlt. Das Tabellenblatt **Kunde**, in dem sich neben der Kundennummer auch der Kundenname befindet, liefert die fehlende Information. Sie wollen diese beiden Datenbestände jetzt miteinander kombinieren, um die Ergebnisse mit vollständigem Kundennamen zu präsentieren.

Ein möglicher, bisher üblicher Lösungsweg führt beispielsweise über die Funktion **SVERWEIS()**. Hier soll aber gezeigt werden, wie Sie obige Aufgabe mithilfe von PivotTables und Power Pivot lösen. Sie greifen dabei auf die zusätzlichen Möglichkeiten zurück, die Ihnen diese Toolkombination eröffnet.

Die Tabellen für die Verknüpfung vorbereiten

Für diese Aufgabe setzen Sie Power Pivot ein, wobei Sie ein Datenmodell aufbauen und alle relevanten Tabellen verknüpfen, um diese kombinierten Informationen zu beziehen und später noch weitere berechnete Daten in einer PivotTable auszuwerten.

In diesem Beispiel sind alle Daten in verschiedenen Tabellenblättern in der Excel-Mappe vorhanden. Unterschiedliche Importe oder eine Datenzusammenführung, beispielsweise über Power Query, sind hier nicht erforderlich.

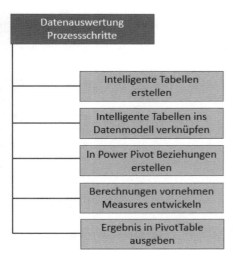

Abbildung 14.7: Prozessschritte zur Datenaufbereitung und Modellierung des Datenmodells

1. Zuerst konvertieren Sie alle Daten in den Tabellenblättern in intelligente Tabellen. Aktivieren Sie dazu jeweils eine Tabelle und drücken Sie die Tastenkombination [Strg]+[T].
2. Im folgenden Dialogfeld **Tabelle erstellen** überprüfen Sie die Bereichsangaben und achten darauf, dass das Kontrollkästchen **Daten haben Überschriften** aktiviert ist.
3. Klicken Sie dann auf die Schaltfläche **OK**.

4. Nach diesem Arbeitsschritt wird die Registerkarte Tabellenentwurf eingeblendet. Ändern Sie den Namen der Tabelle in der Befehlsgruppe **Eigenschaften** gem. Tabelle 14.1, indem Sie diesen im Textfeld **Tabellenname** eintragen. Wiederholen Sie diese Arbeitsschritte für alle Daten in den Tabellenblättern.

Achtung Die Namen könnten Sie auch frei vergeben. Um jedoch die nachfolgenden Arbeitsschritte leichter nachvollziehen zu können, übernehmen Sie die vorgesehenen Bezeichnungen aus Tabelle 14.1.

So verknüpfen Sie Tabellen in Power Pivot

In Power Pivot verknüpfen Sie die Tabellen und Daten folgendermaßen:
1. Wechseln Sie auf das Tabellenblatt **IstUmsatz** und positionieren Sie den Cursor innerhalb der Daten.
2. Wählen Sie innerhalb der Menüband-Registerkarte **Power Pivot,** Gruppe **Tabellen**, den Befehl **Zu Datenmodell hinzufügen** (Abbildung 14.8).

Abbildung 14.8: Der Befehl zur Erstellung verknüpfter Tabellen (Datenmodell)

Hinweis Falls Sie die intelligente Tabelle intern nicht umbenannt haben, können Sie noch in Power Pivot den Namen des Tabellenblattes ändern, um so eine bessere Übersicht über die Tabellen und deren Inhalte zu erzielen (Abbildung 14.9).

Klicken Sie dazu mit der rechten Maustaste auf die Registerkarte und wählen Sie im Kontextmenü den Befehl **Umbenennen**. Geben Sie den neuen Namen ein und schließen Sie den Vorgang per ⏎ ab.

---

3. Wechseln Sie in der Excel-Mappe auf das Tabellenblatt **Kunde** und positionieren Sie den Cursor innerhalb der Daten.
4. Wählen Sie erneut innerhalb der Menüband-Registerkarte **Power Pivot**, Gruppe **Tabellen**, den Befehl **Zu Datenmodell hinzufügen**. Die Tabelle wird mit ihrem internen Namen **dKunde** im Power-Pivot-Fenster verknüpft.
5. Beide Tabellen aus Excel sind jetzt in Power Pivot verknüpft.
6. Wiederholen Sie diesen Arbeitsschritt, bis alle Tabellen in Power Pivot verknüpft sind.

Power Pivot: Beziehung zwischen den Tabellen herstellen

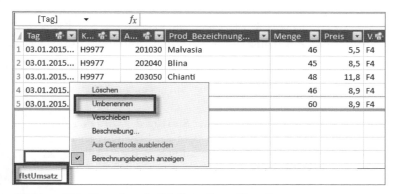

Abbildung 14.9: Die verknüpfte Tabelle im Power-Pivot-Fenster

Power Pivot: Beziehung zwischen den Tabellen herstellen

Im nächsten Schritt erstellen Sie zwischen den Tabellen eine Beziehung (siehe Abbildung 14.6). Dies erreichen Sie folgendermaßen:

1. Positionieren Sie im Power-Pivot-Fenster den Cursor in der Tabelle **fIstumsatz** auf dem Feld (**KdNr**), über das mit der Tabelle **dKunde** die Beziehung hergestellt werden soll.
2. Klicken Sie im Power-Pivot-Fenster innerhalb der Registerkarte **Entwurf**, Gruppe **Beziehungen**, auf den Befehl **Beziehung erstellen**.
3. Im Dialogfeld **Beziehung erstellen** wählen Sie in der Tabelle und in der Suchtabelle das gemeinsame Merkmal (**KdNr**) für die Verbindung aus (siehe Abbildung 14.10).

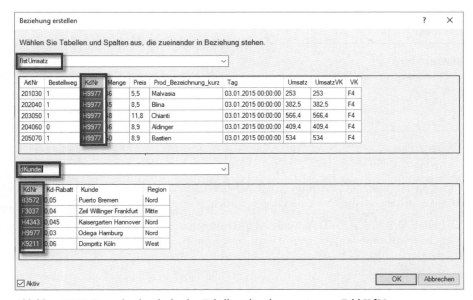

*Abbildung 14.10: Sie verbinden die beiden Tabellen über das gemeinsame Feld **KdNr**.*

Kapitel 14: Power Pivot für Excel

Hinweis Die zu verknüpfenden Felder müssen nicht den gleichen Feldbezeichner (Feldnamen) aufweisen.

Sie können die Beziehungen zwischen den Tabellen bzw. im gesamten Modell auch visuell erstellen und bearbeiten.

Klicken Sie hierfür im Power-Pivot-Fenster im Register **Start** in der Gruppe **Ansicht** auf den Befehl **Diagrammsicht** (Abbildung 14.11, [1]), womit das Beziehungsfenster geöffnet wird. Mit dem Befehl **Datensicht** [2] wechseln Sie zurück in die Tabellenansicht des Power-Pivot-Fensters.

In der **Diagrammsicht** markieren Sie das Schlüsselfeld in der Tabelle **dKunde** und ziehen es mit gedrückter Maustaste auf das korrespondierende Schlüsselfeld in der Tabelle **fIstUmsatz** [2].

Die Beziehung wird in Richtung 1:n erstellt. Power Pivot weist automatisch die zulässige Richtung zu.

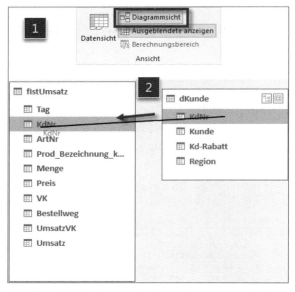

Abbildung 14.11: So können Sie die Beziehungen zwischen den jeweiligen Tabellen erstellen, visualisiert anzeigen und bearbeiten [2].

Bauen Sie alle weiteren Beziehungen entsprechend der Abbildung 14.6 auf. Am Ende dieses Arbeitsschrittes erhalten Sie eine Diagrammsicht wie in Abbildung 14.12 (ohne Verknüpfung der Tabelle **dWaehrung**).

Power Pivot: Beziehung zwischen den Tabellen herstellen

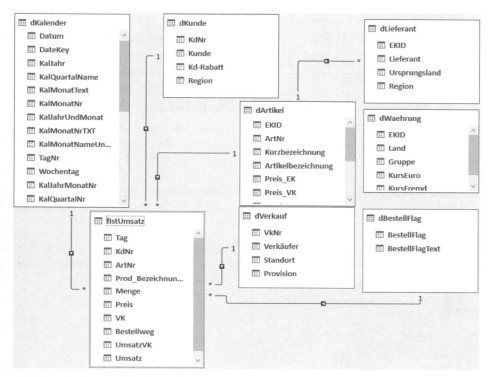

*Abbildung 14.12: Die Verbindungen der Tabellen im Datenmodell (die Tabelle **Waehrung** hat keine Verbindung)*

Sind alle vorgesehenen Verbindungen erstellt, wechseln Sie mit einem Klick auf den Befehl **Datensicht** zurück in die Arbeitsumgebung der Tabellen.

Mit diesem Schritt haben Sie alle Vorbereitungen für die Arbeit mit Power Pivot abgeschlossen und Sie können in den Aufbau von Auswertungen und Berichten übergehen.

Aufgabe

Erstellen Sie eine PivotTable, in der anstelle der **KundenNr** der vollständige Name des Kunden angezeigt wird. Auf einfachstem Wege erreichen Sie die Ausgabe der vollständigen Kundennamen in der PivotTable:

1. Klicken Sie im Power-Pivot-Fenster auf die Registerkarte **Start** und dort auf den Befehl **PivotTable** (Abbildung 14.13).
2. Im folgenden Dialogfeld bestätigen Sie die Option **Neues Arbeitsblatt**. Excel stellt Ihnen daraufhin eine leere PivotTable mit dem Aufgabenbereich **PivotTable-Felder** zur Verfügung, mit dem Sie die PivotTable entwickeln.

Kapitel 14: Power Pivot für Excel

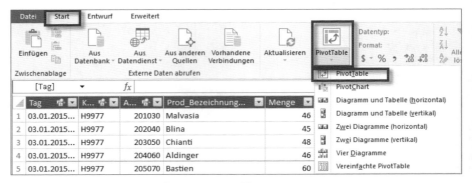

Abbildung 14.13: Befehl zum Erstellen einer PivotTable in Power Pivot

3. Im Aufgabenbereich PivotTable-Felder werden auf der Registerkarte **Alle** die vorhandenen Tabellen aufgelistet. Sie können jetzt die benötigten Tabellen von der Registerkarte **Alle** auf die Registerkarte **Aktiv** übertragen. Dazu klicken Sie mit der rechten Maustaste auf den Tabellennamen und rufen Sie den Befehl **Auf der aktiven Registerkarte anzeigen** auf (Abbildung 14.14). Hier sind es die Tabellen **fIstumsatz** und **dKunde**.

*Abbildung 14.14: Tabellen von der Registerkarte **Alle** auf die aktive Registerkarte übertragen*

Auf der Registerkarte **Aktiv** nehmen Sie dann alle weiteren Bearbeitungsschritte vor:

1. Für die Auswertung ziehen Sie die Felder **KdNr** (Tabelle **fIstumsatz**) und **Kunde** (aus der Tabelle **dKunde**) in den Layoutbereich **Zeilen**. Das Feld **Kunde** muss dabei an der untersten Position des Layoutbereichs **Zeilen** stehen.
2. Ziehen Sie das Feld **Prod_Bezeichnung_kurz** (Tabelle **fIstumsatz**) in den Layoutbereich **Spalten**.
3. Ziehen Sie das Feld **Umsatz** (Tabelle **fIstumsatz**) in den Layoutbereich **Werte**.

    Als Ergebnis erhalten Sie eine Auswertung aus zwei verschiedenen Tabellenblättern, die jede Kundennummer mit dem zugehörigen Kundennamen auflistet und den erzielten Umsatz je Produkt anzeigt (Abbildung 14.15). Verwenden Sie das Berichtslayout **Im Tabellenformat anzeigen**.

Power Pivot: Rechnen mit verknüpften Tabellen

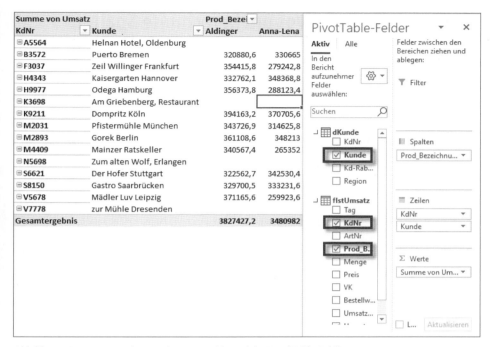

Abbildung 14.15: Das Ergebnis in der PivotTable und die PivotTable-Feldliste

Übungsdateien Die Lösung finden Sie in der Mappe **Kap14_ LOE.xlsx** im Tabellenblatt **LOE01**.

Power Pivot: Rechnen mit verknüpften Tabellen

Weitere Berechnungen und Auswertungen mit allen vorhandenen Tabellen werden möglich, wenn Sie Beziehungen zwischen allen betroffenen Tabellen aufbauen (oder schon aufgebaut haben; siehe Abbildung 14.6 oder Abbildung 14.12).

Hinweis Wenn Sie in der Diagrammansicht von Power Pivot nicht alle verknüpften Tabellen erkennen können, liegt das zu Beginn daran, dass alle Tabellen nebeneinander angeordnet werden. Sie reichen dann über den rechten Rand des Fensters hinaus.

Übungsdateien In der Mappe **KAP14_LOE_Vkn.xlsx** sind alle Verbindungen ins Datenmodell und Verknüpfungen aufgebaut und eingerichtet. Arbeiten Sie gegebenenfalls mit dieser Datei weiter.

Tabellen in Power Pivot um berechnete Spalten erweitern

Eine berechnete Spalte kann aus einer Spalte, beispielsweise aus dem Datum, das Jahr extrahieren und als separate Spalte anzeigen. Ebenso können Sie beispielsweise durch eine Multiplikation der Spalte **Menge** mit der Spalte **Preis** den Umsatzwert der Zeile berechnen. Ebenso ist es möglich, den Preis aus einer verknüpften Tabelle in die Berechnung einzubeziehen. Wie das syntaktisch aufbereitet werden muss, erarbeiten wir im folgenden Abschnitt.

Den Umsatzwert je Position berechnen

In der Tabelle **fIstUmsatz** gibt es das Feld **Umsatz**, das jedoch importiert und nicht aus den Feldern **Menge** und **Preis** berechnet wurde. Berechnen Sie in der Tabelle **fUmsatz** in einem separaten Feld (**Spalte**) den **Brutto-Umsatzwert** als berechnete Spalte.

Die Formel dazu lautet:

[Menge]*[Preis]*1,19

Achtung   Die Multiplikation muss mit dem Wert 1,19 erfolgen. Eine Multiplikation mit 119 % wie in Excel ist in Power Pivot nicht erlaubt.

Die Tabelle erweitern Sie um die berechnete Spalte mit folgenden Schritten:

1. Positionieren Sie den Cursor in der ersten leeren Spalte mit der Bezeichnung **Spalte hinzufügen** und klicken Sie dann in die Bearbeitungszeile.
2. Geben Sie die Formel ein, beginnend mit einem Gleichheitszeichen:
   =[Menge]*[Preis]*1,19
3. Übernehmen Sie die Formel durch Drücken der ⏎-Taste.
4. Als Ergebnis erhalten Sie eine berechnete Spalte mit dem Bruttowert des Umsatzes je Zeile (Abbildung 14.16).

Menge	Preis	V.	B...		Umsatz	Calculated Column 1
46	5,5	F4		1	253	253
45	8,5	F4		1	382,5	382,5
48	11,8	F4		1	566,4	566,4
46	8,9	F4		0	409,4	409,4

Abbildung 14.16: Berechnete Spalte in Power Pivot

5. Ändern Sie die Beschriftung der berechneten Spalte:
6. Doppelklicken Sie auf den Feldbezeichner.
7. Sie sind jetzt im Editiermodus und schreiben den neuen Namen **BruttoUmsatz** ins Feld.
8. Bestätigen Sie zum Abschluss mit **OK**.
9. Formatieren Sie die Spalte über den Registerbefehl **Formatierung** mit zwei Nachkommastellen und dem Währungssymbol €.

Tabellen in Power Pivot um berechnete Spalten erweitern

Tipp   Es ist sinnvoll, die Formatierung in Power Pivot vorzunehmen, dann bleibt sie bei jeder Aktualisierung der PivotTable erhalten. Formatieren Sie hingegen in der PivotTable, wird bei jeder Aktualisierung die Formatierung gelöscht. Denn die Daten in Power Pivot sind nicht formatiert und werden daher unformatiert in der PivotTable dargestellt.

Hinweis   Die einfache Schreibweise der Formel rechnet korrekt. Microsoft empfiehlt jedoch, die Formel voll qualifiziert zu schreiben, d. h. den Namen der Tabelle des jeweiligen Feldes mit in den Formelaufbau einzubeziehen. Dann lautet die Formel:
=flstUmsatz[Menge]*flstUmsatz[Preis]

Formeleingabe in Power Pivot

So, wie die Case-sensitive Formeleingabe in den strukturierten Tabellen erfolgt, verfahren Sie auch in Power Pivot. Geben Sie das Gleichheitszeichen (=) in der Bearbeitungszeile ein und klicken Sie dann auf den Feldnamen. Dieser wird daraufhin in die Bearbeitungszeile übernommen.

Hinweis   Wenn Sie später Measures (berechnete Felder) erstellen, funktioniert die Feldauswahl über Anklicken des Feldbezeichners nicht mehr. Es empfiehlt sich, nach dem Gleichheitszeichen den ersten Buchstaben des Tabellennamens oder des Feldnamens einzutippen. Power Pivot öffnet dann automatisch eine Liste, aus der Sie mit der ⇥-Taste auswählen können. Diese Art der Formeleingabe ist zu bevorzugen.

Abbildung 14.17: Eingabe von Formeln durch Case-sensitive Selektion. Die Auswahl des Feldnamens kann beispielsweise mit der ↓-Taste erfolgen und die Übernahme in die Formel mit der ⇥-Taste.

Kapitel 14: Power Pivot für Excel

Multidimensionale Berechnung – Rechnen über Beziehungen

Sie können auch Felder aus verschiedenen Tabellen miteinander verrechnen. Der Formelaufbau ist wegen zusätzlicher Funktionen dann etwas anders als im vorangehenden Beispiel.

Aufgabe

Ermitteln Sie den Deckungsbeitrag (**DB**) je Position und die Gesamtsumme des DB. Den Einkaufspreis finden Sie in der Tabelle **dArtikel**. Auf diesen Wert können Sie nur mit der Funktion **RELATED()** zugreifen.

Gehen Sie folgendermaßen vor, um die Formel aufzubauen:

1. Positionieren Sie den Cursor in der ersten leeren Spalte der Tabelle **fUmsatz** und klicken Sie dann in die Bearbeitungszeile.
2. Geben Sie folgende Formel ein:
   =RELATED(dArtikel[Preis_EK])*[Menge]

Achtung   Für die fehlerfreie Anzeige des Ergebnisses ist eine aktive Verknüpfung der betroffenen Tabellen notwendig.

---

3. Drücken Sie die ⏎-Taste, um die Formel zu übernehmen.
4. Geben Sie der Spalte den Namen **EKWert**.
5. Den Deckungsbeitrag berechnen Sie durch Subtraktion der beiden Felder:
6. **[BruttoUmsatz]-[EKWert]** (oder **[Umsatz]-[EKWert]**)
7. Der Spalte geben Sie den Namen **DB1**.

Aufgabe

Erstellen Sie eine PivotTable mit der Feldanordnung aus Tabelle 14.2, die die geforderten Daten und das Ergebnis anzeigt.

Feld	Angeordnet
Tag(Monat)	im Layoutbereich Spalten
BruttoUmsatz, EKWert und DB1	im Layoutbereich Werte
Tag(Quartal)	im Layoutbereich Filter
Das entstehende Feld Wert (im Layoutbereich Spalten)	im Layoutbereich Zeilen
Tag(Jahr)	im Layoutbereich Zeilen

Tabelle 14.2: Anordnung der Felder im Aufgabenbereich der PivotTable-Feldliste

1. Klicken Sie im Power-Pivot-Fenster auf die Registerkarte **Start** und dort auf den Befehl **PivotTable** (Abbildung 14.13).
2. Im folgenden Dialogfeld bestätigen Sie die Option **Neues Arbeitsblatt**. Im Aufgabenbereich positionieren Sie die Felder gemäß Tabelle 14.2.
3. Als Ergebnis erhalten Sie die PivotTable mit der Anordnung der Felder gem. Tabelle.

Multidimensionale Berechnung – Rechnen über Beziehungen

Achtung	Je nach Version Ihres Systems kann es sein, dass aus dem Datum nicht automatisch das Jahr, das Quartal und der Monat generiert werden. Sollte dies der Fall sein, müssen Sie in der PivotTable noch eine Gruppierung auf das Datumsfeld vornehmen.

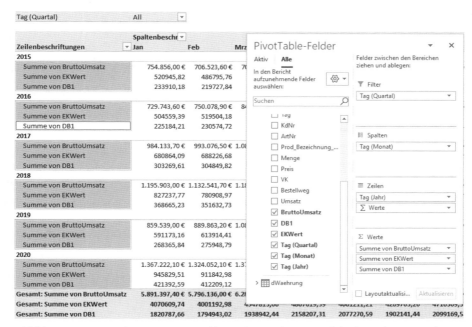

Abbildung 14.18: Die unformatierte PivotTable mit den Ergebnissen und den besonders angeordneten Feldern (Ausschnitt)

4. Das Feld **Tag** wird automatisch oder durch Ihre Gruppierung in **Monat, Quartal** und **Jahr** umgewandelt und erweitert die Tabelle **fIstUmsatz** um entsprechende Felder.

DB1	Ta...	Tag (Monat)	Tag (Quartal)	Tag (Jahr)
86,02	1	Jan	Quartal1	2015
114,75	1	Jan	Quartal1	2015
175,68	1	Jan	Quartal1	2015
163,76	1	Jan	Quartal1	2015

*Abbildung 14.19: Mit dem Feld **Tag** in der PivotTable entstehen in der Tabelle **fIstUmsatz** neue Felder.*

Der Einsatz einer Kalendertabelle würde das geschickter lösen. Der Aufbau und die Bedeutung einer Kalendertabelle werden später beschrieben.

Lesbarkeit: Formatierung der PivotTable

1. Formatieren Sie die Werte mit 1000er-Trennzeichen und ohne Nachkommastelle.
2. Benennen Sie **Summe von Umsatz**, **Summe von EKWert** und **Summe von DB1** um in: **.Umsatz**, **.EKWert** und **.DB1**.
3. Wählen Sie als Berichtsformat **Im Tabellenformat anzeigen** (Abbildung 14.20).

Kapitel 14: Power Pivot für Excel

			Tag (Monat)		
Tag (Jahr)	Prod_Bezeich	Werte	Jan	Feb	Mrz
⊟ 2015	Aldinger	.BruttoUmsatz	39222,30	37415,60	37825,00
		.EKWert	23.533,38	22.449,36	22.695,00
		.DB1	15.688,92	14.966,24	15.130,00
	Anna-Lena	.BruttoUmsatz	38646,60	32316,20	32242,40
		.EKWert	26.298,54	21.990,78	21.940,56
		.DB1	12.348,06	10.325,42	10.301,84

Abbildung 14.20: Die formatierte PivotTable mit den zusätzlichen Zeitabschnitten (Ausschnitt)

Übungsdateien Die Lösung finden Sie in der Mappe **Kap14_ LOE.xlsx** im Tabellenblatt **LOE02**.

Power Pivot: berechnete Felder

Berechnete Felder (auch Measures genannt) werden in der PivotTable oder im PivotChart im Layoutbereich **Werte** verwendet. Sie können implizit oder explizit berechnet sein. Verwenden Sie das Power-Pivot-Datenmodell als Grundlage, gibt es bedeutende Unterschiede.

Implizit berechnete Felder erstellen Sie, indem Sie ein Feld aus der **PivotTable-Feldliste** in den Layoutbereich **Werte** ziehen.

Diese Felder

- sind im Power-Pivot-Modell nicht sichtbar,
- können nur mit den Funktionen der PivotTable (**Summe**, **Mittelwert** usw.) berechnet werden und
- können nur in der PivotTable oder dem PivotChart verwendet werden, für die bzw. das sie erstellt wurden.

Explizit berechnete Felder werden von Ihnen im Power-Pivot-Fenster erzeugt, und zwar

- durch die **AutoSumme**-Funktion (Abbildung 14.21, [1]) oder
- durch den Aufbau einer Formel im Berechnungsbereich [2] einer Tabelle und
- durch Eingabe der Formel in der Bearbeitungszeile [3].

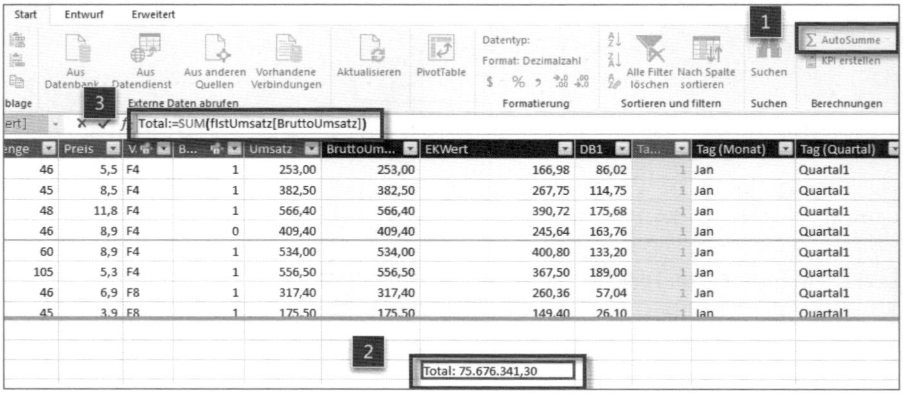

Abbildung 14.21: Explizit berechnetes Feld im Power-Pivot-Fenster

Ein berechnetes Feld (Measure) erstellen

Syntax, die wir für die berechnete Spalte verwendet haben:

=[**Menge**] * [**Preis**]* **1,19**

oder

=**RELATED(dArtikel[Preis_EK])*[Menge]**

wird im weiteren Verlauf des Modellaufbaues in dieser Form nicht mehr verwendet, sondern durch Measures ersetzt.

Ein berechnetes Feld (Measure) erstellen

Die Formel wird im Berechnungsbereich von Power Pivot erstellt. Das Measure bildet die Summe des Feldes **BruttoUmsatz** über alle Jahre in der Tabelle **fIstUmsatz**.

1. Klicken Sie im Fenster Power Pivot auf die Registerkarte **Start** und in der Gruppe **Ansicht** auf **Berechnungsbereich** (für den Fall, dass der Berechnungsbereich nicht sichtbar sein sollte).
2. Klicken Sie in der Tabelle **fIstUmsatz** auf eine Zelle an einer beliebigen Stelle im **Berechnungsbereich**.
3. Geben Sie in der Bearbeitungszeile oben in der Arbeitsmappe die Formel ein.
4. Das Format der Formel lautet: **Measurename:= Formel**
5. **Total:=SUM(fIstUmsatz[BruttoUmsatz])**
6. Klicken Sie auf die ⏎-Taste, um die Formel zu übernehmen.

Erstellen Sie nun eine PivotTable, um das Measure dort zu testen:

1. Klicken Sie im Power-Pivot-Fenster auf die Registerkarte **Start** und in der Gruppe **Berichte** auf **PivotTable**.
2. Power Pivot erstellt in einem neuen Excel-Arbeitsblatt eine leere PivotTable und zeigt die Power-Pivot-Feldliste an.

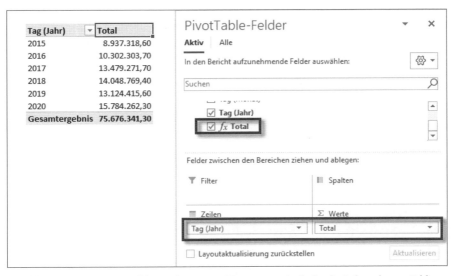

*Abbildung 14.22: Die PivotTable mit dem **BruttoUmsatz**, ermittelt durch ein berechnetes Feld (Measure) **Total***

3. Erweitern Sie die Tabelle **fIstUmsatz**, um das erstellte Measure anzuzeigen.
4. Ziehen Sie das Measure **Total** in den Layoutbereich **Werte** und das Feld **Jahr** in den Layoutbereich **Zeilen**.
5. Die PivotTable aus Abbildung 14.22 ist das Ergebnis.

Eine Variante, um die Summe des Umsatzes mit einem berechneten Feld (Measure) zu bilden, sieht folgendermaßen aus:

M_Total:=SUMX(fIstUmsatz;[BruttoUmsatz])

Die Syntax der Funktion lautet: **SUMX(<table>;<expression>)**

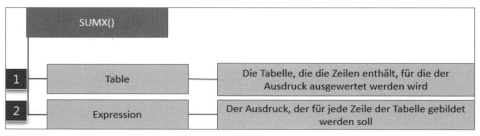

*Abbildung 14.23: Die Syntax der DAX-Formel **SUMX()***

Die Arbeitsweise der Funktion SUM() und der Funktion SUMX()

Die Arbeitsweise der Funktion **SUM()** unterscheidet sich von der Arbeitsweise der Funktion **SUMX()**.

Die Funktion **SUM()** arbeitet die Daten blockweise ab, also als 10+5+10+5 = 30, und ist dadurch sehr effizient.

SUMX() ist ein Iterator und geht schrittweise durch jede Zeile der Daten:

5+10=15

15+5=20

20+10=30

30 ... =

SUMX() ist dadurch weniger effizient als die Funktion **SUM()**. Bevorzugen Sie, soweit es möglich ist, die Funktion **SUM()**.

Für das vorige Beispiel der Summenbildung ist **SUMX()** zwar möglich, aber nicht effizient. Im folgenden Beispiel, in dem die Summe erst nach der Berechnung des Umsatzwertes in der Zeile gebildet wird, ist **SUMX()** notwendig, weil sie iterativ arbeitet.

Die Formel lautet:

X_Total:= SUMX(fIstUmsatz;fIstUmsatz[Menge]*[Preis])

- Die Funktion iteriert über die **IstUmsatz**-Tabelle, Zeile für Zeile,
- berechnet in jeder Zeile **[Menge]** * **[Preis]** im Verlauf, und
- am Ende wird alles aufsummiert sowie das Ergebnis ausgegeben.

Übungsdateien   Die Lösung finden Sie in der Mappe **Kap14_ LOE.xlsx** im Tabellenblatt **LOE03**.

Power Pivot: Kontext

Der mysteriöse Begriff **Kontext** taucht immer im Umgang mit DAX-Formeln und Power Pivot auf. Aber was bedeutet und was bewirkt der Kontext?

Dynamische Analysen basieren auf Kontext. Mit den Parametern in Formeln und Verknüpfungen in andere Tabellen bestimmen und verändern Sie die aktuelle Zeilen- oder Zellenauswahl, also den Kontext. Anders als in Excel können Sie keine Zelladresse wie beispielsweise A1 * B1 in einer DAX-Formel angeben, sondern Sie arbeiten auf Tabellen und Spalten.

Wenn Sie mit der Formel =[Menge] * [Preis]* 1,19 eine Berechnung ausführen, dann beziehen Sie sich immer auf die aktuelle Zeile. Das ist dann Kontext, genauer gesagt der Zeilenkontext. Mit einer berechneten Spalte haben Sie immer nur Zugriff auf die Werte der aktuellen Zeile (Abbildung 14.6).

Achtung   Der Kontext schließt sowohl alle auf die Daten angewendeten Filter als auch die verknüpften Tabellen mit ein.

Zum Erstellen von Formeln, zum Suchen von Fehlern und um effiziente Modelle zu entwickeln, ist es wichtig, das Kontextkonzept zu verstehen.

Es gibt drei Kontexttypen (Abbildung 14.24):

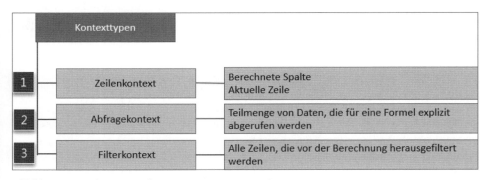

Abbildung 14.24: Skizzierung der Kontexttypen in Power Pivot

Zeilenkontext und erweiterter Kontext

Im Zeilenkontext haben Sie Zugriff auf die aktuelle Zeile. Möchten Sie jedoch die Summe des Umsatzes ermitteln, verwenden Sie ein berechnetes Feld. Deshalb wird ein größerer Kontext benötigt. In einem berechneten Feld (Measure) können keine Operatoren wie +, - oder * verwendet werden, weil das berechnete Feld (Measure) sich nicht auf Werte in einer Zeile bezieht.

Beispiel:

SummeUmsatz := SUM(fIstUmsatz[BruttoUmsatz])

anstatt wie bei der Berechnung

DB1: =[BruttoUmsatz]-[EKWert]

bei der zwei Felder miteinander verrechnet werden.

Mit der Funktion **SUM()** berechnen Sie den Wert einer Spalte, des Feldes **[Umsatz]**. Als Ergebnis erwarten Sie einen Wert, und mit der Funktion **SUM()** bestimmen Sie, dass nicht gezählt, sondern summiert werden soll.

Im Gegensatz zum Zeilenkontext ist der Kontext in berechneten Feldern variabel. In einer PivotTable können Sie nachvollziehen, wie variabel sich der Kontext im berechneten Feld **SummeUmsatz** verhält.

Die PivotTable aus Abbildung 14.25 zeigt den Umsatz aller Jahre in einer Summe [1].

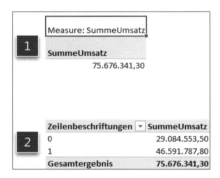

Abbildung 14.25: Auswertung des berechneten Feldes in einer PivotTable

Ergänzen Sie in der PivotTable die Umsatzberechnung um den Bestellweg [2], indem Sie das Feld **Bestellweg** in den Layoutbereich **Zeilen** ziehen. Sie erhalten dann eine aufgesplittete Berechnung.

Das berechnete Feld **[SummeUmsatz]** wird jetzt zweimal dargestellt – jeweils mit einem anderen Kontext (**1** und **0** des Bestellwegs).

Fügen Sie jetzt in Ihrer PivotTable in den Layoutbereich **Zeilen** das Feld **VK** ein und ziehen Sie das Feld **Bestellweg** in den Layoutbereich **Spalten**. Mit dem neu hinzugefügten Merkmal **Verkäufer** wird die Regel jetzt 22-mal ausgeführt, und zwar für alle Kombinationen aus **Bestellweg** und **VK** (Verkäuferschlüssel) (Abbildung 14.26).

Immer wenn es um berechnete Felder (Measures) geht, denken Sie an den Kontext. Kontext können Sie auch so beschreiben:

Kontext ist die Menge, auf die eine Regel auswertend angewendet wird.

Der Benutzer nimmt mit seiner Gestaltung der PivotTable-Umgebung und den Datenschnitten (Filtern) ebenfalls Einfluss auf den Kontext.

Power Pivot: Kontext

SummeUmsatz	Bestellweg		
VK	0	1	Gesamtergebnis
F1	2.513.763,50	4.313.994,40	6.827.757,90
F10	2.743.246,20	4.455.627,50	7.198.873,70
F11	2.688.700,70	4.134.199,10	6.822.899,80
F2	2.727.737,50	4.264.716,30	6.992.453,80
F3	2.396.464,00	4.147.963,60	6.544.427,60
F4	2.622.990,70	4.597.636,00	7.220.626,70
F5	2.347.035,70	4.584.968,50	6.932.004,20
F6	2.382.000,20	4.348.203,10	6.730.203,30
F7	2.587.339,00	4.242.380,30	6.829.719,30
F8	3.541.676,20	3.245.632,60	6.787.308,80
F9	2.533.599,80	4.256.466,40	6.790.066,20
Gesamtergebnis	29.084.553,50	46.591.787,80	75.676.341,30

*Abbildung 14.26: Die PivotTable der Verteilung **Bestellweg** und **Verkäufer** im Kontext*

Das berechnete Feld (Measure) **X_Total** wird im Kontext der jeweiligen PivotTable ausgeführt. Beispielsweise entsteht in Verbindung mit dem Feld **Verkäufer** in der PivotTable-Umgebung folgende Darstellung des berechneten Feldes (Abbildung 14.27).

VK	X_Total
F1	6.827.757,90
F10	7.198.873,70
F11	6.822.899,80
F2	6.992.453,80
F3	6.544.427,60
F4	7.220.626,70
F5	6.932.004,20
F6	6.730.203,30
F7	6.829.719,30
F8	6.787.308,80
F9	6.790.066,20
Gesamtergebnis	75.676.341,30

X_Total:=
SUMX(flstUmsatz;flstUmsatz[Menge]*[Preis])

Abbildung 14.27: Die Ergebnisse in der PivotTable mit dem zugrunde liegenden Measure

Zuerst wird der Kontext des Benutzers (die Verkäufer) ausgewertet, und über das Ergebnis werden die Zeilenkontexte gebildet.

Erstellen Sie ein zweites berechnetes Feld (Measure). Anstelle einer Tabelle übergeben Sie einen Filter auf die Tabelle. Dann verändert sich die Formel so:

MeinX_Total:=
    SUMX(
    FILTER(tbl_IstUmsatz;tbl_IstUmsatz[VK] = "F10");
    [BruttoUmsatz]

Daraus folgt die Anzeige der Daten in der PivotTable aus Abbildung 14.28.

Alle Felder sind leer, außer dem **VK** = **F10**. Diese Anzeige resultiert aus dem Kontext, dem Filter **[VK]** = **"F10"**. Aus dem vorherigen Kontext, dem Measure, **X_Total** bleibt nur die Zeile mit **F10** übrig. Durch den Filter werden die Zeilen zurückgegeben, die **VK** = **F10** haben, und sie werden dann summiert. Bei einer iterierten Berechnung grenzt der Filter weiter ein, er überschreibt jedoch keinen Kontext.

Kapitel 14: Power Pivot für Excel

VK	X_Total	MeinX_Total
F1	6.827.757,90	
F10	7.198.873,70	7.198.873,70
F11	6.822.899,80	
F2	6.992.453,80	
F3	6.544.427,60	
F4	7.220.626,70	
F5	6.932.004,20	
F6	6.730.203,30	
F7	6.829.719,30	
F8	6.787.308,80	
F9	6.790.066,20	
Gesamtergebnis	75.676.341,30	7.198.873,70

```
MeinX_Total:=SUMX(
            FILTER(fIstUmsatz;fIstUmsatz[VK] = "F10");
            [BruttoUmsatz]
            )
```

*Abbildung 14.28: PivotTable mit Filter auf dem Feld **VK***

Den Kontext des Benutzers überschreiben

Wollen Sie den Wert des **VK F10** in allen Zeilen der PivotTable anzeigen, egal welcher Benutzerkontext existiert, dann verwenden Sie zusätzlich die Funktion **ALL()** im Filter.

Die allgemeine Syntax ist:

ALL(<TABLE>) oder ALL(<COLUMN1>; <COLUMN2>;…)

Erstellen Sie ein neues berechnetes Feld (Measure), das die Funktion **ALL()** verwendet:

AllMeinX_Total:=
  SUMX(
  FILTER(All(tbl_IstUmsatz);tbl_IstUmsatz[VK] = "F10");
  [BruttoUmsatz]
)

VK	X_Total	MeinX_Total	AllMeinX_Total
F1	6.827.757,90		7.198.873,70
F10	7.198.873,70	7.198.873,70	7.198.873,70
F11	6.822.899,80		7.198.873,70
F2	6.992.453,80		7.198.873,70
F3	6.544.427,60		7.198.873,70
F4	7.220.626,70		7.198.873,70
F5	6.932.004,20		7.198.873,70
F6	6.730.203,30		7.198.873,70
F7	6.829.719,30		7.198.873,70
F8	6.787.308,80		7.198.873,70
F9	6.790.066,20		7.198.873,70
Gesamtergebnis	75.676.341,30	7.198.873,70	7.198.873,70

```
AllMeinX_Total:=SUMX(
            FILTER(All(fIstUmsatz);fIstUmsatz[VK] = "F10");
            [BruttoUmsatz]
            )
```

*Abbildung 14.29: PivotTable mit Filter auf dem Feld **VK** und der Funktion **ALL**, die den Kontext überschreibt*

Die Funktion **ALL()** bestimmt, dass alle Zeilen unabhängig vom eingestellten Filter genommen werden sollen. Das Ergebnis sehen Sie in Abbildung 14.29.

Achtung   Die Funktion **ALL()** löscht keinen Filter, sondern gibt alle Spalten der übergebenen Tabelle zurück.

Power Pivot: Kontext

Übungsdateien Die Beispiele finden Sie in der Mappe **Kap14_LOE.xlsx** im Tabellenblatt **LOE04**.

Formeln: Dimension des Kontexts

Der Kontext wird bestimmt anhand

- der im Datenmodell vorhandenen Tabellen,
- der Beziehungen zwischen den Tabellen und
- der verwendeten Filter.

Im Beispiel-Datenmodell sind mehrere Tabellen miteinander verknüpft (Abbildung 14.6). Ihr PivotTable-Bericht, der über Datenschnitte oder Feld-Filter gefiltert wird, umfasst durch den Kontext alle Daten der angewendeten Filter und Datenschnitte, und zwar in allen verknüpften Tabellen.

Der Kontext am Beispiel von Formeln

- Die **RELATED**-Funktion erweitert den Kontext der aktuellen Zeile um Werte in der verknüpften Spalte (in einer anderen Tabelle).
- Die Begrenzung von Daten (Zeilen), die in den aktuellen Kontext eingeschlossen sein sollen, bestimmen Sie über Filterfunktionen.
- Festgelegte Filter können Sie mit der **ALL**-Funktion überschreiben und dadurch den Kontext in der Formel erweitern.
- Sind mehrere Filter gesetzt, können Sie mit der **ALLEXCEPT**-Funktion alle Filter bis auf den in **ALLEXCEPT** genannten aufheben. Sie erweitern somit den Kontext.
- Eine rekursive Beeinflussung des Kontextes gestalten Sie mit den Funktionen **EARLIER** und **EARLIEST** (Zeilenkontext).

Im nächsten Abschnitt sehen wir uns das anhand eines Beispiels an.

Aufgabe: Den Kundenrabatt für das Jahr ermitteln

Sie möchten für den jeweiligen Kunden die Rabattvergütung des letzten Abrechnungsjahres berechnen. Sie verfügen über die Daten der Umsatztabelle und über die Tabelle, in der ein Rabattsatz für den jeweiligen Kunden hinterlegt ist.

Abbildung 14.30: Die Prozesskomponenten zur Berechnung der Rabattvergütung

Kapitel 14: Power Pivot für Excel

Aufgabe: Berechnen Sie die Rabattvergütung für alle Kunden des Umsatzjahres 2019.

Die Rabattvergütungen für alle Kunden ermitteln Sie mit folgenden Arbeitsschritten:

1. Wechseln Sie im Power-Pivot-Fenster in die Tabelle **fIstUmsatz**.
2. Aktivieren Sie in der ersten leeren Spalte eine Zelle und klicken Sie danach mit dem Cursor in die Bearbeitungszeile (siehe Abbildung 14.31, [1]).
3. Schreiben Sie dort folgende Formel:
   =RELATED(dKunde[Kd-Rabatt])
4. Klicken Sie auf **OK**, um die Formel zu übernehmen.
5. Power Pivot füllt die Spalte sofort mit dem individuellen Rabattsatz des jeweiligen Kunden aus.
6. Beschriften Sie die neue Spalte mit dem Feldnamen **RabattSatz** und weisen Sie das Format **%** zu. Klicken Sie in der Registerkarte **Start** in der Gruppe **Formatierung** auf das Symbol **%**.

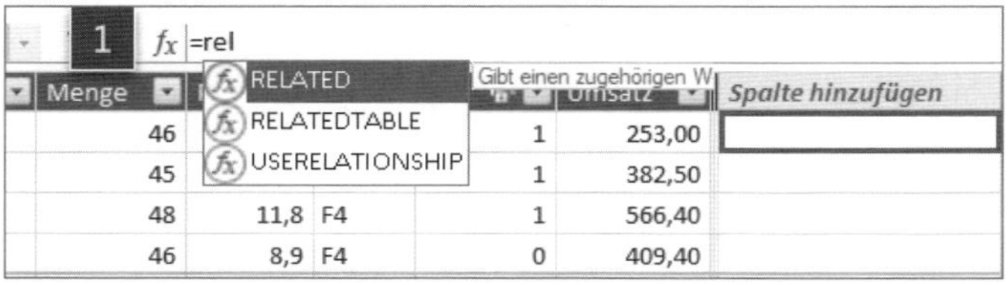

*Abbildung 14.31: Die Eingabe der Funktion **RELATED()** in der Bearbeitungszeile im Power-Pivot-Fenster*

7. Speichern Sie die Datei ab.

Tipp   Es ist vorteilhafter, die Werte bereits im Power-Pivot-Fenster zu formatieren. Diese Formatierung wird dann automatisch in die PivotTable übernommen.

Den Wert der Vergütung berechnen

Im nächsten Schritt berechnen Sie den Wert des Rabattes je Umsatzposition. Dazu gehen Sie folgendermaßen vor:

1. Positionieren Sie den Cursor in der ersten Zelle der leeren Spalte und geben Sie in der Bearbeitungsleiste folgende Formel ein (Abbildung 14.32):
   =[BruttoUmsatz] * [RabattSatz]
2. Klicken Sie auf **OK**, um die Formel zu übernehmen.
3. Doppelklicken Sie auf die Spaltenbeschriftung **CalculatedColumn1** und geben Sie als neue Feldbezeichnung den Namen **RabattWert** ein. (Dies ist eine alternative Variante; Sie können natürlich auch weiterhin einen Rechtsklick auf die Spaltenbezeichnung ausführen und **Spalte umbenennen** wählen.)
4. Formatieren Sie die Spalte mit dem €-Zeichen als Währung und zwei Nachkommastellen. Die entsprechenden Befehle finden Sie auf der Registerkarte **Home**, Gruppe **Formatierung**. Über den Pfeil an der Schaltfläche **$** steht das €-Symbol zur Verfügung. Mit den rechts daneben befindlichen Schaltflächen lassen sich die Nachkommastellen hinzufügen bzw. entfernen.

Power Pivot: Kontext

Abbildung 14.32: Eingabe der Formel für die Berechnung des Rabattwertes

Tipp	Die Feldnamen müssen immer mit eckigen Klammern eingefasst werden, weil sie sonst nicht als Feldname erkannt werden. Wenn Sie die Formel eingeben und nach dem Gleichheitszeichen die öffnende [-Klammer oder den Anfangsbuchstaben der Tabellenbezeichnung oder des Feldbezeichners eingeben, erscheint automatisch die Feldliste, die Sie in Abbildung 14.33 sehen.

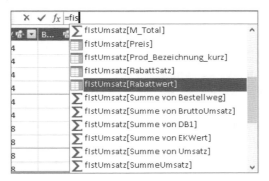

Abbildung 14.33: Auswahl der Feldnamen aus der angebotenen Liste

Entwickeln Sie die Formel über die Auswahl aus dem Kontextmenü, wird zu dem Feldnamen auch der Tabellenname mit in die Formel aufgenommen. Das ist dann der sogenannte vollqualifizierte Feldbezeichner. Es ist sinnvoll und bei einigen Formeleingaben sogar zwingend notwendig, mit der qualifizierten Benennung zu arbeiten.

PivotTable-Bericht. Die berechneten Rabattwerte anzeigen

Alle rechnerischen Voraussetzungen haben Sie geschaffen, und Sie können in einem PivotTable-Bericht die individuelle Summe der Kunden ermitteln. Zur Berichterstellung gehen Sie folgendermaßen vor:

1. Begeben Sie sich in das Power-Pivot-Fenster, falls erforderlich. Wechseln Sie in die Tabelle **fIstumsatz**.
2. Klicken Sie innerhalb der Menüband-Registerkarte **Start** auf den Befehl **PivotTable**.
3. Im folgenden Dialogfeld bestätigen Sie die Option **Neues Arbeitsblatt**. Excel stellt Ihnen daraufhin den Aufgabenbereich zur Verfügung, in dem Sie die PivotTable entwickeln.
4. Im Aufgabenbereich **PivotTable-Felder** werden auf der Registerkarte **Alle** die vorhandenen Tabellen angezeigt. Übernehmen Sie die Tabellen **fIstumsatz** und **dKunde** auf die Registerkarte **Aktiv**. Dazu klicken Sie mit der rechten Maustaste auf den Namen der Tabelle, die Sie übernehmen wollen, und bestätigen Ihre Wahl mit einem Klick auf **In aktive Registerkarte übernehmen**.

5. Nach dem Wechsel auf die Registerkarte **Aktiv** erstellen Sie eine PivotTable mit folgender Feldanordnung:
   - **KdNr** (Tabelle **dKunde**): im Layoutbereich **Zeilen**
   - **Kunde** (Tabelle **dKunde**): im Layoutbereich **Zeilen** (dort an die zweite Position)
   - **RabattWert** (Tabelle **fIstumsatz**): im Layoutbereich **Werte**

   Zur besseren Orientierung erweitern Sie noch die Feldanordnung:
   - **Umsatz** (Tabelle **fIstumsatz**): im Layoutbereich **Werte** (dort an die letzte Position)
   - **KD-Rabatt** (Tabelle **dKunde**: im Layoutbereich **Zeilen** (dort an die letzte Position)

Den PivotTable-Bericht formatieren

Formatieren Sie die Werte mit zwei Nachkommastellen und 1000er-Trennzeichen. Den Rabattsatz formatieren Sie in Prozentdarstellung. Die Anzeige des PivotTable-Berichts soll im Tabellenformat erfolgen und ohne Teilergebnisse gezeigt werden. Dazu gehen Sie folgendermaßen vor:

1. Positionieren Sie den Cursor im Feld **KdNr**. Klicken Sie auf der Registerkarte **Entwurf**, Gruppe **Layout**, auf den Befehl **Teilergebnisse** und im Untermenü auf den Befehl **Teilergebnisse nicht anzeigen**.
2. Setzen Sie den Cursor in ein Wertefeld (**RabattWert**), öffnen Sie mit der rechten Maustaste das Kontextmenü und wählen Sie den Befehl **Wertfeldeinstellungen**.
3. Im Dialogfeld **Wertfeldeinstellungen** klicken Sie auf **Zahlenformat** und gelangen so in das Dialogfeld **Zahlenformat**.
4. Wählen Sie in der Kategorienliste den Eintrag **Zahl**.
5. Formatieren Sie im rechten Teil des Dialogfeldes den Wert mit zwei Nachkommastellen und aktivieren Sie das Kontrollkästchen **1000er-Trennzeichen verwenden**. Zum Abschluss klicken Sie zweimal auf **OK**.
6. Um das Layout zu ändern, klicken Sie auf die Registerkarte **Entwurf**, Befehlsgruppe **Layout**, auf den Befehl **Berichtslayout** und im Kontextmenü auf den Befehl **In Tabellenformat anzeigen**.
7. Markieren Sie in der PivotTable die gesamte Spalte mit den Rabattsätzen, öffnen Sie mit der rechten Maustaste das Kontextmenü und wählen Sie dort den Befehl **Zellen formatieren**.
8. Wählen Sie aus der Kategorienliste den Eintrag **Prozent**, geben Sie als Formatierung zwei Nachkommastellen ein und schließen Sie das Dialogfeld.

Als Ergebnis erhalten Sie einen PivotTable-Bericht mit Daten aus zwei Tabellen, in dem jede Kundennummer mit dem dazugehörigen Kundennamen, dem aufsummierten Umsatz, dem Rabattsatz und dem aufsummierten Rabattwert angezeigt wird (Abbildung 14.34).

Bei genauer Betrachtung fällt auf, dass die Rabattwerte sich nicht auf ein Jahr beziehen, sondern dass sie die Summe über alle Jahre sind. Wenn Sie jetzt das Feld Tag in den Layoutbereich **Filter** ziehen, um das Jahr für die Filterung auszuwählen, wird Ihnen klar, dass keine Gruppierung für Monat, Quartal oder Jahre existiert.

KdNr	Kunde	Kd-Rabatt	Rabattwert	SummeUmsatz
A5564	Helnan Hotel, Oldenbu	3,00%	178,85 €	5.961,60
B3572	Puerto Bremen	5,00%	341.189,40 €	6.823.788,10
F3037	Zeil Willinger Frankfur	4,00%	279.537,43 €	6.988.435,70
H4343	Kaisergarten Hannover	4,50%	294.314,29 €	6.540.317,50
H9977	Odega Hamburg	3,00%	216.504,19 €	7.216.806,40
K3698	Am Griebenberg, Rest	4,00%	316,94 €	7.923,50
K9211	Dompritz Köln	6,00%	415.611,13 €	6.926.852,20
M2031	Pfistermühle Münche	6,00%	409.636,05 €	6.827.267,50
M2893	Gorek Berlin	5,00%	339.343,94 €	6.786.878,70
M4409	Mainzer Ratskeller	4,50%	305.559,50 €	6.790.211,10
N5698	Zum alten Wolf, Erlang	6,00%	444,08 €	7.401,40
S6621	Der Hofer Stuttgart	3,00%	215.997,95 €	7.199.931,70
S8150	Gastro Saarbrücken	3,00%	204.637,38 €	6.821.246,10
V5678	Mädler Luv Leipzig	3,50%	235.383,80 €	6.725.251,40
V7778	zur Mühle Dresenden	5,00%	403,42 €	8.068,40
Gesamtergebnis			3.259.058,35 €	75.676.341,30

Abbildung 14.34: PivotTable-Bericht mit den berechneten Rabattwerten

Hinweis Die Gruppierung ist nur dann existent, wenn Sie Ihre Übung von der Mappe **KAP14_LOE_Vkn.xlsx** aus gestartet haben und vorher keine datumsbezogenen Arbeitsschritte in Power Pivot vorgenommen oder eine PivotTable erstellt haben (siehe Abbildung 14.18). Für den Umgang mit Datum und Zeit ist es sinnvoll (nein, notwendig), mit einer Kalendertabelle zu arbeiten!

Zeitbezug in Power Pivot: die Datumstabelle

Daten in den Bewegungstabellen (Faktentabellen) haben normalerweise einen Zeitbezug. Der Umsatz, die Kosten, der Produktabsatz und dergleichen werden üblicherweise in Perioden analysiert. Das Datum innerhalb der Faktentabellen sollte nicht zur Analyse der Perioden verwendet werden, dafür ist die Kalendertabelle sehr viel besser geeignet. Auch die Zeitintelligenzfunktionen arbeiten nur dann zuverlässig, wenn sie in der Kalendertabelle verwendet werden.

Die Datumstabelle (Kalendertabelle) spielt in Power-Pivot-Anwendungen eine zentrale und bedeutende Rolle und ist unerlässlich für das Durchsuchen und Berechnen von Daten über bestimmte Zeiträume. Legen Sie immer einen Kalender mit allen notwendigen Datumsinformationen für das Projekt an.

Eine Datumstabelle kann viele unterschiedliche Darstellungsformen von Datum und Uhrzeit enthalten. In der beigefügten Kalendertabelle finden Sie zahlreiche Spalten mit Datumsvarianten. Die Felder der Kalendertabelle stehen Ihnen in einer Feldliste zur Auswahl zur Verfügung, wenn Sie Ihre Daten in PivotTables oder PivotCharts segmentieren und filtern.

Tipp Die Spalte mit Datum und Uhrzeit sollten Sie in zwei Spalten aufteilen, um eindeutig mit Datum und Uhrzeit getrennt arbeiten zu können.

Datumstabelle: Struktur und Aufbau

Damit Datumsspalten wie **Jahr**, **Monat** und **Quartal** alle Datumsangaben innerhalb des jeweiligen Bereichs repräsentieren können, muss die Datumstabelle mindestens eine Spalte mit einem täglich fortlaufenden Datum aufweisen. Es ist auch meistens die Spalte, die für die Verknüpfung verwendet wird.

Wenn der zu analysierende und zu bearbeitende Zeitraum vom 1.1.2017 bis 31.7.2019 verläuft und der zu erstellende Bericht auf Jahresbasis arbeitet, dann ist eine Datumstabelle erforderlich, die mindestens den Zeitraum vom 1.1.2017 bis zum 31.12.2019 täglich abbildet. Jedes Jahr muss alle Tage des Jahres enthalten. Um nicht wiederholt die Datumstabelle an die Zeiträume anpassen zu müssen, ist es sinnvoll, das Endedatum einige Jahre in die Zukunft zu setzen.

Datum	DateKey	KalJahr	KalQuartalNa	KalMonat	KalMonat	KalJahrUn	KalMonat	KalMonat	TagNr	Wochenta
01.01.2015	20150101	2015	Q1	Januar	1	2015-01	01-Jan	Januar 2015	1	Donnerstag
02.01.2015	20150102	2015	Q1	Januar	1	2015-01	01-Jan	Januar 2015	2	Freitag
03.01.2015	20150103	2015	Q1	Januar	1	2015-01	01-Jan	Januar 2015	3	Samstag
04.01.2015	20150104	2015	Q1	Januar	1	2015-01	01-Jan	Januar 2015	4	Sonntag
05.01.2015	20150105	2015	Q1	Januar	1	2015-01	01-Jan	Januar 2015	5	Montag

Abbildung 14.35: Beispiel der Datumstabelle mit fortlaufendem Datum (Ausschnitt)

Eine Datumstabelle zum Datenmodell hinzufügen

Es gibt mehrere Möglichkeiten, um eine Datumstabelle in ein Datenmodell zu integrieren. Sie können die Tabelle beispielsweise aus einer relationalen Datenbank kopieren oder sie aus dem Azure Marketplace importieren, oder Sie erstellen sie in Excel und verknüpfen sie dann ins Datenmodell. In diesem Datenmodell wurde die Datumstabelle in Excel berechnet und dann verknüpft.

Tipp	Diese Aufbauweise der Datumstabelle ist nicht optimal, weil sie das Datenmodell vergrößert. Es würde auch reichen, in Excel nur die Datums- und Zeitspalte zu erzeugen, sie dann in das Datenmodell zu verknüpfen und in Power Pivot die benötigten Datumsspalten zu berechnen.

Kalendertabelle definieren

Allein der Import einer Datumstabelle garantiert keinesfalls für alle Funktionen eine korrekte Zeitbearbeitung. Sie müssen die Datumstabelle als Eigenschaft in Power Pivot definieren. Dazu gehen Sie folgendermaßen vor:

1. Wählen Sie **Kalendertabelle definieren**.
2. Klicken Sie auf der Registerkarte **Entwurf** auf **Als Datumstabelle markieren** (Abbildung 14.36, [1]).
3. Wählen Sie im Dialogfeld **Als Datumstabelle markieren** [2] die Spalte mit den eindeutigen (Datums-)Werten und dem Datentyp **Datum** aus [3]. Im Übungsbeispiel heißt das Feld **Datum**.

Eine Datumstabelle zum Datenmodell hinzufügen

Abbildung 14.36: Datumstabelle festlegen

Hinweis Die Datumsspalte in jeder Tabelle (mit Beziehung zur Datumstabelle) muss zwar den gleichen Datentyp (**Datum**) aufweisen, das Format der einzelnen Spalten ist jedoch nicht relevant.

Tipp In der Praxis kommt es häufig vor, dass Faktentabellen in mehreren Spalten über ein Datum verfügen. Beispielsweise gibt es dort das Bestelldatum, das Bereitstellungsdatum, das Versanddatum oder das Rechnungsdatum. In derartigen Fällen können Sie nicht mit jeder Datumsspalte eine Verbindung zur Datumsspalte in der Datumstabelle erstellen. Es darf nur eine aktive Verbindung geben. In einem derartigen Anwendungsfall muss per Formel die dann für das Measure notwendige Verbindung von inaktiv auf aktiv gestellt bzw. gewechselt werden. Es kann auch sinnvoll sein, bei der Planung und Architektur eines Modells mit mehreren Kalendertabellen zu arbeiten.

Eine Hierarchie erstellen

Zum Erstellen einer Hierarchie gehen Sie folgendermaßen vor:
1. Wechseln Sie im Power-Pivot-Fenster in die **Diagrammsicht**.
2. Markieren Sie in der Tabelle **dKalender** einen Feldnamen und öffnen Sie mit der rechten Maustaste das Kontextmenü.

Kapitel 14: Power Pivot für Excel

3. Klicken Sie auf **Hierarchie erstellen** (Abbildung 14.37).

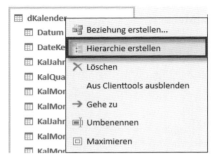

Abbildung 14.37: Aufruf des Kontextmenüs zum Erstellen einer Hierarchie

4. Geben Sie der Hierarchie den Namen **BerichtKalender** ein.
5. Ziehen Sie die benötigten Felder (vgl. Abbildung 14.38) in diesen Hierarchiebereich. Achten Sie auf die Reihenfolge: Ordnen Sie die Felder so an, wie sie in der Berichtsanzeige benötigt werden.
6. Erstellen Sie eine PivotTable wie in Abbildung 14.34 (ohne das Feld **RabattSatz**) und fügen Sie die Hierarchie B**erichtKalender** an der untersten Position im Layoutbereich **Zeilen** hinzu. Das Ergebnis ist eine neue Aufschlüsselung der Rabattwerte (Abbildung 14.38).

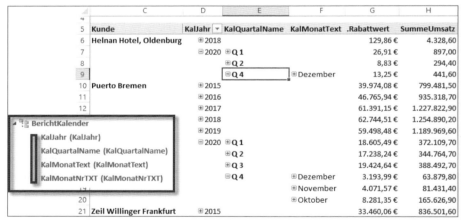

Abbildung 14.38: Die PivotTable nach dem Einfügen der Hierarchie (eingeblendet, Ausschnitt); die PivotTable ist nach der Kundennummer sortiert.

Übungsdateien   Die Lösung finden Sie in der Mappe **Kap14_LOE.xlsx** im Tabellenblatt **LOE06**.

Im Kontext: Related() und Relatedtable()

Kommen mehrere Tabellen in einem Datenkontext zum Einsatz, können Sie mit der Funktion **RELATED()** direkt auf bestimmte Felder einer verknüpften Tabelle zugreifen. Die Grundlage dafür ist eine Verknüpfung in Richtung **n:1**.

Im Kontext: Related() und Relatedtable()

Im Abschnitt »Multidimensionale Berechnung – Rechnen über Beziehungen« (Seite 278) berechnen wir mit der **RELATED()**-Funktion den Nettoeinkaufswert je Zeile:

=RELATED(dArtikel[Preis_EK]) * fIstUmsatz[Menge]

Diese EK-Preisberechnung, die mit dem Feld **Menge** aus der Tabelle **fIstUmsatz** und dem **EK-Preis** aus der Tabelle **dArtikel** erfolgt, basiert auf einer **n:1**-Verbindung.

Mit der Funktion **RELATED()** wird eine berechnete Spalte in der Tabelle **fIstUmsatz** gebildet.

Aufgabe

Sie möchten die Anzahl der Bestellungen ermitteln, die ein Kunde getätigt hat, sowie den Umsatz, den jeder Kunde erreicht hat.

Für diese Aufgabenstellung wird die Funktion **RELATEDTABLE()** verwendet, die in die Funktion **COUNTROWS()** eingebettet ist. Die berechnete Spalte wird in der Tabelle **dKunde** gebildet. Die vollständige Formel lautet:

= COUNTROWS(RELATEDTABLE(tbl_IstUmsatz))

Die Bestellungsanzahl von **dKunde** nach **fIstUmsatz** zu berechnen, ist eine **1:n**-Verbindung.

Die Umsatzsumme je Kunde berechnen Sie ebenfalls mit **RELATEDTABLE()**. In diesem Beispiel wird die Funktion **RELATEDTABLE()** in die Funktion **SUMX()** eingebettet. Die vollständige Formel lautet:

=SUMX(RELATEDTABLE(fIstUmsatz);[BruttoUmsatz])

Die Anzahl der Kundenbestellungen ermitteln Sie mit folgenden Arbeitsschritten:
1. Wechseln Sie im Power-Pivot-Fenster in die Tabelle **dKunden**.
2. Aktivieren Sie in der ersten leeren Spalte eine Zelle und klicken Sie danach mit dem Cursor in die Bearbeitungszeile.
3. Schreiben Sie dort folgende Formel (Abbildung 14.39, [1]):

   = COUNTROWS(RELATEDTABLE(fIstUmsatz))
4. Klicken Sie auf **OK**, um die Formel zu übernehmen.
5. Power Pivot füllt die Spalte sofort mit den Werten des jeweiligen Kunden aus.
6. Beschriften Sie die neue Spalte mit dem Feldnamen **AnzahlKdBestellungen** und weisen Sie das Format **Ganzzahl** zu.

Die Umsatzsumme des Kunden ermitteln Sie mit folgenden Arbeitsschritten:
1. Wechseln Sie im Power-Pivot-Fenster in die Tabelle **dKunden**.
2. Aktivieren Sie in der ersten leeren Spalte eine Zelle und klicken Sie danach mit dem Cursor in die Bearbeitungszeile.
3. Schreiben Sie dort folgende Formel (Abbildung 14.39, [2]):

   =SUMX(RELATEDTABLE(fIstUmsatz);[BruttoUmsatz])
4. Klicken Sie auf **OK**, um die Formel zu übernehmen.
5. Beschriften Sie die neue Spalte mit dem Feldnamen **UmsatzKunde** und weisen Sie das Format **Währung €** zu.

Kapitel 14: Power Pivot für Excel

	K...	Kunde	Kd-Rabatt	Region	AnzahlKdBestellun... ①	UmsatgzKunde ②
1	B3572	Puerto Bremen	5,00 %	Nord	6228	6.823.788,10 €
2	F3037	Zeil Willinger Frankfurt	4,00 %	Mitte	6310	6.988.435,70 €
3	H4243	Kaisergarten Hannover	4,50 %	Nord	6216	6.540.317,50 €
4	H9977	Odega Hamburg	3,00 %	Nord	6286	7.216.806,40 €

① =COUNTROWS(RELATEDTABLE(fIstUmsatz))

② =SUMX(RELATEDTABLE(fIstUmsatz);[BruttoUmsatz])

in Tabelle: dKunde

Abbildung 14.39: Die berechnete Spalte für die Anzahl der Bestellungen und den Umsatz je Kunde

Mit **RELATEDTABLE()** erhalten Sie alle Zeilen aus der Tabelle **fIstUmsatz** zurück, wie auch in der Gegenrichtung mit **RELATED()**. Die Funktionen arbeiten auch über mehrere Tabellen hinweg einwandfrei – immer vorausgesetzt, die korrekte Tabellenverbindung (1:n oder n:1) ist eingerichtet.

Aufgabe: Auswirkung im Benutzerkontext

Erstellen Sie jetzt eine PivotTable, die neben der Kundennummer den Umsatz des Kunden und die Anzahl der Bestellungen in einer Zeile anzeigt.

Um den Bericht zu erstellen, gehen Sie folgendermaßen vor:
1. Falls erforderlich, wechseln Sie in das Power-Pivot-Fenster. Aktivieren Sie die Tabelle **dKunde**.
2. Klicken Sie innerhalb der Menüband-Registerkarte **Home** auf den Befehl **PivotTable** und erstellen Sie die PivotTable in einem neuen Arbeitsblatt.
3. Erstellen Sie eine PivotTable mit folgender Feldanordnung:
   - **KdNr** (Tabelle **fIstUmsatz**): im Layoutbereich **Zeilen**
   - **UmsatzKunde** (Tabelle **dKunde**): im Layoutbereich **Werte**
   - **AnzahlKdBestellungen** (Tabelle **dKunde**): im Layoutbereich **Werte**

Zur besseren Orientierung verwenden Sie das Berichtsformat **Im Tabellenformat anzeigen**. Das Ergebnis dürfte Sie überraschen (siehe Abbildung 14.40): Die PivotTable zeigt Fehlerspalten, obwohl Sie in der Tabelle aus Abbildung 14.39 schon die richtigen Werte sehen können.

KdNr	.UmsatgzKunde	.AnzahlKdBestellungen
A5564	75.676.341,30 €	68936
B3572	75.676.341,30 €	68936
F3037	75.676.341,30 €	68936
S8150	75.676.341,30 €	68936
V5678	75.676.341,30 €	68936
V7778	75.676.341,30 €	68936
Gesamtergebnis	75.676.341,30 €	68936

Abbildung 14.40: Die PivotTable mit den überraschenden Ergebnissen in den beiden Spalten

Im Kontext: Related() und Relatedtable()

Dieser Fehler hat folgende Ursache: Die Auswahl des Feldes **KdNr** bezieht sich auf eine Verbindungsrichtung **n:1** (**fIstUmsatz** à **fKunde**). Diese Verbindungsrichtung kann mit **RELATEDTABLE()** nicht richtig funktionieren (Kontext).

Abbildung 14.41: Die Verbindungsrichtung der Tabelle fIstUmsatz mit der Tabelle dKunde

Nehmen Sie das Feld **KdNr** aus der Tabelle **dKunde**, wird sofort das richtige Ergebnis angezeigt.

	KdNr	.UmsatgzKunde	.AnzahlKdBestellungen
dKunde	A5564	5.961,60 €	27
KdNr	B3572	6.823.788,10 €	6228
Kunde	F3037	6.988.435,70 €	6310
Kd-Rabatt	H4343	6.540.317,50 €	6216
Region	H9977	7.216.806,40 €	6286
AnzahlKdBestellungen	K3698	7.923,50 €	28
UmsatzKunde	K9211	6.926.852,20 €	6320
	M2031	6.827.267,50 €	6224
	M2893	6.786.878,70 €	6229
	M4409	6.790.211,10 €	6254
	N5698	7.401,40 €	26
	S6621	7.199.931,70 €	6308
	S8150	6.821.246,10 €	6225
	V5678	6.725.251,40 €	6228
	V7778	8.068,40 €	27
	Gesamtergebnis	75.676.341,30 €	68936

Abbildung 14.42: Verändern Sie die Auswahl des Feldes KdNr in Richtung 1:n, erhalten Sie die korrekte Anzeige in der PivotTable.

Bei 1:n-Beziehungen werden die Filter immer in n-Richtung propagiert, niemals in 1-Richtung. Das bedeutet: Auch wenn im obigen Beispiel pro Zeile eine andere Kundennummer steht, ist die Anzahl der Kundenbestellungen immer 37901 – ob tatsächlich bestellt wurde oder nicht, ist nicht deutlich zu erkennen.

Würden Sie jetzt das Feld **RabattWert** aus der Tabelle **fIstUmsatz** in die PivotTable übernehmen, wird der richtige Wert je **KdNr** angezeigt. Um den Kontext immer besser zu verstehen, ist wiederholtes Üben und Lösen von praktischen Aufgaben hilfreich.

Kapitel 14: Power Pivot für Excel

| Übungsdateien | Das Beispiel finden Sie in der Mappe **Kap14_LOE.xlsx** im Tabellenblatt **LOE07**. |

Power Pivot: Berechnungen auf der Basis von Filtern

Der Abfragekontext wird um den Filter ergänzt, wenn Sie die Daten in einer Spalte oder Tabelle durch Argumente in einer Formel einschränken.

Die Filterfunktion stellt damit ein Set an Daten zur Verfügung, das von einer umgebenden Funktion, beispielsweise **SUMX**(), ausgewertet wird (siehe das Beispiel mit dem Measure **X_Total** in Abbildung 14.27).

Der Einsatz der Filterfunktion allein reicht jedoch nicht aus, wenn der Anwender in der PivotTable Datenschnitte einsetzt. Nehmen wir an, Sie möchten mit **SUMX**() und einem Filter den Umsatz der Weinsorte »Chianti« berechnen. Dann wird dieser Wert in der Pivot-Table nur angezeigt, wenn die Produktbezeichnung »Chianti« mitgefiltert wird. Das ist anders als bei der berechneten Spalte.

Diese Einschränkung umgehen Sie mit der Funktion **CALCULATE()** beziehungsweise **CALCULATETABLE()**.

| Achtung | Die **CALCULATE()**-Funktion ist das »Schweizer Taschenmesser« in Power Pivot. |

Summenbildung ohne Bedingungen und mit Bedingungen

Im Folgenden berechnen Sie jeweils die Nettosumme anhand der Funktionen **SUM()**, **SUMX()**, **CALCULATE()** und **FILTER()**. In der PivotTable werden die Auswirkungen in Bezug auf den Kontext demonstriert (siehe Abbildung 14.28 und Abbildung 14.29).

| Übungsdateien | Als Arbeits- bzw. Datengrundlage wird im folgenden Beispiel die Datei **KAP14_LOE.xlsx** verwendet. |

Zur Fallunterscheidung der Funktion wird jeweils ein Präfix verwendet. Die Präfixe werden in Tabelle 14.3 erläutert.

Power Pivot: Berechnungen auf der Basis von Filtern

Präfix	Erklärung
Ohne Vorsilbe	SUM () GesamtUmsatz (Standard)
X	SUMX()
C	CALCULATE()
CF	CALCULATE() mit Filter
CFo	CALCULATE() mit Oder-Bedingung durch ||
CFu	CALCULATE() mit Oder-Bedingung durch &&

Tabelle 14.3: Erläuterung der Vorsilben für Measure-Bezeichnungen

Wie ist mit der Funktion **CALCULATE()** zu arbeiten?

Mit dem Iterator **FILTER** haben Sie den Kontext eingegrenzt (Beispiel: **MeinX_Total**, siehe Abbildung 14.29 oder den **FILTER** mit **ALL()** wieder aufgehoben (Beispiel: **ALL-MeinX_Total**, siehe Abbildung 14.29).

Was aber, wenn Sie jedoch nur einen Teil der Filter aufheben wollen, beispielsweise für einen Vorjahresvergleich oder Produktvergleich? Dazu benötigen Sie die **CALCULATE()**-Funktion (siehe Abbildung 14.43).

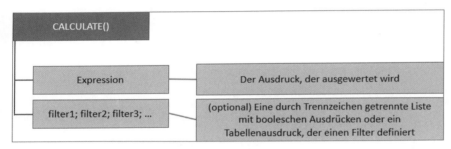

*Abbildung 14.43: Die Syntax der Funktion **CALCULATE()***

Die Abbildung zeigt folgende Formeln mit den jeweiligen Ergebnissen in einer PivotTable.

Prod_Bezeichnung_kurz	GesamtUmsatz (1)	XGesamtUmsatz (2)	CGesamtUmsatz (3)	CFGesamtumsatz (4)	CFoGesamtumsatz (5)	CFuGesamtUmsatzFilter (6)
Aldinger	3.827.427,20	3.827.427,20	3.827.427,20	358.861,50	7.497.489,20	
Anna-Lena	3.480.982,00	3.480.982,00	3.480.982,00	358.861,50	7.497.489,20	
Aquilae	2.960.272,50	2.960.272,50	2.960.272,50	358.861,50	7.497.489,20	
Bastien	3.759.039,60	3.759.039,60	3.759.039,60	358.861,50	7.497.489,20	
Blina	3.670.062,00	3.670.062,00	3.670.062,00	358.861,50	7.497.489,20	358.861,50
Bodegas	1.961.867,80	1.961.867,80	1.961.867,80	358.861,50	7.497.489,20	
Chianti	4.947.256,20	4.947.256,20	4.947.256,20	358.861,50	7.497.489,20	
Collado	1.723.963,80	1.723.963,80	1.723.963,80	358.861,50	7.497.489,20	
Endinger	5.718.613,50	5.718.613,50	5.718.613,50	358.861,50	7.497.489,20	
Fleur	2.249.686,40	2.249.686,40	2.249.686,40	358.861,50	7.497.489,20	
Forster	7.048.335,00	7.048.335,00	7.048.335,00	358.861,50	7.497.489,20	
Grauburgunder	8.045.641,50	8.045.641,50	8.045.641,50	358.861,50	7.497.489,20	
Herzogberg	6.915.051,00	6.915.051,00	6.915.051,00	358.861,50	7.497.489,20	
Malvasia	2.347.790,50	2.347.790,50	2.347.790,50	358.861,50	7.497.489,20	
Monteverro	10.532.492,70	10.532.492,70	10.532.492,70	358.861,50	7.497.489,20	
Pinotage Rosé	64.032,00	64.032,00	64.032,00	358.861,50	7.497.489,20	
Tavel	4.029.084,80	4.029.084,80	4.029.084,80	358.861,50	7.497.489,20	
Ventoux	2.335.630,50	2.335.630,50	2.335.630,50	358.861,50	7.497.489,20	
Villa Fidelia rosso	59.112,30	59.112,30	59.112,30	358.861,50	7.497.489,20	
Gesamtergebnis	**75.676.341,30**	**75.676.341,30**	**75.676.341,30**	**358.861,50**	**7.497.489,20**	**358.861,50**

Abbildung 14.44: Die PivotTable mit den verschiedenen Berechnungsfunktionen

Kapitel 14: Power Pivot für Excel

Mit folgenden Schritten erstellen Sie obige Formeln:
1. Wechseln Sie im Power-Pivot-Fenster in die Tabelle **fIstUmsatz**, indem Sie auf das Tabellenregister klicken.
2. Aktivieren Sie im Berechnungsbereich eine beliebige Zelle und klicken Sie danach mit dem Cursor in die Bearbeitungszeile.
3. Schreiben Sie dort die folgende Formel [1].
4. Zur Übung löschen Sie alle Formeln im Tabellenblatt oder starten mit einem neuen Übungsmodell und wiederholen die Formeleingabe für alle Beispiele bis Formel [6].

Formel [1]   **GesamtUmsatz:=SUM(fIstUmsatz[BruttoUmsatz])**

Formel [2]   **XGesamtUmsatz:=SUMX(fIstUmsatz;[BruttoUmsatz])**

Formel [3]   **CGesamtUmsatz:=**
                  CALCULATE (
                  SUM (
                  fIstUmsatz[BruttoUmsatz]

Formel [4]   **CFGesamtUmsatz :=**
                  CALCULATE ([xGesamtUmsatz];
                  fIstUmsatz[Prod_Bezeichnung_kurz]= "Blina";
                  fIstUmsatz[VK]= "F4"

Hinweis   Anstatt die Nettoumsatzberechnung als Formel in **CALCULATE()** zu integrieren, wird in diesem Beispiel das vorhandene berechnete Feld **xGesamtUmsatz** integriert. **Dies ist bei der Entwicklung von Formeln ein integrales Vorgehen.**

Formel [5]   **CFoGesamtumsatz :=**
                  CALCULATE ([GesamtUmsatz];
                  fIstUmsatz[Prod_Bezeichnung_kurz] = "Blina"
                  ||
                  fIstUmsatz[Prod_Bezeichnung_kurz] = "Aldinger"

Formel [6]   **CFuGesamtUmsatzFilter:=**
                  CALCULATE ([xGesamtUmsatz];
                    Filter (fIstUmsatz;
                    fIstUmsatz[Prod_Bezeichnung_kurz] = "Blina"
                    &&
                    fIstUmsatz[VK] = "F4"

Übungsdateien   Die Lösung finden Sie in der Mappe **Kap14_LOE.xlsx** im Tabellenblatt **LOE08**.

Verhalten der Formeln bei Verwendung von Benutzerkontext

Bei den vorausgegangenen Formelbeispielen wird auf Zeilenebene kein Gesamtergebnis angezeigt. Was ist zu tun, wenn es gebraucht wird?

Sie müssen ein berechnetes Feld erstellen, mit dem das Gesamtergebnis berechnet wird. Dies ist dann noch besonders kontextrelevant, wenn der Anwender ein Feld im Layoutbereich **Filter** positioniert und einen Filter aktiviert.

Power Pivot: Berechnungen auf der Basis von Filtern

Aufgabe

Berechnen Sie je Produkt das **Gesamtergebnis** mit einem berechneten Feld (Measure). Berücksichtigen Sie dabei aktive Benutzerfilter.

Die folgende Formel zeigt unabhängig vom Benutzerkontext das geforderte Ergebnis. Wird in der PivotTable ein Auswahlfilter angewendet, bleibt die Anzeige des **GesamtErgebnisses** gleich. Die vorausgehenden Formeln reagieren auf die Filterauswahl durch den Anwender (siehe Abbildung 14.44 und Abbildung 14.45).

Mit folgenden Arbeitsschritten berechnen Sie das Gesamtergebnis:
1. Wechseln Sie im Power-Pivot-Fenster in die Tabelle **dArtikel**.
2. Aktivieren Sie im Berechnungsbereich eine beliebige Zelle und klicken Sie mit dem Cursor in die Bearbeitungszeile.
3. Schreiben Sie dort folgende Formel [7]:
   GesamtErgebnis :=
   　　CALCULATE ([GesamtUmsatz] ;
   　　ALL(dartikel) ; All(dKalender)
4. Klicken Sie auf **OK**, um die Formel zu übernehmen.
5. Formatieren Sie die Formel mit 1000er-Trennzeichen und € als Währung.
6. Erstellen Sie eine neue PivotTable wie in Abbildung 14.44 und fügen Sie die Formel dort im Layoutbereich **Werte** an letzter Position ein.

Das Ergebnis ist eine zusätzliche Spalte, die beispielsweise identisch ist mit der **Gesamt-Umsatz-Summe**. Das ist auch korrekt. Die Auswirkung zeigt sich, wenn Sie das Feld **Farbe** in den Layoutbereich **Filter** ziehen und den Filter für **Farbe rosé** wählen. Sie erhalten dann den PivotTable-Bericht aus Abbildung 14.45.

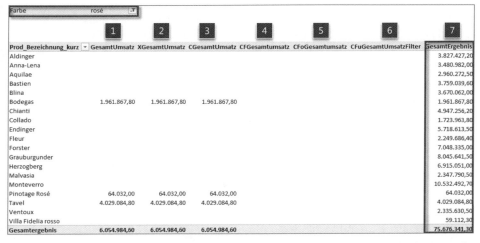

Abbildung 14.45: Die Auswahl eines Filters in der PivotTable durch den Anwender und die daraus resultierende Auswirkung auf die Darstellung der Ergebnisse

Wenn der Anwender in der PivotTable einen Filter auswählt, werden die Summen der Formel **GesamtErgebnis** aufgrund der **ALL()**-Funktion für alle Produkte angezeigt.

Übungsdateien　　Die Lösung finden Sie in der Mappe **Kap14_LOE.xlsx** im Tabellenblatt **LOE09**.

Prozentanteile am GesamtErgebnis berechnen

Mit der vorausgegangenen Vorarbeit ist es relativ einfach, prozentuale Anteile am Gesamtergebnis zu ermitteln.

Aufgabe

Berechnen Sie den %-Umsatzanteil der einzelnen Produkte am **GesamtErgebnis** und berücksichtigen Sie dabei die Kalenderjahre.

Mit den berechneten Feldern **BruttoUmsatz** und **GesamtErgebnis** verfügen Sie über alle Summenergebnisse, die Sie lediglich noch in Beziehung zueinander setzen müssen.

Benutzen Sie die Funktion **DIVIDE()**, um das Endergebnis zu berechnen.

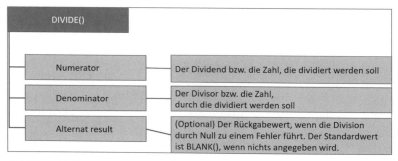

*Abbildung 14.46: Die Syntax der Funktion **DIVIDE()***

Mit folgenden Arbeitsschritten berechnen Sie das Ergebnis:
1. Wechseln Sie im Power-Pivot-Fenster in die Tabelle **fIstUmsatz**.
2. Aktivieren Sie im Berechnungsbereich eine beliebige Zelle und klicken Sie mit dem Cursor in die Bearbeitungszeile.
3. Schreiben Sie dort folgende Formel:
   %Anteil am Gesamtergebnis:=
   Divide([Total] ; [GesamtErgebnis])
4. Klicken Sie auf **OK**, um die Formel zu übernehmen.
5. Formatieren Sie die Formel in %-Darstellung.
6. Erstellen Sie eine neue PivotTable mit folgender Feldanordnung:

Feld	Angeordnet
GesamtErgebnis (dArtikel)	im Layoutbereich Werte
%Anteil am Gesamtergebnis	im Layoutbereich Werte
Total	im Layoutbereich Werte
Produktbezeichnung	im Layoutbereich Zeilen
Hierarchie BerichtKalender (dKalender)	im Layoutbereich Zeilen
Das entstehende Feld Wert	im Layoutbereich Spalten
Farbe (dArtikel)	im Layoutbereich Filter

Tabelle 14.4: Anordnung der Felder im Aufgabenbereich der PivotTable-Feldliste

7. Klicken Sie im Power-Pivot-Fenster auf die Registerkarte **Start** und dort auf den Befehl **PivotTable**.
8. Bestätigen Sie die Option **Neues Arbeitsblatt**. Im Aufgabenbereich positionieren Sie die Felder wie in Tabelle 14.4.
9. Formatieren Sie die PivotTable im Berichtslayout **Im Tabellenformat anzeigen**.
10. Als Ergebnis erhalten Sie die PivotTable aus Abbildung 14.47.

Farbe		All			
Prod_Bezeichnung_kurz	KalJahr	Total		GesamtErgebnis	%Anteil am Gesamtergebnis
Aldinger	2015	480.297,40		3.827.427,20	12,55 %
	2016	513.975,00		3.827.427,20	13,43 %
	2017	669.627,10		3.827.427,20	17,50 %
	2018	695.641,80		3.827.427,20	18,18 %
	2019	669.449,10		3.827.427,20	17,49 %
	2020	798.436,80		3.827.427,20	20,86 %
	2021			3.827.427,20	
	2022			3.827.427,20	
Aldinger Ergebnis		**3.827.427,20**		**3.827.427,20**	**100,00 %**

Abbildung 14.47: Die berechneten %-Anteile am Gesamtergebnis des Produkts

Übungsdateien   Die Lösung finden Sie in der Mappe **Kap14_LOE.xlsx** im Tabellenblatt **LOE10**.

Power Pivot: Periodenvergleich

Im Controlling ist es durchaus üblich, über eine Zeitreihe das jeweilige Jahr mit dem Vorjahr zu vergleichen. In einer PivotTable ohne Datenmodell ist das nicht darstellbar. Power Pivot bietet dafür Lösungen.

Aufgabe

Erstellen Sie eine PivotTable, die über alle Umsatzjahre den Umsatz jedes Produkts mit dem Vorjahr vergleicht und das Ergebnis in einer Spalte neben dem Umsatz des Basisjahres darstellt (Schema in folgender Tabelle).

Produkt	Kalenderjahr	Umsatz	Umsatz Vorjahr
Aldinger	2017	**480.422**	0
	2018	514.046	**480.422**

Tabelle 14.5: Muster für die Ergebnisdarstellung

Kapitel 14: Power Pivot für Excel

*Abbildung 14.48: Prozessschritte zur Lösung der Aufgabe **Periodenvergleich***

Die Funktion, die uns bei dieser Bearbeitung sehr hilfreich unterstützt.

*Abbildung 14.49: Die Möglichkeiten der Funktion **SAMPERIODLASTYEAR()***

Übungsdateien Als Datengrundlage verwenden Sie die Datei **KAP14_LOE.xlsx** aus den vorangegangenen Beispielen oder Ihre persönlich entwickelte Datei.

Mit folgenden Schritten berechnen Sie den Periodenvergleich.

Den Umsatz berechnen

Die Umsatzberechnung, die Sie benötigen, ist mit dem Measure **Total** bereits aus den vorherigen Beispielen vorhanden.

Den Umsatz des Vorjahres berechnen

1. Wechseln Sie im Power-Pivot-Fenster in die Tabelle **fIstUmsatz**.

2. Aktivieren Sie im **Berechnungsbereich** eine beliebige Zelle und klicken Sie mit dem Cursor in die Bearbeitungszeile.
3. Schreiben Sie dort folgende Formel:
   UmsatzVorjahr:=
      CALCULATE([GesamtUmsatz];
      SAMEPERIODLASTYEAR(dKalender [Datum])
4. Klicken Sie auf **OK**, um die Formel zu übernehmen.

Den PivotTable-Bericht erstellen

1. Formatieren Sie das berechnete Feld **UmsatzVorjahr** im Währungsformat € und mit 1000er-Trennzeichen.
2. Klicken Sie innerhalb der Menüband-Registerkarte **Start** auf den Befehl **PivotTable**.
3. Im folgenden Dialogfeld bestätigen Sie die Option **Neues Arbeitsblatt**.
4. Im Aufgabenbereich **PivotTable-Felder** werden auf der Registerkarte **Alle** die vorhandenen Tabellen angezeigt. Übernehmen Sie die Tabellen **fIstumsatz**, **dKalender** und **dArtikel** auf die Registerkarte **Aktiv**. Dazu klicken Sie mit der rechten Maustaste auf den Namen der zu übernehmenden Tabelle und bestätigen Ihre Auswahl mit einem Klick auf **In aktive Registerkarte übernehmen**.
5. Nach dem Wechsel auf die Registerkarte **Aktiv** erstellen Sie eine PivotTable mit folgender Feldanordnung:
   – **Prod_Bezeichnung_kurz** (Tabelle **fIstUmsatz**): im Layoutbereich **Zeilen**
   – **BerichtKalender** Hierarchie (Tabelle **dKalender**): im Layoutbereich **Zeilen** (ziehen Sie das Feld dort an die zweite Position)
   – **Farbe** (Tabelle **dArtikel**): im Layoutbereich **Filter**
   – **Total** Measure (Tabelle **fIstumsatz**): im Layoutbereich **Werte**
   – **UmsatzVorjahr** Measure (Tabelle **fIstUmsatz**): im Layoutbereich **Werte**

Als Ergebnis erhalten Sie eine entsprechende Auswertung in einem PivotTable-Bericht (Abbildung 14.50).

Farbe		All	Umsatz aktuelles Jahr	
Prod_Bezeichnung_kurz	KalJahr	Total	UmsatzVorjahr	
Aldinger		⊞ 2015	480.297,40	
		⊞ 2016	513.975,00	480.297,40 €
		⊞ 2017	669.627,10	513.975,00 €
		⊞ 2018	695.641,80	669.627,10 €
		⊞ 2019	669.449,10	695.641,80 €
		⊞ 2020	798.436,80	669.449,10 €
		⊞ 2021		798.436,80 €
Aldinger Ergebnis			3.827.427,20	3.827.427,20 €
Anna-Lena		⊞ 2015	425.473,40	
		⊞ 2016	475.321,20	425.473,40 €
		⊞ 2017	613.114,00	475.321,20 €
		⊞ 2018	631.145,80	613.114,00 €
		⊞ 2019	613.048,40	631.145,80 €
		⊞ 2020	722.879,20	613.048,40 €
		⊞ 2021		722.879,20 €
Anna-Lena Ergebnis			3.480.982,20	3.480.982,20 €

Abbildung 14.50: Drilldownfähiger Periodenvergleich

Kapitel 14: Power Pivot für Excel

Diese eine Formel ermöglicht Ihnen einen Drilldown bis auf Monatsebene. Abbildung 14.51 zeigt den Periodenvergleich noch detaillierter und spezifischer, entsprechend Ihres Kalenders und der definierten Hierarchie.

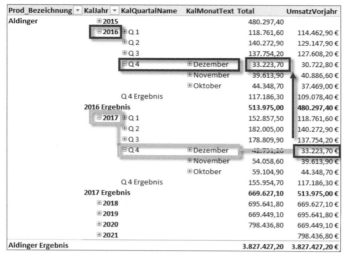

Abbildung 14.51: Der Periodenvergleich im Drilldown bis auf die Monatsebene

Sie können mit wenig Aufwand die Steuerung mit Datenschnitten optimieren (siehe Abbildung 14.52).

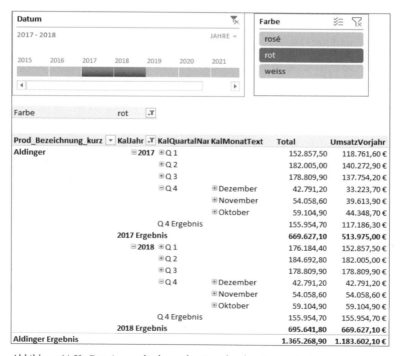

Abbildung 14.52: Der Anwender kann den Bericht über Datenschnitte steuern.

Kalendermonate in der korrekten Reihenfolge anzeigen

Hinweis In Kapitel 2 und Kapitel 4 wird erklärt, wie Sie einen Datenschnitt aufbauen und einrichten.

Wenn Sie die Abbildung genau betrachten, zeigen sich die Kalendermonate in einer untypischen Reihenfolge. Ohne Vorarbeit werden die Kalendermonate aus der Datumstabelle in alphabetischer Reihenfolge angezeigt. Dies ist noch zu ändern.

Kalendermonate in der korrekten Reihenfolge anzeigen

Wenn Sie aus der Datumstabelle (**dKalender**) den Monat im Textformat in eine PivotTable ziehen, wird dort die alphabetische Reihenfolge der Monate dargestellt, die nicht dem Jahresverlauf entspricht (siehe Abbildung 14.51). Die korrekte Reihenfolge der Monate erhalten Sie durch eine bestimmte Sortierung innerhalb der Datumstabelle. Diese Sortierung erreichen Sie mit folgenden Schritten:

1. Aktivieren Sie im Power-Pivot-Fenster die Tabelle **dKalender**.
2. Aktivieren Sie eine Zelle in der Spalte **KalMonatText** (Abbildung 14.53, [1]).
3. Wählen Sie im Menüband den Befehl **Nach Spalte sortieren** und im Kontextmenü ebenfalls **Nach Spalte sortieren** [2].
4. In dem folgenden Dialogfeld wählen Sie dann die Spalte, nach der die Sortierung erfolgen soll [3].
5. Übernehmen Sie die Auswahl, indem Sie auf **OK** klicken (Abbildung 14.53).

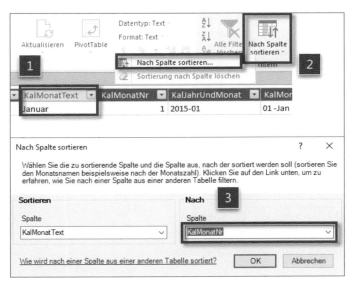

Abbildung 14.53: So stellen Sie in der Datumstabelle die korrekte Sortierung der Monate her.

Übungsdateien Die Lösung finden Sie in der Mappe **Kap14 LOE.xlsx** im Tabellenblatt **LOE11**.

Power Pivot: Arbeiten mit Zeitintelligenz

Power Pivot oder die Programmiersprache DAX (Data Analysis Expressions) bietet Ihnen zahlreiche Funktionen für das Aggregieren und Vergleichen von Daten im Zeitverlauf.

Die Zeitintelligenzfunktionen, die Power Pivot anbietet, haben keine Entsprechung in Excel. Dies hat seine Ursache darin, dass Zeitintelligenzfunktionen mit Daten arbeiten, die sich abhängig vom Kontext permanent ändern und die auch durch den Anwender verändert werden, der in PivotTables eine entsprechende Datenauswahl oder -filterung vornimmt.

Die Arbeit mit Zeitintelligenzfunktionen setzt eine Datumstabelle voraus. Sie müssen daher eine entsprechende Tabelle in Ihr Datenmodell integrieren.

Summenbildung über unterschiedliche Zeiträume

Es gibt die sehr komfortable Funktionsfamilie **TOTALYTD()**, die Ihnen auf einfache Weise eine laufende Summenbildung in Power Pivot ermöglicht. Die Syntax lautet:

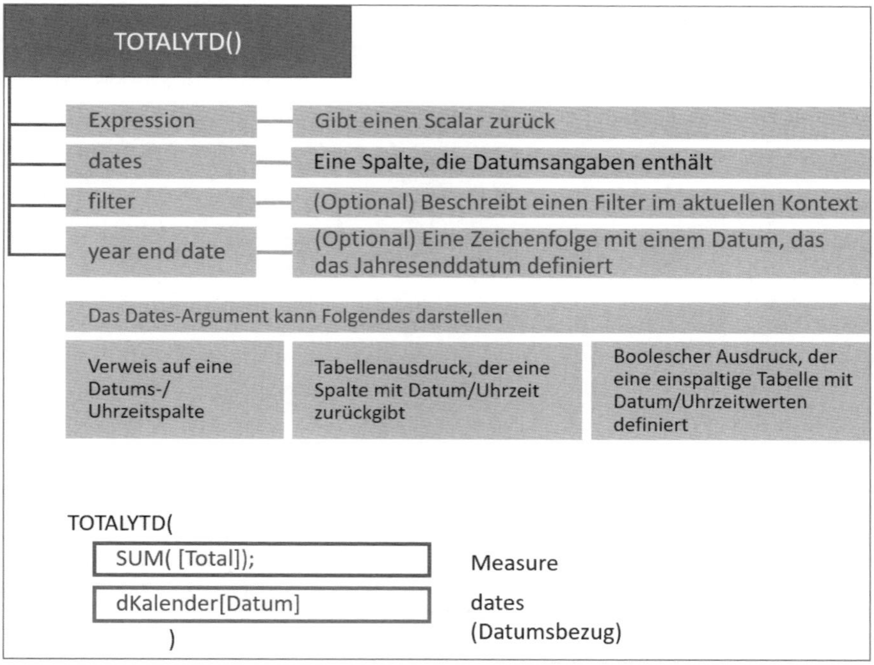

TOTALYTD()	
Expression	Gibt einen Scalar zurück
dates	Eine Spalte, die Datumsangaben enthält
filter	(Optional) Beschreibt einen Filter im aktuellen Kontext
year end date	(Optional) Eine Zeichenfolge mit einem Datum, das das Jahresenddatum definiert

Das Dates-Argument kann Folgendes darstellen:

| Verweis auf eine Datums-/Uhrzeitspalte | Tabellenausdruck, der eine Spalte mit Datum/Uhrzeit zurückgibt | Boolescher Ausdruck, der eine einspaltige Tabelle mit Datum/Uhrzeitwerten definiert |

```
TOTALYTD(
    SUM( [Total] );           Measure
    dKalender[Datum]          dates
)                             (Datumsbezug)
```

Abbildung 14.54: Der syntaktische Aufbau mit Erläuterung der Argumente

Power Pivot: Arbeiten mit Zeitintelligenz

Aufgabe

Sie möchten die Summe des Umsatzes vom Anfang des Jahres bis zu einem bestimmten, möglicherweise dem aktuellen Monat des Jahres bilden. Eine derartige Berechnung erreichen Sie mit folgenden Schritten:

1. Wechseln Sie in das Power-Pivot-Fenster und dort in die Tabelle **fIstUmsatz**.
2. Aktivieren Sie im Berechnungsbereich eine beliebige Zelle und klicken Sie mit dem Cursor in die Bearbeitungszeile.
3. Schreiben Sie dort folgende Formel:

   SummeUmsatzYTD:=
   TOTALYTD(
   SUM(fUmsatz[BruttoUmsatz]);
      dkalender[Datum]
)

4. Klicken Sie auf **OK**, um die Formel zu übernehmen.
5. Erstellen Sie eine PivotTable, in der Sie den **BruttoUmsatz** der aktuellen Berechnung der laufenden Summe nach dem Kalender gegenüberstellen.

Den PivotTable-Bericht und die Feldanordnung sehen Sie in Abbildung 14.55.

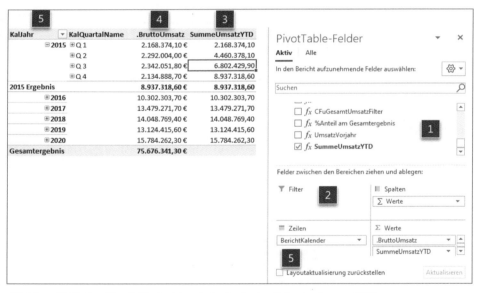

*Abbildung 14.55: Der PivotTable-Bericht mit der laufenden Kalender-Summe **YTD***

- [1]: die berechneten Felder (Measures) in der Tabelle **fIstUmsatz**
- [2]: die Feldanordnung im Layoutbereich
- [3]: die Summe **YTD**, strukturiert nach der Hierarchie im Kalender
- [4]: die Vergleichssumme **BruttoUmsatz** (berechnetes Feld)
- [5]: die Hierarchie in der Datumstabelle

Übungsdateien   Die Lösung finden Sie in der Mappe **Kap14_LOE.xlsx** im Tabellenblatt **LOE12**.

Laufende Summe YTD des Vorjahres

Wenn Sie die laufende Summe des Jahres mit der laufenden Summe des Vorjahres vergleichen und in einer PivotTable so gegenüberstellen wollen, dass beide Jahre mit ihren Werten für den Zeitraum parallel nebeneinanderstehen, dann benötigen Sie neue Funktionen. Neben **CALCULATE()** benötigen Sie **DATEADD()** und **DATESYTD()**.

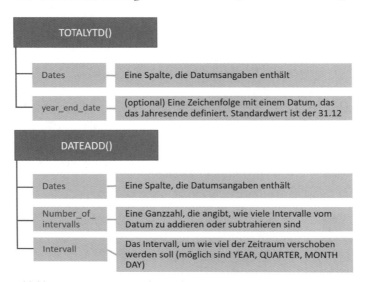

*Abbildung 14.56: Die Syntax der Funktionen **TOTALYTD()** und **DATESADD()***

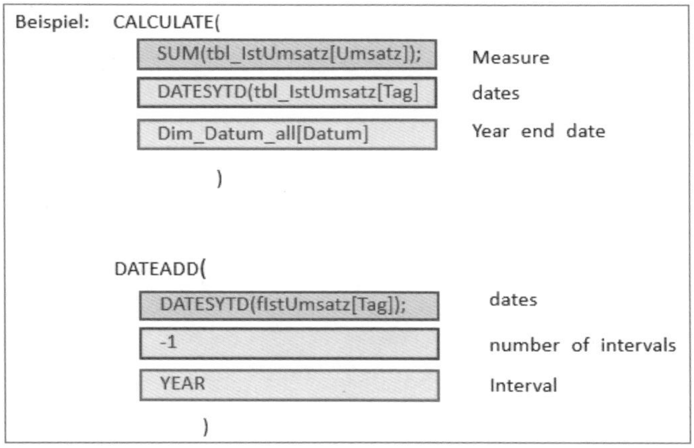

```
Beispiel:   CALCULATE(
                SUM(tbl_IstUmsatz[Umsatz]);         Measure
                DATESYTD(tbl_IstUmsatz[Tag])        dates
                Dim_Datum_all[Datum]                Year end date
            )

            DATEADD(
                DATESYTD(fIstUmsatz[Tag]);          dates
                -1                                  number of intervals
                YEAR                                Interval
            )
```

*Abbildung 14.57: Die Funktionen **DATESYTD()** und **DATEADD()**, an Beispielen dargestellt*

Aufgabe

Erstellen Sie einen PivotTable-Bericht, der die laufende Summe des Vorjahres der laufenden Summe des aktuellen Jahres gegenüberstellt. Legen Sie alle notwendigen Measures an, um den Bericht erstellen zu können.

Power Pivot: Arbeiten mit Zeitintelligenz

Folgende Measures sind zu entwickeln:
- **ErgebnisTotal** (filterfreies Ergebnis)
- **LfdSummeVorjahr**
- **LfdSummeAktJahr**

Zusätzlich greifen wir auf vorhandene Measures zurück:

1. Wechseln Sie in das Power-Pivot-Fenster und dort in die Tabelle **fIstUmsatz**. Aktivieren Sie im Berechnungsbereich eine beliebige Zelle und klicken Sie mit dem Cursor in die Bearbeitungszeile.
2. Schreiben Sie dort zur Berechnung des **ErgebnisTotal** folgende Formel:

   ErgebnisTotal:=
   CALCULATE([Total];
       ALL(dArtikel); ALL(dKalender[Datum])
3. Klicken Sie auf **OK**, um die Formel zu übernehmen.
4. Formatieren Sie das berechnete Feld in Power Pivot.
5. Schreiben Sie jetzt in einer neuen Zelle die Formel für die laufende Summe des Vorjahres:

   LfdSummeVorjahr:=
   CALCULATE (
       [GesamtErgebnis];
       DATEADD (DATESYTD (fIstUmsatz[Tag]); -1; YEAR)
6. Formatieren Sie das berechnete Feld in Power Pivot.
7. Erstellen Sie eine PivotTable, in der Sie dem **Total** die aktuelle Berechnung der laufenden Summe nach dem Kalender gegenüberstellen.

KalJahr	KalQuartalName	ErgebnisTotal	SummeUmsatzYTD	LfdSummeVorjahr
⊟ 2015	⊞ Q 1	2.168.374,10	2.168.374,10	
	⊞ Q 2	2.292.004,00	4.460.378,10	
	⊞ Q 3	2.342.051,80	6.802.429,90	
	⊞ Q 4	2.134.888,70	8.937.318,60	
2015 Ergebnis		8.937.318,60	8.937.318,60	
⊟ 2016	⊞ Q 1	2.320.442,40	2.320.442,40	2.168.374,10
	⊞ Q 2	2.670.025,50	4.990.467,90	4.460.378,10
	⊞ Q 3	2.773.798,90	7.764.266,80	6.802.429,90
	⊞ Q 4	2.538.036,90	10.302.303,70	8.937.318,60
2016 Ergebnis		10.302.303,70	10.302.303,70	8.937.318,60
⊟ 2017	⊞ Q 1	3.064.806,60	3.064.806,60	2.320.442,40
	⊞ Q 2	3.533.921,50	6.598.728,10	4.990.467,90
	⊞ Q 3	3.598.223,70	10.196.951,80	7.764.266,80
	⊞ Q 4	3.282.319,90	13.479.271,70	10.302.303,70
2017 Ergebnis		13.479.271,70	13.479.271,70	10.302.303,70
⊞ 2018		14.048.769,40	14.048.769,40	13.479.271,70
⊞ 2019		13.124.415,60	13.124.415,60	14.048.769,40
⊞ 2020		15.784.262,30	15.784.262,30	13.124.415,60
Gesamtergebnis		75.676.341,30		13.124.415,60

*Abbildung 14.58: Gegenüberstellung der Summe des laufenden Jahres (**SummeUmsatzYTD**) und der laufenden Summe des Vorjahres*

Übungsdateien   Die Lösung finden Sie in der Mappe **Kap14_LOE.xlsx** im Tabellenblatt **LOE13**.

Kapitel 14: Power Pivot für Excel

Umsatzvergleich zum gleichen Zeitraum des Vorjahres

Eine weitere Controllingaufgabe kann darin bestehen, gleiche Zeiträume in verschiedenen Jahren auszuwerten – »Im Vergleich zum gleichen Zeitraum des Vorjahres«.

Erstellen Sie einen Bericht, der den Umsatz des Jahres mit dem Umsatz des vorausgehenden Jahres vergleicht und die **prozentuale Abweichung** berechnet.

Dieses Beispiel hat Ähnlichkeiten mit dem Vergleich **SAMEPERIODLASTYEAR()**, es geht jedoch um die prozentuale Abweichung gegenüber der Vorperiode.

Mit folgenden Arbeitsschritten erreichen Sie die Lösung:

1. Wechseln Sie in das Power-Pivot-Fenster und dort in die Tabelle **fIstUmsatz**.
2. Aktivieren Sie im Berechnungsbereich eine beliebige Zelle und klicken Sie mit dem Cursor in die Bearbeitungszeile.
3. Schreiben Sie zur Berechnung des Vorjahresumsatzes folgende Formel:
   Das Measure **UmsatzVorjahr1** wurde schon in der vorausgegangenen Aufgabe benötigt und dort erstellt. Sie können es erneut verwenden. Das Measure muss nur neu erstellt werden, wenn Sie mit einer anderen Übungsdatei arbeiten oder die vorherige Aufgabe nicht bearbeitet haben.
   UmsatzVorjahr1:=
   CALCULATE(
   　　[Total];
   　　DATEADD (dKalender[Datum]; -1; YEAR)
)
4. Klicken Sie auf **OK**, um die Formel zu übernehmen.
5. Schreiben Sie jetzt in einer neuen Zelle die Formel für die %-Abweichung zum Vorjahr:
   %AbweichungVorjahr1:=
   　　([Total] – [UmsatzVorjahr1]) /
   　　[UmsatzVorjahr1]

KalJahr	KalQuartalName	Total	UmsatzVorjahr	%AbweichungVorjahr1
⊟2015	⊞ Q 1	2.168.374,10		#ZAHL!
	⊞ Q 2	2.292.004,00		#ZAHL!
	⊞ Q 3	2.342.051,80		#ZAHL!
	⊞ Q 4	2.134.888,70		#ZAHL!
2015 Ergebnis		8.937.318,60		#ZAHL!
⊟2016	⊞ Q 1	2.320.442,40	2.168.374,10 €	7,01 %
	⊞ Q 2	2.670.025,50	2.292.004,00 €	16,49 %
	⊞ Q 3	2.773.798,90	2.342.051,80 €	18,43 %
	⊞ Q 4	2.538.036,90	2.134.888,70 €	18,88 %
2016 Ergebnis		10.302.303,70	8.937.318,60 €	15,27 %
⊟2017	⊞ Q 1	3.064.806,60	2.320.442,40 €	32,08 %
	⊞ Q 2	3.533.921,50	2.670.025,50 €	32,36 %
	⊞ Q 3	3.598.223,70	2.773.798,90 €	29,72 %
	⊞ Q 4	3.282.319,90	2.538.036,90 €	29,33 %
2017 Ergebnis		13.479.271,70	10.302.303,70 €	30,84 %
⊞2018		14.048.769,40	13.479.271,70 €	4,22 %
⊞2019		13.124.415,60	14.048.769,40 €	-6,58 %
⊞2020		15.784.262,30	13.124.415,60 €	20,27 %
⊞2021			15.784.262,30 €	-100,00 %
Gesamtergebnis		75.676.341,30	75.676.341,30 €	0,00 %

*Abbildung 14.59: Die PivotTable mit den Daten des Vergleichs zum gleichen Zeitraum des Vorjahres (**YoY**)*

Power Pivot: Arbeiten mit Zeitintelligenz

6. Formatieren Sie das berechnete Feld in Power Pivot.
7. Erstellen Sie eine PivotTable mit der Gegenüberstellung des **Umsatzes** mit der aktuellen Berechnung der **laufenden Summe** nach dem Kalender.

Als Ergebnis erhalten Sie den PivotTable-Bericht aus Abbildung 14.59.

Aufgabe: Fehlerwert #Zahl in einer PivotTable ausblenden

Erstellen Sie ein Measure, das anstelle der Fehlermeldung **#ZAHL!** ein Leerzeichen ausgibt.

1. Wechseln Sie in das Power-Pivot-Fenster und dort in die Tabelle **fIstUmsatz**.
2. Aktivieren Sie im Berechnungsbereich eine beliebige Zelle und klicken Sie mit dem Cursor in die Bearbeitungszeile.
3. Schreiben Sie dort zur Fehlerwertbehandlung folgende Formel:

   %AbweichungFehlerKorr:=
   IF(ISERROR([%AbweichungVorjahr1]);
      BLANK();
      [%AbweichungVorjahr1]
)

4. Klicken Sie auf **OK**, um die Formel zu übernehmen.
5. Formatieren Sie das berechnete Feld in Power Pivot.
6. Übernehmen Sie das neue Feld in den entsprechenden PivotTable-Bericht.

Die Ausgabe im PivotTable-Bericht sieht nun so wie in Abbildung 14.60 aus.

KalJahr	KalQuartalName	Total	UmsatzVorjahr	%AbweichungVorjahr1	%AbweichungFehlerKorr
2015	Q 1	2.168.374,10		#ZAHL!	
	Q 2	2.292.004,00		#ZAHL!	
	Q 3	2.342.051,80		#ZAHL!	
	Q 4	2.134.888,70		#ZAHL!	
2015 Ergebnis		8.937.318,60		#ZAHL!	
2016	Q 1	2.320.442,40	2.168.374,10 €	7,01 %	7,01 %
	Q 2	2.670.025,50	2.292.004,00 €	16,49 %	16,49 %
	Q 3	2.773.798,90	2.342.051,80 €	18,43 %	18,43 %
	Q 4	2.538.036,90	2.134.888,70 €	18,88 %	18,88 %
2016 Ergebnis		10.302.303,70	8.937.318,60 €	15,27 %	15,27 %
2017	Q 1	3.064.806,60	2.320.442,40 €	32,08 %	32,08 %
	Q 2	3.533.921,50	2.670.025,50 €	32,36 %	32,36 %
	Q 3	3.598.223,70	2.773.798,90 €	29,72 %	29,72 %
	Q 4	3.282.319,90	2.538.036,90 €	29,33 %	29,33 %
2017 Ergebnis		13.479.271,70	10.302.303,70 €	30,84 %	30,84 %
	2018	14.048.769,40	13.479.271,70 €	4,22 %	4,22 %
	2019	13.124.415,60	14.048.769,40 €	-6,58 %	-6,58 %
	2020	15.784.262,30	13.124.415,60 €	20,27 %	20,27 %
	2021		15.784.262,30 €	-100,00 %	-100,00 %
Gesamtergebnis		75.676.341,30	75.676.341,30 €	0,00 %	0,00 %

Abbildung 14.60: Das berechnete Feld mit Fehlerbehandlung im Measure

Tipp	Die Fehlerkorrektur mit der Funktion **ISTFEHLER()** ist in diesen Beispiel erforderlich, weil mit Operatoren gearbeitet wurde.
	Verwenden Sie hingegen die Funktion **DIVIDE()**, ist die Fehlerkorrektur im 3. Argument bereits vorgesehen. Mit folgender Syntax erledigen Sie die Korrektur des Fehlers **#ZAHL!** automatisch:

	%AbweichungVorjahr&Korr:=
	    DIVIDE(([Total]-[UmsatzVorjahr1]);
	    [Umsatzvorjahr1];
	    Blank()

Übungsdateien	Die Lösung finden Sie in der Mappe **Kap14_LOE.xlsx** im Tabellenblatt **LOE14**.

Segmentanalyse anhand der Produktpreise

Die gebuchten Umsätze haben sehr unterschiedlich hohe Umsatzwerte. In diesen Umsatzwerten ist jedoch nicht erkennbar ist, in welchen Preissegmenten diese Umsätze erzielt werden. Deutlich wird es, wenn wir Preissegmente definieren und damit eine Segmentanalyse durchführen.

Die Segmente definieren Sie in diesem Beispiel in einer Excel-Tabelle, die dann ins Datenmodell importiert wird.

Anstelle mit **If**-Abfragen oder der Funktion **Switch()** zu arbeiten, bietet die Arbeitsweise mit einer Tabelle die komfortable Möglichkeit, die Segmente leicht anpassen oder ändern zu können. Dem unerfahrenen Anwender bleibt der für ihn riskante Eingriff in die Formel erspart.

Hinweis	Für dieses Beispiel benutzen wir eine neue Ausgangsdatei, die schon einige Arbeitsschritte integriert hat. Es ist auch möglich, wenn Sie einiges weiderholen möchten, mit der **Start**-Übungsdatei ganz von vorne zu beginnen. Sie können auch auf jede Ihrer erarbeiteten Lösungsdateien zurückgreifen. Wenn Sie das tun, achten Sie jedoch genau darauf, welche Measures Sie schon erstellt haben, welche aber in diesem Beispiel neu erstellt werden und ggf. auch einen anderen Namen bekommen.

Übungsdateien	Als Ausgangsdatei verwenden Sie die Mappe **Kap14_UEB_PRX.xlsx**. Diese Mappe enthält das Datenmodell mit den importierten Tabellen, die bereits verknüpft sind. Zusätzlich ist die Hierarchie **BerichtKalender** in der Datumstabelle schon definiert.

Aufgabe

Erstellen Sie anhand der Segmenttabelle einen PivotTable-Bericht, der die Umsätze und die Anzahl der Verkaufspositionen in den beschriebenen Preissegmenten zeigt.

Segmentanalyse anhand der Produktpreise

Die Abbildung zeigt die Prozessschritte, mit denen Sie die Werte berechnen, die benötigt werden, um den PivotTable-Bericht erstellen zu können.

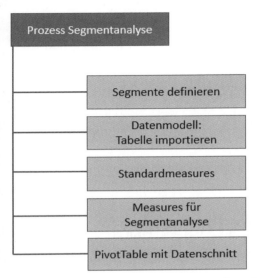

Abbildung 14.61: Die Prozessschritte zur Darstellung des Segmentberichts

Die Tabelle mit den Segmenten:

ID	von	bis	Anzeige
1	0	6	1. Preissegment
2	6	10	2. Preissegment
3	10	14	3. Preissegment
4	14	19	4. Preissegment
5	19	35	5. Preissegment

Tabelle 14.6: Die Definition der Preissegmente

Achtung   Die Einschränkung der Intervalle **[von;bis]** muss überschneidungsfrei sein.

Achten Sie im Measure auf die Unterscheidung **GRÖSSER ALS** und **KLEINER/GLEICH** bei der **VALUE**-Funktion.

Gehen Sie folgendermaßen vor:
1. Wechseln Sie in das Tabellenblatt **Segmente** und fügen Sie die Tabelle dem Datenmodell hinzu. Positionieren Sie den Cursor in der Tabelle und aktivieren Sie das Register **Power Pivot**.
2. Wählen Sie den Befehl **Zu Datenmodell hinzufügen**.
3. Klicken Sie jetzt auf den Befehl **Verwalten** und wechseln damit ins Power-Pivot-Fenster.
4. Für die Formelerstellung wechseln Sie in das Tabellenblatt **flstUmsatz**.

5. Berechnen Sie mit einen Measure den Gesamtumsatz: Die Formel lautet:
   Total:= SUMX(fIstUmsatz;[Menge]*[Preis])
   Alternativ geht auch:
   NettoUmsatz(SUM(fIstumsatz[Umsatz])
6. Berechnen Sie mit folgendem Measure die Anzahl der Verkaufspositionen. Die Formel lautet:
   TotalUnits:=COUNT(fIstUmsatz[ArtNr])
7. Berechnen Sie die Summe aller verkauften Flaschen. Die Formel lautet.
   VerkaufteProdukte:=SUM(fIstUmsatz[Menge])
8. Berechnen Sie mit folgendem Measure die Anzahl der Verkaufspositionen im jeweiligen Preissegment. Die Formel lautet:
   AnzahlVerkaufspositionen:=IF (
     HASONEVALUE (dSegmente[ID]);
     COUNTROWS (
       FILTER (
         fIstUmsatz;
         fIstUmsatz[Preis] > VALUES (dSegmente[von])
           && fIstUmsatz[Preis] <= VALUES (dSegmente[bis])
)
     );
     BLANK ()
)
9. Berechnen Sie die Umsätze im jeweiligen Preissegment.
   Die Formel lautet.
   UmsatzPreissegment:=IF (
     HASONEVALUE (dSegmente[ID]);
     CALCULATE ([TOTAL];
       FILTER (
         fIstUmsatz;
         fIstUmsatz[Preis] > VALUES (dSegmente[von])
           && fIstUmsatz[Preis] <= VALUES (dSegmente[bis])
)
     );
     BLANK ()
)
10. Berechnen Sie die verkaufte Menge (Anzahl der Produkte) im jeweiligen Preissegment. Die Formel lautet:
    UmsatzPreissegment:=IF (
      HASONEVALUE (dSegmente[ID]);
      CALCULATE ([VerkaufteProdukte];
        FILTER (
          fIstUmsatz;
          fIstUmsatz[Preis] > VALUES (dSegmente[von])
            && fIstUmsatz[Preis] <= VALUES (dSegmente[bis])
)
      );
      BLANK ()
)

Die Auswahlsteuerung über einen Datenschnitt vornehmen

Damit wären alle Berechnungen erfolgt.

Erstellen Sie jetzt einen PivotTable-Bericht mit folgender Feldanordnung. Formatieren Sie den Bericht im Tabellenformat. Das Ergebnis sehen Sie in Abbildung 14.62.

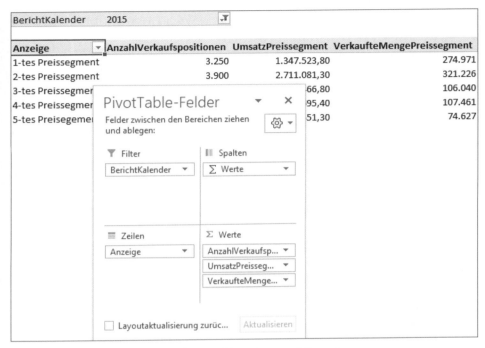

Abbildung 14.62: Der PivotTable-Bericht mit Feldanordnung und Formatierung

Die Auswahlsteuerung über einen Datenschnitt vornehmen

Die Auswahl der zu analysierenden Segmente steuern Sie komfortabel mit einem Datenschnitt. Fügen Sie für die Auswahl des Segmentes und den Zeitraum einen Datenschnitt in den Bericht ein.

Hinweis In Kapitel 2 und Kapitel 4 wird erklärt, wie Sie einen Datenschnitt aufbauen und einrichten.

Kapitel 14: Power Pivot für Excel

Abbildung 14.63: Die Auswahl der Felder für den Datenschnitt. **BerichtKalender** ist die Hierarchie in **dKalender**.

Das Ergebnis sehen Sie in Abbildung 14.64.

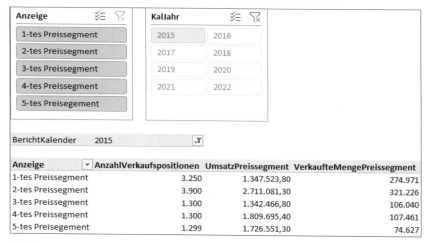

Abbildung 14.64: Das Ergebnis der Segmentberechnung mit einem steuernden Datenschnitt für das Preissegment und das Kalenderjahr

---

Übungsdateien   Die Lösung zu diesem Beispiel finden Sie in der Mappe **Kap14_ LOE_01.xlsx** im Tabellenblatt **LOE01**.

KPI-Analyse mit Power Pivot

Sie visualisieren Ihre Daten mit KPIs und legen damit einen Fokus auf auffällige kritische oder besonders erfreuliche Aspekte eines Projekts oder Ihres Unternehmens.

KPIs vergleichen einen Basiswert mit einem Zielwert. Beispielsweise vergleichen Sie die monatlichen Umsätze des aktuellen Jahres mit den monatlichen Umsätzen des Vorjahres.

KPI-Analyse mit Power Pivot

Oder Sie verfolgen die Akkumulation der anfallenden Kosten mit dem zur Verfügung stehenden Budget und zeigen die Entwicklung bzw. Verfügbarkeit des Budgets in optischer Ausdrucksweise an.

Aufgabe

Erstellen Sie eine KPI-Analyse über die Produktumsätze. Betrachten Sie insbesondere das Jahr **2016 zu 2017**. Entwickeln Sie die Measures dynamisch, sodass Sie über Datenschnitte variable Zeitvergleiche darstellen können.

Abbildung 14.65 zeigt die Prozessschritte, mit denen Sie die Werte berechnen, die Sie brauchen, um einen passenden PivotTable-Bericht zu erzeugen.

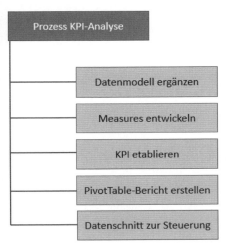

Abbildung 14.65: Die Prozessschritte zur KPI-Analyse (Produkte im Zeitvergleich)

Übungsdateien   Als Datengrundlage für das folgende Beispiel verwenden Sie die Mappe **KAP14_UEB_PRX.xlsx**.

Daten vorbereiten

1. Prüfen Sie, ob alle Tabellen, die Sie benötigen, im Datenmodell vorhanden und verknüpft sind. Mindestens benötigt werden: **fIstUmsatz**, **dArtikel** und die Kalendertabelle **dKalender**.
2. In der Kalendertabelle sollte die Hierarchie eingerichtet sein.
3. Insgesamt sind drei berechnete Felder (Measures) notwendig, um den KPI zu erstellen:
   – Umsatz aller Produkte
   – Vergleichsumsatz des Vorjahres
   – Abweichung in Prozent zum Vorjahr

Berechnete Felder und KPI erstellen

1. Wechseln Sie in das Power-Pivot-Fenster und dort in die Tabelle **IstUmsatz**. Wechseln Sie in den Berechnungsbereich und markieren Sie dort eine Zelle, in der Sie das berechnete Feld (Measure) entwickeln.
2. Positionieren Sie danach den Cursor in der Bearbeitungszeile und geben Sie das erste Measure für den Umsatz der Produkte ein:

   ProduktUmsatz:=
   SUMX (
   FILTER (fIstUmsatz; tfIstUmsatz[ArtNr] = fIstUmsatz[ArtNr]);
   fIstUmsatz[umsatz]
)
3. Drücken Sie die ⏎-Taste, um die Formel zu übernehmen.
4. Formatieren Sie den Wert im Währungsformat.

Das berechnete Feld (Measure) für den Umsatz des Vorjahres erstellen Sie folgendermaßen:

1. Markieren Sie im Berechnungsbereich eine neue Zelle.
2. Wechseln Sie dann mit dem Cursor in die Bearbeitungszeile und geben Sie folgende Formel ein:

   ProduktUmsatzVJ :=
   CALCULATE([ProduktUmsatz];
   DATEADD(dKalender[Datum]; -1; YEAR))
3. Drücken Sie die ⏎-Taste, um die Formel zu übernehmen.
4. Formatieren Sie den Wert im Währungsformat.

Das Measure, das die Veränderung im Vergleich zum Vorjahr berechnet, erstellen Sie folgendermaßen:

1. Markieren Sie im Berechnungsbereich eine neue Zelle.
2. Wechseln Sie dann mit dem Cursor in die Bearbeitungszeile und geben Sie folgende Formel ein:

   PztAbweichungVorjahr:=
   ([ProduktUmsatz] - [ProduktUmsatzVJ]) / [ProduktUmsatzVJ]
3. Drücken Sie die ⏎-Taste, um die Formel zu übernehmen.
4. Formatieren Sie den Wert als Zahl in Prozent.

Den KPI (Key Performance Indicator) erstellen

Einen KPI können Sie erst erstellen, wenn Sie das Measure mit dem Basiswert erstellt haben. Daraus entsteht dann der KPI.

In unserem Beispiel bildet das berechnete Feld **PztAbweichungVorjahr** den Basiswert.

Den KPI erstellen Sie folgendermaßen:

1. Klicken Sie im Berechnungsbereich auf das Measure **PztAbweichungVorjahr**.
2. Öffnen Sie mit der rechten Maustaste das Kontextmenü und klicken Sie auf den Befehl **KPI erstellen**.
3. Im folgenden Dialogfeld (Abbildung 14.66) wählen Sie die Symbolart **Ampel** und die Option **Absoluter Wert** [1].
4. Den Statusschwellenwert [2] definieren Sie mit dem Schieberegler, um den niedrigsten Wert auf **0** (rot) und den hohen Schwellenwert auf **0,1** (grün) festzulegen.

KPI-Analyse mit Power Pivot

Die Statusschwellenwerte geben an, dass ein Wert unter 0 % den niedrigen, roten Bereich und ein positiver Wert von 10 % den Anfang des hohen, grünen Bereichs kennzeichnet. Dazwischen liegt der Bereich, der mit der gelben Ampel gekennzeichnet wird.

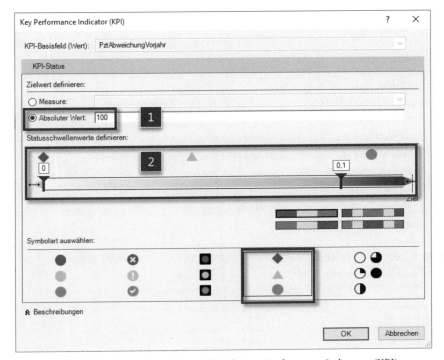

Abbildung 14.66: Das Dialogfeld zum Erstellen des Key Performance Indicators (KPI)

Hinweis Wenn die Werte nicht mehr mit dem Schieberegler eingestellt werden können, geben Sie die erforderlichen Werte direkt mit der Tastatur ein.

5. Klicken Sie auf **OK**, um den KPI zu erstellen. Das KPI-Symbol wird am rechten Zellenrand des Measures **PztAbweichungVorjahr** im Berechnungsbereich angezeigt.

Achtung KPIs können nur auf der Grundlage von berechneten Feldern (Measures) erstellt werden, die zudem im Berechnungsbereich von Power Pivot angelegt sein müssen. Wenn Sie in Excel in einer PivotTable ein Measure erstellen, indem Sie ein Feld in den Layoutbereich **Werte** ziehen, handelt es sich um ein implizites Measure, das nicht als Basis für einen KPI verwendet werden kann.

PivotTable-Bericht erstellen

Die Ausgabe in einer PivotTable erreichen Sie mit folgenden Schritten:

1. Klicken Sie innerhalb der Menüband-Registerkarte **Start** auf den Befehl **PivotTable** und bestätigen Sie die Option **Neues Arbeitsblatt**.

2. Im Aufgabenbereich **PivotTable-Felder** werden auf der Registerkarte **Alle** die vorhandenen Tabellen angezeigt. Übernehmen Sie die Tabellen **fIstUmsatz**, **dArtikel** und **dKalender** auf die Registerkarte **Aktiv**. Klicken Sie mit der rechten Maustaste auf den Namen der Tabelle, die Sie übernehmen möchten, und bestätigen Sie Ihre Auswahl mit einem Klick auf **In aktive Registerkarte übernehmen**.

3. Nach dem Wechsel auf die Registerkarte **Aktiv** erstellen Sie eine PivotTable mit folgender Feldanordnung:
   – **BerichtKalender** (Tabelle **dKalender**): im Layoutbereich **Zeilen** (ziehen Sie das Feld dort an die erste Position)
   – **ArtNr** (Tabelle **fIstUmsatz**): im Layoutbereich **Zeilen**
   – Kurzbezeichnung (Tabelle **dArtikel**): im Layoutbereich **Zeilen**
   – **ProduktUmsatzVJ** (Tabelle **fIstumsatz**): im Layoutbereich **Werte**
   – **ProduktUmsatz** (Tabelle **fIstUmsatz**): im Layoutbereich **Werte**
   – **PztAbweichungVorjahr** (Tabelle **fIstUmsatz**): im Layoutbereich **Werte**
   – **PztAbweichungVorjahr Status** (Tabelle **fIstUmsatz**): im Layoutbereich **Werte**
   – ∑ **Werte**: im Layoutbereich **Spalten**

Das Ergebnis der Pivot-Auswertung sehen Sie in Abbildung 14.67.

KalJah	ArtNr	Prod_Bezeichnung_kurz	ProduktUmsatzVJ	ProduktUmsatz	PztAbweichungVorjahr	PztAbweichungVorjahr Status
⊟ 2016	⊟ 201030	Malvasia	304.260,00 €	312.246,00 €	2,62 %	△
	⊟ 202040	Blina	460.292,00 €	498.669,50 €	8,34 %	△
	⊟ 203050	Chianti	618.272,80 €	652.740,60 €	5,57 %	△
	⊟ 204060	Aldinger	480.297,40 €	513.975,00 €	7,01 %	△
	⊟ 205070	Bastien	472.607,80 €	500.171,10 €	5,83 %	△
	⊟ 206080	Ventoux	294.277,20 €	317.189,10 €	7,79 %	△
	⊟ 207090	Endinger	724.194,00 €	765.571,50 €	5,71 %	△
	⊟ 208100	Monteverro	638.743,80 €	1.694.084,70 €	165,22 %	●
	⊟ 405577	Aquilae	366.852,30 €	397.150,20 €	8,26 %	△
	⊟ 406060	Collado	215.514,00 €	233.555,40 €	8,37 %	△
	⊟ 408090	Anna-Lena	425.473,40 €	475.321,20 €	11,72 %	●
	⊟ 409010	Grauburgunder	1.087.807,50 €	995.007,00 €	-8,53 %	◆
	⊟ 411020	Forster	926.520,00 €	906.780,00 €	-2,13 %	●
	⊟ 415050	Herzogberg	883.175,40 €	927.725,40 €	5,04 %	△
	⊟ 451090	Fleur	283.264,80 €	306.597,20 €	8,24 %	△
	⊟ 602530	Bodegas	250.207,80 €	261.901,00 €	4,67 %	△
	⊟ 605021	Tavel	505.558,40 €	543.618,80 €	7,53 %	△
Gesamtergebnis			8.937.318,60 €	10.302.303,70 €	15,27 %	●

Abbildung 14.67: Die PivotTable mit den Umsatzanteilen des Produkts im Vergleich zum Vorjahr und die daraus resultierende Zuordnung der Ampel

Datenschnitte steuern die Anzeige der PivotTable

Die Steuerung in einer PivotTable über Datenschnitte erreichen Sie mit folgenden Schritten:

1. Aktivieren Sie die Pivot-Tabelle und klicken Sie dann auf der Registerkarte **PivotTable-Analyse** in der Gruppe **Filtern** auf den Befehl **Datenschnitt einfügen**.

2. Wählen Sie im Dialogfeld **Datenschnitt auswählen** die benötigten Felder aus und schließen Sie das Dialogfeld mit einem Klick auf **OK**.
   Verwenden Sie dazu das Feld **KalJahr** aus der Hierarchie **BerichtKalender** und das Feld **Prod_Bezeichnung_kurz** aus der Tabelle **fIstUmsatz**.

3. Aktivieren Sie die beiden Kontrollkästchen und schließen Sie das Dialogfeld mit einem Klick auf **OK**.

Datenschnitte steuern die Anzeige der PivotTable

4. Markieren Sie den Datenschnitt **KalJahr**, öffnen Sie mit der rechten Maustaste das Kontextmenü und wählen Sie den Befehl **Datenschnitteinstellungen**.
5. Im Dialogfeld, das jetzt angezeigt wird, aktivieren Sie das Kontrollkästchen **Elemente ohne Daten ausblenden**.
6. Übernehmen Sie die Einstellungen mit einem Klick auf **OK**.
7. Bei markiertem Datenschnitt tragen Sie im Register **Datenschnitt/ Schaltflächen** im Drehfeld **Spalten** den Wert 2 ein und stellen in der Gruppe **Größe** im Drehfeld die Höhe auf 4,0 cm und die Breite auf 5,0 cm ein.
8. Markieren Sie jetzt den Datenschnitt **Prod_Bezeichnung_kurz** und öffnen Sie mit einem Rechtsklick das Kontextmenü. Wählen Sie dort den Befehl **Datenschnitteinstellungen**.
9. Ändern Sie in **Kopfzeile anzeigen/Beschriftung** den Text von **Prod_Bezeichnung_kurz** auf **Produkt**. Schließen Sie das Dialogfeld mit einem Klick auf **OK**.
10. Bei markiertem Datenschnitt klicken Sie im Register **Datenschnitt/Schaltflächen** im Drehfeld **Spalten** den Wert 2 ein und stellen in der Gruppe **Größe** im Drehfeld die Höhe auf 4,0 cm und die Breite auf 16,3 cm ein.
11. Wählen Sie die für Sie optimale Formatvorlage für die Datenschnitte.

Positionieren Sie die Datenschnitte im Tabellenblatt, um damit die Anzeige der PivotTable zu steuern (Abbildung 14.68).

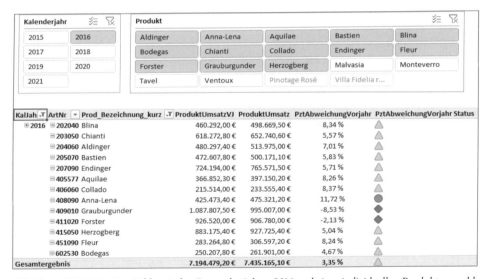

Abbildung 14.68: Die PivotTable mit den Daten des Jahres 2016 und einer individuellen Produktauswahl

---

Hinweis   Mehr zur Formatierung und zu Einstellungen von Datenschnitten finden Sie in Kapitel 2 und Kapitel 4.

Übungsdateien   Die Lösung finden Sie in der Mappe **Kap14_LOE_02.xlsx** im Tabellenblatt **LOE01**.

Kapitel 14: Power Pivot für Excel

Umsatzanalyse mit dynamischen Umsatzkategorien

Im Management interessiert man sich selten für die tiefen Details oder für einzelne Werte der umgesetzten Produkte. Interessanter ist es, die Umsatzwerte in Umsatzbändern oder Kategorien zusammenzufassen und auf dieser Grundlage Aggregationen zu berechnen und zu analysieren.

Aufgabe

Erstellen Sie einen PivotTable-Bericht, der die einzelnen Umsatzwerte in Kategorien oder Umsatzbändern zusammenfasst. Als Grundlage für die Bänder existiert eine Tabelle, die die Definitionen enthält. Das Besondere ist, dass diese Kategorien per Auswahldialog dynamisch in beliebiger Bandbreite berechnet werden (sollen).

Abbildung 14.65 zeigt die Prozessschritte, mit denen Sie die dynamischen Kategorien und die Werte berechnen, die Sie brauchen, um einen informativen PivotTable-Bericht zu erzeugen.

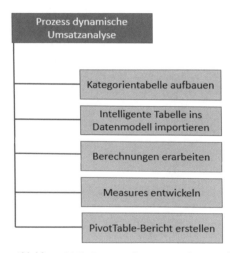

Abbildung 14.69: Prozessschritte einer dynamischen Umsatzanalyse

---

Übungsdateien Als Datengrundlage für das folgende Beispiel verwenden Sie die Mappe **KAP14_UEB_KAT.xlsx**.

Erstellen Sie in der obigen Mappe in einem neuen Tabellenblatt die dynamische Kategorientabelle wie in Abbildung 14.70.

Diese Tabelle erstellen Sie mit folgenden Arbeitsschritten.

1. Geben Sie im neuen Tabellenblatt, in der Zelle B5 beginnend die Überschriften ein.
2. Definieren Sie dann den Bereich **B5:D13** als intelligente Tabelle [STRG]+[T] und vergeben Sie den Namen **tKat**.
3. In Zelle **G5** schreiben Sie die Überschrift **Increment**. In Zelle **G6** geben Sie den Wert für das Increment ein.

Umsatzanalyse mit dynamischen Umsatzkategorien

	A	B	C	D	E	F	G
4							
5		Kategoriename	Minimum	Maximum			Increment
6		1-te Kategorie 0 - 1250	0	1250			1250
7		2-te Kategorie 1250 - 2500	1250	2500			
8		3-te Kategorie 2500 - 3750	2500	3750			
9		4-te Kategorie 3750 - 5000	3750	5000			
10		5-te Kategorie 5000 - 6250	5000	6250			
11		6-te Kategorie 6250 - 7500	6250	7500			
12		7-te Kategorie 7500 - 8750	7500	8750			
13		8-te Kategorie 8750 - 10000	8750	10000			

Abbildung 14.70: Die dynamisch berechnete Kategorientabelle

4. Schreiben Sie in Zelle **C6** die Formel für den Minimumwert (untere Grenze):

   =**[@Maximum]-G$6**

5. Schreiben Sie in Zelle **D6** die Formel für den Maximumwert (obere Grenze):

   =**$G$6*ZEILEN(D$6:[@Maximum])**

6. In Zelle B6 geben Sie folgende Formel für den Anzeigenamen ein:

   =**ZEILE()-5&"-te Kategorie "&[@Minimum]& " - "& [@Maximum]**.

7. Nach Eingabe der Formeln erhalten Sie die Tabelle wie in Abbildung 14.70.

8. Positionieren Sie den Cursor in der Kategorientabelle und wählen Sie die Befehlsfolge **Power Pivot/Tabellen/Zu Datenmodell hinzufügen**.

Wechseln Sie über den Befehl **Verwalten** in das Power-Pivot-Fenster in das Tabellenblatt **fIstUmsatz** und erstellen Sie die Measures für die Umsatzwerte der Kategorien und die zugehörige Anzahl der Aufträge.

1. In einer beliebigen Zelle im Berechnungsbereich geben Sie die drei folgenden Measures ein:

   AnzahlZeilen:=COUNT([KdNr])

   ```
   UmsatzKategorien:=CALCULATE (
     [GesamtErgebnis];
     FILTER (
       fIstUmsatz;
       fIstUmsatz[Umsatz] >= MIN ( tkat[Minimum] )
         && fIstUmsatz[Umsatz] <= MAX ( tKat[Maximum] )
     )
   )

   AuftraegeDieserKategorie:=CALCULATE (
     [AnzahlZeilen];
     FILTER (
       fIstUmsatz;
       fIstUmsatz[Umsatz] >= MIN ( tKat[Minimum] )
         && fIstUmsatz[Umsatz] <= MAX (tKat[Maximum] )
     )
   )
   ```

2. Erstellen Sie jetzt die PivotTable, die in Jahre unterteilt die Umsätze der Kategorien anzeigt.

Kapitel 14: Power Pivot für Excel

Die Ausgabe in einer PivotTable erreichen Sie mit folgenden Schritten:

1. Klicken Sie innerhalb der Menüband-Registerkarte **Start** auf den Befehl **PivotTable** und bestätigen Sie die Option **Neues Arbeitsblatt**.
2. Im Aufgabenbereich **PivotTable-Felder** werden auf der Registerkarte **Alle** die vorhandenen Tabellen angezeigt. Übernehmen Sie die Tabellen **fIstUmsatz**, **tKat** und **dKalender** auf die Registerkarte **Aktiv**. Klicken Sie mit der rechten Maustaste auf den Namen der Tabelle, die Sie übernehmen möchten, und bestätigen Sie Ihre Auswahl mit einem Klick auf **In aktive Registerkarte übernehmen**.
3. Nach dem Wechsel auf die Registerkarte **Aktiv** erstellen Sie eine PivotTable mit folgender Feldanordnung:
   - **BerichtKalender** (Tabelle **dKalender**): im Layoutbereich **Zeilen** (ziehen Sie das Feld dort an die erste Position)
   - **Kategoriename** (Tabelle **tKat**): im Layoutbereich **Zeilen**
   - **UmsatzKategorien** (Tabelle **fIstumsatz**): im Layoutbereich **Werte**
   - **AuftraegeDieserKategorie** (Tabelle **fIstUmsatz**): im Layoutbereich **Werte**
   - **∑ Werte**: im Layoutbereich **Spalten**

Als Ergebnis erhalten Sie folgende PivotTable (Abbildung 14.71).

Wenn Sie in der Kategorientabelle den Wert für das Increment ändern, wird nach einer Aktualisierung der PivotTable und des Datenmodells in dem PivotTable-Bericht eine neue Umsatzverteilung mit neuen Bandbreiten angezeigt.

Ein Eingriff in die Formeln der Grundtabelle und die Measures ist nicht notwendig.

KalJahr	Kategoriename	UmsatzKategorien	AuftraegeDieserKategorie
⊞ 2015	1-te Kategorie 0 - 1250	4.986.523,10	8.913
	2-te Kategorie 1250 - 2500	3.180.728,50	1.862
	3-te Kategorie 2500 - 3750	754.451,40	270
	4-te Kategorie 3750 - 5000	15.615,60	4
⊞ 2016	1-te Kategorie 0 - 1250	4.797.292,30	8.429
	2-te Kategorie 1250 - 2500	3.492.048,80	2.046
	3-te Kategorie 2500 - 3750	1.108.544,50	381
	4-te Kategorie 3750 - 5000	584.266,50	133
	5-te Kategorie 5000 - 6250	320.151,60	60
⊞ 2017	1-te Kategorie 0 - 1250	4.812.924,90	7.209
	2-te Kategorie 1250 - 2500	4.717.412,80	2.746
	3-te Kategorie 2500 - 3750	2.313.661,80	777

Abbildung 14.71: Auswertung nach Kategorien (Ausschnitt). Gezeigt werden jeweils nur die Bänder, die auch Umsätze aufweisen.

Übungsdateien   Die Lösung finden Sie in der Mappe **Kap14_LOE_KAT.xlsx** im Tabellenblatt **LOE01**.

Index

Σ Werte
    Berichtsbereich 29
    im Wertbereich 155
% der Gesamtsumme *siehe* Wertfeldeinstellungen
%-Anteil des DB am Umsatz ermitteln 203
1000er-Trennzeichen setzen 16, 260

A

Additive Filter 53
Aggregatfunktion 14–15
Aggregieren im Zeitverlauf 308
Arbeitspakete, Controlling 130
Auf der aktiven Registerkarte anzeigen 274
Aufgabenbereich, Zeitachse formatieren 75
Auswahlbereich, Datenschnitt 71
AutoFilter 61

B

Basiselement 200
Basisfeld, Jahre 200
Bearbeitungsleiste, Feldnamen ändern 187
Bedingte Formatierung
    ABC-Analyse 231
    Dialogfeld Neue Formatierungsregel 237
    Regeltyp auswählen 237
Benutzerdefinierte Berechnungen
    deaktivieren 104
    Wertefelder 83
Benutzerdefinierte Listen bearbeiten 49
Benutzerdefinierte Sortierfolge 49
Benutzerdefinierten Namen, Gruppierung 221
Berechnetes Element 105, 109, 142
    ändern 110
    Lösungsreihenfolge 110
Berechnetes Feld 105, 136, 153
    ändern 110
    Deckungsbeitrag berechnen 203
    Dialogfeld 136
    einfügen 203
    Listenfeld Felder 107
    Measures 280
Berechnungen
    explizit 280
    implizit 280
Berechnungsbereich 281, 305, 325
Berechnungsfeld 105
Berechnungstypen 31, 191
    Differenz auf Tageswerten 97
    Indexformel 101
    PivotTable 88
    Wertfeldeinstellungen 31
Bereichsauswahl, PivotTable 198
Berichtsbereich, Zeilen, Spalten, Werte und
    Filter 29

Berichtsfilter 124
    Auswahl 196
    Filtersymbol 25
Berichtsfilterelement, PivotTable 150
Berichtslayout
    Elementnamen nicht wiederholen 40
    in Tabellenformat anzeigen 54
Berichtszeitraum, mehrere Jahre 156
Beschriftungsfilter 53
Beziehung erstellen 271
Bezugsfehler, PIVOTDATENZUORDNEN() 113
Blitzvorschau
    empfohlene Diagramme 33
    PivotTables 32

C

CALCULATE und FILTER 298
CalculatedColumn1, Spalte umbenennen 288

D

Dashboard 38
Daten gruppieren 80
Datenanalysetool 263
Datengruppe erstellen, Set erstellen 260
Datenmodell
    Beziehungen verwalten 252
    Zeitintelligenz 308
Datenschnitte 69, 120, 124, 287
    ABC-Analyse 231
    Auswahlbereich 71
    auswählen 68
    Berichtssteuerung 317
    Berichtsverbindungen 73
    Datenschnitt einfügen 241
    Datenschnitteinstellungen 241
    einfügen 47
    Elemente ohne Daten ausblenden 323
    formatieren 72
    Formatvorlage 128
    gestalten 73
    Größenanpassung 73
    Gruppe ausblenden 73
    gruppieren 69
    Neupositionierung 73
    PivotTables 66
    Spaltenanzahl 73
    Steuerung steuern des Periodenvergleichs 306
Datenschnitteinstellungen 71
    Elemente ohne Daten anzeigen 71
Datenschnitt-Formatvorlagen 71
Datentyp, Datum 293
Datenüberprüfung 211
    Dialogfeld 212
Datenzusammenführung in Power Pivot 269

Index

Datumsfilter, PivotTable 58
Datumstabelle
    Endedatum 292
    Kalendertabelle 291
DAX-Formel überprüfen 254
Details erweitern/reduzieren 152
Diagramm einfügen 188
Diagrammbeschriftungen formatieren 38
Diagrammelement 37
Diagrammformatvorlagen 188
Diagrammsicht
    Beziehungen erstellen 272
    Power Pivot-Fenster 293
Diagrammtyp ändern, Dialogfeld 35
Dialogfeld
    Berechnetes Feld 107
    Lösungsreihenfolge 110
    Zahlenformat 290
Dimensionselemente, berechnetes Element 19
Dimensionstabellen 248
Drilldown 8
Dropdown-Pfeil 155
Dropdown-Schaltfläche *siehe* Dropdown-Pfeil
Dynamischen Filter 62

E

Einfache Seitenfelderstellung 139
Element reduzieren/erweitern, PivotTable 199
Empfohlene PivotTables 9
Erweitern/Reduzieren, PivotTable 81

F

Faktentabellen, Bewegungstabellen 291
Fehlermeldung #NULL 103
Fehlerwert, #Zahl! 313
Feldbezeichner
    einrichten 108
    voll qualifiziert 289
Feldeinstellungen 38, 61, 133
    Layout & Drucken 38
Felder-Liste *siehe* PivotTable-Felder-Liste
Felder-Liste, PivotTable 13
Feldfilter 124
Feldliste
    berechnetes Element 143
    einblenden im Dialogfeld PivotTable-Felderliste 17
Feldnamen 289
    ändern in der Bearbeitungsleiste 187
Feldüberschriften ein-/ausblenden 64
Filter
    Additive 53
    aktivieren 23
    Dynamischer Filter 62
    eingestellt, Kontext 286
    Layoutbereich 290
    löschen in PivotTable 64
    Markierung 57
    mehrere auf ein Feld 61
    mehrere Filter auswählen 25
    neue Elemente in manuellen Filter einschließen 62
    PivotTable 155
    Suchen, Textfeld 56

Filter-Dropdown-Listen 64
Filtern
    nach Größe sortieren 157
    nach Zeit 74
    neue Elemente in manuellen 62
Filterschaltflächen, PivotTables 47
Filtersymbol 25
Flaches Datenformat 3
Formatieren, Datenschnitt 73
Formatvorlage
    für Datenschnitte 128
    PivotTable-Formatvorlage 32
Formel, voll qualifiziert 277
Formelliste 136
Funktionen
    ALL() 286
    BLANK() 317
    CALCULATE() 310
    Calulate(), Calculatetable 298
    COUNTR?OWS() 316
    COUNTROWS() 295
    DATEADD() 310
    DATESYTD() 310
    DIVIDE() 302
    FILTER() 316
    HASONEVALUE 316
    IF() 316
    ISFEHLER() 314
    PIVOTDATENZUORDNEN() 40, 111
    RELATED() 278
    RELATEDTABLE() 295
    RELATEDTABLEU() 295
    SAMEPERIODLASTYEAR() 312
    SUM() 282
    SUMX() 282, 295, 316
    SVERWEIS() 245
    SVERWEIS() ablösen 269
    TOTALYTD() 308
    VALUES() 316
    Wahl() 213
    WENNFEHLER() 215

G

Gesamtergebnis berechnen, Kontextbezug 301
Gesamtergebniss, aktiv oder passiv 45
Gesamtsummen für Zeilen anzeigen 143
GetPivotData generieren 112
Gruppe basierend auf Spaltenelementen erstellen, set Bericht 260
Gruppenbezeichnung 221
Gruppieren
    Auswahl 18
    nach Buchstaben 18
Gruppierung
    Cluster 222
    Gliederung 211
    Gruppierung aufheben 19
    Intervall überschreiben 228
    nach Intervall 228
    nicht möglich 221
Gültigkeitskriterien, Datenüberprüfung 211

H

Hierarchie erstellen 294

Index

I

Im Tabellenformat anzeigen
    Berichtslayout 236
    PivotTable 199
Implizites Measure 321
Increment, Kartegorientabelle 324
Industrieminuten 133
Intelligente Tabelle 218, 247
    Datenmodell 246

K

Kalendermonate in korrekte Reihenfolge bringen 307
Kalendertabelle 279
Klassifizierung, ABC-Analyse 231
Kontext
    ALLEXCEPT 287
    ALL-Funktion 287
    Dimension 287
    Filter 285
    Filter durch Anwender 301
    Filterfunktionen 287
    Formeln 287
    Power Pivot 283
    RELATED() 287
    überschreiben 286
Kontextkonzept 283
Kontrollkästchen
    Für Fehlerwerte anzeigen 104
    Mehrere Elemente auswählen 194
Kostenstellen auswerten 159
Kostenstellenanalyse 148
Kostenstellenbericht 148
KPI-Analyse mit Power Pivot 319
Kriterienbereiche 5
Kurzformat 133

L

Laufende Summe
    ABC-Analyse 231
    und Vorjahresvergleich 309
Layoutabschnitt 13
    Feld entfernen 27
Layoutaktualisierung 25
Layoutbereich 117
    Berichtsfilter 194
    Filter 23, 80
Layoutbereich *siehe* Layoutabschnitt
Listeneintrag, % Differenz von 103
Lösungsmodell 3

M

Measure 277
    berechnetes Feld 281
    Datenmodell 252
    Dialogfeld 253, 255
    explizites Measure 255
    imlizites Measure 255
    Qualifizierter Name 277
Mehrere Elemente auswählen, Berichtsfilterelement 150
Mehrere Konsolidierungsbereiche 139

Menüband 267
    Power Pivot 266
Mittelwert *siehe* Wertfeldeinstellungen
Mittelwert, ABC-Analyse 231

N

Namen aus Auswahl erstellen 212
Neues Arbeitsblatt 117

O

OLAP-Datenquellen 29

P

Pivot Charts 264
Pivot-Cache 226
    Arbeitsweise 226
PivotCharts
    Datenbeschriftungen hinzufügen 37
    Diagramm 188
    Diagrammlayout 188
    primären Achsentitel 188
    Tools 188
    Vorschau und Aufbau 32
PIVOTDATENZUORDNEN() 211, 213
Pivotdatenzuordnen() 207
Pivotformat 119
Pivotisieren 77
PivotTable
    %-Anteil berechnen 303
    alle löschen 87
    benutzerdefinierte Gruppierung 219
    benutzerdefinierte Sortierreihenfolge 48
    berechnetes Element 105, 142, 252
    berechnetes Element ändern 110
    berechnetes Feld 136
    berechnetes Feld ändern 110
    Berichtslayout 38, 118
    Beschriftungsfilter 54
    Beurteilungstiefe von Berichten 198
    Darstellung anpassen 133
    Datenmodell 245
    Datenquelle ändern 153
    Datenschnitt 66
    Datenschnitt einfügen 125
    dem Datenmodell diese Daten hinzufügen 248
    erstellen 10, 117
    erweiterte Berechnungen 105
    Fehlerwerte anzeigen 42
    Feld anordnen 13
    Feldeinstellungen 38
    Felder-Liste, Funktionsweise 13
    Filter löschen 87
    Filter, mehrere Elemente auswählen 150
    Filtern 53, 125
    Formate 153
    Formatierung 1000er-Trennzeichen 16
    Formatierung beibehalten 42
    für Zeilen und Spalten deaktiviert 118
    Gliederungsformat 39
    Gruppenbezeichnung ändern 19
    Gruppierung aufheben 118
    Gruppierung numererische Daten 178
    Gruppierung *siehe* Kalendertabelle

Index

Gruppierung, Text 19
   im Tabellenformat anzeigen 118, 133, 187
   konsolidieren 139
   kopieren 83
   Kostenstellenauswertung 145, 147
   Kurzformat 39, 133
   manuelle Sortierung 222
   Matrixformeln 108
   mehrere Elemente auswählen 53
   mehrere Filter pro Feld 61
   mit PivotTable zusammenfassen 117
   nächste Ebene 199
   PIVOTDATENZUORDNEN() 105, 111, 207
   PIVOTDATENZUORDNEN(), #BEZUG-Fehler 113
   sortieren 47–48
   Tabellenformat 40, 252
   Teilergebnisse anzeigen 45
   Teilergebnisse ein-/ausblenden 46
   Teilergebnisse in der Gruppe unten anordnen 121
   Teilergebnisse nicht anzeigen 118, 133
   Unterschiede zu Power Pivot-Tabellen 265
   Wertfeldeinstellungen 260
   Zeitachse 66
   Zeiträume aufbauen 80
   Zellen formatieren 260
PivotTable- und PivotChart-Assistent 228
PivotTable-Analyse, Auswahl gruppieren 18
PivotTable-Assistent 9, 228
   mehrere Konsolidierungsbereiche 139
PivotTable-Bericht löschen 87
PivotTable-Datenquelle ändern 154
PivotTable-Felder 233, 273
   deaktivieren *siehe* PivotTable-Felder-Liste
PivotTable-Felder-Liste 13, 17, 117
   einblenden/ausblenden 79
   Varianten 28
PivotTable-Formate 119
   Mittel 24 199
PivotTable-Optionen 61, 142
   Dialogfeld 41
   Fehlermeldung bearbeiten 104
   Filter 53
   Zellen mit Beschriftungen zusammenführen und zentrieren 41
PivotTable-Zeitachse 74
Plan-Ist-Abweichung berechnen 142
Plan-Ist-Stundenvergleich 129
Power Pivot 264
   arbeiten mit Filtern 298
   Benutzerkontext 300
   berechnetes Feld 281
   Beziehung erstellen 271
   CalculatedColumn1 288
   Data Analysis Expressions (DAX) 266
   Datenmodell 266
   implizites Measure 321
   Measure (berechnetes Feld) 264
   Perspektiven 266
   zu Datenmodell hinzufügen 258, 270
Power Pivot-Add-Ins aktivieren 264
Power Pivot-Fenster 266–267
   Registerkarte Start 289
Power Query 264
Projektleiter, neue Auswertungen aufbauen 145, 147

R

Registerkarte
   aktiv 274
   Power Pivot 265
RELATEDTABLE, 1:n 295

S

Segementanalyse 314
Set-Bericht, Zeile löschen 261
Set-Einstellungen, PivotTable-Berichte 257
Set-PivotTable-Bericht 257
Sortieren
   benutzerdefinierte Sortierreihenfolge 30
   im Wertebereich 29
   in PivotTables 47
   Kalendermonate (Text) 307
   Kategorien 240
   korrekte Reihenfolge der Monate 307
   manuelle Sortierung 29
Sortierrichtung, Von oben .../Von links ... 30
Spaltenbereich, PivotTable-Felder-Liste 13
Spaltenbezeichnung ändern 288
Spaltenbreiten bei Aktualisierung automatisch anpassen 143
Spezialfilter 61
Statusschwellenwert 320
Struktur Betriebszugehörigkeit 188
Suchfunktion, Textfeld suchen 56
Switch() 314
Symbolart Ampel 320

T

Tabellen
   auf der aktiven Registerkarte anzeigen 249
   Beziehungen erstellen 248
   Beziehungen Verwalten 248
   Option Tabelle hat Überschrift 246
   von der aktiven Registerkarte entfernen 249
Tabellenentwurf 97
Tagesdatum, monatliche Darstellung 16
Teilergebnisse
   oberhalb der Gruppe anzeigen 41
   PivotTable 149
   sortieren 50
   Zusammenfassungsfunktion 46
Textfeld, Formeln 143
Top-10-Filter 158

U

Überschrift, PivotChart ändern 37
Uhrzeit
   Dezimalschreibweise 135
   negativ 144
   Stunden in Dezimalschreibweise 144

W

WBS *siehe* Work Breakdown Structure
Wechseln zu Zeilenbeschriftungen 155
Werte

Index

anzeigen als Differenz von 199
    Feld 155
Wertebereich
    Felder untereinander anordnen 155
    PivotTable-Felder-Liste 13
Wertefilter/Top 10 158
Wertfeld zusammenfassen nach 141
Wertfeldberechnungen, ABC-Analyse 231
Wertfeldeinstellungen 81, 191
    % des Gesamtergebnisses 85
    % Laufende Summe in 236
    Dialogfeld 31
    laufende Summe in 235
    Werte anzeigen als 234
Work Breakdown Structure 130
WorkPackages 152

Z

Zahlenformat 260
    1000er-Trennzeichen verwenden(.) 37
    Wertfeldeinstellungen 290
Zeilenbereich, PivotTable-Felder-Liste 13
Zeilenkontext, Power Pivot 283
Zeitachse 242
    Aufgabenbereich formatieren 75
    einfügen 74
    filtern, Datenschnitt 74
Zeitdimensionen, PivotTable 241
Zeitgruppierung, PivotTable 217
Zeitintelligenz 308
Zeitintelligenzfunktionen 308
Zeitraumvergleich, Vergleich mit gleichem Zeitraum des Vorjahres (YoY) 312
Zellen formatieren 81
    PivotTable 260
Zellformatierung bei Aktualisierung beibehalten 143
Zwischensumme (Teilergebnisse), PivotTable 149

Vertiefen Sie Ihr Wissen als Excel-Profi

Auch für Excel 2019 und 365 gültig!

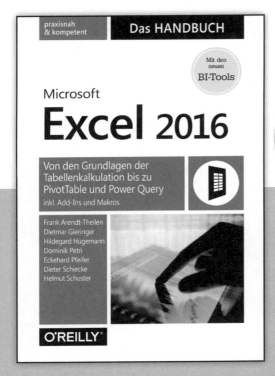

Sonderpreis: nur 24,90 €

Frank Arendt-Theilen, Dietmar Gieringer, Hildegard Hügemann, Dominik Petri, Eckehard Pfeifer, Dieter Schiecke, Helmut Schuster

Microsoft Excel 2016 – Das Handbuch
ISBN 978-3-96009-039-7
2017, 976 Seiten, komplett in Farbe
Print: 24,90 € (D), E-Book: 19,99 € (D)

Sie möchten Ihre Aufgaben mit Excel schneller und besser erledigen? Beispielsweise mit den Erleichterungen bei der Datenvisualisierung, bei Berechnungen ohne manuelle Formeleingabe oder bei PivotTables? Mit diesem Handbuch legen sieben erfahrene Excel-Experten ihr seit vielen Jahren etabliertes Standardwerk vor – umfassend und verständlich. Anhand von Beispieldateien können Sie Schritt für Schritt alle wichtigen Arbeitstechniken sofort nachvollziehen. Hilfreiche Übersichten erleichtern Ihnen das Verständnis und Profitipps helfen Ihnen, Zeit zu sparen.

www.oreilly.de

In diesem praktischen Handbuch erfahren Sie, wie Sie mit VBA und Makros nahezu jede Excel-Routineaufgabe automatisieren, um zuverlässigere und effizientere Excel-Arbeitsblätter zu erstellen.

Die renommierten Excel-Experten Bill Jelen (MrExcel) und Tracy Syrstad zeigen Ihnen nützliche Makrotechniken und helfen Ihnen dabei, automatisierte, leistungsfähige Berichte zu erstellen und Informationen sofort zu visualisieren. Erfassen und verwenden Sie Daten am Desktop-Computer, auf dem Tablet oder in der Cloud und automatisieren Sie die besten neuen Features von Excel 2019 und Excel für Microsoft 365.

In diesem Buch finden Sie einfache Schritt-für-Schritt-Anleitungen, Fallstudien aus der Praxis und über 50 Arbeitsmappen mit Beispielen sowie vollständigen, leicht anpassbaren Lösungen.

Bill Jelen • Tracy Syrstad
Microsoft Excel 2019
VBA und Makros

2019, 706 Seiten, Broschur
€ 39,90 (D)

ISBN:
Print   978-3-86490-693-0
PDF   978-3-96088-819-2
ePub   978-3-96088-820-8
mobi   978-3-96088-821-5

Wieblinger Weg 17   fon: 0 62 21/14 83-0   msp@dpunkt.de
69123 Heidelberg   fax: 0 62 21/14 83-99   www.dpunkt.de

Mit Power Query können Sie unterschiedliche Datensätze aus verschiedenen Quellen importieren, bereinigen, transformieren, kombinieren und vergleichen, um Daten zu analysieren und Aufgaben zu automatisieren.

Der anerkannte Power Query-Experte Gil Raviv hilft Ihnen in diesem Buch dabei, das Meiste aus dem kostenlosen, in Excel, Power BI und anderen Microsoft-Produkten integrierten Tool herauszuholen. Sie lernen, wie Sie mit Power Query schnell automatisierte Datenvorbereitungen durchführen, häufig auftretende Probleme lösen, Fallstricke vermeiden und vieles mehr. Jedes Kapitel widmet sich einer Herausforderung, der Sie sich bei der Datenanalyse stellen müssen, und zeigt Ihnen mit einfachen Schritt-für-Schritt-Anleitungen und praktischen Übungsaufgaben zum Mitmachen, wie Sie sie meistern. Im letzten Kapitel demonstrieren Sie Ihre erlernten Fähigkeiten anhand eines praxisnahen Projekts, sodass Sie am Ende des Buchs dazu in der Lage sind, beliebige Daten zu transformieren und wertvolle Erkenntnisse aus ihnen zu gewinnen.

Gil Raviv
Power Query
In Excel und Power BI
Daten sammeln, kombinieren
und transformieren

2020, 456 Seiten, Broschur
€ 39,90 (D)

ISBN:
Print   978-3-86490-727-2
PDF   978-3-96088-926-7
ePub   978-3-96088-927-4
mobi   978-3-96088-928-1

Wieblinger Weg 17
69123 Heidelberg

fon: 0 62 21/14 83-0
fax: 0 62 21/14 83-99

msp@dpunkt.de
www.dpunkt.de

Um die richtigen Erkenntnisse aus Ihren Daten ziehen zu können, müssen Sie sie richtig modellieren. Microsoft bietet Ihnen starke und zugleich zugängliche Tools für die Datenmodellierung, von Power BI bis Power Pivot für Excel. Wie Sie diese Tools effektiv einsetzen, zeigen Ihnen Alberto Ferrari und Marco Russo, international anerkannte Experten für Datenanalyse mit Microsoft, in diesem Buch.

Nach einer kurzen Einführung in das Konzept der Datenmodellierung lernen Sie Schritt für Schritt anhand realer Beispiele mit steigendem Schwierigkeitsgrad, wie Sie einfache Tabellen in umfassende und aussagekräftige Modelle verwandeln.

Alberto Ferrari • Marco Russo
Datenanalyse mit Microsoft Power BI und Power Pivot für Excel

2018, 264 Seiten, Broschur
€ 34,90 (D)

ISBN:
Print   978-3-86490-510-0
PDF   978-3-96088-250-3
ePub   978-3-96088-251-0
mobi   978-3-96088-252-7

Wieblinger Weg 17
69123 Heidelberg

fon: 0 62 21/14 83-0
fax: 0 62 21/14 83-99

msp@dpunkt.de
www.dpunkt.de

Dieses Buch stellt den wohl umfassendsten Leitfaden zur DAX-Sprache von Microsoft dar, deren Schwerpunkt auf Business Intelligence, Datenmodellierung und Analyse liegt. Die DAX-Experten Marco Russo und Alberto Ferrari – beide erfahrene Consultants auf dem Gebiet der Microsoft-BI – helfen Ihnen dabei, alle Möglichkeiten dieser Sprache optimal zu nutzen: von Tabellenfunktionen bis hin zur fortgeschrittenen Code- und Modelloptimierung.

Erfahren Sie, was genau passiert, wenn Sie einen DAX-Ausdruck ausführen, und wie Sie mit Ihrem neu gewonnenen Wissen schnellen und robusten Code schreiben. Die Autoren nutzen dafür Beispiele, die Sie mit der kostenlosen Power BI Desktop-Version entwickeln und ausführen können, und zeigen Ihnen, wie Sie die leistungsstarke Syntax der Variablen (VAR) in Power BI, Excel und Analysis Services optimal nutzen. Möchten Sie die vielen beeindruckenden Funktionen von DAX gewinnbringend einsetzen? Dann ist dieses Handbuch genau das, was Sie brauchen.

Marco Russo • Alberto Ferrari
Das ultimative DAX-Handbuch
Business Intelligence mit Microsoft Power BI,
SQL Server Analysis Services und Excel

2020, 814 Seiten, Festeinband
€ 59,90 (D)

ISBN:
Print 978-3-86490-726-5
PDF   978-3-96910-018-9
ePub   978-3-96910-019-6
mobi   978-3-96910-020-2

Wieblinger Weg 17   fon: 0 62 21/14 83-0   msp@dpunkt.de
69123 Heidelberg   fax: 0 62 21/14 83-99   www.dpunkt.de

Effizient arbeiten im Team

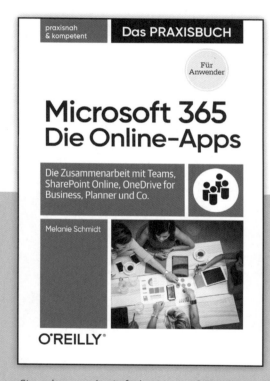

Melanie Schmidt
**Microsoft 365: Die Online-Apps –
Das Praxisbuch für Anwender**

ISBN 978-3-96009-102-8
2020, 438 Seiten
Print: 39,90 € (D), E-Book: 31,99 € (D)

Sie stehen vor der Aufgabe, Microsoft 365 (ehemals Office 365) in Ihrem Team für die Online-Zusammenarbeit einzuführen, oder nutzen es bereits als Anwender? Dieses Praxisbuch unterstützt Sie dabei als Anleitung, Ratgeber und Nachschlagewerk. Mit zahlreichen nützlichen Tipps und Empfehlungen steht Ihnen die Autorin beim Einsatz von Microsoft 365 im Unternehmen zur Seite, ganz gleich, ob am Windows-PC, Mac, Smartphone oder Tablet, im Büro, im Homeoffice oder von unterwegs.

www.oreilly.de